· 河南省 2011 年软科学项目"大学德育评价模式创新问题研究"（编号 112400430100）阶段性成果

· 河南省人文社会科学基金项目重点课题"当代大学生马克思主义信仰问题研究"（编号 2011—ZD—032）阶段性成果

· 郑州轻工业学院科研基金项目"当代社会思潮对高校马克思主义信仰教育的影响与对策研究"（编号 2011XJJ002）阶段性成果

U0660668

裂变与整合：

多元视域下的大学文化研究

马　寒　编著

中国出版集团

世界图书出版公司

广州·上海·西安·北京

图书在版编目(CIP)数据

裂变与整合:多元视域下的大学文化研究/马寒编著. — 广州：世界图书出版广东有限公司，2012.7

ISBN 978-7-5100-4921-7

Ⅰ.①裂…　Ⅱ.①马…　Ⅲ.①高等学校-校园文化-研究-中国　Ⅳ.①G647

中国版本图书馆 CIP 数据核字(2012)第 148845 号

裂变与整合:多元视域下的大学文化研究

责任编辑　黄　琼

出版发行　世界图书出版广东有限公司

地　　址　广州市新港西路大江冲 25 号

http://www.gdst.com.cn

印　　刷　广州市快美印务有限公司

规　　格　787mm×1092mm　1/16

印　　张　22.5

字　　数　550 千

版　　次　2013 年 1 月第 2 版第 1 次印刷

ISBN　978-7-5100-4921-7/G·1069

定　　价　68.00 元

《裂变与整合：多元视域下的大学文化研究》

编者： 孔祥娟　郑州轻工业学院

闫宇豪　郑州轻工业学院

胡　莹　郑州轻工业学院

袁　杰　郑州轻工业学院

谭俊超　郑州轻工业学院

郭智荣　郑州轻工业学院

侯　帅　河南师范大学

周　辉　郑州大学

王自芳　郑州大学

大学发展需有文化自觉(自序)

2011年10月6日,英国《泰晤士报高等教育》公布了2011～2012年度全球大学排行榜,美国哈佛大学首次遭"排挤",落至第2位,美国加州理工学院荣膺榜首。继加州理工学院之后,哈佛大学和斯坦福大学并列第2,接下来依次是英国牛津大学、美国普林斯顿大学和英国剑桥大学。中国内地3所高校入围榜前200强,北京大学最为靠前,也仅排名第49位。在最新公布的榜单中,美国和英国的高校占据前200名高校的半数以上,分别为75所和32所。另外,前20名高校中,仅2所非英美大学入围,分别是排名第15位的瑞士苏黎世联邦理工学院和排名第19位的加拿大多伦多大学。

排名第1位的加州理工学院位于美国加州帕萨迪纳市,是一所小型私立大学,着重理工科方面的教学和研究,2010～2011学年在校本科生不足1 000人,研究生1 200余人。尽管在校学生数量不多,这所创建于1891年的高等学府迄今却产生了31名诺贝尔奖得主和32项诺贝尔奖。与我国的大学动辄万人、几万人甚至十几万人相比,这所大学实在算不上大,如果在我国,充其量只能算大学里的一个学院。但就是这样一所大学却带给我们极大的震撼,也激发了我们要深入研究"什么是大学""如何建设大学""建设什么样的大学"等一系列大学建设发展的核心问题。

历史发展表明,现代国家的发展与大学的成长息息相关,大学是国家实现现代化最有效的动力之一。国家之崛起、民族之复兴,从根本上讲取决于人才,而人才的培养必然依赖于教育,尤其是高等教育,当然最主要的依托就是大学。

1871年,德国的"铁血宰相"俾斯麦率军攻入法国,并在法国的镜宫举行了盛大的德皇加冕仪式,他的得力助手毛奇不无骄傲地说:"法国失败和德国胜利的必然性,早在小学教员的讲台上就决定了。"德国其后的发展证明了毛奇论断的正确性。在德国尚未完成统一时,普鲁士国王腓特烈·威廉二世拿出了最后的家底全部投入柏林大学的建设,还把王子的储宫无偿交给了柏林大学作为校舍。柏林大学不仅没有"感恩戴德",反而给国王提出了要求:国家应给予大学资金支持,但不得干涉大学的学术研究和思想自由。正是在这种自由、自主、自立精神的推动下,柏林大学得到了迅猛的发展,并迅速成为德国国家发展的技术研发地和思想智慧库:第一次世界大战前,德国83%的先进技术都产生在这里;而对国家发展产生重大影响的政治制度和政治思想几乎全部出自这里。正是依靠这种文化自觉,才使得德国在随后以惊人的速度成为世界经济的领军者。当然,柏林大学在成就国家发展的同时,也成就了自身的辉煌:在第二次世界大战之前,柏林大学已经是名符其实的世界学术中心了。这所大学先后共产生了 29 位诺贝尔奖得主,许多知名学者、政治家都在这里留下了他们的身影,包括物理学家爱因斯坦、普朗克,哲学家费希特、谢林、黑格尔、叔本华,神学家施莱马赫,法学家萨维尼等都曾在此任教。

相比欧美等地来说,我国大学起步甚晚,但相对并不漫长的中国近现代史来说,其历程却并不算短。迄今为止,校史超过 100 年的大学为数不少。改革开放 30 多年来,我国高等教育取得了重大进展,尤其突出地体现为基本改变了专科院校一统天下、综合性大学比例过低的局面;另一方面,办学规模有了明显增长,高等教育由精英型变成了大众型,高校为更多人提供了享受高等教育的机会。然而,办学历史与办学规模的极大发展,却并未给国际知识界贡献太多重量级的学术成果与文化巨子,我国大学的现状和大国崛起所必需的学术文化实力之间仍存在相当大的差距。这一点,迄今仍是阻碍我国文化软实力得以提升的重要障碍。

鉴往知来,对中国大学现状及其趋势的理解,需以历史为参照。所谓比较,主要有两种:横向和纵向。把二者交融进行纵横交错的比对考察很有必要。

实事求是地讲,新中国成立以前,中国大学尤其是民国中期的中国大学所取得的成就在世界上还是有一定地位的。如国立西南联合大学:国立西南联合大学自 1937 年 9 月至 1946 年 7 月,历时仅仅 9 年,却为新中国造就、培养出了大批优秀人才。其中有中国科学院院士 80 人,中国工程院院士 12 人,有诺贝尔物理奖获得者杨振宁、李政道,国家最高科学技术奖获得者黄昆,"两弹一星"功勋奖章获得者屠守锷、郭永怀、陈芳允、王希季、朱光亚、邓稼先,还有一大批人文社会科学方面的突出人才以及政治家和革命家。有人说国立西南联合大学 9 年培养的优秀人才比近百年来所有中国大学培养出来的优秀人才的总和还要多。为什么会是这样? 研究发现,这与彼时大学所倡导的文化、所塑造的大学精神不无关系。新中国成立以来,中国大学建设和大学教育走过了从分化到融合、从精英化到大众化、从百废待兴到百花齐放的发展历程。其间,从加强文化素质教育的探索到呼唤大学精神,从大学制度创新到大学文化建设等方向的学术研究也走过了不平凡的道路。我们可以这样认为,大学如同一个个体存在的人,不仅要有强健的体魄,也要有高贵的品格、高洁的灵魂和高尚的道德。丧失了独特的大学精神,培育不出优秀的大学文化,算不上一个大学。然而,近年来,办学指导思想的刻板、大学教育体系的僵化、学科专业设置的不科学、课程体系的不规范诸多内在因素和政治指导思想、教育管理模式、社会发展需求诸多外在因素共同导致了现今中国大学发展远远落后于发达国家。

大学发展的历史表明:大学要想快速科学的发展,必须具有高度的文化自觉性,知道自己的优势,承认自己的缺点,去粗存精、去伪存真,走自己的发展道路。

尽管以"211 工程""985 工程"大学为代表的一批国内高校都各有雄心壮志,有些学校还曾列出建成"世界一流大学"的时间表，但很多高校都还没有跳出"向国外一流大学学习"和"以欧美国家的世界一流大学为榜样"的思路。我们确实应当向发达国家学习好的教育经验，但更需要深入思考这样一个问题：我们简单地学习西方就可以建成中国的世界一流大学吗？前几年，不少人热衷于高等教育"与世界接轨"，但却很少有人去思考全世界的高等教育有无可接之"轨"？如果有，它是什么样子？退一步说，即使盲目接上了"轨"，就可以使中国大学成为世界一流大学了吗？

近 10 年来，中国的高校在硬件建设方面可谓突飞猛进，远远超过西方发达国家大学硬件建设的速度，与此同时，我国大学在创新性成果方面的进展却很难令人满意。我们有足够的上进心，却对办学理念缺乏更深入的研究与思考，大学制度在创新方面也明显不足。值得担心的是，高水平大学建设中的一些简单模仿的做法和思路是否会在若干年以后出现"邯郸学步"的结果。

中国大学如何跻身于世界一流大学行列？中国何以为世界一流大学发展做出自己应有的贡献？这是中国高等教育发展中必须首先冷静思考并给出确定回答的问题。但恰恰是在这个核心性问题方面，我们还没有找到明确的答案。

发展具有创新能力的高等教育，其当务之急和实施路径是尽早建设成一批具有国际性创新能力的世界一流学科，进而建设成世界一流大学。中国风格、中国气派、中国特色的高等教育之路在哪里，应当如何走？是亟需加强研究的。

马　寒

2012 年 6 月

前　言

本书编写是一个十分艰巨的过程,一方面是这个选题本身就很宏大,涉及大学建设的方方面面,既有内在因素又有外部环境,既有历史发展又有现实思考;另一个方面是本书涉及多个学科,如历史学、文化学、社会学、经济学、政治学、哲学、马克思主义学说诸多学科门类。写作难度大、历史跨越大、知识汇集程度高,数次思琢之下,故把本书定名为"裂变与整合:多元视域下的大学文化研究"。

本书旨在通过系统研究中国大学和中国大学文化发展史,总结中国大学和中国大学文化建设的基本经验与深刻教训,并针对存在的问题,提出可操作性强的解决方案,以期为高等教育管理部门和大学建设者们提供更多的可资借鉴的路径选择。本书共分为两个部分、十个篇章。上篇为大学与大学文化发展史论,以历史唯物史观为指导,以大学和大学文化发展的基本史实为依据,系统地梳理了大学和大学文化发展的基本脉络。下篇为大学文化建设论,对影响大学文化建设的内外部因素、当前大学文化建设存在的问题进行了全面系统的解析,对大学精神、大学制度文化、大学环境文化、大学行为文化、大学学术文化等具体文化的建设构想进行了深入细致的研究。同时,本书还在第十章对大学与大学文化未来的发展趋势进行了大胆的预测。这种分类方法虽不尽科学,但对系统研究大学与大学文化或许能起到提纲挈领的作用。

全书由郑州轻工业学院马寒主笔编著。郑州轻工业学院孔祥娟、闫宇豪、胡莹、袁杰、谭俊超、郭智荣,郑州大学马克思主义学院周辉,河南师范大学侯帅,郑州大学西亚斯国际学院王自芳参与编写。具体如下:

谭俊超　第一章

郭智荣　第二章、第九章第三节

孔祥娟　第三章、第四章

周　辉　第五章

胡　莹　第六章

闫宇豪　第七章

侯　帅　第八章、第九章第五节

袁　杰　第九章第一、二、四节

王自芳　第十章

在本书的编写过程中得到了河南省科技厅和郑州轻工业学院的大力支持,编写组对他们的大力支持深表感谢!同时,本书的编写还参阅了大量国内知名专家的著作、论文、评论等专题资料,部分在文后和页注位置以参考文献的方式列出,由于人数众多,不能一一列出,在此表示歉意并致感谢。

由于编写组水平所限,加之时间仓促,文中难免会有不妥之处,敬请批评指正。

本书编写组于河南郑州

2012 年 6 月

目　录

上篇：大学与大学文化发展史论

下篇：大学文化建设论

上篇：

大学与大学文化发展史论

第一章　大学与大学文化

　　一个缺乏文化魅力的大学,是一个没有前途的大学;一个缺乏精神支撑的大学,是一个没有生命力的大学。历史表明,大学自从其诞生的那一刻起,就与文化水乳交融、不可分割。大学在传承优秀民族文化、地域文化,以及一切人类文明成果的同时,又孕育出了独有的大学精神和大学文化,正是这种独有的大学精神和大学文化使得大学始终以高贵的姿态居于其他社会组织之巅。教育部部长袁贵仁先生曾撰文道:"文化是一个大学赖以生存、发展的重要根基和血脉,也是大学间以及大学与其他社会组织间相互区别的重要标志和特征。"[①] 随着经济社会的发展,而今的大学早已抛却了"象牙塔"的高贵,积极融入社会发展的洪流。大学职能的变迁和拓展,进一步提升了大学文化的品格。让我们先从历史的视野系统解读"什么是大学""什么是大学文化""建设什么样的大学""建设什么样的大学文化"这一系列大学建设发展的核心命题。

第一节　大学概说

　　大学与教育是密不可分的。教育是一个广泛而复杂的概念,它既可以表述为一个过程,也可以表述为一个理念。教育不是为大学所专有,而大学却是为教育所独享。至今为止,世界上没有任何一所冠名为大学的机构能与教育分离,能与知识传授、文明传承、道德教化、学术创新、技术创造等相分离。在研究大学始初,我们应当对教育进行相应的明析。

　　"教育"一词始见于《孟子·尽心上》:"君子有三乐,而王天下不与存焉。父母俱存,兄弟无故,一乐也;仰不愧于天,俯不怍于人,二乐也;得天下英才而教育之,三乐也。"《说文解字》解释为:"教,上所施,下所效也;育,养子使作善也。""教育"一词的汉字解释:"教"意为"老师全职授业",强调全日制和专职性质,这是从"孝"的本义引申和转义而来

---

　　① 袁贵仁. 加强大学文化研究,推进大学文化建设[J]. 中国大学教学,2002(10):4.

的。"孝"本指"子女为了全天照顾病危老人而彻底放弃田产和耕作",转义为"全脱产受课业",从而有了"老师全天专职教授"的意思,并进一步发展出"像侍奉父母那样尊崇老师"的含义。"育"字从"云"从"肉","肉"指"人体";"云"本义为"旋转聚合",如天空中四散的雾气通过旋转聚合过程而同化成大云团的一分子,转义为"同化"。所以"育"是指对已经存在于世的人进行同化工作,即对大学人灌输社会主流价值观,使之能顺利进入主流社会,成长为对社会有用的人;对野蛮人,则采取"一帮一",即一个文明人与一个野蛮人结对帮扶的方式促使其放弃落后的思想观念和习俗,转而尊崇和接受先进的中华文明理念和习俗。在西方,"教育"一词源于拉丁文"educare",本义为"引出"或"导出",意思就是通过一定的手段,把某种本来潜在于身体和心灵内部的东西引发出来。从词源上说,西文"教育"一词是"内发"之意,强调教育是一种顺其自然的活动,旨在把自然人所固有的或潜在的素质,自内而外引发出来,以成为现实的发展状态。

这里,我们可以看出,教育是从外化到内化的过程。这个化育的过程也并非由专门的教育机构所完成。那么大学与教育是什么样的关系?教育的发展、专业化和大学的产生、发展什么样的联系?如何从教育的视角解读大学?这些都是本章要解决的问题。

一、大学释义

大学究竟是什么?古今中外都有探索。《大戴礼·保传》中写道:"束发而就大学,学大艺焉,履大节焉。"据此,大学应当是学大艺、履大节的地方。汉代的太学、隋朝的国子监都是中国古代意义上的大学。中国古代四书之一的《大学》开篇之语,"大学之道,在明明德,在亲民,在止于至善",则可以说是从某个方面体现了中国古代大学的精神和理念。但一般来说,现代意义上的大学制度起源于中古时期的欧洲大陆,如德国的洪堡大学、法国的巴黎大学、意大利的波伦那大学等。大学自其出现之始,就因为其在文化传承和社会进步上的特别作用而有别于其他社会组织。特别是一些经历数百年风雨仍巍然自立的大学,因为其独特的风格和对人类的贡献而闪烁光芒。所以,大学是有精神的,唯其精神,使之能经世而独立,历久而弥新。

就大学的定义而言,可以分为狭义的大学和广义的大学两种类型:①狭义上的大学是专指综合性大学,也就是具有较强教学、科研力量,较高教学水平和相应规模,能够实施本科及本科以上教育,必须设立 3 个以上国家规定的学科门类为主要学科的大学,即综合性、多学科、高水平的全日制大学或综合性、研究型、国际化的全日制大学,如北京大学、清华大学等。②广义上的大学泛指各种性质、各种类型的高等院校,是高等院校的总称,包括公立大学和民办大学、独立设置的学院、高等专科学校、高等职业技术学院、高等成人大学等。

无论狭义的大学还是广义的大学,它们都具有大学的特质与共性,这是维系大学生存与发展的基本要素。

（一）大学以人才培养为根本

世界上具有现代意义的大学发展至今已有 500 多年的历史了,其中虽然受到这样或那样的原因发生过诸多的变革,但其作为人才培养基地的角色和功用始终没有变。时至今日,大学已经成为一个国家建设发展中不可或缺的重要组成部分,已经成为国家人才储备和国家综合实力竞争的重要依托。目前,大学人才培养的基本任务已经充分张显:

（1）培养坚定的国家信念和时代责任感。不可否认,任何国家的大学教育都是为本国的意识形态和国家利益服务的。就我国而言,主要是培养青年大学生的"四信",即对马克思主义主流意识形态的信仰、对建设中国特色社会主义的信念、对改革开放和现代化建设的信心、对党和政府坚强领导的信任。如果中国大学抛弃了这四个方面的教育理念,那结局可想而知,1989 年发生的"六四风波"就是一个很好的作证。

（2）传习知识,帮助受教育者建立合理的知识结构。知识传授是一个广义词,个体传授、家庭传授、社群传授、自我习成都在其列,但作为最具有系统性、前沿性、理论性的知识传习还是在学校尤其是大学。受教育者在大学里不仅可以学习知识,还可以运用学习的知识和实践经验创造新知识,并把新知识、新思想、新文化应用于生产、生活,推动国家和社会的发展。

（3）树立良性价值观,稳固受教育者的价值追求。按照马克思主义通俗的定义,价值观是指一个人对周围的客观事物的意义、重要性的总评价和总看法。而大学就是要在教育过程中融入对受教育者良性价值观的塑造,如"善""友爱""博大""坚韧"等等。

（二）大学以科研创新为动力

科研创新是大学的活力所现和动力所在。所谓科研创新理应包含两个层面的内容:

（1）科学技术的革新。科技是一套有系统的知识和方法,可改革或控制人类各项活动,提高人类活动的效能、效率和生活质量。近代以来,大学在科技革新中扮演着越来越重要的角色。以我国为例,据统计,"十五"期间,全国高校累计获得国家自然科学奖 75 项,占全国授奖总数的 55.07%;技术发明奖 64 项,占全国授奖总数（可公布项目）的 64.40%;科技进步奖 433 项,占全国授奖总数（可公布项目）的 53.57%。[①] 这些科技创新成果的成就一方面是巩固了大学在社会发展过程中的支撑地位,另一方面也推进了"科技强国"和"建设创新型国家"整体战略的实施。

（2）科技素养的提升。任何事物的发展都具有两面性,科技创新也不例外。大学在大力强化科技创新的同时,不可避免地强化了人们实用及功利的观念,大学人在享受科技创新带来的便捷和福利的同时,也带来了科技道德和科技伦理的困惑,如高科技犯罪在大学层出不穷等。这要求大学应把提升大学人的科技素养纳入科技综合创新之列,即如何在科技创新与遵守科技伦理之间找到一种应有的平衡。

---

① 陈至立.开创学校改革发展新局面[OL]. http://www.edu.cn/news_127/20060323/t20060323_160432.shtml.

(三)大学以服务社会为宗旨

服务社会并不是大学的附属性功能,而是大学的必然属性。自 1862 年,美国颁布实施了《莫里尔法案》(也称《赠地法案》)以及农工学院的兴起,为高等教育走向社会、打破古典高等教育"经院"式模式和功能局限创造了条件,高等教育的职能得到了极大的丰富,服务社会被提升为大学的第三大功能。克拉克·克尔在《大学之用》一书中就深刻地指出:"大学作为行会或学院联合体的时代已经结束,成为不同社会群体的联合机构、应对社会的多样诉求是大学的重要功能。"①"服务社会—推进社会发展—得到社会或国家力量支持—推动大学发展……"这一不断循环往复的良性运行模式逐渐成为大学发展的基本模式。

近代以来,自新式大学在中国的诞生之日起,"挽狂澜于既倒、救生灵于水火"成了大学融入国家振兴和民族解放的基本理念。"五四运动"、"一二·九运动"等反帝、反封、反官僚资本主义斗争无不张显了大学的国家责任和社会担当。新中国成立以来,尤其是改革开放 30 多年来,大学始终把服务社会作为立学之宗旨,秉承社会文明、服务社会发展,批判社会邪恶、弘扬社会正气,为推进中国特色社会主义事业发展贡献了巨大力量。

(四)大学以文明传承为己任

知识传承的过程本身就是文明传承的过程。大学作为知识的聚集地、创新地、发展地,理所应当承担一切人类文明成果的传承与创新。2010 年,胡锦涛总书记在庆祝清华大学建校 100 周年的大会上强调,全面提高高等教育质量,必须大力推进文化传承创新。这不仅体现了中央对文化传承创新的高度重视,而且赋予了大学新的责任和使命。当前,大学已经成为文化传承的重要载体和文化创新的重要基地,成为现代社会的知识工厂和思想库,成为促进科技进步的"孵化器"和社会进步的"加速器",对国家发展和社会进步的推动作用越来越突出。能否有效传承和创新文化,在很大程度上决定着大学的竞争力和创造力。文化传承创新包括传承、创新、交流等方面。传承、创新、交流,三者相互统一、相互促进。大学不仅要继承传统文化,更要推动文化创新、创造和传播先进文化;不仅要研究回答思想理论问题,更要研究回答重大现实问题,为国家和社会发展提供强大的精神动力。

二、西方大学的发展历程

(一)西方大学的产生

从功能上看,真正具有现代意义的大学产生于 11 世纪末的欧洲。如果从大学的产生渊源上来讲,长达 1 000 多年的中世纪已经不再是西方历史上一场可怕的梦魇,相反,

---

它是一个富有独创性的文化时代。现代大学的一系列组织结构和制度原则都与欧洲中世纪大学有着直接的历史联系,这些结构与制度在几百年的历史演变过程中都得到了巨大的发展与完善,在人类文明传承、延续与创造的过程中发挥了重要作用。

中世纪大学的形成,基本上经由两条途径:①由主教大学脱胎而成,这些大学往往由素负盛名的学者担任教师,各地青年慕名而来,逐步发展为大学。这种大学由教师掌管校务,称为"先生大学"。②以学生团体为中心,吸引名流学者前来讲学,也逐步发展为大学。这类大学由学生管理校务,如教授的聘请、学费的数额、学期的期限等都由学生决定,称为"学生大学"。西欧第一所大学是 11 世纪末产生于意大利的工商业城市波伦那的波伦那大学。1150 年,巴黎大学形成,后来巴黎大学中的英国学生返回祖国,于 1168 年组成了牛津大学。1209 年,从牛津大学分出一部分学生设立剑桥大学。12 世纪后意大利又成立萨拉尔诺大学,西班牙创立萨拉曼加大学,德国设立海德堡大学,奥地利开办维也纳大学,法国成立了奥尔良大学等。14 世纪末,欧洲已有 47 所大学,15 世纪末达 60 多所,大学已遍布欧洲各地。[①]

然而,中世纪大学并没有摆脱宗教的束缚,教会势力很快就渗进了大学。如巴黎大学到 13 世纪中叶,已完全为教会所操纵,大学的教学内容主要是经院哲学,讲座大多由僧侣把持,有自由思想的教师被排挤出校。14 世纪以后,很多大学实际上是教会开办的。尽管如此,大学终究不是教会大学,学生来源广泛了,教授也不全是僧侣,虽然神学的地位最高,但还有医科、法科和文科等。此外,中世纪大学虽然还不是近代学制中的高等教育阶段,但是,由于它重视传授文化知识,注重研究学问,促进了普通教育的普及和提高。总之,虽然中世纪大学有着诸多弊端,然而它毕竟提出重视人的理性,重视辩论,打破了传统的盲目信仰宗教的局面,对宗教是个挑战,促进了人的思想解放和自由发展。

(二)西方大学的发展

文艺复兴时期,欧洲大学得到了迅速发展。文艺复兴以后,由于大学在社会生活中发挥了重要作用,原先由学者们自发形成和组织的大学日益减少,而由国家或教会创建的大学迅速增加。巴黎大学建立后,法国许多城市在原主教大学、法律大学和医学大学的基础上也相继成立了大学。德国大学起步较晚,直到 14 世纪中叶才建立自己的大学。随着文艺复兴运动的发展,在 15～16 世纪,德国又出现了第二批大学,如 1457 年的弗莱堡大学、1477 年的杜宾根大学等。15 世纪的苏格兰也先后成立了 3 所大学,在数量上超过了英格兰。1410 年一批原巴黎大学毕业生开始在圣安德鲁斯大学任教,1412 年这所大学获得了罗马教皇的批准,于是苏格兰第一所大学宣告成立。1451 年滕布尔主教在市政府的支持下在格拉斯哥成立了第二所大学。1494 年威廉·埃尔芬斯通主教在阿伯丁成立了第三所大学。这样加上牛津大学和剑桥大学,15 世纪的英国共有 5 所大学。上述

---

① 林世选.大学践行人生[M].郑州:郑州大学出版社,2011:314.

大学都以当时公认的巴黎大学为榜样。如海德堡大学最初的文件规定:"将完全按照巴黎大学的大学法规和管理方法对海德堡大学进行组建、领导和管理。"①

由于国家和教会的积极参与,意大利、奥地利、西班牙等欧洲其他国家也继相出现了一些大学。这些大学基本上都仿效意大利波伦那大学和巴黎大学的模式。据统计,从13~15世纪,欧洲主要国家新建立大学的数量分别是:意大利17所、法国16所、德国16所、西班牙和葡萄牙各15所、英国4所、其他国家6所。在某种意义上说,这些新大学是在文艺复兴时期所倡导的思想文化风格和精神原则指导下建立起来的,它们在许多方面体现和反映了人文主义的旨趣和特征。

(三)西方大学的演化

20世纪70年代初,美国的特罗教授率先以美国高等教育发展进程中的量的扩张和质的飞跃为标准,把西方高等教育发展分为三个阶段:①一个国家高等教育所接纳学生数与适龄青年的比例在15%以下时属于精英高等教育阶段;②比例为15%~50%的属于大众高等教育阶段;③比例为50%以上属于普及高等教育阶段。② 在西方社会经历了文艺复兴,第一次、第二次工业革命等历程后,西方社会终于突破中世纪以来思想束缚,完成了历史性的社会剧变。研究发现,以德国和美国为首的精英大学正是一次推动社会变革的领头羊,带领世界大学整体性地完成了里程碑式的跃进。

以德国洪堡大学为首引发了第一次大学革命,这次革命贡献在于摆脱了中世纪以来宗教以及政府对大学的思想控制和管理控制,实现了大学第一次真正意义上的办学自主。中世纪以来,欧洲大学基本上由宗教控制,其教育目标带有宗教的性质,教皇在法学教学和证书授予中保持着垄断权,任何新建的大学必须由教皇谕旨颁准。教皇期待大学不仅为教会提供合格的神学家和法学家,还要求大学作为一种机构,在基督教的日常生活中发挥某种作用。同时,宗教又与政府存在着千丝万缕的联系,甚至完全不可分割,教会的利益就是政府的利益,教会的行为自然也成了政府的行为。教会与政府一起控制了大学思想和行为。普鲁士教育大臣、著名学者威廉·冯·洪堡创建了柏林大学,后改名为洪堡大学。他奉行大学独立、学术自由原则,主张大学应以完全的知识和纯粹的学术为目的,大兴科学研究之风,使大学的功能从单一的人才培养扩展为以教育和科学研究为中心,确立教学与科研合一、全面推行人文教育的办学宗旨。尊重自由的学术研究,成为洪堡大学的精神宗旨,洪堡"为科学而生活"也成为新大学的理想。随着德国综合国力的提升和文化辐射的拓展,以洪堡大学为首的德国大学发展理念迅速在全球得到了响应。中国的北京大学、清华大学等早期的发展也深受其影响。

在英国,大学也悄然发生着变化,但这些变化来源于当地的创新,而不是遵循外国模式。1800年存在的7所大学比大陆国家大学享有更多的自由,他们仍然保持从中世纪大

---

① 林世选.大学践行人生[M].郑州:郑州大学出版社,2011.
② 阿什比.科技发达时代的大学教育[M].北京:人民教育出版社,1983:139.

学继承来的大学组织结构,他们仍然以寄宿学院、为贵族服务以及导师校内指导为基础,以颁发学术学位为主要功能。牛津大学、剑桥大学、圣三一大学、都柏林大学仍然占据着大学的统治地位,为了打破这种传统格局,世俗当局在一些大的城镇建立了更为开放和灵活的新式大学。在 1832～1905 年期间,13 所地方大学获得皇家特许状,这些大学从世俗政府那里几乎得到所有的自主,这些大学由富人个人与群体及当地市政府赞助,引进了医学、工艺以及商业等大学课程。直到 19 世纪末,牛津、剑桥大学在某种程度上才承认依附德国大学模式,开始重视在教学中的科学研究,走向现代大学的发展模式。19 世纪末,以洪堡大学和柏林大学为代表的德国大学模式才开始影响到美国、日本以及其他国家。同时,传统英国大学和现代英国大学也混合着塑造着加拿大、印度、澳大利亚以及西非等国家和地区的新生学院和大学。

无论如何,站在现在大学发展的高度来看,洪堡大学、牛津大学、剑桥大学、圣三一大学、都柏林大学,以及随后而起的威斯康星大学、哈佛大学等无疑引领着一场世所罕见的大学革命。自此,大学服务社会、教研合一、注重人文精神和科学精神等现代大学理念渐渐成为大学发展的精神动力和不竭源泉,其历史地位和价值贡献是不容忽视的。

三、中国大学的发展变迁

(一)中国古代的教育发展

我国古代大学的设立大致起源于虞舜时期。虞舜时代有上庠和下庠,夏代有东序(大学)和西序(小学),商代有右学(大学)和左学(小学)。庠、序是早期的大学名称,是早期的教育场所。《礼记·王制篇》曰:"有虞氏(舜)养国老于上庠,养庶老于下庠,夏后氏(禹)养国老于东序,养庶老于西序。""国老"、"庶老"是负责教育的长者,"庠"、"序"是供国老、庶老教育学生的场所。虽然"庠"、"序"不完全是专门的教育场所,仍然兼有养老作用,但它们的出现表明与直接的生产劳动相脱离的专门的大学教育已经开始。当时的教育内容仍然保持着综合性的特征,把学习舞蹈、音乐、礼仪、语言文字和学习射箭、驾车等技能融为一体。包括礼、乐、射、御、书、数的"六艺"教育的萌芽在夏代已见端倪,经商代,至周朝而进一步完善。这时接受大学教育的学生,只能是奴隶主阶级的子孙。

随着生产力的提高、社会经济的发展和文化艺术的进步,周朝的大学教育在夏、商两代的基础上更加发达,并建立一套组织完备的学制系统。《古今图书集成》载:"周承四代之制,立四学于京师,辟雍居中(即成均),东胶在左(即东序),瞽宗在右(即右学),虞庠在国之西郊,其在侯国之都者曰泮宫,自乡遂而下,则庠序并设。"由此可见,西周的大学大致分国学和乡学两级。国学包括京师四学和泮宫,乡学指"庠"、"序"。

到了汉朝,汉武帝接受了大儒董仲舒、公孙弘等人的建议,成立了我国最早的最高学府——太学。太学设五经博士,有弟子 50 人。东汉时期,太学得到了极大的发展,汉顺帝时有 240 房、1 850 室,学生 30 000 余人。[①] 这时的学生,学习自主、言论自由、思想开放,太学生甚至可以参与政治,公开抨击朝政。

魏晋以后,又设国子学(或称国子监),专门招收贵族子弟入学,有时与太学同时设立。唐沿隋制,在京师设立国子监,长官称国子监祭酒,管理大学教育,总辖国子学、太学、四门学及律学、书学、算学等,"国子学(国子监)"这一名称以后一直沿用到明清。宋代除太学以外,还有律、算、书、画、医诸学。明清教育制度相近,中央有国子监,学生称贡生、监生。明代国子监分南北两监,在监读书的还有少数民族和日本、朝鲜等国学生。清代正式形成五贡:拔贡、优贡、副贡、恩贡、岁贡,他们都是地方上贡举到京师读书的。1905 年,清政府设学部,国子监废除。中国古代学制在完成其千余年的历史使命后,基本上到这时候终结了,但其基本学理、积蓄的文化、养成的传统和丰富的知识等,都成为后来的现代型大学不尽的动力和源泉。

(二)近代以来中国大学的形成与发展

按照华中科技大学欧阳康教授的说法,中国近代以来大学的形成与发展大致可分为五个阶段:第一阶段是 19 世纪末中国的大学,比如清华大学、燕京大学等,主要是学习借鉴西方大学模式而建立起来的,但是由于当时中国社会和文化具有浓厚的殖民和封建色彩,再加上战争的干扰,使中国大学也很难走出一条自身独立发展的道路。第二阶段是在 1949 年之后,特别是 1952 年院系调整以后,是中国大学在曲折性中发展的时期。这时中国大学向苏联学习,强调大学教育的直接应用性,走分科化和专业化的道路,原有综合性大学大多被解体了,留下了理科和文科,其他的学科被分离出来,学科专业的分离导致知识体系的分割。第三阶段是"文化大革命"时期,大学忽视了传承知识和发展文化的精神,大学教育发展缓慢。第四阶段是 1977 年恢复高考以后,中国大学教育迎来了它的"破冰之旅",从这个时期开始形成一个比较完备的知识和教育体系,并在改革开放中孕育大学精神。第五阶段是 1998 年以来,中国大学获得了前所未有的发展,这个时期开始了高校扩招和部分高校的合并重组,它使得一些主要大学学科交叉与融合得以展开,真正开始具备综合化教育的能力,为培养全面发展的人才提供了可能。[②]"五阶段"说基本上勾勒出了近代以来中国大学产生、成长、发展的历史过程,是较为中肯的划分方法。

我国近代大学诞生于清末,以京师大学堂创办为标志。京师大学堂以日本帝国大学(仿欧)为蓝本,设计其组织机构与学科构架,呈现了极为鲜明的西方色彩。京师大学堂分科大学开办仅 1 年多,辛亥革命迅即爆发,把中国推入新的历史时期。1912 年 1 月,中华民国临时政府在南京宣告成立,孙中山就任临时大总统,蔡元培被任命为首任教育总长。1912 年 5 月,京师大学堂改名为北京大学,严复出任北京大学第一任校长。1917 年 1 月,从德国留学回国的蔡元培就任北京大学校长。自此,北京大学的历史翻开了灿烂的

---

① 王凤喈.中国教育史[M].福州:福建教育出版社,2006:92.
② 欧阳康.大学·文化·人生[M].武汉:华中科技大学出版社,2009.

一章。蔡元培上任伊始,便按照德国的综合大学的理念与理想,对北京大学的学科、组织、管理等体制进行了全方位的改革。蔡元培从大学是研究高深学问的理念出发,将"学"与"术"分立,主张大学推崇"纯粹的科学",把北京大学的发展目标定位在办成世界著名的文理科为主的综合性大学,成为中国研究学理的中心即最高的文化中心。鉴于上述观点,蔡元培对北京大学的学科设置进行了重点调整与变革。

在北京大学蓬勃发展之时,在南京的南京高等师范大学也扬起了向综合大学迈进的旗帜。1919 年 9 月,留美教育学博士郭秉文正式担任南京高等师范大学校长。此时,国内高教界经过"五四运动"的洗礼,办学理念有了新的变化,其中,最为重要的一点是更加体悟到文理科对当时中国社会变革的巨大影响与推进作用。1920 年 12 月,在郭秉文的竭力坚持下,国务会议上全体通过,成立"国立东南大学"。茅以升称道:"本大学学制,以农、工、商与文、理、教育并重,寓含深远,此种组合为国内所仅见,亦即本大学精神所在也。"[1]它不仅在东南地区是一所最高学府,在全国也是一所独一无二的新型的综合大学。当时,有人评价道:"北京大学以文史哲著称,东南大学以科学名世。然东南大学文史哲教授实不亚于北京大学。"至此可见,郭秉文的综合大学观呈更大的开放性与兼容性,具有明显的美国色彩;而蔡元培则渗透着德国的"洪堡传统",一北一南,显示着中国近代大学开始了"大陆模式"与"美国模式"全面借鉴与融合的趋势。1924 年 2 月,北洋政府教育部重新制定并颁布《国立大学条例》,以法律形式,基本上承认和肯定了蔡元培、郭秉文的大学改革。它的颁布标志着中国近代大学根本性质的转换和从仿日至仿美这一过程的完成。

从 1898 年京师大学堂创办到 1948 年的 50 年间,我国大学曾经受到清朝腐败、北洋军阀混战以及抗战、国民党反共等时势与政策的深度冲击与影响,遭遇了很大困难,但总的来说以北京大学、清华大学、南开大学、南京大学、浙江大学、复旦大学、中山大学等为代表的一批大学没有改变其内在发展逻辑,仍锲而不舍地实现着办综合大学的目标,从而保证了我国近代大学发展的正确方向。

表 1-1　中国早期 10 所典型大学发展概要[2]

校名	创建与结束(年)	创建者	演变过程
澳门圣保禄学院	1594～1762	天主教耶稣会	澳门圣保禄学院是一所西式大学,其结构已基本具备现代大学的模式,1762 年关闭。
之江大学	1845～1952	美国基督教北长老会	崇信义塾—育英义塾—育英书院—之江学堂—之江大学—之江文理学院
圣约翰大学	1879～1952	美国圣公会	圣约翰书院—圣约翰学校—圣约翰大学

① 吴民祥.流动与求索:中国近代大学教师流动研究[M].杭州:浙江教育出版社,2010:50.
② 赵存生.世界多元文化激荡交融中的大学文化[M].北京:高等教育出版社,2008:152.

续表

校名	创建与结束(年)	创建者	演变过程
金陵大学	1888~1952	美国卫斯理会	汇文书院—宏育书院—私立金陵大学
岭南大学	1888~1952	美国基督教	格致书院—岭南学堂—私立岭南大学
武汉大学	1893	国立	自强学堂—方言学堂—武昌军官学—国立武昌高等师范学校—国立武昌师范大学—国立武昌大学—国立武昌中山大学—国立武汉大学
北洋大学	1895	国立	天津北洋西学学堂—北洋大学堂—北洋大学校—国立北洋大学—北平大学第二工学院—北洋工学院—天津大学
交通大学	1896	国立	南洋公学—商务部高等实业学堂—邮政部上海实业学堂—南洋大学—交通部上海工业专门学校—交通大学
浙江大学	1897	国立	求是书院—浙江求是大学堂—浙江大学堂—浙江高等学堂—浙江高等学校—国立第三中山大学—国立浙江大学
北京大学	1898	国立	京师大学堂—北京大学—京师大学校—西南联合大学—北京大学

(三)新中国成立后的大学发展

新中国建立以后,尤其是改革开放以来,我国大学获得了历史性的大发展、大跨越。以后章节将对此有重点论述,这里只通过一组数据对比说明新中国成立以后大学的发展成就。

1977年国家刚刚恢复高考时,全国约有570万人报考大学,当年录取人数约为27万,录取率约为4.7%。到2010年,全国各类高等教育总规模达到3 105万人,高等教育毛入学率达到26.5%。全国共有普通高等学校和成人高等学校2 723所。其中,普通高等学校2 358所(含独立学院323所),成人高等学校365所。普通高校中本科院校1 112所;高职(专科)院校1 246所。全国共有研究生培养单位797个,其中高等学校481个,科研机构316个。全国招收研究生53.82万人,其中招收博士生6.38万人,招收硕士生47.44万人。在学研究生153.84万人,其中在学博士生25.89万人,在学硕士生127.95万人。毕业研究生38.36万人,其中毕业博士生4.90万人,毕业硕士生33.46万人。[1]

---

[1] 教育部:2010年全国教育事业发展统计公报,2010-08-04.

普通高等教育本专科共招生 661.76 万人;在校生 2 231.79 万人;毕业生 575.42 万人。成人高等教育本专科共招生 208.43 万人;全国高等教育自学考试学历教育报考 965 万人次;普通高等学校本科、高职(专科)全日制在校生平均规模为 9 298 人;普通高等学校教职工 215.66 万人。普通高校生师比为 17.33:1。①

普通高等学校校舍总建筑面积为 74 604 万平方米(含非产权独立使用);教学科研仪器设备总值为 2 279 亿元。②

从数据对比可以看出,我国高等教育事业的发展取得的成就是巨大的,它不仅意味着教育对象的增加,更重要的是更大范围的青年大众接受高等教育的权利得到了保障,使得接受更高层次教育的权利不再为少数精英群体所独享。这既是教育事业的进步,更体现了社会事业的进步。当然,正在迅速走向现代化和世界化的中国大学,需要借鉴国外先进的办学理念和成功经验,树立举世公认的大学原则和大学精神,逐渐走出一条具有中国特色的大学发展之路。

第二节　大学文化的内涵与功用

大学文化是人类社会长期累积的优秀文化的缩影,是一种追求真理、崇尚学术、严谨求实的文化,是一所大学赖以生存、发展的重要根基和血脉,也是大学间相互区别的重要标志和特征。《大戴礼·保传》中讲:"束发而就大学,学大艺焉,履大节焉。"认为大学应当是学大艺、履大节的地方。《大学》中讲"大学之道,在明明德,在亲民,在止于至善"说明大学是个明德、亲民、引人向善的地方。德国古典哲学家康德认为,文化就是指那些属于使人愈来愈远地摆脱动物界的人类内在的规定性。据此,我们可以这样认为,大学文化就是使大学中的"人"越来越成为真正意义上的人。大学中的"人"具体包括有教职员工、学生和管理者。其中,教师是办学的主体,是一所大学的声誉与象征;学生是教育的主体,大学的一切办学活动归根结底是为了培养学生成人、成才、成功。大学教师与学生相互作用,构成了尊师爱生、教学相长、民主平等的学术共同体。从这种意义上讲,大学文化的实质问题就是"大学人"的问题,大学文化实质上即是"大学人的文化",是大学人自己的本质力量外化与对象化的创造结晶。③

一、大学文化的内涵

大学文化是由生活、工作、学习于同一所大学的大学人,在长期的办学实践过程中共

---

① 教育部:2010 年全国教育事业发展统计公报,2010-08-04.
② 教育部:2010 年全国教育事业发展统计公报,2010-08-04.
③ 韩延明.如何强化大学文化的育人功能[J].教育研究,2009(4).

同培育形成的,并被普遍接受、认可、遵循和受其约束的基本价值、行为规范及其物化形态的总和。

大学文化是大学发展延续的必然产物,这是由大学的性质、使命和基本功用所决定的。大学发展的直接目标是实现其教化民众的工具理性目标,而最终的目的是实现其服务民生的价值理性目标。要发挥大学服务民生的价值理性目标,引领时代精神的作用,需要提升大学的发展理念,而理念的形成在于大学文化。

文化在人类学家看来是一种生活方式,一种精神状态。泰勒认为:文化或者文明,就其广泛的意义而言,是一个复合性的整体,它包括知识、信仰、艺术、道德、法律等一切人类所能习得的行为和习惯;斯图尔德认为:文化包括物质、技术等边缘文化和思想、精神等中心文化;格尔茨认为:文化是人类编制的意义之网;李亦园认为:文化包括可见文化与不可见文化两个部分。不可见文化又包括:物质文化(技术文化)、伦理文化(社群文化)、精神文化(表达文化)。可见,研究大学文化,必须明确几个前提:①文化是一个综合体;②文化具有习得和传承的属性;③文化具有层次性和差异性的特征。大学作为一个实体机构组织,其实践的主体、实践的对象和服务的对象都是人,以及由人组成的社会,因而其文化的精髓应为大学建立之初所秉承的时代精神以及对传统文化精粹的认知。也就是说,大学文化建设的重点应在精神文化或表达文化上,其应是大学文化的核心。当然文化是一个复合性的整体,精神文化的建设也离不开技术文化和社群文化的协同并进,即大学需要大师也需要大楼,二者应该做到相辅相成。

(一)大学文化是依托于大学建设发展的文化模态

大学自产生以来就是人类智慧和知识产生、汇集和向外辐射和传播的场所。在信息时代带来的众多机遇中,大学的人才培养、科学研究、服务社会和文化传承的职能将更加显著。大学的地位从昔日处于社会的边缘走向社会的内核,成为人们注目的中心之一。"只有深刻地认识现代大学,才能更深刻地认识高等教育。只有现代大学充满生机和活力,高等教育面临的问题才能得到比较好的解决,现代社会才能更好地向前发展"[①]。现代大学的本质是一个文化单位。大学与文化是相生相承的依存关系。历史证明,没有良好文化作为支撑的大学,不仅不能称其为大学,而且终有被淘汰的一天。

理想与现实本是一对矛盾。长期以来,认识论主张大学的真理性、学术性,政治论主张社会性、适应性。一个更为理想化、一个更为现实化,因此必然发生冲突,而且确实带来了冲突,解决的办法是寻觅一条整合的道路。如何既能符合认识论,又能兼顾政治论,将二者较好地整合起来,是学术界关注的焦点。他们尝试用文化哲学解决大学崇尚学术与服务社会的矛盾,尤其渴望找到解决我国当前高等教育改革与发展的良策。我们推崇他们的观点,因为无论从大学的产生来看,还是对大学的本质而言,大学就是文化。正如教育部部长袁贵仁所言:"在一定意义上可以说,大学即文化。"大学的教育教学过程,实

---

① 王冀生.现代大学文化学的基本框架[J].中国高教研究,2002(1):34.

质上是一个有目的、有计划的文化过程。所谓教书育人、管理育人、服务育人、环境育人，说到底都是文化育人。大学传统、大学精神，实际上是大学的文化传统、文化精神。文化是一个大学赖以生存、发展的重要根基和血脉，也是大学间相互区别的重要标志和特征。这使我们有必要思考大学应该有什么样的文化。

美国加州大学前校长克拉克·克尔曾做过一个统计，发现在1520年以前，全世界建立的组织中，现在仍然用同样的名字，以同样的方式做着同样事情的只剩下85个组织，这85个组织之中有70个就是大学，另外15个是宗教团体。① 为什么一个大学可以作为一个独立存在的单位始终保持常盛不衰呢？北京大学张维迎教授归纳有五个原因：①大学具有最为忠诚的客户和品牌；②大学的持续的核心理念；③大学有着为这种核心理念而奋斗献身的一支师资队伍；④大学有着宗教式的组织文化；⑤大学本身是一个不断反思和创新的组织机构。② 我们认为品牌和理念以及师资队伍为之奋斗献身的理念就是观念形态的文化，不断反思和创新就是创造文化的过程，宗教式的组织文化属于大学的制度文化和精神文化。由此可以得出大学文化是大学存在的理由。

如果按照目前比较普遍接受的文化定义，即"文化是人类创造的物质财富和精神财富的总和"以及"文化是人类的全部生活方式"，那么大学文化可以定义为"大学人创造的物质财富和精神财富的总和"以及"大学人的全部生活方式"。可以看出，这样的定义难以辨别不同国家大学的不同文化传统，不同类型大学的不同文化风格，不同层次大学的不同文化底蕴。

一般来讲，确定一个对象的概念，应该首先弄清楚该对象的本质，因为本质的东西是一事物区别其他事物的主要标志。我们认为应从四个方面来认识大学的特征：①从大学的教育属性来看，大学是实施高等教育的主要机构，而高等教育是在完成高中教育的基础上实施的专门教育，与中小学校的主要区别在于专业性；②从大学的组织属性看，大学的使命是产生和传播知识，与其他经济组织、社会组织的区别在于学术性；③从大学的功能属性看，大学主要承担人才培养、科学研究、服务社会和引领社会前进的任务，与科研院所的区别在于综合性；④从大学的运行属性来看，一切机构的设置、制度的出台都应围绕学科建设，因为学科既是大学组织的基础，又是大学发挥作用的平台，而且大学的主体人员以追求真理为理想，与其他机构运行的区别在于自由性。综上所述，大学是研究高深学问的地方，而且与文化有着密切的关系，其本质是在积淀和创造的深厚的文化底蕴的基础上传承、研究、融合和创新高深学问的高等学府。大学文化应该是由生活、工作、学习于同一校园的全体师生员工在长期的办学过程中共同培育形成的并被普遍接受、认可、遵循的基本信念、态度和规范。它依托于大学而生存和发展，但其又能独立于大学而存在，并且在其发展的过程中大学文化常游离于大学之外，成为社会文化思想的重要来

---

① （美）克拉克·克尔.大学之用[M].北京:北京大学出版社,2008:164.
② 张维迎.大学的逻辑[M].北京:北京大学出版社,2004.

源,成为社会运动的重要精神支撑和理论指导。

(二)大学文化是以推进大学发展为基本目标的文化模态

大学文化与大学发展是互为依存的关系,大学文化存在的价值是推进大学发展。

(1)大学文化促进了大学人的主体积淀和人文创造。固然,大学文化的形成与发展是与人类文化的历史积淀和整体外部环境影响分不开的,但必须指明的是大学文化主要是以杰出校长、知名教授、优秀学生和管理精英为核心的大学人的主体积淀和人文创造,正是这些大学人在长期的教育教学实践中积淀形成了良好的大学文化底蕴。以笔者所在的郑州轻工业学院为例,这是一所轻工类为主的大学,原归属于国家轻工业部。1998年,轻工业部撤销后,学校始终坚守着那份专一治学的精神。在这种精神的激励下,学校仅2011年就完成了四件"大事":河南省人民政府与国家烟草专卖局共建轻工学院、成功入选国家"卓越工程师教育培养计划"试点高校、获批教育部科技创新团队、"多尺度复合功能材料"团队成功入选教育部"长江学者和创新团队发展计划",成为河南省普通高校内涵建设的佼佼者。这种专一的治学精神是30多年来,学校历代师生共同创造的,前任校长李先贤在一次专题讲座中指出:"'为之则易、不为则难'的精神是全体轻院人的智慧凝结,它要求全体轻院人要有一颗甘于平淡、常葆清静的心境。这也是工科院校严谨治学精神的具体化。"

(2)大学文化促进了大学卓越管理特色的形成。哈瑞·刘易斯在其著作《失去灵魂的卓越》一书中指出:"哈佛要求所有的终身职申请者都必须经由国际搜索,通过包括外请专家的专门委员会,所以相比起其他同等大学而言,其校内教师能够获得终身职的人数实在太少了。芝加哥大学向50%～60%的文理科教师授以终身职。而在哈佛大学,这个数字有段时间曾经不到5%。相反,哈佛大学典型的做法是把年轻教师请走,再把处于学术生涯较晚阶段的人请来。"为什么哈佛大学的做法会与众不同? 为什么即便它的做法看似有点叛经离道,却赢得了哈佛大学全球最好大学的声誉? 我们想这就是哈佛大学特色管理文化使然。相比之下,当前,我国大学的管理基本趋同,敢于尝鲜者如凤毛麟角。以正在筹建的南方科技大学为例,南方科技大学自创始就倡导要立志于与世界接轨,全新于当前中国大学管理运行模式。2011年5月24日,深圳市政府出台了《南方科技大学暂行管理办法》在总则中规定了"南科大全面贯彻国家的教育方针,以培养创新型人才为核心,通过知识创新和技术创新,为地方和国家发展服务,探索建立具有中国特色的现代大学制度,建设成为国际知名的高水平研究型大学。南科大坚持追求卓越、学术自由、学者自律的大学精神,遵循理事会治理、教授治学、学术自治的原则,培育和发挥大学应有的活力和创造力,实行党委领导下的校长负责制,并按照本办法和南科大章程对大学实施管理"。仅从文字上理解,好像南方科技大学并没有什么异于中国其他大学的地方。南科大这几年围绕着招聘教师、招收学生等问题在国内引起了不少的争议。何以至此? 我们想除了固有的体制因素外,文化根基的薄弱可能也是不可小看的因素吧!

(3)大学文化促进大学学科建设的整体均衡分布。大学有基础学科、应用学科之分。

基础学科往往关系到社会的根本问题,关系到文化中较高的部分,而应用学科往往迅速地为社会现实服务,适应市场和社会现实需要。大学里一定有这两个部分,可这两部分谁轻谁重却是关系到大学基本精神的重要问题。而那些最好的大学在这个问题上是非常清楚的,它一定是重精神重基础学科重学术。正如红衣主教纽曼在 100 多年前都柏林大学建立时赞同的精神一样,他主张"博雅知识",认为一切有用的知识(或者应用学科)是"一堆糟粕"。① 虽然纽曼的主张有点极端,但至少有一点是正确的,大学不应放弃基础学科的研究,而过分注重应用学科。然而,100 多年后的今天,纽曼的担心得到了应验。为数众多的大学毁弃了固有大学文化和优秀传统,变成了"名利场"。基础学科的地位岌岌可危,而应用学科(或赚钱学科)开办得如火如荼。我们认为,在以后的大学发展中,大学文化应起着越来越重要的协调作用,促进大学学科的整体均衡发展。

(三)大学文化不是以利益追求而是以精神追求作为崇高价值标准的文化

不以利益追求而是以精神追求作为崇高价值标准是大学文化的重要特征。这个特征客观上造就了大学这一社会组织独有的纯洁性和清高性。在这里我们要通过一个例子来说明。1982 年,牛津大学曾拒绝了一位沙特富翁 1 000 多万英镑的捐款。原因在于这位沙特富翁在捐款时提出了附加条件,要求牛津大学办一所以他名字命名的商学院。牛津大学董事会经过讨论,认为不能够因为钱而放弃大学独立自主的传统,不能开大学受制于个人的先例,毅然拒绝了唾手可得的巨额钱财。牛津大学并不是不需要钱,而是不愿意把自己的命运交给别人,所以,当资金的获得需以自由研究和独立决策的丧失为代价时,牛津大学毅然地放弃了。这一方面是对大学精神的守护,另一方面也是具有悠久历史的大学精神对决策者影响的结果。

而今,处在中国改革开放大潮和市场经济背景下的中国大学,尤其是 20 世纪末"教育产业化"的提出,把大学推到了市场经济的前沿,大学里的任何正常的教育教学行为都为金钱和物质获取来衡量,抛弃了大学公益性、纯洁性和平等性的基本理念,以致大学到处充满着金钱和权力的味道。清华大学的"真维斯楼"事件、北京大学的"汇丰商学院"事件等都是很好的例子。清华大学目前对外报价,尚在筹款的建筑物冠名中最贵的是清华大学球类馆建设,需要 1.38 亿元;清华大学汽车系新馆建设,报价为 1.2 亿元;其他的还有航空航天大厦建设,需要 1 亿元冠名。

大学文化是大学发展的风向标,从一般意义上讲,大学的发展方向决定着大学文化的发展方向。但始终如一地守护着大学的洁净却是大学文化的最为重大的功用。国外知名大学的建设发展积累的经验理应成为我们今天建设具有鲜明社会主义特征大学的养料。

(四)大学文化是区别于社会其他文化形态拥有自我特色的文化

大学文化是拥有自我特色的文化,即大学文化与社会流行文化、时尚文化等都保持一定的距离。社会上流行什么文化在大学里不一定要流行,也就是说大学文化不能赶时

① 克拉克·克尔.大学之用[M].北京:北京大学出版社,2008:9.

髦,应时时保持洁身自好。

纵观现代大学发展史,文化特色始终是大学办学最主要的目标之一,是大学产生发展的基因密码,也是一个大学演化进步的精神旗帜。从这个意义上讲,特色文化是大学的个性和质量,文化特色是大学的竞争力和生命线。因此,每所大学都要根据自己的办学传统、资源条件等形成文化特色,这不仅对于高等教育合理布局、科学发展具有重要意义,而且是建设特色型大学以及高水平大学的重要途径之一。

大学文化特色来源于大学特色。所谓文化特色,是指大学在一定办学思想指导下和长期办学实践中逐步形成和培养起来的比较固定的被社会广泛认可的特性,具有学科特色突出、行业贡献特殊、服务指向明确、人才培养专业的文化创新。一所大学文化特色的形成是一个长期的、渐进的历史过程,同时又是一种特有的文化嬗变现象。

大学的文化特色可以在多层次、多方面形成和体现。从大学特色的内容上看,它主要体现在办学思想的特色,包括办学主张的特色、办学理念的特色等;办学模式的特色,包括目标模式特色、结构模式特色、体制模式特色与运行机制特色等;办学主体的特色,包括校长的特色、教师的特色与学生的特色等;办学环境的特色,包括外环境与内环境特色、硬环境与软环境特色等;育人模式特色,包括育人规格与育人质量特色等。大学文化其本质是指导学校和全体师生员工的一种价值理念;就其内容来讲,则主要是指学校发展战略、制度安排与办学特色在师生员工理念上的反映,它要求人们在价值观念上能够认同学校发展战略、制度安排与办学特色。因此大学应该将自己的特色当做一种文化来建设,并将其内化为学校和全体师生员工的自觉行动和行为规范。

作为一种特有的文化现象,大学文化特色一旦形成,其所产生的影响与功效是多方面且深刻、持久的。而其中尤为突出的就是对学校的生存与发展所产生的积极、深远的影响与效应,具体表现在以下几个方面:①稳定性。文化特色的形成是一个不断积累、完善、创新的实践过程,是大学继承历史积淀的办学传统与创新发展的现实选择的有机结合。文化特色是大学一以贯之的价值取向和办学追求,能够在实现学校功能中稳定、持续、高效地发挥作用。②优质性。文化特色应该是一种优于其他大学特别是同类大学且具有比较优势的教育资源,这种"人有我优"的优质风貌可以体现在办学的体制和制度安排等不同方面,它既表现为办学的科学性,又表现为对提高教育教学质量作用的重要性。这是文化特色的内在价值。③独特性。独特性是指在本校特有的,不同于其他大学的具有"人无我有、人优我特、人特我新"的文化特色,具有鲜明的个性、独特的品质和行为模式,其作用主要反映在人才培养质量的成效上。④指导性。文化特色对优化人才培养过程具有普遍的指导意义和全局的指导作用,具有应用、推广价值以及示范作用和放大效应。⑤认同性。文化特色的价值取决于学校在实现人才培养、科学研究和社会服务的功能中做出的被社会广泛认同的实际贡献。文化特色是大学市场价值与竞争优势的完美结合,它既需要广大师生员工的认可,更需要社会的认同。认同性是大学文化特色的最终评判标准。

二、大学文化的构成

因为大学文化是归属于文化大范畴内的子概念,所以要研究大学文化的构成必须要从文化的构成上来理解。社会学理论认为,自然界本无文化,自从有了人类,凡经人"耕耘"的一切均为文化,即文化是与自然现象不同的人类社会活动的全部成果,它包括人类所创造的一切物质的与非物质的东西。符号互动理论认为,文化的意义是由涉入其中的社会行动者所提供的,对于人类行为具有重大的影响。结构功能理论认为,文化对个体的社会行动具有特别重要的意义。正由于"文化系统"定义了一个社会角色及其期望的模式化或制度化体系,使得个体互动体系,即"社会系统"拥有了共享的有意义的符号,从而使社会行动者能够相互沟通,文化就是借助这些价值与规范来引导社会中个体的行动。当文化提供了塑造社会角色行动的价值与规范时,它在社会学意义上就是至关重要的。从这样的视角来看,社会秩序是通过个体对社会生活中的正式和非正式的文化模式的遵从而形成的,这种遵从大部分是无意识的。

由此观之,大学文化应当是一种由大学人(包括大学领导、教师、学生和管理人员等)参与其间的针对大学这一特定群体而言的特殊文化,是一所大学特有的、区别于其他大学的,由该所大学的全体师生员工所实现和体现着的,并被社会公众普遍认同的价值标准、行为规范及其物化形态的总和。从社会学理论上来考量,大学文化归属于社会文化的一部分,同其他社会文化形态一样,大学文化同样包含有三个层面、十一个大类。如下表所示:

表 1-2　大学文化的基本构成

大学文化		
精神层面文化	器物层面文化	行为层面文化
● 大学精神	● 大学环境文化	● 大学制度文化
● 大学历史文化	● 大学建筑文化	● 大学学术文化
● 办学理念	● 大学标识文化	● 大学组织文化
● 校风、学风、教风		● 大学行为文化

这三种层面的文化是彼此相关、不可分割的,它们的相互作用、相互影响共同构成了大学文化的生态系统。

(一)精神层面文化

大学的精神文化是大学的灵魂,也是大学区别于其他社会组织的根本所在。一般来讲,大学的精神文化包括:大学精神、大学理念、大学历史传统三个方面,其中,大学精神是核心,居于首要位置。大学精神是一所大学在其成长的过程中,对自身的价值追求和办学观念进行内化、升华、凝炼以及理论化的结果,是带有大学自身特点的人文精神和科学精神的综合体现。① 大学理念是大学精神的组成部分,又区别于大学精神,它主要体现在大学功能与定位、教育教学、人才培养、师资建设、学科建设、科学研究、社会服务诸多方面的内在规律及相互关系等相关大学建设发展具体问题的基本观念和基本态度。大学历史传统是大学在长期的办学实践过程中积累的优秀文化精粹,包括传承下来的校名、校训、校徽、校歌等有形文化,以及校风、教风、学风等无形文化。三个层面各有侧重,大学历史传统是一种客观存在,一般很难发生改变,是大学的形体;大学理念是大学办学治校的基本观念和现实做法,必须随着大学发展和社会发展而不断变化,以适应两者的发展需求,大学理念是大学的血脉。与大学理念相比,大学精神更关注文化价值和大学理想的追求,展现了大学自身的气质、品格与神韵,大学精神是大学的精气神。

（二）器物层面文化

原清华大学校长梅贻琦讲:"所谓大学者,非谓有大楼之谓也,有大师之谓也。"梅贻琦于 1931 年开始担任清华大学校长。任职后多次阐述"所谓大学者,非谓有大楼之谓也,有大师之谓也"、"师资为大学第一要素"等办学至理。他认为,大学"应有两种目的,一是研究学术,二是造就人才"。原北京大学校长许智宏也有过类似的表述:"大学之'大',不仅在于'大师'、'大楼',更在于有一批'大'学生。我们不能设想一所大学没有宽敞明亮的大楼,也不能设想一所大学没有学富五车的大师,但更不能设想一所大学没有一批朝气蓬勃、奋发向上的'大'学生,只有这些年轻的面孔,才是一所大学的精魂之所在……大学,因大楼而大,因大师而大,更因'大'学生而大,理固宜然。"由此不难看出,关于大学、关于大学文化的研究与论争,不外乎"道器之争"。② 所谓道器之争即何为主、何为辅之争。在我们看来,大学精神层面文化固然重要,也理应重要,但如没有器物层面文化的支撑,也是不可的。器物文化是大学的有形文化,主要包括:构成大学学术基础的学科、专业、课程和教学体系;从事教学、管理、服务的教工队伍;大学主体构成的学生群体;教室、图书馆、实验室、校园网络、宿舍、办公场所等基础设施;优美的校园环境和文化标识等。大学的器物文化是大学精神文化的承载体,是大学发展的基础。

（三）行为层面文化

行为层面文化反映着大学人组织行为特点,彰显了大学自身、大学与社会、大学与政府诸要素之间的关系,是促进大学物质文化和精神文化协调发展,并将其转化为高效有序行动的保障。行为层面文化主要包括:大学制度文化、大学学术文化、大学组织文化、大学行为文化等。

一般来讲,大学行为层面文化主要受两个方面的制约:①外部要素的制约。主要指国家政策、社会发展需要对大学行为的规范、引导和制约。例如,2010 年国家出台《2010～2020年国家教育中长期发展规划纲要》,对大学未来 10 年的办学、建设、发展

---

① 傅林.世纪回眸:中国大学文化研究[M].北京:教育科学出版社,2009:26.
② 黑明.走进北大[M].北京:文化艺术出版社,2010:6.

等提出了明确要求,在一定程度上引导了大学行为;再如,目前席卷全球的国际金融危机对包括中国在内的就业市场产生了重大的影响,客观上要求大学要理清发展思路、转变办学行为、调整学科专业、变换人才培养模式等。②内部要素的制约。主要指大学确立的运行体制、组织结构和管理制度等。虽然,存在于当前中国的有重点大学、普通大学、特殊类别大学(如军队院校、警察院校、司法院校)、民办大学、高职高专等种类繁多的大学,都有其特有的运行体制、组织结构和管理制度,相比较而言,差异还比较大。因为有运行体制、组织结构和管理制度的差异,那么受此制约的大学师生群体行为也会有差异。

总之,随着大学在现代社会经济发展中地位和作用的变化,现代大学文化构建已不再是纯粹学院式的内部科学研究,而是要受到"象牙塔"外的政治、经济、文化、社会诸多因素的刺激与作用。系统理论认为,系统是许多组成要素保持有机的秩序向同一目的行动的东西,即由相互作用和相互依赖的若干组成部分结合成具有特定功能的有机整体,而且这个系统本身又是它从属的更大系统的组成部分。大学文化作为大学存在与发展的文化支持系统,既是现代大学的一个重要组成部分或子系统,又从属于社会文化大系统。同时,大学文化自成体系,通过指导大学建设、培养学生、创造精神文明等强烈地作用于社会。因此,从社会学的视角认识现代大学文化的存在状态,综合研究其系统整体和各组成要素的相互联系,并将其放在更大的社会系统之中加以考察,才能从整体上探索问题、把握问题。这既是现代大学文化构建研究范式上的一个突破,也符合现代大学发展的实际。

三、大学文化的功用

朱崇实教授曾把大学文化的基本功用归纳为三个方面:在自由的思考与平等的交流中培养人才,在宽松的氛围与激励的气息中研究学问,在独立自主和人文关怀中服务社会。① 一般来讲,大学具有四种功用,即人才培养的功用、科学研究的功用、服务社会的功用和文化传承的功用。大学文化的功用是依托于大学的功用(又区别于大学的功用)而形成的具有鲜明自我特性的利益诉求。大学文化基本功用,说到底就是"以文化塑造人"、"以文化武装人"、"以文化陶冶人"、"以文化发展人",即通过优秀大学文化促进大学人的全面、自由、充分、和谐、健康的发展。具体来讲,大学文化具有五个层面的功用。

(一)目标导向的功用

大学文化不是一个独立的物质形态,它依附在大学肌体之上,但又牵动和导引着这个肌体的思维和行动。大学文化决定着大学的发展方向,左右着大学人的价值判断、思维方式和行为习惯,是大学人深层次的精神追求和严格要求的行为准则。大学文化最重

---

① 朱崇实.人文气质成就大学之美大学之用[N].中国教育报,2011-04-11.

要的功能,就是引导大学在人才培养过程中秉持一定的价值取向。学校发展战略与办学定位、人才培养目标、规章制度、学术规范、教学体系、课程设置、教风学风以及教学方式方法等要素,都会受到这一核心价值观的影响和制约。

例如,美国教育家克拉克·克尔在其著作《大学之用》一书中非常清晰地描述了"研究型大学"的现实:"教师中许多人都把他们主要的注意力集中在研究上而不是教课上……教师在大学里的影响取决于他们获得的联邦研究经费。物理与化学影响增加,英国文学则败落了。出类拔萃的研究型教授成了世界公民。教师急切地回应新的市场……教师的薪金多少在传统上是基于'内部公正'的政策,而现在则变得更取决于外部市场的其他机会。这造成了许多兴奋和许多怨恨,但也带来了教师质量的改善。行政管理者更是时常离开校园去为他们大大扩张的事业追逐资金。学校越来越多地按教师人均'财政资源'的多寡来排列名次,曾经以宗教道德、自我学术兴趣和阶级地位为取向的学校现在则越来越多地以市场,即马克思所谓的'现金交易关系'为取向。"①如果没有优秀的大学文化来引导,在当前多元社会价值追求中,大学不可避免地要成为名利场。

(二)激励前进的功用

大学文化的激励功能,是指当一种价值观被师生员工共同认可之后,就会成为一种黏合剂,从各个方面将其成员聚集和团结起来,从而产生一种巨大的向心力、凝聚力和推动力,激发出个体和群体无穷的能量,进而为了大学的使命和学校的声誉而开拓创新、勇往直前。如北京大学"爱国、民主、科学和创新"的精神,清华大学"厚德载物、自强不息、严谨求实"的精神,中国人民大学"实事求是"的精神,使得这些大学一直放射着青春的光芒和魅力,激励着代代学子尚德求真,奋发图强。

例如,70多年前,在抗日战争的烽火中催生了一所特殊的大学——西南联合大学。这是在特殊年代、特殊环境、特殊条件下,中国大学自觉组织的一次大联合。联合大学自1937年9月起至1946年7月,历时仅仅9年,却为新中国造就、培养出了大批优秀人才。国立西南联合大学集中了北京大学、清华大学、南开大学三所名校的优良传统、办学理念和自由独立的管理模式,并在此基础上形成了"爱国、民主、科学"和"刚毅坚卓"的国立西南联合大学精神。可见优秀的大学文化对于大学师生的激励作用是巨大而深远的。

(三)价值认同的功用

大学文化时时刻刻都在左右着大学人的治学理念、价值判断、思维方式和行为习惯。大学人是通过文化过程认知和剖析社会现实,从而形成符合现实和社会发展需要的一定的价值观。大学文化从价值观上规范了学生的社会认识及社会需求层次,进而促成大学人对自己行为的约束和调控。大学是一个社会组织,大学文化是组织内部全体成员都自觉崇尚并认真践行的"座右铭"。

---

① (美)克拉克·克尔.大学之用[M].北京:北京大学出版社,2008:153.

有一个例子可以说明,不同的大学文化(包括社会文化)对人们价值认同的影响。2010年1月12日,上海学者成庆在《南方都市报》上撰写一篇名为《从捐款看大学的"认同"》的文章。文章指出:

最近,一位毕业自耶鲁大学管理学院的学生张磊宣布,将会向该学院捐一个十足的"中国式财富文化意味"的数目——8 888 888美元。这则新闻在国内引起了轩然大波,因为这位张磊毕竟曾是炎黄子孙,不回来报答"黄土地",反而将大笔钱捐赠给呆过4年的美国大学,说得好听点是"忘本",说得难听点那就是"数典忘祖"。张磊捐款原因,他未详说,却有一番公开告白,"耶鲁改变了我一生"。既然他本人并未进一步阐述,我们也不好妄加揣度耶鲁大学如何改变人生。从一般美国大学的理念来看,大学乃是鼓励自由发展,崇尚个人成长的"教育共同体",而不仅仅是一个"前门收钱,后门盖章"的文凭流水线,它是一个将每位学生视为有个人尊严,有个体价值,并且值得为其花费心力栽培的共同体,这一点耶鲁大学当然更是个中翘楚。[①] 随后,成庆又在文章中提出了"共同体的认同"这一概念:在这样的共同体里面,学生与学生之间、老师与学生之间、校方与学生之间,固然存在缴费上学之类的现代市场化的利益关系,但更为重要的,它至少还是承袭了西方大学的主流价值传统,在观念上会赋予这些关系一种"真实的温情感"。也就是说,教育是一项面对"人之灵魂"的事业,大学应该充分地去理解各个成员,尊重他们的选择,表面上大家就算特立独行,但是有一种共同的"大学价值观"团结彼此,凝聚人心。[②]

从民族感情和理性来看,我们赞同成庆关于"共同体的认同"观点。这么多年,学界一直在反思教育尤其是大学教育的功用到底是什么?可能站在不同立场、不同角度会给予不同的解答,我们认为教育尤其是大学教育的最根本的功用除了传授文化知识外,就是培养受教育者的价值认同了。用一句现在流行的话来讲,"没有价值认同,神马都是浮云"。北京大学刘东教授讲:"如果老是得意洋洋地把全国各省市自治区的文科状元一个都不少地囊括进来,又不声不响地不那么光荣地几乎一个不剩地全给送出去,那么我们这所学校的地位就别提有多尴尬了。"[③]这不仅是一个北京大学应该思索的问题,而且是全国千余所大学共同面对的问题。

(四)情感陶冶的功用

教育旨在激发人的力量,而大学内在的不可替代的教育力量在于其文化影响。大学文化对学生的影响具有潜在性、深刻性和持久性。大学对大学人真正有价值的东西,除了知识之外,便是它周围的生活和环境。大学的主体是大学生,大学生正是在所处的文化氛围中接受文化的沐浴、情操的陶冶、道德的洗礼和人格的升华。大学文化的价值在于通过文化氛围陶冶大学生的心灵,使其产生"蓬生麻中,不扶自直"的教育成效。

---

① 成庆.从捐款看大学的"认同"[N].南方都市报,2010-01-12.
② 成庆.从捐款看大学的"认同"[N].南方都市报,2010-01-12.
③ 刘东.保护大学生态[J].书城,2003(8).

在这里我们来看一个例子,来自大洋彼岸美国卡耐基梅隆大学的计算机系教授兰迪·鲍什,这个对中国人尚显陌生的名字,以其达生、乐观、积极的人生态度,影响和熏陶了世界各国的亿万民众,成为了这个时代无可争议的平民榜样。他的《最后一课》视频在互联网上流传极广,被下载超过1000万次,译成7种语言,人们亲切地称他为"YouTube教授"。在其逝世后,他的著作《最后一课》很快爬上了《纽约时报》书评版的畅销书排行榜,被翻译成30多种文字。2007年,他被ABC新闻网评为"年度人物",《时代》周刊将他列入影响世界的100人,卡耐基梅隆大学所在的城市匹兹堡将11月9日定为"兰迪·鲍什日"。就连美国前总统布什都为他写来感谢信,感谢他提升了数百万美国人的灵魂。正如艺电公司的首席创意官本·高登所说:"比兰迪的学术、慈善和创业成就更重要的是他的博爱、乐观和每天给学生和同事带来的热忱。"

兰迪·鲍什所做的事业以及所取得的教育效应当然与其自身的努力分不开,更与卡耐基梅隆大学的文化传统分不开。该校教师都要模拟讲一次最后的演说,把内心最真实的想法告诉给学生,让学生体会到博爱、乐观和真诚。渐渐地这种做法成为该校的一个传统,深深影响着每一位在校的学生,并伴随他们终生。这是很值得思考的一个问题。

(五)综合教育的功用

大学文化具有综合教育的功能,它的影响是全面的、具体的。温家宝总理在北京大学与青年学生座谈时强调:"大学应由懂教育的人来办,这是最重要的。"在我们看来,一个好的大学文化的集中体现,应是有一个好的优秀的大学校长。一个优秀大学校长首先应该是一个教育专家。大学是一个学术圣地、知识殿堂,所以一个优秀大学校长也应该崇尚科学、尊重知识。同时,要推动一所大学的科学发展,办人民满意的教育,一个优秀大学校长还应该是一个管理家和改革家。对学生来讲,一个好的校长应该是一个正直、善良、真诚、执著,有高尚情操和人格魅力的人,应当成为学生人生道路上的向导、学业上的导师、生活上的朋友,应成为学生综合素质提升的引路人。

香港中文大学梁文道先生曾有过这样的记述:

英国《泰晤士报》公布全球大学排行榜,香港有3家进了前50呢。可是这还不是最重要的。而我的母校——香港中文大学的前校长高锟,刚拿了今年的诺贝尔物理学奖,这难道不是很威吗?但坦白讲,当年我念书的时候可不以为他有这么厉害;相反的,我们一帮学生甚至认为他只不过是个糟老头罢了。我的一个同学是那时学生报的编辑,赶在高锟退休之前,在报上发了一篇文章,总结他的政绩,标题里有一句"八年校长一事无成",大家看了都拍手叫好。

不只如此,当时高锟还接受中央政府的邀请,出任"港事顾问",替将来的回归大业出谋献策。很多同学都被他的举动激怒了,认为这是学术向政治献媚的表现。于是在一次大型集会上面(好像是毕业典礼),学生会发难了,他们在底下站起来,指着台上的校长大叫:"高锟可耻!"而高锟则憨憨地笑,谁也不知道他在笑什么。后来,一帮更激进的同学主张打倒行之有年的"迎新营",他们觉得那是洗脑工程,拼命向新生灌输以母校为荣的自豪感,其实是种无可救药的集体主义,很要不得。就在高锟对新生发表欢迎演讲的那一天,他们冲上去围住他,塞给他一个套上了避孕套的中大学生玩偶,意思是学生全给校方蒙成了呆头。现场一片哗然,高锟却独自低首,饶有兴味地检视那个玩偶。后来我们才在报纸上看清楚他的回应。当时有记者跑去追问正要离开的校长:"校长! 你会惩罚这些学生吗?"高锟马上停下来,回头很不解地反问那个记者:"惩罚? 我为什么要罚我的学生?"毕业之后,我才从当年干过学生会和学生报的老同学那里得知,原来高锟每年都会亲笔写信给他们,感谢他们的工作。不只如此,他怕这些热心搞事的学生,忙得没机会和大家一样去打暑期工,所以每年都会自掏腰包,私下捐给这两个组织各2万港币的补助金,请他们自行分配给家境比较困难的同学。我那位臭骂他"一事无成"的同门,正是当年的获益者之一。今天他已经回到母校任教了,在电话里他笑呵呵地告诉我:"我们就年年拿钱年年骂,他就年年挨骂年年给。"

后来,被戏称为"殖民地大学"的香港大学也出了条新闻,他们把名誉院士的荣衔颁给了宿舍"大学堂"的老校工"三嫂"袁苏妹,因为"她以自己的生命,影响了大学住宿生的生命"。这位连字都不识的82岁的老太太,不只把学生们的肚皮照顾得无微不至,还不时要充当他们的爱情顾问,在他们人生路上遇到困难的时候,以自己的岁月浇灌他们茫然的青芽,所以一向有"大学堂三宝"之一的称号。那一天,"三嫂"戴着神气的院士圆帽,穿上红黑相间的学袍,是一众重量级学者之间最灿烂的巨星。她一上台,底下的老校友就站起来大声呐喊,掌声雷动;不管他们的头发是黑是白,不管他们现在是高官议员还是富商名流,他们都是她的孩子。[①]

由此可见,良好的大学文化是成就大学之道的前提和基础,是推动大学良性发展的思想基石。

第三节　大学文化的变迁

从世界上第一批大学诞生到今天社会步入知识经济时代,现代大学这一特殊的组织越来越受到人们的瞩目,根本原因就是大学在承担人才培养、知识创新与传播等历史使命的过程中,日益彰显着其独特的文化功能。文化性、学术性、创新性是现代大学的本质属性,文化的传承与创新是大学的基本职责之一。

加强大学文化建设,是人的全面发展和社会不断进步的现实需求和人学发展的内在逻辑和必然要求,同时也是高等教育在拓展办学规模的基础上向全面提高办学质量转变的有效途径,以及实施文化育人战略、为国家培养更多高素质创新型人才的重要举措。

---

① 梁文道.我的老校长高锟[OL]. http://blog.sina.com.cn/liangwendaowenji.

大学文化并不是一成不变的,它也是随着大学的发展、社会的发展和历史的发展而不断发展、变迁的。大学文化变迁的影响因素众多,需要从经济社会发展、政治发展、文化发展、历史发展、大学发展等多角度予以分析和考察。

一、文化变迁的历史考量及大学文化发展变迁的结构性冲突

(一)文化变迁的历史考量

文化变迁指人类文化所发生的一切变化,包括文化生活、文化内容、文化制度和文化观念的变化等。文化现代化是文化变迁的一种形式,是 18 世纪以来文化变迁的一个重要组成部分。如果说文化变迁有 250 万年历史,那么,文化现代化只有大约 300 年的历史。文化诞生的那一天,就是文化变迁的开始。

学者何传启在《现代化问题研究和中国的现代化之路》一文中指出,文化变迁研究可以追溯到 19 世纪或更早,迄今大致可以分为三个阶段。第一阶段是 19 世纪的文化进化研究,文化进化论是主流观点。第二阶段是 20 世纪早期,反进化论成为主流观点。一些英美文化人类学家批判和放弃文化进化论,文化变迁、文化模式、文化传播、文化历史主义、文化相对主义和功能主义等被较多采用。第三阶段是 20 世纪 40 年代以来,文化变迁的综合研究,包括文化进化、文化变迁和文化现代化研究等。就目前有关文化变迁的研究来看,何传启的"三个阶段"划分方法还是比较科学的,在学理上和历史上都是站得住脚的。

表 1-3　文化变迁的类型与文化变迁的理论

序号	文化变迁的类型	文化变迁的理论
1	自发变迁、强制变迁、复兴运动、反叛与革命、现代化	创新理论、进化理论、传播理论、结构功能主义
2	社会和文化变迁	进化论、循环论、结构功能主义、冲突论
3	进化、退化、革命	心灵主义、冲突理论、技术决定论
4	渐变、发现、发明、传播、涵化、指导性变迁、社区发展、文化现代化	古典进化论、传播理论、新进化论
5	一般进化、特殊进化、适应	文化优势法则、进化潜势法则
6	多线进化	生态适应
7	文化进化、技术系统、社会系统和思想系统变化	文化发展与人均能源利用和能源利用效率成正比
8	自愿变迁、强制变迁、渐变、突变	生物因素说、地理因素说、心理因素说、文化传播说、工艺发展说、经济决定论等
9	发现和发明、传播、文化丧失、涵化	社会变迁、文化冲突、环境变化、文化传播
10	文化发展	退化论、循环论、进步论

在文化变迁理论中,文化进化论无疑是一种影响深远的理论,而且经历了挫折和争议。文化进化论大致可以分为古典进化论和新进化论。19世纪的古典进化论认为,人类社会经历了大致相同的发展阶段,从原始文化到文明时代,而且,每一个阶段都是不可逾越的。20世纪40年代以来的新进化论,修正了古典进化论的"单线进化"观念,提出了一般进化、特殊进化、多线进化、文化发展能量理论和文化生态学等新观点。一般进化是能量转换由少到多、综合水平由低到高、全面适应由弱到强的过程;特殊进化是多线发展的、族系的、分化的、历史的过程以及特定文化适应性变异的过程。1955年斯图尔德提出"多线进化"理论,他认为,人类社会的进化发生在不同层次上,每个层次都有一些不同的文化类型,若干基本的文化类型在相同条件下会以相同的方式发展,但不同层次的文化类型的变化是不同的。文化进化理论借鉴生物进化论的思想,认为创新是进化的根本源泉,生态适应是进化的一种机制。

(二)大学文化变迁选择的三维难题

1. 大学文化主体选择的难题

大学文化主题性选择的难题由来以久,原因也比较复杂,主要有传统与现代的断裂、全球化浪潮的冲击、社会亚文化的熏染等。在面对如此众多文化的影响下,大学既疲于应对又多显茫然:①传统与现代的断裂,使大学对中国传统文化及其价值理念产生了隔膜,以至于难以发掘优秀文化资源,也难以在文明对话的新时代,扮演应有的角色,发挥应有的作用。[1] 大学在选择文化主体时,既不能从传统文化中汲取营养,又不愿完全屈从于现代文化。②全球化浪潮的冲击对包括我国大学在内的全球大学发展产生了巨大的影响,其中知识的商品化、育人的功利化、粗鄙的学术观等严重影响了大学文化的先进性和公益性。在全球化的过程中,我国为数众多的大学选择了全面西化,以外语课程开设的多寡,作为大学"国际化"程度的指标。此外,大量外教的引入和西方原版教材的使用等,使大学毫无防备地敞开了对外的大门,各种西方思想、价值观念、伦理道德、文化生活方式自由进出大学。大学文化陷入了迷乱的泥沼。③社会亚文化的熏染使大学丧失了核心精神。亚文化,又称集体文化或副文化,指与主文化相对应的那些非主流的、局部的文化现象,指在主文化或综合文化的背景下,属于某一区域或某个集体所特有的观念和生活方式。当下,由市场经济衍生出来的商业文化、庸俗文化、自由主义思想等不断侵扰着大学,使大学文化丧失了应有的崇高性和纯洁性。"使正确的人生观和价值观走向误区,空虚与寂寞,消极情绪的宣泄在校园内产生了负面影响。"[2]

2. 大学文化结构组建的难题

社会文化包含物质文化、精神文化和制度文化三个层面。[3] 那么作为社会文化有机组成部分的大学文化也理应包含物质、精神、制度三个相互关联的层面,即大学精神文

---

① 赵存生.世界多元文化激荡交融中的大学文化[M].北京:高等教育出版社,2008:60.
② 罗艳丽.浅谈大学文化与德育教育[J].高等教育研究,2001(3).
③ 林牧.试论文化传统[J].社会科学评论,1988(4).

化、大学制度文化、大学历史传统、大学环境文化、大学学术文化、大学行为文化、大学形象文化等。这些文化形态的存在一方面丰富了大学文化的内涵,同时也给大学文化建设带来了结构选择的难题。所谓结构选择就是如何优化排列事物内部各要素,充分发挥各部分的积极性和主动性,形成整体合力。当前,重视物质文化建设和制度文化建设已经成为一个不争的事实,但对精神文化、历史文化的传承,行为文化、学术文化的制约与规范等明显不足。究其原因,大致有三个方面:①大学管理者狭隘的政绩观,导致楼房越来越漂亮,精神越来越空虚。②大学片面强调现代化,而忽视了传统文化和大学历史文化的传承。③大学扩招,人员的剧增,思想的多元,给大学文化整体建设带来了困难。这三个方面既有主观因素又有客观原因,是交织并行的。

3. 大学文化同质同化的难题

所谓文化同质性是指基于相同的或者相近的生活方式和思维方式而产生的文化同一。[①] 就目前我国大学文化整体发展状况来看,相当一部分大学的文化建设出现了同质性的难题。主要表现为大学未能正视自身特点、历史渊源和发展趋势,而出现文化建设趋同化,千篇一律,个性不鲜明,特色不突显。这主要由三个方面的因素引起:①由文化的属性决定的。大学作为一种文化现象,当然具有所有社会文化现象的共性。[②] ②由大学基本功能决定的。大学以育人为核心,必然体现社会要求的共同遵循的教育管理规律,这种教育管理的无差异性直接导致了大学文化的无差异性。③同质性也从一个侧面反映了大学办学理念的雷同与陈旧。在"整齐划一"的理念和模式的支配下,千校一面的现象越来越严重。鲜明的特色应当是大学文化的魅力所在,突出大学办学特色和办学传统是现代大学文化建设的历史使命和重要责任。

二、大学文化变迁的影响因素

(一)政治因素的影响

大学与政治的关系,主要表现在大学须受政权性质、政治体制和政治管理方式等方面的制约,同时又通过发挥大学的政治功能服务于政治。政治对现代大学文化的制约主要表现为对大学领导权的控制、对大学管理体制的制约以及对大学的办学目的、办学方针的制约等。新时期政治因素对建立现代大学制度的影响有以下几个方面:

1. 政府对大学建设发展拥有实际控制权

当前,我们的大学建设发展并没有完全意义上的自主权,其办学行为很大程度上受控于政府行政权,主要表现在以下几个方面:①公办大学的办学经费来源于财政拨付。目前,教育部直属院校或特殊专业院校(如司法类院校、警校、部队院校等)其办学经费的

---

① 李建中.中国文化概论[M].武汉:武汉大学出版社,2005.
② 肖谦.多视野下的大学文化[M].成都:西南交通大学出版社,2009.

80％左右都是来自于国家财政拨付;地方性院校的办学经费由地方财政拨付,具体量虽在各省市间有所差别,但基本都在 50％以上。由于学校没有自主的经费来源,其办学行为不可避免地受到政府的控制。②大学的主要党政领导是由政府任命的。至少在目前,大学还没有出现民选党政主要领导的现象,主要领导(如党委书记、校长、副书记、副校长,甚至组织部长、人事处长等)都是由上级组织部门考察任命的,他们依据学校的性质和级别都定有行政级别(如副省级、厅级、副厅级等)。这就造成了大学主要领导对上级负责,而不是对学校负责。③大学的各项行政审核是由政府管理的。如大学的人才引进、职称评审、财政审计、工资发放、各项补贴等,几乎所有大学办学组织行为都在政府的管理范围内。凡此种种,造成了大学文化被深深地打上了政治的烙印。

2. 国家意识形态对大学文化的影响

我国是社会主义国家,核心指导思想是马克思主义。作为带有显著社会主义属性的大学,必然要在大学文化中突显出社会主义属性的主流意识形态。一方面大学人文社会类课程尤其是思想政治理论课程和形势与政策课程,从宣讲形式到宣讲内容,从课程管理形式到课程归属都必须在国家许可的范围内。例如思想政治理论课,该课程教材是全国统一的,课程学时、学分、讲授人都受到严格约束。此外,国家每年都会出台两次《关于形势与政策课程讲授的指导意见》,对大学里的形势与政策课程进行全面的指导,对讲授的内容及学时也有相当明确的要求。另一方面大学里的组织活动,凡涉及安全稳定、民族宗教等都是慎之又慎,对有违于主流意识形态的任何形式的教育教学活动都是被禁止的。

3. 西方意识形态的渗透与灌输

我国在对外经济交往过程中,外国资本在获得其经济利益的同时,还不失时机地争取其政治利益,悄悄地进行意识形态的渗透。特别是在中外合作办学以后,随着在高等学校自然人流动的增加,西方的价值观念、意识形态在教育领域的渗透与灌输在不断得到加强。同时,由于传播通讯手段的日益便捷化、即时化,各种包含有大量西方意识形态的非主流文化在校园里时有传播,造成了一定程度上的思想混乱、判断失误,为社会主义大学文化建设制造了障碍。

(二)经济因素的影响

自从现代意义上的大学产生以来,大学建设就与经济社会发展息息相关,从来没有分割过。经济社会发展既塑造了包括大学文化在内的各种社会文化形态,同时又要求拥有各自主体性的文化形态的发展要与之相适应。大学文化与经济发展的关系是相辅相存的,一方面表现为经济的发展对大学文化的发展起着决定性的作用,另一方面大学文化的发展又促进了经济的发展。

1. 经济社会的变革决定了大学文化的建设方向

服务经济社会发展是现代大学的四大基本功能之一,任何脱离经济社会发展而独立运行的经院派大学都不是现代意义上的大学。反观中外大学的发展历史,我们可以清楚地看到,现代大学无不是以经济社会发展方式的转变来推动大学文化建设的转变的。

近代以来,威斯康辛大学是开创现代大学社会服务新职能的先导。这所大学创建于1848年,在几十年间都是规模很小的非教派学院。到了20世纪初查尔斯·范海斯担任校长期间,正是威斯康辛州的农业由小麦转向畜牧业和以乳制品为主的转型期,对专门技术和管理人才的需求十分迫切。范海斯校长顺应这一需求,提出"大学必须为社会发展服务"的办学理念。范海斯校长有一句名言:"鞋子上沾满牛粪的教授是最好的教授。"当时的媒体评价说:威斯康辛大学对于农民来说,就像猪圈和农舍一样近在咫尺;对于工人来说,就像他们的工会大厅一样可以随时出入;对于制造商来说,大学的实验室随时为之开放。威斯康辛大学开创的大学直接为社会服务的办学理念,被后人称之为"威斯康辛思想"。

1885年创办的斯坦福大学,直到20世纪40年代仍是一所默默无闻的乡村学院。土库曼就任副校长后,提出新的办学理念:大学应是研究与发展的中心;现代工业发展最主要的资源是人不是物,应紧靠大学建立科技园区。正是在这种理念的指引下,他于1951年领导创办科技园区,即人们所赞不绝口的硅谷。正如评论家们所说:斯坦福大学带动了硅谷电子工业的发展,而硅谷造就了斯坦福大学的辉煌。

美国西北大学凯洛格商学院,原是一所名不见经传的小学院。20世纪70年代中期,唐纳德·杰克布斯就任院长后,提出"追踪CEO的想法"、"及时满足企业的需求"的办学理念,大力进行改革,终于使这所商学院进入世界一流商学院的行列。

威斯康辛大学、斯坦福大学和西北大学凯洛格商学院的例子给我们很好的启示,那就是大学只有主动融入经济社会发展,并服务于经济社会发展才能获得更高层次的突破。但同时,我们在看到经济社会发展对大学文化建设带来积极影响的同时,也应看到经济社会的发展与大学文化建设的矛盾。在我国,大学与企业间已展开深层次、多样化的联合与合作,包括企业投资大学的某一部分(如后勤设施),企业以股份制形式和国有高等学校联合办学等。这种以市场为基础的校企合作与大学市场化潮流是一脉相承的,导致大学的经济功能日益明显,大学的经济价值与日俱增。经济价值的功利性不仅要求大学的教育与科研活动注重效率与效益,而且要把经济利益纳入大学的办学目标中去,导致学术价值与经济价值的矛盾难以调和。

2. 经济社会发展方式转变影响了大学文化建设

在这个问题上有四个方面的因素值得深入思考:①经济发展是大学文化发展的物质基础。②经济体制变革决定了大学文化体制的变革。③经济发展水平决定了大学文化的发展速度和规模。④经济发展方式的转变影响了大学文化的建设方向。这四个方面是大学文化建设的外部因素,也是大学文化建设必须面对的外部考验。

就我国而言,由传统农业社会向现代工业社会转型,生产方式由独立的个体劳动或单位劳动转向了社会化劳动和集群劳动,这种劳动方式的转变客观上要求从事生产的劳动者要有社会化劳动和集群劳动的新思想。大学作为培养新型劳动者的最为重要的阵地,必须随着这种经济社会发展方式的转变而转变。改革开放以来,尤其是1992年党的十四大确定了"全面实行社会主义市场经济"重大战略决策以来,大学主动适应国家、社会发展需要和发展方向,在专业设置、学科建设、人才培养模式、科学研究等各方面都较之以前发生了重大转变。概括起来有:工科专业发展迅猛,文科专业迅速冷却;工科专业中应用型专业发展突出,研究型专业相对不足;涉外专业增多,等等。在这种形势下,大学文化也依据大学建设方向的变化而不断转变着:工程技能性比赛增多(例如,挑战杯、机器人大赛、设计大赛等);以科技为主题的文化教育活动丰富起来;出国深造人员剧增,等等。

3. 科学技术的发展影响了大学文化建设

大学通过有效的教学方式和方法,使科学技术被尽可能多的人所掌握,缩短了科学技术转化为生产力所必需的劳动时间,从而使生产力得到提高。科研人员的创造发明,直接服务于国民经济建设,成为国家科学创新体系的重要力量。

(1)科学技术对教育内容的影响加深。科学技术成果的本身就是教学的内容,科技的发展必然影响到大学教学内容的变革。尤其是当今科学技术的加速发展,学科间的交叉融合,促进了高等学校一些新学科的诞生,如信息安全等。此外,科学技术的发展迫使大学的教学内容不断更新,课程体系不断优化。

(2)科学技术对教育手段的影响突出。高等学校的教学科研仪器等各种设备都是科学技术成果在大学的应用。科学技术的发展,特别是计算机技术、通讯技术和网络技术的发展,不仅使高校的教学手段发生了变化,而且使教学方式也发生了革命性的变化。在大学里科技实践、社会实践、工程技术实践、生产实习等众多的教学方式已经成为现代大学的必需的教学手段。此外,多媒体技术在课堂教学中的应用、网络技术的应用,为大学丰富教学内容、提高教育教学质量带来了便捷。这都在一定程度上影响了现代大学文化建设的主题与方向。

(三)文化因素的影响

文化是人类在社会实践过程中创造的物质财富和精神财富的总和。文化是民族的灵魂,是民族凝聚力和自信心的源泉。文化的核心是文化的价值观,它决定着人们的价值取向和行为取向。人类文化同教育有着十分密切的内在联系,因为文化是教育的内容,教育是传递文化的工具。正是借助于教育,文化才得以延续和发展。文化对大学的影响是广泛的、复杂的和多方面的。这种影响表现在:

1. 文化影响着大学文化的建设内容

文化的发展虽然也遵从于一条主线,但不是一成不变的,不同时期、不同地域、不同条件下的文化形态与文化内容都有较大的差异。以中国为例,虽然我们的文化主线是中国传统文化,但在中国不同时期其影响作用是不同的,如清末民初,中国现代意义大学产生初始,由于旧学制、旧内容的存在,大学里的课程开设多以旧学为主,西方新式学风还没有普及;新中国成立初期,大学基本上是原封不动地采用苏联的大学办学模式和办学理念,专业设置、课程选用、学制学法、教学方式等几乎是照抄照搬;改革开放以后,我国大学才慢慢走上了适应中国经济社会发展和中国特色社会主义文化发展需求的新道路。同时,在不同地域的影响也是不同的,例如北方的大学与南方的大学、东部沿海开放城市大学与中西部大学的文化传承也是存在很大差异的。当然,对比国内外大学,中西大学这种因文化差异而产生的大学文化建设差异更为明显。

2. 文化传统影响大学文化特色的形成

古印度和古代中国同为四大文明古国,历史上拥有着无比灿烂的文化,但两国的文化传统是不同的,甚至是异质的。两种文化内化到大学文化建设上更显现出巨大的差异,当然这也是两个国家大学文化特色所在。我们可以从《国际先驱导报》记者唐璐的一篇文章窥见一斑:

专升本,系升院,学院扩充大学,普通大学变成综合大学……这似乎已经成为中国大学流行的发展模式。而印度的趋势看上去好像与中国有点背离。

最近2个月,班加罗尔的印度小姑娘尼哈就心事重重,因为她就读的班加罗尔基督教大学可能将被降格为基督教学院,"果真如此,我就不能在这个学校拿到学位,那将会对我的未来就业产生影响。唉,我妹妹本来也打算报考这个学校呢。"

原来,今年1月印度人力资源部发布了一个颇有争议的公告:在印度现有的126所"准综合大学"中,将取消44所被发现不符合要求学校的有关资格;勒令另外44所大学予以整顿,整顿期为3年;其他38所被认定合格的学校则可以继续保留其地位。

印度的大学好比种性制度,也分成三教九流。从性质上说,大学有公立和私立之分。目前中央直属公立大学有18所,邦属综合大学200多所,还有126所"准综合大学"。

从类型上看,印度的大学则分为单一教学的大学(比如尼赫鲁大学)、拥有附属学院的大学和联合大学(例如德里大学)。大学和学院的最大区别是,大学可以对其所附属的学院规定课程、举行考试并授予学位,而学院只承担本科生的培养,教学质量由大学来监督,所以一般来说学院大多附属某个公立大学。

在20世纪90年代中期,印度涌现出一批拔尖的学院,它们希望自由改变课程或者扩大校园。为此印度中央政府于1994年颁布规定,允许表现最突出的学院升格为"准综合大学"。

这意味着,它们经过10年左右的考察后便可以转正成为大学。在过去的10年,印度的准综合大学呈爆炸式增长。根据印度大学拨款委员会(UGC)公布的材料,从1956~2000年印度一共有41所准综合大学,而在2000年之后获得提拔的准综合大学已经达到80多所。

萝卜快了不洗泥。尼哈所在的基督教学院原来附属于班加罗尔大学,升格后该校学费窜升,招生人数增多,教师的教学和研究工作都面临严峻的压力,学校教学质量受到很大影响。由于发现一批"升格"后的准大学均出现了同样的问题,印度人力资源部下决心要整肃秩序。

不过由于准大学降格可能牵涉到 20 万印度学生的毕业文凭,因而一些被降格的大学已决定就此问题向法院提起诉讼。不管这个案子最终结局如何,有一点是清楚的,印度政府已经表明对于教学质量下降的"准综合大学"决不姑息手软的决心。一旦基督教学院被降格成为最终事实,对尼哈来说固然是坏事,但假如此举能够促使学校重新研究如何提高教学质量,对尼哈的妹妹来说兴许还是好事呢。[①]

除了与我们异质文化的印度的大学建设与我们不同外,与我们几乎是同质文化(主要指儒家文化)的日本、韩国、新加坡等国家的大学与中国大学存在有巨大的差异性也是客观存在的。这些客观存在的同质异化或异质的社会文化在一定程度上决定了各自大学的文化特色和文化内涵。

3. 文化的流动性对大学文化建设的影响

文化既不是固定不变的,也不是固定不动的,它具有较强的流动性。大学作为一种社会存在必然要承担文化传承的社会功能,但这种传承并不单单指传承自己的本土文化,它还应承担传承一切人类文明成果和优秀文明贡献。就当前形势而言,由于网络技术的发展,通讯、通信、交通的便捷,地球已经变得越来越小,社会群体的交流已经达到了即时的地步。

当然,大学不只是消极地接受文化的影响,它还对文化起着重要的反作用,即具有选择、传递、保存文化的功能,具有创新和发展文化的功能,具有吸收、融合各种文化的功能。随着我国对外交往的进一步扩大,大学选择、传递、保存、创造和发展等文化功能变得复杂起来,这主要缘于以下两方面:①国与国之间的文化交流和交往,导致传统文化与外来文化的激烈碰撞,其间的关系如何处理,已成为现代大学必须面对的问题。②外来文化和我国价值观念的冲突。伴随着西方文化产品的引入,西方国家的价值观念,如西方的民主、人权等,也同时涌入,这必然对我国传统价值观念形成强烈的冲击。

三、大学文化变迁的类型分析

一般意义上讲,文化变迁是指由于族群社会内部的发展或由于不同族群之间的接触而引起的一个族群文化的改变。促使文化变迁的原因有两点:①内部的,由社会内部的变化而引起,②外部的,由自然环境的变化及社会文化环境的变化,如迁徙、与其他民族的接触、政治制度的改变等而引起。而大学文化的变迁是指大学文化所发生的新的变化和迁流。[②] 大学文化变迁可以分为无意识的变迁和有意识的变迁,其中有意识的变迁又包括主动变迁、指导性变迁和强制变迁三种类型。

---

① 唐璐. 中国应该向印度学习什么[OL]. http://news.ifeng.com/opinion/world/201004/0402_6440_1594033. shtml.

② 傅林. 世纪回眸:中国大学文化研究[M]. 北京:人民教育出版社,2009:29.

(一)大学文化变迁的原因

影响大学文化变迁的原因非常复杂,归纳起来可以分为内部原因和外部原因。内部原因主要是指大学文化内在的发展需求,也就是大学建设发展需要一种更新形态的文化或者替代或者拓展原有文化形态。外部原因是指由于政治原因、经济社会发展、主体文化演化、地理位置等外在因素的变化导致大学文化的变迁。

1. 大学文化具有优选性

大学文化并非一成不变的,它与生俱来就具有优选性。当一种新的优越的文化思想、文化理念、文化形态等出现时,或多或少地都会被大学所捕捉,并用于自身文化形态的改造之中。这是由大学的自身特性所决定的,是不以人的意志为转移的。这方面的例子有很多,以河南为例,2003年郑州轻工业学院率先在全省实行了德育学分制,这是一种全新的德育评价形式。它的实施有力地推动了大学德育的实际效能,使大学生由被动地接受思想政治教育的理论到主动地开展思想政治的实践活动,提升了大学生参与学校德育活动的积极性、主动性。德育学分制在各大媒体上宣传报道之后,在不到2年的时间里,河南省已有近40所本专科院校参照这一模式,主动加以实施。人们并不是完全接受他们面前的所有东西,而是接受能用的、适应性较强的。由此可见,当一种新型或更高级别的文化出现的时候,大学出于自身发展的需求,也会要求变更固有文化形态。

2. 大学文化具有流动性

文化本身具有传承性和流动性,尤其是优质文化更是如此。国内外大学的发展历程,其实是文化流动融合的过程。当一种优质大学文化出现时,它不可避免地会被其他大学所引用或复制。这方面的例子很多,例如,北京理工大学2003年起首次尝试对毕业生进行德育答辩。答辩工作共分为三个阶段:第一阶段为宣传动员及学生个人总结阶段。第二阶段为学生交流答辩及成绩评定阶段,各学院以班级为单位组织开展德育答辩,成立专门的答辩委员会,由学院领导出任答辩委员会主席,除应届毕业生外,还邀请本学院其他年级学生代表参加。第三阶段为论文评审和总结表彰阶段,学生工作处组织有关领导和专家评选出获奖论文并对获奖者予以表彰。虽然德育答辩的重要性等同于毕业答辩,但形式上却相对灵活多样。在德育答辩的过程中,虽然每一名学生都必须认真撰写德育答辩论文,但各个学院可以结合本院实际,通过学生交流互评、领导老师点评、班级座谈等灵活多样的方式参加德育答辩。目前,德育答辩已经成为该校文化创新的典型。自2003年起,这种新型的德育答辩模式已在全国大学中广为传播,我们粗略地统计了一下,全国已经有近百所院校引用了德育答辩的形式。这在无形中更新了这些院校的文化建设的内容。

3. 大学文化具有连续性

文化整合较好的系统更难于发生借用,但那些文化整合程度已经受到动摇的系统则容易发生借用。文化系统中某一部分的变迁往往会引起其他部分的相应变迁。怀特认为,意识形态的变迁源于社会变迁;社会变迁则是由技术进步导致的;技术变迁会引起一系列的连续变迁;生态条件的变化也可能会引起文化变迁。那么,大学文化作为社会大文化系统的一部分,同样具有发展的连续性。当大学生态系统发生变化时,必然会反映在大学文化上,引起一系列的文化迁移。例如,当前全国各地都在建设大学城,把同一地域的各种不同性质的大学集合在一起。在这种集合中,原有大学文化生态被破坏了,绝大多数的大学都丧失了自己的文化传继,出现了一校两面(即老校区是一种文化模式,新校区是另外一种文化模式)、一校多面等情况。

(二)大学文化变迁的动力

研究社会文化变迁,要研究社会内部的变化即纵向的变化,这是各种合力形成的动力系统的纵向运动所促成的。文化接触或涵化接受来自外部的影响,文化系统互相接触,文化作用网互相连接,对外来文化特质的选择和适应,整合和分化,群体之间的涵化,这些都是横向运动的动力。由于各种合力的情况不同,所引起的文化变迁和文化接触的结果也各不相同。

大学文化变迁的动力与社会文化发展一样,具有两个层次的内容:①大学内部的需求;②大学外部的合力。内部需求是动力的根源,外部合力是动力的保障。当两者相结合、相作用、相配合时,大学文化变迁也就成了必然。关于大学文化变迁动力的具体阐述,我们在下篇介绍大学文化的内部影响诸因素和外部影响诸因素时会有详尽地说明,这里不再赘述。

(三)大学文化变迁的类型

按照大学文化发展的规律,我们大致可以把大学文化变迁分为三种类型:自觉型文化变迁、指导型文化变迁和强制型文化变迁。

1. 自觉型文化变迁

自觉型文化变迁是指在无意识的状态下文化所产生的一种缓慢的自发的变更。这个过程中是一种带有长期性、自发性、偶然性、巧合性等多种形态的文化变更过程。在校际交流不是太广泛的近现代大学,大学相对比较封闭,外部因素的影响相对较小,这一过程就显得尤为明显。美国人类学家 M. J. Herskovits 在其著作《文化变迁的过程》中指出:"一个社会永远不会这样狭小,这样孤单;虽然它的技术设备可能非常简陋,它所给予的生活方式也是如此的保守,但是,随着一代又一代的轮转,随着新的观念、新的结合、新的基础深入社会成员的头脑,变化永远不会停止。任何一种活动的文化都不是固定不变的。"大学文化变迁就是潜移默化的过程。大学人在建设大学时,有时并不是在特别明确的目标指引下,或者有较好的科学的规划的情况下进行建设的,多数情况是试探性的、探索性的,但正是在这种试探性的、探索性的建设中推动了大学文化的进程。

2. 指导型文化变迁

指导型文化变迁是指大学人在政府、政策等导引下,有意识地进行文化变更的过程。这种大学文化变迁是一种目的性很强、有序规划进行的文化变迁。当前,由于我国大学无论公办、民办、中外合作办学等任何一种办学模式都被纳入到政府统一管辖的范围内，不可避免地受政府、政策的制约，这与西方大学的管理模式和组织行为模式存在很大的差异。这种政府主导型的文化变革在新中国成立后表现得尤为明显。政府根据社会经济政治发展的需要，对大学发布指导性的建设意见，如课程建设、学科建设、人才培养动向、人才队伍建设、党建和思想政治工作等，这些指导性意见一般都会被大学所采纳并具体应用到大学建设中去，无形中引导了大学文化的发展方向和建设内容。

3. 强制型文化变迁

强制型文化变迁是指大学受外部环境所迫，不得不进行的一种被动的、非自愿的文化变更。一般来讲，这种文化变迁具有强制性、非自觉性、快速性和整体性等。新中国成立后，我国大学大致经历了三次大规模式的强制性变迁：①1952年在苏联专家的指导下实施的院系调整把各个大学都弄得支离破碎，把各个系别都重新按照条块划分组合，结果是割断了各个大学之间的联系、以及各个大学历史与现实的联系。②文化大革命10年，更是割断了与过去办学历史的一切联系，有的大学被强制解散或削减，除了像延安大学及其他边区大学这样的革命性质的大学外，绝不允许回顾过去。③1999年前后，国家强制性的院校大合并。以河南为例，河南医科大学、郑州工业大学强行撤销并入郑州大学，分别成为郑州大学的医学院和工学院。把原本三所大学强制性地合并为一所大学，那么其他两所大学多年积淀的固有的文化传统也随之消散。

第二章 中国古代学制的演化及历史价值

中华民族自古以来十分重视教育,且具有深厚而又悠久的教育历史和教育传统。《易经》记载:"古者包羲氏之王天下也,仰则观象於天,俯则观法於地,观鸟兽之文,与地之宜,近取诸身,远取诸物,於是始作八卦,以通神明之德,以类万物之情。""作结绳而为网罟,以佃以渔,盖取诸离。包羲氏没,神农氏作,斲木为耜,揉木为耒,耒耨之利,以教天下,盖取诸益。日中为市,致天下之货,交易而退,各得其所,盖取诸噬嗑。神农氏没,黄帝、尧、舜氏作,通其变,使民不倦,神而化之,使民宜之。""上古结绳而治,后世圣人易之以书契。"朱熹在《四书章句集注·大学章句序》中认为:"盖自天降生民,则既莫不与之以仁义礼智之性矣。然其气质之禀或不能齐,是以不能皆有以知其性之所有而全之也。一有聪明睿智能尽其性者,出於其间,则天必命之以为亿兆之君师,使之治而教之,以复其性。此伏羲神农黄帝尧舜所以继天立极,而司徒之职,典乐之官,所由设也。"《大学》主要从人性提升和德养培育方面,对教育进行了解读:"大学之道,在明明德,在亲民,在止于至善……之盘铭曰,苟日新,日日新,又日新。康诰曰,作新民。诗曰,周虽旧邦,其命维新。"从这些典籍中我们可以看出,中国教育传统和教育精神的传继是一个生生不息的过程,同时也是一个漫长发展的过程。古人云:"观今宜鉴古,无古不成今",虽然在中国古代还没有出现现代意义上的大学或学院,但全面了解中国古代学制的历史演进、历史功用、教育精神、治学传统等,对于今天我们建设现代大学尤其是大学文化一定大有裨益。

第一节 中国古代学制的发展

中国古代学制的发展实际上就是中国古代教育的发展,而中国古代教育的发展在很大程度上直接或间接地推动了中国社会历史的发展。关于中国古代学制的发展历史,国内专家的研究著作很多,分类方法也不尽相同,但一般分法为"四阶段"说,即中国古代学制的萌芽、中国古代学制的创建、中国古代学制的发展与完善、中国古代学制的成熟与僵化。由于本书不是以研究古代学制历史为目的,我们在本部分的撰写中,主要依据这"四阶段"说来具体阐述。

一、中国古代学制的萌芽期

原始社会是最早的社会形态,由于文字还没有发明,加之社会生产力水平低下,自然环境恶劣,劳动分工粗劣,群体生活所限,这些客观存在的因素决定了原始社会人们的教育形态主要是以生存教育为主,不可能有更高形态的教育模式。在王晓华、叶富贵主编的《中外教育史》一书中,他们把原始社会形态下的教育归结为劳动技能教育、生产工艺教育、生活习俗教育、原始宗教教育、原始科学教育五个方面的内容。这是教育史学界普遍认可的,在多本专门著作中,都可见到相关论述。为了保持研究的连贯性,我们且对原始社会教育五个方面的内容略做介绍。

(1)劳动技能教育。生产劳动是原始社会教育的基本内容。司马迁在《史记》中记载:"普施利物,不於其身。聪以知远,明以察微。顺天之义,知民之急。仁而威,惠而信,修身而天下服。取地之财而节用之,抚教万民而利诲之,历日月而迎送之。"韩非子在《韩非子》中记述得更为系统:"上古之世,人民少而禽兽众,人民不胜禽兽虫蛇,有圣人作,构木为巢,以避群害,而民悦之,使王天下,号之曰有巢氏。民食果蓏蚌蛤,腥臊恶臭而伤害腹胃,民多疾病,有圣人作,钻燧取火以化腥臊,而民说之,使王天下,号之曰燧人氏。中古之世,天下大水,而鲧、禹决渎。"可见,劳动技能教育主要由长期从事生产实践一线的善于总结经验的先行者来完成的。

(2)生产工艺教育。这比单纯的劳动技能教育要高一个层次,例如如何建造房舍,如何纺织、制衣,如何结网捕鱼等。这种复杂的劳动教育,已经向文明走得更近一步了。

(3)生活习俗教育。由茹毛饮血到刀耕火种、由群生群养到异族通婚、由赤身裸体到纺织制衣,生活习俗教育贯穿整个原始社会。项峻《始学篇》曰:"上古皆穴处,有圣人教之巢居,号大巢氏。"说的就是有巢氏轩辕帝教民如何更好地生活的事情。

(4)原始宗教教育。图腾和鬼神崇拜等在原始社会相当普遍,虽然其在本质上是一种精神麻醉和迷信活动,但在客观上起到了教育的功能。

(5)原始科学教育。人们在社会生产发展进程中,总结出了相当的科学知识,并由一部分先哲们进行普及教育。如"观象授时"的做法是个例子,《史记·历书》记载有:"神农以前尚矣。盖黄帝考定星历,建立五行,起消息,正闰馀,于是有天地神祇物类之官,是谓五官。各司其序,不相乱也。民是以能有信,神是以能有明德。民神异业,敬而不渎,故神降之嘉生,民以物享,灾祸不生,所求不匮。"虽然,这些记载的确切性有待考证,但至少说明了,当时传播和利用天文、历法等科学知识从事劳动生产的现象已经存在。

氏族社会以后，人们的活动日益模式化，生活也趋于安定，尤其是文字的发明，早期专门从事教育的机构呼之欲出，这便是早期学校的萌芽。

明堂：据传创始于黄帝，夏代叫"世室"，商代叫"重屋"，周代才叫"明堂"。古代文化的中心在宗教，而明堂则是以宗教为中心，集宗教、政事、教化为一体的所在，是古代最高统治者的"大本营"。清代学者阮元在《明堂论》中说：明堂，是天子居住的地方。天子在这里祭祀上帝和祖先，举行养老尊贤的典礼，举行宴飨、射箭比赛、献俘等仪式，颁布教化、发布政令，朝见四方诸侯。商周以后，明堂的职能渐渐发生分化，主要是天子祭天祀祖的所在。虽然，明堂为重要公共活动场所，但已包含有教育的内容。不过它并不具有专门的教育职能，与后期发展起来的学校在属性上是不同的。

成均：相传为远古尧舜时的学校。东汉末年的经学大师郑玄说："五帝名大学曰成均。"[1]原始氏族公社后期，氏族的规模逐渐扩大，并组成部落联盟。社会生活也趋向复杂化，除家庭生活、生产劳动和与外敌做战的军事行动外，还有各种祭祀、庆典等集体性的礼仪活动。氏族部落成员间已开始有了等级地位的区分，产生了各种社会行为规范的要求。为了保持和强化氏族部落的凝聚力和团队精神，对公众的教育和宣传是必不可少的。考古发现的原始氏族公社后期遗址中，往往有一大片空地，有点像现在的广场，显然是氏族部落成员集会的地方。遇上举行各种典礼仪式，召开会议，宣讲告示、规定、要求，以及采取某项行动前的动员、誓师等，都在这里举行集会，可见其具有显著的教育作用。《周礼·春官·大司乐》记载："大司乐掌成均之法，以治建国之学政，而合国之子弟焉。"《礼记·文王世子》："三而一有焉，乃进其等，以其序，谓之郊人，远之，於成均，以及取爵於上尊也。"国家产生之后，"成均之教"就成为社会教育的总称，成均也成为天子之学的中心场所。

二、中国古代学制的创建期

继夏、商之后，周朝时已基本形成相对完善的官学教育系统。一般来讲，西周时期的学制大致分为三等：天子所设教育机构、国学和乡学。天子所设教育机构指最高统治者所办的专设教育机构，如成均、上庠、辟雍、东序等；国学是指专供上层贵族子弟入学的学校，分为小学和大学两级；乡学是招收郊区、六乡国人子弟入学的地方学校。根据《周礼》乡遂的建制，周代王城和诸侯国都的近郊为乡，设家、比、闾、族、党、州六乡；远郊为野，设家、邻、里、鄪、县等六遂。居住在六乡的平民，叫做国人，他们多为士或庶人，他们的子弟有进入乡学受教育的权利。居住在六遂的都是奴隶，叫做野人。六遂不设学校，因此，奴隶的子弟是被剥夺了受教育权的。乡学可以分为庠、序、校、塾等。[2]

① 杨天宇.郑玄三礼注研究[M].北京:中国社会科学出版社,2008:51.
② 王晓华,叶富贵.中外教育史[M].北京:首都师范大学出版社,2007:16—17.

```
                              ┌ 成均（南学）
                   ┌ 天子所设 ┤ 上庠（北学）
                   │         ├ 辟雍（太学）
                   │         └ 东序（东学）
                   │         ┌ 大学
西周官学 ┤ 国学 ┤
                   │         └ 小学
                   │         ┌ 塾——闾
                   └ 乡学 ┤ 庠——党
                             │ 序——州
                             └ 校——乡
```

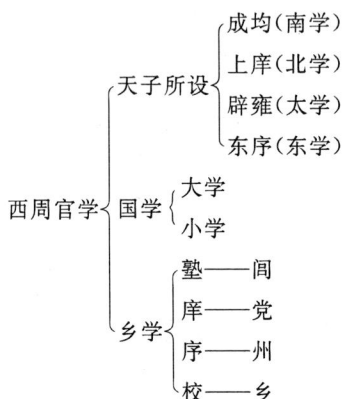

图 2-1 西周官学学制

西周时期,以国学和乡学最为常见。王室和诸侯各国所办的小学,其名称和规模大小,都差不多。而所办的大学,不但名称各不相同,而且规模大小也相差很多。首先,在名称上,王室京畿的大学,是天子之学,由王室直接管理,叫做辟雍;诸侯国都的大学,是诸侯之学,由国君直接管理,称为泮宫。其次,在建筑规模上,辟雍修建在形似圆壁的土台上,四周有水,如同在一个小岛上建起一座学校;泮宫修建在形似半壁的土台上,东、西、南三面有水,如同在一处半岛上建起一座学校。泮宫的规模只有辟雍的一半。吕思勉曾说:"这是表明辟雍乃天子独家拥有的学校","诸侯得杀其制","以其半以示诎于天子"。[①] 国学招收的学生,自元士以上的贵族子弟都可以入学。《礼记·王制》说:"凡入学以齿。皆以长幼受学,不用尊卑。"如果仅从字面意义上解释,好像西周的国学,凡是贵族子弟到了一定的年龄,就能入学,不需再分尊卑等级。其实不然,恰是在这一"齿"字上,严格区分出尊卑贵贱,维护了森严的等级制度。西周王室的宗族,有大宗和小宗之分,此外还有迁宗的规定。在臣属之间,又有王臣公、公臣大夫、大夫臣士等层层严格的等级关系。这些人的子弟虽然都有资格进入国学,但是子随父贵,在入学的年龄上,也得按照等级差别,有早有晚。最低的元士一级,其嫡子和余子(妾所生的儿子)上小学的年龄,也要相差 2 岁。这是奴隶制教育的特殊现象,也正是"齿"字的真实意义所在。贵族子弟入学年龄,分为三种情况:①王太子,8 岁进入小学,7 年读完小学,15 岁升入大学。②公、卿的长子,大夫、元士的嫡子,13 岁进入小学,7 年读完小学,20 岁升入大学。③嫡子以外的诸子,包括大夫、元士妾所生之子,即余子,也称众子,15 岁始进小学,7 年读完小学,22 岁升入大学。[②]

国人子弟所进的乡学,大致相当于国学中的小学程度,至于是否规定有学习年限尚不清楚。至于家塾、党庠、州序怎样衔接,更无史料可查。除了散见于一些古文献的记载外,均不如国学那样较有系统。目前,在甲骨文、青铜铭文中,也没有文字资料与之印证。

---

① 吕思勉.吕思勉读史札记[M].上海:上海古籍出版社,2006:105.
② 王晓华,叶富贵.中外教育史[M].北京:首都师范大学出版社,2007:51.

陈梦家曾经根据两片甲骨(《乙》2803 号和 4299 号)的卜辞,识读其中的字可借读作"庠",并且认为其意近于"殷曰序"、"周曰庠"的"庠"。与国学相比较,能不能说在甲骨文、金文中还没有发现乡学的记载,就可以断定西周时期不曾设过乡学呢? 这个问题,需要结合当时社会的实际情况加以分析。在乡学学习的国人子弟学成后,如果德行道艺都很优秀,经过乡里大夫的考察,可以向负责六乡教化的民政官员司徒荐举,称为"选士"。司徒再从选士中考定更为优秀者荐举给大子或诸侯,经过认可以后,便能升入大学(辟雍或泮宫),称为"俊士"。西周虽然建立了荐举制度,但是,经过层层筛选,真正能进入大学的国人子弟,毕竟是少数。乡学学成的学生,经过地方官员的考查,成绩优秀的将担任地方政府的低级官吏。

三、中国古代学制的发展、完善期

随着社会发展以及士阶层的出现,越来越多的人渴望得到良好的教育,并希望通过教育来完成身份、地位的转变。从秦汉开始到隋唐科举制度的出现,中国古代教育不断走向发展与完善。自汉朝以后,中央确立了独尊儒术的政治教育理念,并逐步建立了从中央到地方的学校教育体系及行政管理体系。

(一)中央官学的完善

汉代官学标志着我国封建官学学制的确立,中央官学一般分为三类:太学、鸿都门学、官邸学。

1. 太学的由来及组织形式

"太学"一词由来已久,它的内涵和外延都不同于今天意义上的大学。太学设立与发展是与国家政治分不开的,作为中央官学的一种组织形式,其教育理念和教育内容必然以满足统治阶级的统治需求为第一目标的。西汉武帝时董仲舒在《贤良对策》中说:"太学者,贤士之所关也,教化之本源也。"东汉光武帝时朱浮上书请广选博士也讲到:"夫太学者,礼仪之宫,教化之所由兴也。"东汉末著名学者蔡邕更明确指出:"太学以为博士弟子授业之所。"研究发现,汉朝之所以大力推选太学教育,与"罢黜百家、独尊儒术"的思想教化有着极大的关系。《汉书·董仲舒传》中记载了董仲舒上书汉武帝时的一段话:"养士之大者,莫大乎太学。太学者,贤之士所关也,教化之本原也,臣愿陛下兴太学,置明师以养天下之士,数考问以尽其材,则英俊宜可得矣。"在董仲舒等人的极力推进下,公元前124 年,汉武帝终于下令在长安设立太学馆,当年就招收博士、弟子等 50 余人。自此,太学开始了它长达近千年的发展。

太学以博士为教师。博士不同于现在学位意义的博士,而是一种官职。汉代的博士一般职掌有议政、制礼、藏书等工作,太学设立后逐渐转化为教官。在博士之上还有太学总管祭酒。东汉规定"祭酒"必须是"有聪明威重者",其条件高于博士,或说是博士领袖。东汉设博士与西汉不同:西汉博士但以名流为之,无选试之法;东汉博士须选试而后用,很强调博士的师表风范,即"既欲其为人师范,则不容不先试其能否"。所以东汉规定,太常卿每选任博士都要经过一定测试,并要上奏其能否,极为强调"德行高妙,志节清白,经明行修"的选任标准。太学设立之初,共有博士5人,每人分讲一经,称为"五经博士",后来扩展为7人。随着太学规模的扩大,博士人数也不断增多,到汉元帝时达到15人,平帝时更是有30人之多。

西汉时太学学生统称为"博士弟子"或者"弟子",到东汉时则称为"诸生"或者"太学生"。太学设立之初规模很小,只有50余名学生。一般的选拔方式有两种:①由太常直接选送;②由地方郡县选送。选拔并不是任意为之的,而是要在符合条件的基础上,经过严格挑选出来的。如太常选送的要求"年满十八,容貌仪礼端正";郡县选送的学生要"好文学、敬长上、肃政教、顺乡里、出入不悖",除了年龄上要达到18岁以上这个硬性条件外,还要文学功底好、政治表现好、道德修养高、社会赞誉度高等软性条件。随着后期太学的发展,这一规定慢慢地变得越来越宽松,对年龄、家庭背景、个人品质也没有特别多的限制。同时,太学的学生人数也有了急剧的增加,《汉书》中记载:昭帝时增至100余人,宣帝时达到200余人,到元帝时进一步发展到1 000余人,西汉末年学生人数已经达到数千人。东汉时学生人数更是成倍增长,汉成帝时3 000余人,汉平帝时学生已达到史上最大规模7 000余人。更夸张的是,到王莽时期,王莽曾征召学者2 000多人进京,修建多达万区的太学学舍,可容纳太学生18 000余人,"诸生横巷"的局面曾红极一时。①当然,这里面有没有虚假成分,我们今天不可得知,但有一点是肯定的,那就是太学教育的规模和受教育者的范围在逐步扩大。

就教学形式和教育内容来讲,与此前诸类教育还是有一定差异的。据记载,太学教学内容以五经为限,通常五经以《诗》《书》《礼》《易》《春秋》等儒家经典为主要教材,主要传授儒学中的今文经学。在教学方式上也有所创新,除了传统的博士讲经外,还出现了由高年级学生辅导低年级学生,类似于现在助教、弟子相传、讨论说难。此外,太学还有考试制度,考试基本上采用"设科射策",由主考官提前设计出若干个问题,考生抽题做答,然后根据学生水平的高低,给予不同的成绩,上报中央授予不同的官职。

东汉以后,由于人数的增加,太学中开始出现门派,并有不少学生参与到了宫廷的政治斗争中去,太学的专职学术教育开始裂变,大大影响了太学的教育质量和教育水平,太学的影响力也开始走下坡路。但总体上讲,太学还是为当时的政权培养和造就了一大批高级人才,为维护汉朝的政治稳定做出了贡献。

2. 鸿都门学的设立与学制制度

鸿都门学创建于东汉灵帝光和元年,即178年2月,因校址设在洛阳鸿都门而得名。鸿都门学是一所具有专科门类性质的学校,相当于今天的文学艺术专科学校。该校的学生由

---

① 王晓华,叶富贵.中外教育史[M].北京:首都师范大学出版社,2007:51.

州、郡、三公荐举,只有具有尺牍、辞赋及擅长书鸟篆刻的人经过考试合格才能够入学。

东汉末年,统治阶级内部各利益集团的地位发生了重大变化。宦官集团虽拥有强大的政治势力,但是因为出身不好、文化修养不高、名望不高等客观原因,一直在文化层面居于弱势地位。为了提高自身地位,宦官们让中央设立鸿都门学,其目的是想通过专门招收有写作尺牍、辞赋能力以及擅长书法绘画艺术的人当学生,来与太学对衡,以此争取自身在文化教育领域的话语权。鸿都门学的学生,大多是无身份的地主及其子弟,都是为士族看不起的"斗筲"之人,他们以文艺见长而受皇帝的宠信,由于擅长文辞而被朝廷委以重任。

虽然,鸿都门学在规模、质量等方面都无法与太学相比,但它毕竟在一定程度上打破了儒学一统天下的局面,开创了中国教育史上专门教育的先河,对后世教育形式的丰富和教育内容的扩展做出了积极的贡献。

3. 官邸学的创立与学制管理

官邸学是设置于宫廷以外、京城以内的专供皇亲贵族学习的学校总称。一般可以分为两类:①汉明帝建立供太子、诸侯、外戚子弟学习儒家经典的学校;②为宫人所设立的学校。官邸学的师资和设施相对比太学和鸿都门学要好,教学质量也比较高。虽然,官邸学处处表现出统治阶级的特权,但它在精英化教育,尤其是主张贵族女子和宫中女子皆可入学受教育等方面所做的贡献是不容抹杀的。有关官邸学的文献记载相对较少,但仅从现有史料中我们可以得知,该学的学制管理相对宽松,没有学习时限和学习内容的过多限制,凡是对统治阶级有用的学问都可以作为学生学习的内容。当然,由于学生生源的高贵性,官邸学的学生也不用为学成后的出路发愁,一般都是在入学之前都已经有了固定的官职,享受了太学生和鸿都门学学生所没有的政治与物质待遇。

(二)地方官学的发展

两汉时期的地方官学也很发达,一般有四类组成:郡国一级的称为"学";县、道、邑一级的称为"校";乡里一级的称为"庠";聚一级的称为"序"。当然,不同级别的学校其规模和质量也有大小和高低之分。

"汉景帝末年,蜀郡郡守文翁,重视教化,在成都建立学宫,招下县子弟为学宫弟子,汉武帝对于文翁设学之举甚为赞许,乃下诏,令天下郡国皆立学校官。"文中提及的"文翁设学"也称为"文翁兴学",讲的是文翁在蜀郡(今天的四川)兴办地方官学的故事。汉景帝时,西南地区也是一片蛮荒之地,由于地理的原因,中原文化并没有过多地传到该地,民众也不开化。后来文翁被认命为蜀郡太守,他希望通过教育祛除人民的蒙昧,便派遣人到京师太学学习经传等知识,这批人学成归来后,被委派到蜀郡各地为民众讲授。他还让政府出资,开办官学,招收辖区内的弟子入学就读,学成后量才任用。自此,蜀郡民众的面貌焕然一新,学习读书成为一种时尚。在他治理下,蜀郡的政治、经济状况大为改善。武帝时,对文翁的做法大为赞赏,并做了大力的宣传推广。自此以后,有些郡开始设置学官,如昭帝时有的郡设"文学校官",宣帝时有的郡设有"郡文学官"。但在当时所设,不过是一郡儒者集会的场所,而学制尚未建立,并未曾普及于各县、邑等地方管理部门。直到平帝元始三年,始建立了地方学校制度,并规定:郡国曰学,县、道、邑、侯国曰校,乡曰庠,聚曰序,校、学置经师 1 人,序、庠置孝经师 1 人,所习内容为儒家"五经"。东汉时期,由于地方官吏多系儒者,对于修缮学宫、提倡兴学比较重视,因而郡国学校得以普遍建立,官学和私学交织发展,形成了"学校如林、庠序盈门"的景象。①

一般来讲,汉代的地方官学的设立要早于中央官学,它是对中央官学的有力补充,在一定程度上满足了下层民众对接受良好教育的渴望,为知识的普及和汉代统治阶级招揽人才做出了贡献。到东汉末期,封建官学制度已经基本形成,即以中央和地方官学互为补充,初等教育、中等教育和高等教育相互衔接,以儒学为主体,杂糅其他专业学科教育。这种教育模式基本上成就了后来千余年封建教育格局。

(三)地方私学的兴盛

私学从其诞生之时起,就表现出了强大的生命力和活力。虽然经历了秦朝时的毁灭性打击,但并没有彻底消亡。汉朝教育制度的宽松为私学的兴盛提供了难得的发展机遇。

从源头讲,私学是一时代发展和教育发展的产物,是一种自然而然的产生过程。大多数学者认为,中国古代教育是以礼教、德让为核心的政教合一、官师合一的制度,以"学在官府"为总特征。直至春秋战国,铁制农具和牛耕的出现,农业生产力提高,土地私有化,经济、政治重心下移,学术和文化重心也下移并扩散,致"天子失官,学在四夷",打破了以往官师合一的教育体制。私学的实质在于"私",是阶级社会的产物,随私有化的不断深化而产生,是知识生产和传播过程私人化、个人化的结果。因此,私学起源不可能划出一条截然的界线,而是一个与官师合一体制的逐渐崩溃相伴,新事物不断产生而旧体制随之调整退缩,最终达成共生互补状态的过程。大体可以推断私学产生于春秋而发展于战国,因为目前学界掌握的知识生产和传播过程的私人化过程,正是从春秋时期日益明确起来。至于古今许多学者皆以孔子为私学的首创者,则无非是一种举其著者的归纳。孔子之前,就有邓析授徒讲学,向人们传授法律知识和诉讼方法,并助人诉讼。《吕氏春秋·离谓》说:"子产治郑,邓析务难之,与民之有讼者约,大狱一衣,小狱襦裤。民之献衣而学讼者不可胜数。"邓析教人诉讼可以说是一种职业教育。与孔子同时的还有少正卯在鲁国聚徒讲学,多次把孔子弟子吸引去听讲。孔子、邓析或少正卯都已是大规模私人讲学,其前必定还有很长的发展孕育期。

秦朝严厉的文教政策,使得私学较之春秋战国大幅度衰减,但在其所未禁的知识领域,私学仍在继续发展。秦朝灭亡以后,私学再度繁荣起来。尤其是汉武帝"罢黜百家,独尊儒术"后,以经学为中心的私学得到大规模发展,并成为两汉和后世私学的主流。另外,各种私人性职业、技术教育自春秋战国以来从未停滞,至两汉更显其发展壮大。

那么到了汉代时,私学为什么会一下子在大范围内兴盛起来呢?我们在查阅了大量

---

① 中国古代地方官学[OL]. http://baike.baidu.com/view/986149.htm.

文献的基础上,归纳了以下五个原因:①汉代官学数量和规模有限,对生源的入学资格和学生数额都有比较苛刻的要求,一些出身卑微,家境不好的人是很难有机会接受来自官方的正统教育的。②地理方面的原因。中国幅员辽阔,能居住在都城里的人毕竟是少数,绝大多数民众都居住在乡间野里,由于路途遥远,交通不便,即使一部分生源满足了太学、鸿都门学以及地方官学的条件要求,也很难脱离乡土,前去就学。③由于社会动乱,不时发生大大小小的战争,一部分名儒和饱学之士,纷纷放弃城里的生活,来到乡间,为了求生,他们只能发挥专长,开馆授学,招收门徒,靠收取学费维持生计。④当时一部分士大夫或者高层地主为了自己的利益,往往利用办私学、招门客,宣传政治主张,组织社会关系,拉拢优秀人才。⑤弟子的个人原因。由于汉代整体采用了"独尊儒术"的文教政策,并且规定只有熟读儒家经典才能在政治方面找到出路,因此,大量胸怀大志,想在政治上有番作为的人尤其是青年人,往往会不遗余力地想办法读书,私学恰好能够为他们提供这样的机会。主客观原因共同作用下成就了汉代以后的私学发展。

私学按阶段可划分为书馆和经馆两种。书馆和经馆在办学层次上有着明显的不同。书馆也称书舍,主要从事最基本的识字和书法教育,循序渐进地讲授一些儒学内容。其教师称为"书师",讲授内容多为《仓颉篇》《急就篇》《元尚篇》等。书馆里还根据学生的情况,因人而异地开展个别教学,重视口授和背诵。完成书馆学业的学生,有少部分人可进入地方官学或者直接进入太学升造,还有一部分进入更高一级的私学——经馆,从事专经学习,大部分则中断学业,就业劳动。经馆又称精舍或者精庐,是私学专门学习经书的阶段,执教者多是一些名师大儒,董仲舒、王充、郑玄、马融等都曾在私学中讲经。经馆的程度跟太学差不多,在经馆里学习的学生可以同时专修某一部经或几部经,因人而异,注重差别。经馆经过发展到了宋朝时渐渐演变成了书院。

魏晋南北朝近400年间,王朝更迭频繁、割据政权林立,官学时兴时废,又由于门阀势力不断壮大,官学生源尤其讲究身份等级,出仕不需要凭其课试成绩,其学风也跌入了历史低谷。这时,无论学术文化的进步和创新,还是各知识、技术领域的传承发展,都不能不更多地依赖私学。私学的确也在适应社会、政治、文化需要的过程中获得了较大发展,在频繁的战乱和改朝换代中维系了文明的传承,构成了当时整套教育体制的基石,既继承了两汉私学的传统,又开启了唐宋私学之发展,具有极其重要的历史地位。魏晋南北朝动荡不安的形势诚然不利于文教的发展和文人士子习学,不过从另一个角度来看,汉朝的瓦解和随之而来的社会变动也激发了若干新的因素,形成了有利于私学发展的历史条件。

四、中国古代学制的成熟、僵化期

自唐朝发展完善了科举制度以后到1911年清朝灭亡,中国古代学制大约经历了1 300年的发展历程。其间,在宋代时,古学制发展到了完全的鼎盛期,随后不断走向僵化与衰亡。这一部分我们要重点关注两种特殊的教育形式。

（一）科举制度

科举就是分科选举的意思，是指通过逐级考试来选拔人才。这项制度从 605 年即隋朝大业元年开始实行，到 1905 年即清朝光绪三十一年结束，共沿用了 1 300 多年，是我国历史上持续时间最长、影响最为深远的取士制度。

魏晋南北朝时期，统治阶级摒弃了汉代的优选制度，创造性地实施了一种取士制度——九品中正制度。这种制度注重入仕人员的门第出身而不注重实际才学，造成了选士大权高度集中在少数士族手中，大量社会优秀人才因为门第出身不高而被剥夺了参与政治的权利。隋朝统一全国后，隋文帝为了适应封建经济和政治关系的发展变化，为了扩大封建统治阶级参与政权的要求，加强中央集权，于是把选拔官吏的权力收归中央，废除九品中正制，开始采用分科考试的方式选拔官员。由于隋朝存在的时间较为短暂，科举制度未受到足够的重视，仅仅有了雏形，并没有全面展开。隋朝灭亡后，唐朝的帝王承袭了隋朝传下来的人才选拔制度，并做了进一步的完善。唐以后，科举制度逐渐完备起来，并逐渐形成了一整套较为系统的制度形式。

南北宋时期是中国文化相对鼎盛期，在文化教育方面甚至超越了唐朝。这个时期的科举考试制度经过几百年的发展在组织形式、分科内容、评选方式等方面已经基本成熟。例如在分科上，同唐代一样，也分为常科、制科和武举。当然，由于固有"重文轻武"的传统思想的影响，武举科只是附属于常制科，这一点从招选的人数上就可以看出，据统计，南、北宋 320 年，总共开科 118 次，取进士 2 万人以上，这 2 万多选取的进士中常制科招选的人数约占 4/5，大约有 1.7 万人，而武举科招选的人数约只占 1/5，大约有 0.3 万人。当然，宋朝还有两个方面于前朝的科举有较大的差别：①科举开始实行糊名和誊录，并建立防止徇私的新制度。考试舞弊由来已久，科举考试也不例外。宋之前的科举并没有认为这是个大问题，当然也没有很好的防止作弊的措施和手段，一切全凭考生的自觉，即便偶有不端者，处罚的力度也不大。宋朝摒弃了前朝全靠考生自发性的道德约束，创新性地设立了一套防止作弊和徇私的制度，糊名和誊录是其中的两项。糊名是把考生的试卷上有姓名、籍贯等信息的部分用白纸密封起来，不让阅卷官员看到，以达到阅卷的公正性。这项制度一直保存到现在，例如今天的高考、研究生考试等都有统一的密封线，统一封装、统一阅卷、统一拆启。誊录是指把考生在试卷所写的内容，由官方指定的誊录员按原文书写一份，不记考生姓名、籍贯等信息，统一编号。阅卷完毕后，再对号找人，公布成绩。②科举考试的内容有了很大的变化，即经学成为必考的内容。前朝的考试也考经学，但没有特别的规定。用现在的话讲，没有统编的教材，考生所学的经书也不尽统一。但随着理学的兴起，宋朝开始规定参加科举考试的学生必须用朱熹等人批注的经学典籍作为考试内容。试题均出于此中，这导致了考生只强记博诵，而其义理，学无致用。

自元朝始，科举考试开始进入中落期。其原因是多方面的：①元朝是外民统治社会，元朝统治者为了自身统治既需要汉民为其服务,同时又不希望他们对统治阶级造成威胁,于是开始按民族种类取士。元代科举只考 1 科,但分成左右榜。右榜供蒙古人、色目人应考;乡试时只考 2 场,要求相对较简单。左榜供汉人、南人应考,乡试时考 3 场,要求相对较严格。乡试、会试考获名单俱按种族分配。这大大限制了汉族考生取士的机会,对包括汉民、南民在内的所谓"低等人"读书求仕的积极性是个极大的打击。②元朝"重武轻文"的观念与前朝"重文轻武"的观念形成冲击,在这种观念的主导下,科举几乎成了摆设。有史记载,元朝自仁宗起至顺帝灭亡止,科举停办 2 次,共举办过 16 次,取进士 1 139 人,国子学录取 284 人,总计 1 423 人。这与宋朝的 2 万多人相比,已经变得微不足道了。

明清时期科举考试已经是日薄西山,已经丧失了它择优选仕的功能。一方面来自朝廷自身。明清时期朋党结私、相互倾轧,封建制度固有的瘤病充分暴露。广大考生碍于权势,没有勇气在科举考试中充分表达自己的观点。另一方面来自科举。两朝的科举考试已经到了穷途末路,唯一的创新就是使用了"八股文"。八股文以四书、五经中的文句做题目,只能依照题义阐述其中的义理,措词要用古人语气,即所谓代圣贤立言。格式也很死,结构有一定程式,字数有一定限制,句法要求对偶。八股文是由宋代的经义演变而成。八股文的危害极大,严重束缚人们的思想,是维护封建专制统治的工具,同时也把科举考试制度本身引向绝路。明末著名学者顾炎武愤慨地说:"八股盛而《六经》微,十八房兴而二十一史废。"又说:"愚以为八股之害,甚于焚书。"除了内容的八股要求外,甚至还在书写的字体上有严格的要求,要求考生统一使用"馆阁体"书写。一时间,天下读书人人人学写馆阁体,其他书写体基本上都废弃了。所谓馆阁体(明代称为台阁体)以文字圆润、饱满而著称。清代洪亮吉在《北江诗话》中指出:"今楷书之匀圆丰满者,谓之'馆阁体',类皆千手雷同。乾隆中叶后,四库馆开,而其风益盛。然此体唐、宋已有之:段成式《酉阳杂俎·诡习》内载有官楷手书。沈括《梦溪笔谈》云:三馆楷书不可不谓之精不丽,求其佳处,到死无一笔是矣。窃以为此种楷法在书手则可,士大夫亦从而效之,何耶?"清代时,馆阁体为官方所用,朝廷公文、官方通信等都用这种字体。这种字体虽好,但不实用,书写较慢,参加科举考试的学生没有几年、十几年的功夫是写不好的。这在一定程度上也约束了应举考生的自由,对此,后世学者批判者居多。

1840 年以后,中国进入晚清时期,帝国主义的坚船利炮强行敲开了中国的大门,在一次次被凌辱中,国人开始思索富国强民、抵御外辱的方法,科举制度的变革在此情形下展开。甲午海战的失败使国人从旧梦中惊醒,一时间变法成为有识之士的共识,科举制度的变革在时代激荡下,走向激进。意图中兴的帝王和锐意维新的学者们结合在一起,导演了一场激进的变法,但是在顽固的守旧派阻挠和改革者的先天不足等合力作用下,变革最终走向失败,守旧派重新执掌中枢,八股文死灰复燃,清朝廷失去了渐进性变革科举的宝贵时机。当义和团运动被中外反动势力联合绞杀以后,守旧派也作为"庚子拳乱"的始作俑者受到应有的惩罚。在人人不敢自称守旧的政治氛围中,晚清开始了无奈的"新政",科举制度在这场运动中被匆匆废止。

表 2-1　明清时期的科举简表

科别、内容、项目	院试	乡试	会试	殿试
考场	府县	省城	礼部	皇宫
主考人	各省学政	中央政府特派官员	钦差大臣	皇帝
参加者	童生	生员及监生	举人	贡士
中者名称	生员	举人	贡士	进士
日期	3 年内 2 次	子卯午酉年八月	乡试次年三月	会试同年四月
第 1 名	案首	解元	会元	状元
第 2 名	/	2～10 名为亚元	/	榜眼
第 3 名	/	/	/	探花

　　科举制度在中国实行了大约 1 300 年,对隋唐以后中国的社会结构、政治制度、教育、人文思想,产生了深远的影响。科举原来的目的是为政府从民间提拔人才,打破贵族世袭的现象,以整顿吏制。相对于世袭、举荐等选才制度,科举考试无疑是一种公平、公开及公正的方法,改善了用人制度。最初东亚日本、韩国、越南均有效法中国举行科举,越南科举的废除还在中国之后。16～17 世纪,欧洲传教士在中国看见科举取士制度,在他们的游记中把它介绍到欧洲。18 世纪时启蒙运动中,不少英国和法国思想家都推崇中国这种公平和公正的制度。英国在 19 世纪中至末期建立的公务员叙用方法,规定政府文官通过定期的公开考试招取,渐渐形成后来为欧美各国仿效的文官制度。英国文官制所采取的考试原则与方式与中国科举十分相似,很大程度是吸纳了科举的优点。

(二)书　　院

　　书院在中国有着悠久的历史,它源于唐,盛于宋,衰亡于清末,历时千载,是我国封建社会特有的一种教育组织,在世界教育发展史上独具特色,它对中国封建社会后期学术文化的发展和人才的培养,曾起过巨大的推进作用。藏书、供祭和讲学是构成书院的"三大事业"。由于藏书是古代书院的重要内容和特征,书院藏书也因此成为我国古代藏书中的一种重要类型,与官府藏书、私人藏书、寺院藏书一起,并称为我国古代藏书事业的四大支柱。①

　　书院之名始于唐代,分官、私两类。私人书院最初为私人读书的书房,唐贞观九年设在遂宁县的张九宗书院,为较早的私人书院。官立书院初为官方修书、校书或偶尔为皇帝讲经的场所。唐玄宗开元六年将乾元院改名为丽正修书院,十三年又改为集贤

---

　　①　邓洪波.中国书院史[M].北京:东方出版中心,2004:16.

殿书院。真正具有聚徒讲学性质的书院于五代末期基本形成,主要培养学生参加科举考试。

北宋初年,私人讲学的书院大量产生,陆续出现白鹿洞、岳麓、睢阳(应天府)、嵩阳、石鼓、茅山、象山等书院。其中白鹿洞、岳麓、睢阳(应天府)、嵩阳书院并称为中国古代四大书院。到仁宗末年,北宋前期较有影响的书院全部消失。熙宁四年朝廷直接向州学派出教授,以削弱书院和县学。熙宁七年将有教授的州中书院并入州学。南宋初期,张栻、朱熹、吕祖谦、陆九渊等学者开始修复书院,书院成为学派活动基地及讲学的场所。理宗即位后,将理学定为正统学说,书院教育成为朱熹等理学大师的遗产被官府继承。景定元年起,正式通过科举考试或从太学毕业的官员才能成为每个州的书院山长,朝廷借此控制书院。

1291年,元世祖首次下令广设书院,民间有自愿出钱出粮赞助建学的,也立为书院。后多次颁布法令保护书院和庙学,并将书院等视为官学,书院山长也定为学官,是书院官学化的开始。元代将书院和理学推广到北方地区,缩短了南北文化的差距,并创建书院296所,加上修复唐宋旧院,总数达到408所,[①]但受官方控制甚严,无书院争鸣辩论的讲学特色。

明初时,宋元留存的书院,多被改建为地方学校和社学。成化、弘治以后书院逐渐兴复。1537年,明世宗以书院倡邪学下令毁天下私创书院。1554年以书院耗费财物、影响官学教育为由再次禁毁书院。到嘉靖末年,内阁首辅徐阶提倡书院讲学,书院得以恢复。1579年,张居正掌权,在统一思想的名义下下令禁毁全国书院,其去世后,书院又开始盛行。1625年,魏忠贤下令拆毁天下书院,造成了"东林书院事件"[②]。崇祯帝即位后书院陆续恢复,期间书院总数达到2 000所左右,其中新创建的有1 699所,[③]出现了陈献章、王守仁等学派。明朝的书院分为两类:①重授课、考试的考课式书院,同于官学;②教学与研究相结合,各学派在此互相讲会、问难、论辩的讲会式书院。后者多为统治者所禁毁。

清初统治者抑制书院发展,使之官学化。1652年,顺治明令禁止私创书院。直到1733年,雍正才许可各省城设置书院,后各府、州、县相继创建书院。乾隆年间,官立书院剧增。绝大多数书院成为以考课为中心的科举预备学校。1901年,晚清政府责令书院改为学堂,书院就此结束。清代书院分为三类:①学习义理与经世之学;②以考科举为主,学习八股文制艺;③以朴学精神倡导学术研究。

① 邓洪波.中国书院史[M].北京:东方出版中心,2004:52.

② 明熹宗天启年间,宦官魏忠贤专权,统治更加黑暗。东林党人上书告发魏忠贤及阉党的罪行,被阉党视为大患。1624年,魏忠贤遭到杨涟的弹劾,但幸免于难,于是开始大规模迫害镇压东林党人士,1625年9月7日(天启五年八月初六日)借"熊廷弼事件",大兴冤狱,捕杀东林党领袖。诬陷东林党的左光斗、杨涟、周起元、周顺昌、缪昌期等人有贪污之罪,大肆搜捕东林党人。天启六年,魏忠贤又杀害了高攀龙、周宗建、黄尊素、李应升等人,东林书院被全部拆毁,讲学亦告中止,史称"东林书院事件"。

③ 邓洪波.中国书院史[M].北京:东方出版中心,2004:101.

除以上两种学制形式之外,古代学制的门类划分已十分完备,基本形成了以中央教育为主,地方教育为辅、私人办学鼎盛的局面。以唐、宋、清三朝的官学对比我们可以发现,作为中央官学,宋朝最为完备,而清朝则根据国家发展需要设立了特殊教育学校,这在中国教育史上是值得注意的。

表 2-2　唐宋清三朝学校简表

类别 朝代	普通学校	贵胄学校	专科学校	特殊学校
唐朝	太学、四门学、广文馆	崇文馆、弘文馆、国子学	律学、算学、书学、医学、崇玄学	/
宋朝	国子学、太学(辟雍)、四门学、广文馆、小学	资善堂、宗学、诸王宫学、内小学	武学、律学、算学、书学、医学、画学、道学	/
清朝	国子监	宗学、觉罗学	算学馆	旗学、俄罗斯学馆、琉球学馆

第二节　影响中国古代学制发展的重要思想编录

中国古代学制不同于西方古代学制,其发展主要受控于文化基因、社会经济、国家政治、民族特性等因素。在中国古代学制 2 000 多年的发展历程中,虽在不同时期、不同朝代均存在较大差异,但其根基始终没有改变过。这种牢固而又深厚的根基已经成为中华民族生生不息的命脉。同时,中国古代学制虽在一根主线即传统儒家文化牵导之下,但在不同时期,却具有着不同的指导思想,形成了中国近 2 000 年蔚为壮观的学制文化史。

一、秦前时期的诗歌教育

文字的发明为文化教育的发展创造了有利条件。从甲骨文的记载来看,我国奴隶制社会的文化已经有了很大发展,相传夏已有了历书——《夏时》,已发明了节气和干支纪日法。商代有了一定的天文和数学知识,积累了较多的医学知识。从文学角度来说,文字既为书面文学提供了基本条件,也在某些方面决定了文学的特点,譬如,中国诗赋重视音韵和谐和骈偶对称的现象,就是从汉字摹形拟声的特点中产生的。

夏王朝的统治者是非常重视诗歌教育的。《尚书·大禹谟》中有这样的记载:"禹曰:'於!帝念哉!德惟善政,政在养民。水、火、金、木、土、谷,惟修,正德、利用、厚生、惟和。九功惟叙,九叙惟歌。戒之用休,董之用威,劝之用九歌,俾勿坏。'"这段记载说明夏的开创者禹在舜帝时代就认识到"歌"的重要作用,通过"歌"来宣扬德政,教化百姓。"劝之以九歌,俾勿坏",正好说明了诗歌教育的目的。《尚书·夏书》记载:"太康失邦,昆弟五人须于洛汭,作《五子之歌》。"如其一曰:"皇祖有训,民可近,不可下,民惟邦本,本固邦宁。予视天下愚夫愚妇一能胜予,一人三失,怨岂在明,不见是图。予临兆民,懔乎若朽索之驭六马,为人上者,奈何不敬?"由此可以看出,夏王朝的诗歌教育主要是以道德、伦理、宗教为主。当然与这个时期经济社会不发达民众的文化层次低不无关系。这里所列出的不是其诗歌教育的典型,更多的歌谣在历史的长河中逐渐销声匿迹了。其原因大致有:①歌谣本身有易于消失的特点。②缺少书写材料,虽然文字已经成熟,却仍然无法用文字对诗歌进行保存,唯一的保存办法只能是口口相传。③类似"焚书坑儒"之类的人为破坏阻断了歌谣的记录和保存。依据现有的历史资料基本可以确定:夏、商时期的诗歌教育仍然主要是结合礼乐歌舞教育而进行的。当时的习礼、习舞、习乐和学艺等教育活动常常与诗歌教育结合在一起,难以分开。

西周时期,周王宫廷首先建立了完备的礼乐制度。礼就是宗法等级、道德规范和生活中的各种礼仪礼节。《礼记》记载:"夫礼者,所以定亲疏、决嫌疑、别同异、明是非也。……道德仁义,非礼不成;教训正俗,非礼不备;分争辩讼,非礼不决;君臣上下,父子兄弟,非礼不定……"乐就是用于宫廷庆典、祭祀娱乐等的音乐,这种音乐可以合奏,也可以独奏,以群体性合奏为主。西周时出现了所谓"六代乐舞",这是在总结前代史诗性质的典章乐舞,主要有黄帝时的《云门》、尧时的《咸池》、舜时的《韶》、禹时的《大夏》、商时的《大蠖》、周时的《大武》。这些乐舞融诗歌、音乐、舞蹈为一体,类似于现代的综合音乐会。周王朝还建立了采风制度,收集民歌,以观风俗、察民情,保留了大量的民歌。到春秋时期经过孔子的删定,形成了我国第一部诗歌总集《诗经》。《诗经》收有自西周初到春秋中叶 500 多年的入乐诗歌共 305 篇。

周之后的春秋、战国时期,虽然又有大量的诗歌传世,但总体创作质量与周朝之前的相比已经大为逊色了。其中的原因,我们思考可能有两种:①诸侯群起,社会需要的是系统论述治国、治世的理论主张,而不是诗歌。②掌握知识的人往往醉心于论说,而不愿创作诗歌。同时,大量的文化人也放弃了采风的传统,即便社会上创作了优秀的诗歌作品,也无法得到整理和保存,那么大范围的流传就更不现实了。

二、秦代"教育服务统治"文教思想的确立

秦统一六国后,建立起来了中国历史上第一个大一统的封建制国家。为了维护、巩固封建地主阶级的统治,秦朝在政治、经济、社会文化、教育等方面都较之以前有了很大程度的改善。具体到文教思想可以用一句话来概括,即是"教育服务统治",秦朝的具体做法是"书同文"、"行同伦"、"设三老以掌教化"、"禁止私学,焚书坑儒"、"以法为宗,以吏为师"。

秦朝在文教思想方面继续沿用战国时秦国的传统,以法家思想为指导思想,极力排

斥儒家思想。初期，秦朝虽然采取了一系列限制儒家等外家思想的措施，但没有彻底根除，一些外家思想依然很有市场。各家依据自己的势力对当时的秦朝的政治社会进行抨击和非议，引起秦朝当政者的极大不满。儒生博士淳于越上书秦始皇说："事不师古而能长久者，非所闻也。"法家的代表人物，当时的丞相李斯则认为以淳于越为代表的儒家观点是祸患民心，必须予以废除。秦始皇接受了李斯的建议，开始全面实行"以法为宗，以吏为师"的文教制度。同时，在崇法排儒思想的指导下，秦"颁挟书令"、"禁游宦"，严禁私学，以防止以古非今，造成了春秋以来百家争鸣时代的终结。秦还限制藏书，规定严禁私人（主要指儒生）私藏儒家经典著作，只有秦国史籍、博士官手中的儒家经典和百家著作，医药卜筮等方面的书才可以保存。由此开始了大规模地进行查书、禁书和焚书的活动。此外，由于侯、卢两位儒生在朝廷上触犯了秦始皇，秦始皇下令将 2 人连同株连到的 460多人进行坑杀。以上极端的做法，反映了秦朝在文化教育方面的高度专制和消极的愚民政策，对后世文化教育的发展产生了极大的破坏作用。

秦朝的文教制度虽然弊端很多，但也并非一无是处。秦统一六国之前，各诸侯国处于条块分割的状态，加之由于地理条件和文化传统的差异，各国使用的文字均不相同。这种"文字异形、言语异声"的现象，严重阻碍了政令的推行和文化的传播。秦始皇采纳了李斯等人的建议，下令"文同书、行同伦"。所谓"文同书"就是统一并简化了六国的文字，使用全国通用的笔画较为简单的小篆。"文同书"政策的推行，极大地促进了各地之间的文化交流，成为中国汉字文化向统一化、规范化、定型化发展过程中的关键性环节。所谓"行同伦"是指匡正异风异俗，使原六国旧的风尚习俗均合乎秦朝的法度。"行同伦"虽然是秦巩固中央集权制度的政治需要，体现了中央集权下的政治一统，但在一定程度上还是为中华民族的大融合、大发展起到了重要推动作用。

在推行"文同书、行同伦"政策的同时，秦朝还推行了"设三老以掌教化"和"以吏为师"的文教政策。秦朝废除分封制，全面实行郡县制，同时县下有乡，乡下设里，形成了"国—郡—县—乡—里"分层管理的制度模式。"设三老以掌教化"中的"三老"就是乡官之一，"三老掌教化"即负责向乡民宣教统治阶级的思想、法度、纲纪、伦理道德、行为规范。这是秦统治者为了把"行同伦"的政策贯彻落实到基层所采取的一项劝导、教化措施。为了统治需要，秦统治者还采取了"以吏为师"的政策，吏由官府设立的学校专门培养，教师由政府的官员担任，教育内容主要是文字识记、书写、政策、法律等基本知识和各种实用技能。这些就学的官吏经考试合格后，才有资格被分配到各地为官。以吏为师政策的实施为秦朝培养了大批的高素质的地方官员，对于推广中央政治意志和各项政策，维系各级政府的高效运作起到了非常重要的作用。

三、汉代"尊儒以教"文教思想的形成

汉初，统治者开始认真思考并总结了秦朝速亡的教训，认为只有摒弃严刑酷法，实行

开放的文教制度,才能达到长治久安。贾谊在著名的《过秦论》中指出:"秦王怀贪鄙之心,行自奋之智,不信功臣,不亲士民,废王道而立私爱,焚文书而酷刑法,先诈力而后仁义,以暴虐为天下始。"公元前191年,汉惠帝正式废除秦代"挟书律",允许开放了民间学术活动,并奉行主张"无为而治"的黄老学说。到汉武帝时,又在董仲舒等人倡导下,开始推行"尊儒以教"的文教制度,董仲舒在《对贤良策》中提出的三大建议,确立了"罢黜百家,独尊儒术"的文教思想。其具体做法有"设置五经博士"、"设立太学,建立博士弟子制"、"以儒取士"和"视学制度"等。

(一)设置五经博士

汉朝时,沿袭了战国以来的博士官制度。同时为了发展太学等新办官学,开始设置五经博士。所谓五经博士即《诗》、《书》、《礼》、《易》、《春秋》各为一经,每经设有讲经博士官,讲经博士官自成一体,立有讲经家法,受学者必须严格按照讲经博士官的家法就学,这种制度在随后的演化中渐渐成了"学门"。受学者因讲经博士官的政治地位和学门的不同,其政治仕途也有较大的不同。后来,经学的发展原来的五经博士又发展到了十四家,五经博士有时也被称为"五经十四家"。当然,博士官并不是谁都可以当的,只有朝廷认可的鸿生大儒才有资格,他们饱学儒家经典、深知历史往事、明晰政策法令,是难得的国家高级知识分子。由他们讲经授学对于推进学术繁荣和文化发展,大有裨益。

(二)设立太学,建立博士弟子制

第一节我们已经讲到了汉朝时设立了太学、鸿都门学等高级学校,博士官因学识渊博,被选聘为讲经博士,朝廷允许他们在太学里正常讲经之外,以私人名义授徒讲学,收授弟子。这一制度实施以后,各著名的鸿生大儒门庭若市、弟子云集。学习儒经者日益增多,逐渐成为一种社会风尚,为汉朝培养人才、选拔人才提供了优质的资源。同时,也推动了中华文化的传承,具有较为积极的作用。

(三)以儒取士

汉朝统治者采用"广取士"和"以儒取士"的政策,十分重视人才的培养和选用。汉朝初期选拔人才通常采用学校制度和选举取士制度相结合的方法,但是,由于中央太学的学生数量较少,地方官学也不发达,无法满足中央亟需的大量人才。为了扭转这种状况,中央除了继续实行学校制度和选举取士制度相结合的方法外,还采用了另一种选士制度,即察举制。所谓察举制,就是指乡举里选,由下而上层层推荐。多数是由地方官推荐,中央核准,然后由皇帝亲自策问,对优异者加以录用,劣质者则被退选。察举也需要考试,科目最初比较单一,后来才逐渐增多。通行的科目有:孝廉、茂才、贤良方正、文学、明经、明法、尤异、治剧、兵法等。这些科目又分为常科和特科。常科有:孝廉和茂才。特科有贤良方正、文学、明经、明法、尤异、治剧、兵法等。常科1年1试,特科则根据中央需要不定期举行。这种制度在一定程度上扩大了中央选士的范围,为中央延揽了人才,但同时也存在标准不一、任人唯亲、滥举滥用等弊端。这是整个封建社会选士制度的最初阶段,不成熟、不完善也是情理之中的事情。

(四)视学制度

视学制度体现了中央最高统治者对教育的重视,自古有之,并不是汉朝的专利。但此前的视学制度还没有形成规矩,还不完善。汉朝建立以后,尤其是太学设立以后,皇帝视学就成了一种常态,他们经常亲临太学视察或指令要员视察太学。到了东汉时皇帝视学成为一种制度,被规定了下来。当然,视学并不是通常意义上的领导视察,走马观花,而是有一套完整的程序。皇帝视学时要举行各种隆重的仪式,要召集博士讲论五经,有时还要考察学生的学业,还要与师生欢聚。为了弘扬儒学,每次视学皇帝还要聚众宣讲。皇帝视学充分体现了汉朝最高统治者对太学教育的重视,对于教育的发展和繁荣起到了重要的促进作用,同时,也为汉朝的长治久安打下坚实的基础。

从以上介绍我们可以看到,汉朝与秦朝在文教方面的巨大差异:汉以"开放"为主,秦以"禁止"为主;汉以"儒"为尊、秦以"法"为宗;汉以"怀柔"为主,秦以"暴力"为主。这些不同的直接效果是秦朝失去了大量的社会精英,而汉朝培养了大批的社会优秀人才,孰优孰劣,一目了然。

四、孔子"以人施教、注重规律"的教育思想

(一)孔子主张教育要有明确教育目的

孔子是中国的大教育家,也是地方私学的创始人。在中国教育史上,孔子的地位是不可撼动的。孔子用一生的大部分时间和精力从事聚众讲学和文献整理的活动。面对春秋时期,礼乐崩坏的混乱局面,孔子主张"为政以德",认为法治具有强制性,只能约束人们的外部行为;德治具有感化力,才能影响人们的心灵。同时,他面对奴隶主贵族道德的败坏和贵族世袭制度的腐朽,极力主张举用"贤才",吸收平民中的"士"参与政权。虽然,他与西方哲学家柏拉图《理想国》中的"哲学王"的思想不同,但其以士为仕,而不是以出身和政治地位为仕的基本理念是相同的。孔子主张教育者要有明确的教育目的,即"学而优则仕"。认为国家的各级官员只有通过学习、接受教育才能做官。当然,受教育者在接受良好的教育之后,最终目标也是做官。那么怎么才算教育的成功呢?孔子提出了"君子、贤才"说。规定君子之道者三种:"智者不惑,仁者不忧,勇者不惧。"[①]要求"君子"首先必须是道德完善的人,能以身作则;把"修己以安百姓"作为最高的政治理想和教育的根本出发点。此外,孔子还关注到了人性的差异,提出"性相近也,习相远也",认为人的先天素质没有太大的差别,影响人性差别的最重要原因是后天生活的环境和接受教育的程度。"好仁不好学,其蔽也愚;好知不好学,其蔽也荡;好信不好学,其蔽也贼;好直不好学,其蔽也绞;好勇不好学,其蔽也乱;好刚不好学,其蔽也狂。"[②]那么,既然后天对于

---

① 《论语·子罕》[M].上海:中华书局,2006.
② 《论语·阳货》[M].上海:中华书局,2006.

人的成才十分重要,受教育者就要努力养成勤学、好学的习惯。而教育者要"有教无类",除奴隶以外,不分贫富、贵贱、贤愚、种族和地区,任何人都可以入学。孔子的教育理论和教育实践扩大了教育的范围,使更多下层民众有了接受文化教育的机会,对于文化中心下移和文化扩展起到了重要的积极意义。

(二)孔子主张教育要分科治学

孔子以《诗》、《书》、《礼》、《易》、《乐》、《春秋》儒家六经作为教学的基本内容,涵盖了礼制、音乐、射箭、驾驶、书写、数学等传统"六艺"。《论语·述而》将其总结为"文、行、忠、信",即文化知识、社会实践、伦理道德和仁义品格。

《诗》即指《诗经》,传说古诗本有 3 000 篇,经孔子删定,存 305 篇,概称"三百篇",即流传下来的《诗经》,其内容分为"风"、"雅"、"颂"三大类。"风"指乡里民歌,"雅"指官廷音乐,"颂"专指祭祀用的音乐。孔子认为:"不学诗以无言。"意思是说不学习诗经就没办法开口学话,可见其对《诗经》的重视程度。

《书》是指《尚书》,由春秋以前历代官方的政治历史资料汇编,着重记载了自三皇五帝到夏、商、西周时期的政治、经济、文化、军事等重要资料,是具有很高历史价值的档案资料。当然,其中也有大量的虚假或不可靠的传说故事,并不一定能作为确凿的史实认可,但其历史功用和文学价值是勿庸置疑的。

《礼》指的是《仪礼》。这本书主要记载了周朝时的基本礼制、礼仪规范。孔子十分重视礼仪规范,面对当时礼乐崩坏的混乱局面,主张恢复礼教,实行"克己复礼"。

《乐》是指《乐经》,是孔子编著的音乐大典,据说早已失传。故后世并没有把《乐经》作为经书的内容之一,才有了汉之后的"五经说",而不是"六经说"。

《易》是指《易经》。孔子晚年曾专注于《易经》的修订,并将其作为重要的经书之一传授给弟子。今天我们所能见到有《易经》是经由孔子修订过的。

《春秋》是孔子根据鲁国的史记编写的一部编年史书。该书起于鲁隐公元年,终于鲁哀公十四年,即公元前 722 年至公元前 481 年,简要论述了鲁国 242 年的历史。它以周礼为准则,评述春秋史实,"寓褒贬,别善恶",旨在正名定分,维护奴隶主贵族的统治秩序。

以上六部儒家经典,因《乐经》的失传而变得不完整,但其他五经作为儒家经典被完整地保存了下来。孔子以六经为教材,分科治学,对后世产生了积极而深远的影响。

(三)孔子主张教育者的授业和学生的学习都要有科学的方法和态度

孔子主张学习是整个教学活动的基础,学生的学习要有科学的学习方法和端正的学习态度。比如,在端正学习态度上,孔子认为学习知识要诚实,"知之为知之,不知为不知,是知也。"不可不懂装懂,也不可一知半解、不领其要,"道听而途说,德之弃也"。学习时要虚心,不可骄傲,做到"敏而好学,不耻下问"。同时,还要积极地培养自己的学习兴趣,"知之者不如好之者,好之者不如乐之者"。在对待个性差异上,孔子也有自己的主张。他认为教育者应有区别地对待学生,要经常通过观察、问答等方式了解学生智能、性格的差异,做到因材施教。例如,他说:"中人以上,可以语上也;中人以下,不可以语上也。"也就是说对于中等才智以上的人,可以和他谈论高深的道理;对于中等才智以下的人,则要传授其他的教学内容,不可以和他谈论高深的道理。在《论语》中也保存了大量评论学生个性的记录,如:"由也果……赐也达……求也艺"①;"德行:颜渊、闵子骞、冉伯牛、仲弓;言语:宰我、子贡;政事:冉有、季路;文学:子游、子夏"②,等等。关于学习的方法,孔子也有较多的论述,虽然有时只有只言片语,但也能看到孔子的基本理念。如我们常见的"学而时习之,不亦说乎"、"温故而知新,可以为师矣",主张学习新知识与温习旧知识应同时进行,不可偏废。"学而不思则罔,思而不学则殆",主张学习与思考要紧密结合起来,不然会迷茫而无所得。"如切如磋,如琢如磨",主张学生要对所学知识反复考证和思索,不能得过且过。同时,孔子还主张要把学习的知识运用到实践中去,这种实践分为两种:①道德实践,"有君子之道四焉:其行己也恭,其事上也敬,其养民也惠,其使民也义。""言忠信,行笃敬,虽蛮貊之邦,行矣。言不忠信,行不笃敬,虽州里,行乎哉?立则见其参于前也,在舆则见其倚于衡也,夫然后行。"②社会实践,"知及之,仁不能守之,虽得之,必失之。知及之,仁能守之,不庄以莅之,则民不敬。知及之,仁能守之,庄以莅之,动之不以礼,未善也。""弟子入则孝,出则悌,谨而信,泛爱众而亲仁。行有余力,则以学文。"等。我们通过以上孔子的这些言论看他对待学习与实践的基本态度,他的这些教育主张,不仅在当时而且在 2 500 多年后的今天依然是适用的。

五、董仲舒"以教维治、君权天授"的教育思想

董仲舒生于公元前 179 年,卒于公元前 104 年,汉广川郡(今河北省枣强县)人,是汉代著名的思想家、哲学家、政治家、教育家。汉武帝时,曾任江都易王刘非国相、胶西王刘端国相等职务。晚年,著书立说,提出了著名的"罢黜百家、独尊儒术"的政治主张,同时还提出了"以教维治、君权天授"的思想教育理念,为维护汉朝大一统的政治格局,做出了重要贡献,深受汉武帝的赏识和尊重。董仲舒以《公羊春秋》为依据,把宗教天道观和阴阳、五行学说结合起来,吸收法家、道家、阴阳家思想,构建了一个兼容百家、又独树一帜的新儒学思想体系,成为汉代的官方统治哲学。此外,董仲舒还兴办私学、聚众讲经,是汉代著名的五经博士之一,为后世经学的发展和儒家思想的兴盛做出了重大贡献。

(一)罢黜百家,独尊儒术

董仲舒在认真总结了秦灭亡的教训的基础上,提出了自己的政治主张。他认为秦之所以灭亡,关键在于暴政,而暴政的思想根源在于实施了法家的思想主张,没有充分吸取

---

① 《论语·雍也》[M].上海:中华书局,2006.
② 《论语·先进》[M].上海:中华书局,2006.

包括儒家在内诸家的精华。不仅如此,秦王朝还焚书坑儒,不能开放文化,也不能收卖天下读书人的心,愚民于天下,令天下读书人心寒不已。"今师异道,人异论,百家殊方,指意不同,是以上无以持一统,法制数变,下不知所守。"他认为,国家下令的统一必须以思想学术的统一为前提。当然这种思想学术必须建立在"仁爱、忠信"的基础之上,而不是严刑酷法、钳民之口。而儒家最重视正名定分,最讲求仁义忠信,当然也最适合于封建中央集权政体的需要。在此基础上,董仲舒提出"诸不在六艺之科,孔子之术者,皆绝其道,勿使并进。邪辟之说灭息,然后统纪可一而法度可明,民知所从矣"。① 统治者应以儒家思想作为统一思想学术的准绳,其他诸子之学都不能替代儒家的地位。董仲舒这一"罢黜百家,独尊儒术"的建议,得到了汉武帝的重视和支持,并迅速成为汉朝乃至以后封建社会正统治世之术。

(二)君权天授

表面上看,君权天授是一种政治主张,实际上它也是一种教育理念。董仲舒认为,"天"是主宰一切的有意志的神。帝王"受命于天",故权力只宜独揽而不容分割。董仲舒一方面认定帝王"受命于天",另一方面又假借天的意志力和约束力,谏劝帝王治国理民要"承天意以从事"。此外,他还系统阐述了"天人合一"的思想理论。他认为上天的属性并不是深不可测的,而是通过人来表现天的意志,认为天有四时"春、夏、秋、冬",人有四肢;天有白天黑夜,人有困乏生息;天有好生之德,人有"性三品"。这里面多少有点道家的思想,但又不完全是道家的学说。董仲舒认为既然天与人相合,那么君主应该做的就是要把上天的精神和理性传达于民众、教育于民众,"教化不立而万民不正","教化立而淫邪皆止"。② 董仲舒这一套从天道到人性,从人性到道德的教化理论,目的是要统治者对人民灌输封建道德,从精神上加强对人民的统治,从思想上消灭人民动乱的根源。

(三)兴太学、行教化

董仲舒认为统治者要想达到长治久安,必须兴办太学,培养人才,施行教化,开启民智。为此,董仲舒提出了三点具体主张:①立五经博士;②开设太学校;③实行察举制。

董仲舒认为,君主既然是上天的神意代表,就应当行王道,施教化,要"承天意以从事,任德教而不任刑","以教化为大务"。董仲舒深刻认识到教育作为统治手段的重要作用,应把对民众的教育工作放在政治建设的首要位置,君主不但要察举"求贤",而且还要设学"养士"。"夫不素养士而欲求贤,譬犹不琢玉而求文采也。"大意是说,君主不养士而想求得治国的才人,就好比不想雕琢玉石,而能见到玉石的光芒一样,是不可能的。董仲舒提出养士三法,尤其是以太学为最重要。"故养士之大者,莫大乎太学。太学者贤士之

---

① 王维堤,唐书文.春秋公羊解访[M].上海:上海古籍出版社,2004.
② 马勇.旷世大儒——董仲舒[M].石家庄:河北人民出版社,2000.

所关也,教化之本原也。"他还上书汉武帝应"兴太学,置明师,以养天下之士"。兴太学我们在上节已经有了较多的描述,置明师即设置五经博士,把天下才俊都吸引到太学等官学中就读,为国家储备人才。

董仲舒提出了吏为"民之师帅"的主张,这一主张与秦朝时的"设三老以掌教化"的政策大同小异,即朝廷要选用"德教之官",而不可"独任执法之吏",他也极力反对"任子"和"訾选"的入仕制度。怎样才能选到"德教之官"呢?官员要于太学生中较为优秀的人中选出,不管出身、民族等,只要有才能均可入仕。这一主张,主观上是为了汉王朝的稳固与发展,客观上却刺激了太学校的迅速发展和壮大。

六、朱熹的"理学"教育思想

朱熹生于1130年,卒于1200年。南宋江南东路徽州府婺源县(今江西省婺源)人,字元晦,他的名号比较多,有:晦庵、晦翁、考亭先生、云谷老人、沧洲病叟、逆翁等。朱熹少年时,聪颖过人,19岁进士及第,曾任荆湖南路安抚使,仕至宝文阁待制等职务,是南宋时期著名的理学家、思想家、哲学家、教育家、诗人。因其在经学的重要贡献和巨大影响,被世人尊称为朱子,成为继孔子、孟子以来中国历史上最杰出的儒学大师。

朱熹主张学校教育的目的在于"明人伦",他说:"古昔圣贤所以教人为学之意,莫非使之讲明义理以修其身,然后推己及人,非徒欲其务记览、为词章,以钓声名取利禄而已。"[1]并且提出教育分两个阶段,即8~15岁入小学,15岁之后入大学。"小学者,学其事;大学者,学其小学所学之事之所以。"[2]他认为,青少年德育最突出的特点是"先入为主",一旦接受了"异端邪说",再教以伦理道德思想就会遇到抵触。朱熹关于道德教育的方法,可以概括为以下几点:立志、居敬、存养、省察、力行。朱熹提倡:"为学之道,莫先于穷理,穷理之要,必在于读书,读书之法,莫贵于循序而致精,而致精之本,则又在于居敬而持志。"[3]

朱熹重视教育对于改变人性的重要作用。他从"理"一元论的客观唯心主义思想出发来解释人性论,提出了人性是"理",是"仁、义、礼、智"封建道德规范的观点。他说:"性只是理,以其在人所禀,故谓之性。"[4]

总之,朱熹是中国古代教育史上继孔子之后的又一位大教育家。他的教育活动和教育思想,大大地丰富和充实了我国古代教育宝库,对于我国封建社会后期教育的发展曾产生过重大影响。

---

① 《朱子语类》(卷十二)[M].上海:中华书局,2004.
② 《朱子语类》(卷十二)[M].上海:中华书局,2004.
③ 《朱子语类》(卷十三)[M].上海:中华书局,2004.
④ 《朱子语类》(卷十三)[M].上海:中华书局,2004.

七、王阳明的"心学"教育思想

王阳明又名王守仁,因曾在余姚阳明洞天结庐修学,后人多称为王阳明。王阳明生于1472年,卒于1529年,字伯安,号阳明先生,浙江余姚人,曾任两广总督,是明代历史上最著名的教育家、哲学家、政治家、军事家,也是中国不可多得的全能型大儒,逝世后被封为"先儒",祭奉在孔庙东庑第58位。

王阳明,不仅是明王朝的高级官僚,也是明朝不可多得的教育家。王阳明深受传统儒家思想的影响,奉行孔子的"有教无类",传经讲道不问出身、不分贵贱、众人平等。他们的门客弟子遍布全国,社会各个阶层的人都有:既有内阁大臣聂豹、徐阶、赵贞吉等人;也有不被社会所认同的商人阶层泰州学派创始人王良;还有市井平民狂儒何心隐。尽管王阳明的弟子们身份各异,但他们都心怀着为济天下生民的信念,以实际行动报国救民,并在各自的领域绽放出灿烂夺目的光芒,成为历史长河中的佼佼者。王阳明在思想教育和文化教育方面的功勋是不可否认的。梁启超先生曾经这样评价道:"王阳明在近代学术界中极其伟大,军事上政治上,亦有很大的勋业。以他的事功而论,若换给别个人,只这一点,已经可以在历史占很重要地位了;阳明那么大的事功,完全为他的学术所掩,变成附属品,其伟大可想而知。"[①]

王阳明的教育理论主要体现在他的经典著作《传习录》中,《传习录》分上、中、下三卷。上卷主要是王阳明讲学的语录,内容包括他早期讲学时主要讨论的"格物论"、"心即理",以及有关经学本质与心性问题,与《论语》比较相似。中卷主要是王守仁写给时人及门生的七封信,实际上是七封论学书,此外还有《社会教条》等。该卷中王阳明着重阐述了"知行合一"和"致良知"的理论。下卷一部分是讲学语录,另一部分是《朱子晚年定论》。《朱子晚年定论》包括王阳明写的序和由他辑录的朱熹遗文中第34条"大悟旧说之非"的自责文字,旨在让朱熹做自我批评与自我否定,证明朱熹晚年确有"返本求真"的"心学"倾向。《传习录》主要是由王阳明本人撰写,并由其弟子徐爱和钱德洪等编辑而成。《传习录》集中体现了王阳明的治学观点和心学理论,历来被视作阳明学派的"教典"。在学理上,王阳明继承了陆九渊学说理论,并开创了心学一派。心学派的出现不仅突破了"程朱理学"自宋明以来长期以正统"官学"自居,挟制人的思想,使得思想理论界逐渐步入狭隘与萎缩的不振局面,而且开创了将理论引入实践活动的"实学",为明朝中后期思想解放,乃至近代中国的思潮汹涌打下了基础。

长期以来,尤其是马克思的辩证唯物主义理论传入中国以后,西方学派的学者大肆批判阳明心学,认为王阳明的心学思想是唯心主义的,是不科学的,应该给予全面的否定。但实质上,王阳明的心学思想是相当广博的,不是一句唯心主义就可以否定的,他的

---

① 徐爱.王阳明年谱[M].上海:上海古籍出版社,2004:213.

理论主张不仅在当时影响甚广,而且至今依然不朽。尤其在今天实行改革开放和市场经济情况下,人们出现了素质下降、道德滑坡等问题,物欲横流、争名逐利,王阳明的心学思想所焕发出来的理性光芒更加耀眼。

第三节　中国古代学制文化的历史贡献

中国古代学制既具体细腻又蔚为壮观,其深刻的教育理念、明确的教育内容、完备的教育形式等都对今天我国大学建设和大学文化建设产生了深远而又积极的影响,也为中国教育史和中国文化史做出了重大的历史贡献。

一、塑造以"仁"为核心的人本精神

"仁"是孔子伦理思想的核心,也是儒家整体学说理论体系的核心。孔子的仁学思想的提出与其所处的社会背景有着密切的联系,可以说当时的社会背景是孔子仁学思想产生的历史渊源。孔子所处的春秋时期正处于奴隶制向新兴的封建制转变的变革时期,是一个动荡不安、充满变革的社会大变动时期,是一个"上下交相利"的时代。当时的社会王纲解纽、礼乐崩坏,诸侯纷争,这是当时的社会特征。所以孔子的思想必然会打上时代的烙印,他的思想必然是时代的产物。

任何具有一定代表性的社会思潮都是特定历史时期的产物。以孔子为代表的仁学思想的提出反映了当时的社会特征和历史现状,从侧面反映了当时社会道德对仁爱思想的需求,更进一步验证了仁爱思想存在的必要性。儒家的理想是希望将"仁爱"的思想广泛传播,深入到每个人的心中,将仁学的核心内容"仁爱"作为人与人之间相处的基本原则,实现人人互敬互爱,这样,人与人之间的关系就可以和谐,融洽,整个社会也就会安定太平,这是儒家学士们毕生所追求的理想社会境界。从内容上讲,"仁者爱人"是仁学的基本内容,也是践行仁学的基本要求;"恭、宽、信、敏、惠"是仁的五个德目,这是作为一个具有仁德的人必须具备的五种品德。若能具备这五个德目那么就如孔子所说的"能行五者于天下,为仁矣"。纵观 2 000 多年来中国古代教育史,我们可以发现"仁"是贯穿始终的。

(一)"仁人"思想在国家思想教育方面的影响

"仁人"思想在国家思想教育方面起着重要的作用,是封建社会维护社会稳定,统一思想理念的重要内容。它主要表现在以下两个方面:①对君主等最高统治者要为政以德。"为政以德"即要求统治者以身作则,上行下效,严格要求自己的言行为广大人民做表率,这样才能治理好国家,使国家井然有序。在《论语》一书中我们可以找出很多孔子

对于统治者在执政方面的要求。如"为政以德,譬如北辰,居其所而众星共之。"[1]孔子在这里希望当政者应该不断地去完善自己,用自己高尚的道德境界来感染天下人,老百姓就会归顺,这是儒家的政治理想,希望社会安定有序。"季康子问政于孔子,孔子对曰:'政者,正也。子帅以正,孰敢不正?'"[2]当政者以身作则,还有谁敢不端正呢?所谓上梁不正下梁歪,正是这个道理。"季康子患盗,问于孔子。孔子对曰:'苟子之不欲,虽赏之不窃。'"[3]这就是说执政者如果对自己不贪财好利,以清廉的风气去影响百姓,老百姓自然也会效法。可见统治者自身的道德修养的高低和政治作风对于治理国家是相当重要的。②君臣关系要讲和谐,即是君对臣下用"礼",臣下对君主要"忠心"。自春秋的孔子开始,一直到晚清时期,儒家都极力主张君臣关系应该是"礼"与"忠"的关系。《论语》中有过这样的问答:定公问:"君使臣,臣事君,如之何?"孔子对曰:"君使臣以礼,臣事君以忠。"君臣之间任何时候都不能违礼,"疾,君视之,东首,加朝服,拖绅。"即使是卧病在床,也要服饰整齐的见君主或君主的使臣,要遵守君臣之间的礼仪。"入公门,鞠躬如也,如不容。立不中门,行不履阈。过位,色勃如也,足躩如也,其言似不足者。摄齐升堂,鞠躬如也,屏气似不息者。出,降一等,逞颜色,怡怡如也。没阶,趋进,翼如也。复其位,椒踏如也。"入朝廷的大门时走出朝廷的大门时都有种种规定,必须严格遵守。"君赐食,必正席先尝之;君赐腥,必熟而荐之;君赐生,必畜之。"君赐食,必正席先尝一尝;君赐未烹过的食物,必先煮熟祭祖宗;君赐活物,必留养起来。这些都是君臣之间应该遵守的礼仪规范,臣对君不管任何时候都要做到"事君尽礼"。

(二)"仁人"思想在社会思想教育方面的影响

中国古代人们的社会关系相对今天要简单得多,主要就是朋友关系。如何处理朋友关系?并不是个人事情,也成了古代教育机构里必修的科目和必学的技能。儒家认为建立良好的朋友关系也是培育仁德的主要途径之一,既与人际道德相关,又与个人文化追求有关。在古代低商业化和弱制度化社会中,朋友交往可以作为个人学习和实践仁学要求的重要领域。朋友交往主要表现在以下两个方面:①要人际友爱。"有朋自远方来,不亦说乎?"《论语》首句将学习与友谊并列,意义深远。学习和友谊既是仁学的目标,又是仁学的手段。仁学有关于人际思想情感的交流,朋友关系也就成为践履仁学的场合,因此友谊成为君子精神享乐和德性进益的重要领域,这是孔子仁学实践的重要途径。②以友辅仁。曾子曾讲道,君子要以文会友,以友辅仁。什么是"以友辅仁"?讲交友的目的不为互惠物质利益,而是相互辅助仁德。仁者与朋友之间相互切磋,具有仁德的君子辅助朋友归依仁道,实现仁德的共同目标,这才是儒家友学所要追求的目标,所要实现的友谊观,这是仁学在人际关系上所追求的崇高的友谊观。但是在商业化时代,儒家这一崇高友谊观的严重缺失也突显出他这一友谊观在建立传统道义性人际关系的重要作用。

---

① 杨树达.论语疏证[M].上海:上海古籍出版社,1986:35.
② 杨树达.论语疏证[M].上海:上海古籍出版社,1986:291.
③ 杨树达.论语疏证[M].上海:上海古籍出版社,1986:292.

(三)"仁人"思想在家庭思想教育方面的影响

家庭是社会最基本的单位,一首歌唱到"都说国很大其实一个家,一心装满国一手撑起家,家是最小国国是千万家"。在儒家看来,处理家庭关系与处理国家关系一样也需要用"仁"。这方面在中国家书文化、家训、家庭教育中表现得淋漓尽致,最主要的就是奉养之孝和敬亲之孝。奉养是孝的第一要义,奉养父母是子女应尽的义务,不仅要给父母衣食等物质方面的供养,而且还要在父母年迈之时赡养父母,这是孔子思想中对子女尽孝的最基本的要求。《孝经》中讲:"谨身节用,以养父母",意思是为人子女要持身恭谨,节省开支,以便更好地奉养父母。孔子说:"有酒食,先生馔。"有吃的,先给父母吃,这是强调子女不仅要给父母提供物质上的供养,而且还要时刻保持对父母的恭敬。孔子曾构思过养亲的要义,《孝经》载:"孝子之事亲也,居则致其敬,养则致其乐,病则致其忧,丧则致其哀,祭则致其严,五者备矣,然后能事亲。"孔子认为,子女奉养父母时,平时要尊敬他们,使他们高兴,父母生病时要忧虑,去世了要悲哀,祭扫时要严肃,做到了这五个方面,才能叫做孝。孔子所提倡的孝,体现在各个方面和各个层次,但是一个共同的思想是不仅要从形式上按照周礼的原则侍奉父母,而且要从内心深处真正地孝敬父母。"孝"在家庭伦理中极其重要,作为子女应以养亲与敬亲为基本准则并且遵守周礼的规范,去尽孝道,这不仅是仁爱的基础,也是实现孔子仁学的最基本的要求。在家庭中做到了孝这一道德规范,不仅在家庭成员内部培养了仁爱之心,而且也促进了人际关系的和谐,家庭成为了个人和社会道德提升的实践场所。

二、塑造以"义"为核心的批判精神

在中国古代教育思想中,随处可见"义"的内容。2 000多年来,维系社会关系的基本理论除了"仁"之外,可能就算"义"了。它是中华民族赖以存在的价值基础和伦理规范,是一整套富有民族特性的概念和范畴体系。"义"的核心理念是以仁义、道义、正义、情义和忠义即"五义"为宗旨、纲领的价值观。

(一)关于仁义的价值规范

在儒家看来,仁与义本为同义,它们共同组成了中华民族一切价值观和价值理论的基础和根本,也是价值体系的出发点和归宿。《荀子·王制》中讲:"水火有气而无生,草木有生而无知,禽兽有知而无义;人有气,有生,有知,亦且有义气,故最为天下贵也。力不若牛,走不若马,而牛马为用,何也? 曰:人能群,彼不能群也。"在此荀子揭示了两个问题:①人的社会性,即人之所以区别于禽兽而成为人,之所以高于禽兽,就在于社群性。②人的社群性与动物的社群性有区别。人在社群中是有义的、要讲人伦,有人文和精神的生活,这是其他动物所不具备的。儒学提出的人禽之辨,强调从人和禽兽的区别来认识人,并且不是从生理上,而是从人伦教化、道德善性上看人和禽兽的区别,实际上是突出了人的社会性,这是理解儒家人生价值观的起点。

当前是全国上下践行社会主义核心价值体系的关键时期,如何把"仁"与"义"的精神融入到社会主义核心价值观的教育之中,是摆在全体教育工作者面前的重大而深刻的问题。教育的目的是使受教育者能身体力行地做"仁人之人"。由于近年来,价值观教育的偏移和社会环境的改变,各种利己主义、享乐主义、拜金主义等非主流社会思潮充斥着大学校园。为了金钱、名利甚至虚荣,部分大学生丧失了基本的伦理道德、"义理"规范。如何提高当代大学生的道德修养是当下亟需解决的问题。

(二)关于道义的价值规范

相比较而言,仁义是一种价值内求,而道义是一种价值外求。即是说作为主体的人一般会因内心有"仁义"之心而行动,而道义则正好相反,它是因为外部事物因为具有道义性,而促发主体人去实施行动。举两个例子来说明:《水浒传》中的两个人物一个是武松、一个是李逵。武松醉打蒋门神,本来武松与蒋门神并不认识,当然也没有私仇,只是因为蒋门神霸占了别人的快活林,出于道义把蒋门神暴打一通,夺回了快活林;而李鬼假装李逵劫道抢财,李逵发现后,并没有过多为难他,只是因为李鬼讲了一句"家中尚有八十岁的老母",出于"仁义",李逵放走了李鬼。由此,我们可以看出,道义是维系人类社会公正合理化运行的基础。没有道义的存在,社会必将处于混乱之中。古代教育思想中也有大量关于道义价值规范的论述。《孟子·滕文公上》讲:"饱食、暖衣、逸居而无教,则近于禽兽。"意思是说,在上古时,先民们解决了吃、穿、住等物质生活问题,但是还没有道义的教化,这时的人就与禽兽相差无几。当下,我们正在全面建设社会主义和谐社会,而和谐社会中除了对人自身的规范约束之外,还存在着人与自然、人与人、人与社会的规范约束关系,要处理好这些关系,人们理应共同遵守"善"的义理。

(三)关于正义的价值规范

正义是关于公正性和合理性的规范约束,它是价值理念体系中的方法论。从概念上讲,正义是将人心内在的仁义和道义追求推而广之,在现实中身体力行的主要方式和途径,是规范社会交往、处理社会关系的基本准则,是判断是非善恶的核心尺度。正义的规范要求是对一切人和事不能心怀恶意,必须秉持公平、正道、诚挚、纯粹之心,与人为善,谋求和平、友爱、正直和有序、讲礼、文质彬彬的社会环境和生活现实。为了实现这种目标要求,人们必须具备以下几种行为特征:①高扬正气;②坚守真理;③捍卫良知;④敢于斗争。

古代教育思想中有关正义的论述随处可见。例如孟子将自己心目中的理想人格称为"大丈夫",认为大丈夫要具有"富贵不能淫,贫贱不能移,威武不能屈"的高贵品质。"士人"应该具有高远的志向,"居仁由义"、"舍生取义",做正义之事,讲正义之言,交正义之友。这种教育理念是推动炎黄子孙勇往直前的精神动力,也是炎黄子孙对人类价值理论的巨大贡献。

以上介绍的三种"义"的形态,都是外部形态,是人们处理人与外部事物关系时应当持有的价值标准;而情义和忠义是内在的价值规范,是人处理人的内心世界关系时的应该具备的基本价值标准。中国古代教育理念向来主张内外兼修,物我两存。这种理念对于中国人民社群心理的形成和中华民族的维系大有裨益,在今天的教育中,不仅不应当毁弃,更应当发扬光大。

三、塑造以"礼"为核心的礼治精神

中国古代教育思想中,不仅体现有人本主义精神、批判精神、进取精神,而且还充斥着礼治精神。"礼"是一种交往规范,是指人与人、社会群体或社会组织之间交往的一种仪式。而礼治是把"礼"进行了进一步的规范,将"礼"上升为一种社会存在,并通过国家强制力或教育引导加以实施和推行。由礼治规范引发的理论、主张等,则称为礼治精神。

冯友兰先生在《哲学的精神》一书中讲到:"中国向来依人之职业之不同,而将其分为四类,即所谓士、农、工、商。此外,另有一种分类法,即是君、臣、父、子、兄、弟、夫、妇、朋友,连合而言之,即有五伦。""五伦"实质上是五种社会关系的存在,而规范这五种关系正常运转的,则要靠"礼"了。作为一种社会理想的礼治精神,其实质是强调社会的有序,坚持社会的秩序。这种社会的有序或秩序,在儒家看来,就应是上下有序,父子有伦。可见,礼制的有序社会或社会秩序是一个具有严格等级制度的社会。礼治涉及社会的各个阶层和每一个人,因而它是一个内容复杂的社会操作系统。仅就《礼记》所反映的内容看,就有冠礼、婚礼、丧礼、祭礼等内容,此外还有为人君之礼,为人臣之礼,为人子之礼,男女之礼,少长之礼,主客之礼等。

中国传统礼治精神所主张和坚持的社会秩序就是一种亲和的社会关系。今天我们正在着力构建社会主义和谐社会,和谐社会的基本内涵是:民主法治、公平正义、诚信友爱、充满活力、安定有序、人与自然和谐相处。其中,安定有序的要求是:人与人之间、群体与群体之间、社会阶层与社会阶层之间,以及人与社会之间和谐相处,真正做到人人平等、和而不同、互惠互利。其实质就是要秉承传统礼治精神,但又有别于古代礼治。无论在过去或是在今天礼治精神作为传统文化的精华,不仅吸引着人们去探讨研究,而且也会在社会管理实践中推行实施下去。

四、塑造以"诚信"为核心的合作精神

在中国传统文化中,"诚"被认作是一种道德境界。"信"则是一种义礼规范。"诚信"则是协调人与人、人与社会组织、社会组织与社会组织之间基本价值规范,它既是一种道德品质,也是一种道德追求。"诚"是"信"的基础,"信"是"诚"的结果。《中庸》讲:"诚者,不勉而中,不思而得,从容中道,圣人也。"儒家认为,人一旦达到了"诚"的境界,便会"万物皆备于我矣,反身而诚,乐莫大焉"。如果世人能把"诚"再提高一个层次而达到"至诚"

的境界,则"可以赞天地之化育"、"可以与天地参矣",则"合内外之道",达到天人合一的境界。

历览中国传统教育,任何一个时期,任何一种教育模式或教育层次,无不把"诚"、"信"作为重要的内容。大教育家孔子把"信"作为"四教"(文、行、忠、信)之一和"五德"(恭、宽、信、敏、惠)之一,从而确立"信"在人伦中的地位和价值。在儒家看来,"诚"与"信"近于"义"、"仁"和"德",是君子修身的必然过程,是社会治理的基本规范。在中国传统文化中,诚信是处理人际关系的基本准则。《左传·成公十七年》曰:"人所以立,信、知、勇也。"孔子讲:"人而无信,不知其可也",意思是说,人应当讲诚信,这是人之所以为人的一个重要道德标志,否则就不复为人。孔子用车子和鞔轨做比喻,说"大车无鞔,小车无轨,其何以行之哉?"说明诚信是做人的基本品格,也是一个人在社会生活中安身立命的道德起点,人若无信,就难以立身处世。《大学》认为,"诚其意"是修身之首,因此,在解释"八条目"时,被列在首位。意诚是"正心"的前提,"意诚而后心正","心正而后身修",从这个意义上说,"诚意"为"修身"之本。因此,《大学》云:"此谓知本。"郑玄注云:"本,谓'诚其意'也。"孟子说:"诚身有道,不明乎善,不诚其身矣。是故诚者,天之道也;思诚者,人之道也。至诚而不动者,未之有也;不诚,未有能动者也。"《吕氏春秋·贵信篇》说:"天地之大,四时之化,而犹不能以不信成物,又况人事。"这里首先提出"天地"、"四时"还不能以不"信"创造万物,更何况人与人之间的处事。宋代周敦颐说:"诚,五常之本,百行之源也。"在他看来,仁、义、礼、智、信五常及一切德行,皆以"诚"为基础。朱熹也说:"凡人立身行己,应事接物,莫大乎诚敬。诚者何? 不自欺,不妄之谓也。敬者何? 不怠慢,不放荡之谓也。"诚信还是基本的交友之道。当子路询问孔子的志向时,孔子说:"老者安之,朋友信之,少者怀之。"孔子的学生曾子云:"吾日三省吾身,为人谋而不忠乎? 与朋友交而不信乎? 传不习乎?"子夏亦云:"贤贤易色,事父母能竭其力,事君能致其身,与朋友交言而有信,虽曰未学,吾必谓之学矣。"可见孔子师徒对待朋友都是以"信"为先。孟子也说:"父子有亲,君臣有义,夫妇有别,长幼有序,朋友有信。"荀子认为,应该结交诚实守信的君子做朋友,《荀子·性恶篇》云:"夫人虽有性质美而心辨知,必将求贤师而事之,择贤友而友之。得贤师而事之,则所闻者尧舜禹汤之道也,得良友而友之,则所见者忠信敬让之行也。"《吕氏春秋·贵信篇》云"交友不信,则离散忧愁,不能相亲",汉代学者刘向说:"交不信,非吾友也",说的都是在交友过程中,应当同讲诚信的人交朋友,不能与失信之人为友。

"诚信"不仅调节着人与人之间的关系,而且也调节着社会组织之间的关系。而作为最大社会组织的国家,同样也需要"诚信"。这种国家诚信是把国家作为一个独立的行为主体来进行价值规范的,通过国家主体对社会民众的"诚信"来实现自身的统治目标。《尚书·周书》告诫群官要"恭俭惟德,无载尔伪。作德,心逸日休;作伪,心劳日拙",说的是为官应恭俭谦让,无行奸伪之事。为德直道而行,心广而体胖;如若为伪而巧饰,则会身心劳苦疲惫不堪。《尚书》中的政治诚信思想对孔子"民无信不立"的政治诚信观具有启发意义。《论语·颜渊》载："子贡问政。子曰：足食，足兵，民信之矣。子贡曰：必不得已而去，于斯三者何先？曰：去兵。子贡曰：必不得已而去，于斯二者何先？曰：去食。自古皆有死，民无信不立。"在孔子看来，军队和粮食都没有老百姓对政府的信任重要。孔子要求为政者做到"敬事而信"，他说："上好礼，则民莫敢不敬；上好义，则民莫敢不服；上好信，则民莫敢不用情。"这里他深刻揭示了政风同民风之间的内在联系，其中特别指出了诚信是立国立政之道。"信，国之宝也，民之所庇也"。《吕氏春秋·贵信》云："凡人主必信，信而又信，谁人不亲？"只有皇帝讲诚信，才能取信于民。《吕氏春秋·贵信》又说："君臣不信，则百姓诽谤，社稷不宁。处官不信，则少不畏长，贵贱相轻。"在治理国家和对待百姓问题上，为政者必须诚实无欺，讲究信用。只有讲诚信，才能取信于民，得到广大老百姓的拥护和信赖。

由上可见，诚信是立国之道，修德之基，是一个国家维系良性发展和处理各方面政治关系的重要手段。一个国家的"诚信"度的高低，充分体现了这个国家的政治价值和政治道德。试想一个社会如果处处充满着欺诈而无约束，处处泛滥着谎言而无教化，那么这个社会将会是一个什么样的状态呢？这个国家将是一个什么样的国家呢？近年来，国家先后出台了《公民道德实施纲要》等一系列规范社会民众道德纲领性文件制度，为社会的良性发展和国家长治久安奠定了思想基础，翻阅这些文件制度，我们不难发现其核心义理皆来自中国的传统文化。

第三章　晚清中国社会文化的变迁与教育改革

晚清时期,中国社会文化遭遇了重大的历史性变迁,究其原因大致有三个方面:①中国传统文化尤其是儒家文化的价值追求与晚清经济社会发展的现实发生了严重的冲突,晚清经济社会发展客观上需要改革旧文化。②鸦片战争后,随着西学东渐的逐步展开,西方先进的文化对中国旧文化、旧观念形成了巨大的冲击力,中国民众主观上要求改革旧文化。③晚清社会格局的变更,尤其是阶级阶层的分化加大晚清政府的治理难度,同时,以民族资本主义为代表的新兴阶层希望通过文化革新,达到政治革新,进而推动经济革新,从而实现自我利益的最大化。在这种背景下,作为社会文化变革排头兵的教育改革已不可避免,也正是由于教育改革的不断推进和演化,才为现代意义上的大学的产生提供了可能。

第一节　晚清中国社会文化的变迁

教育是社会文化的重要组成部分,它承担着社会文化发展繁荣的重任。同时,社会文化又是社会教育的内在推动力,有什么样的社会文化必然会有什么样的社会教育模态和内容与之相适应。因此,从根源上讲,晚清社会文化变迁与晚清社会教育的变革有着极为重要的因果关系。一般来讲,学界对晚清社会文化变迁比较趋同于内外因交合说,即晚清社会内部的变迁需求和外部西方文化入华的催化。

一、晚清社会文化变迁的阶段划分

晚清是指从 1840 年第一次鸦片战争到 1911 年辛亥革命这 70 余年的历史。虽然 70 余年在历史的长河里只不过是沧海一粟,但其历史地位却是不容小觑。这一时期,中国文化发展总体趋势是由延袭了 2 000 余年的封建传统文化向近代先进文化的转型。关于晚清社会文化变迁的阶段划分,学界向来不统一,归纳起来大概有三种分类:第一类是按照社会运动划分。如中国社会科学院近代史研究所政治研究室、河北师范大学历史文化学院编写的《晚清改革与社会变迁》一书中按社会运动划分为四个时期:蒙醒时期、洋务时期、维新时期、革命时期。第二类是从教育视角来划分。如郝锦花博士在《新旧学制更易与乡村社会变迁》一书中按教育发展划分为两个时期:旧学的解体期和新学的形成期。第三类是按照文化学原理来划分的。如王韵秋在《光明日报》上撰写的《晚清文化的变革与发展论析》一文中就把晚清社会文化变迁分成了三个阶段:①19世纪40～50年代从林则徐、魏源等人的"师夷长技以制夷"到冯桂芬的"采西学"、"制洋器"为学习西方的发端。②19世纪60年代洋务运动时期,关于学习西方"器物文明"的实践触动了中国传统文化的封闭僵化模式。③19世纪90年代兴起的以维新思潮为核心的资产阶级新文化运动,直接抨击了专制僵化的封建统治思想,动摇了以儒家文化为核心的正统文化的统治基础。①

本书主要研究大学文化发展和建设,侧重的是从教育视角来看待历史问题。因此,我们比较倾向于郝锦花博士的划分方法,为我们研究晚清学制文化提供了基础。

二、晚清社会文化变迁的特征

晚清社会文化面临着重大历史选择问题:①如何取舍中国传统封建文化与西方器物文明。②如何面对社会阶层的分化问题。③如何处理国民价值观念的新取向。我们认为这个时期的社会文化是中国历史上难度最大,也最为复杂的一次"文化大革命"。系统研究后发现,这一时期的社会文化大致表现为以下三个方面的特征:

(1)格局的多元化。晚清上层统治者对于当时的社会是相当清醒的,主要是业已存在两大"患害":①国内阶级矛盾,即农民阶级与地主阶段的矛盾,集中体现在以太平军为代表的心腹之患。②国际矛盾,或者说是中华民族与帝国主义的矛盾,主要体现以八国联军为代表的外国侵略者形成肘腋之患。除此之外,还有地主阶级内部层面的矛盾,如保守派与革新派(洋务派、维新派等)之间的矛盾。这些利害之争,打破了中国传统文化"大一统"的局面。各方势力在争取自己利益的同时,必然会推行自己的文化主张,从而加剧了晚清政治格局、文化格局的多元化倾向。

(2)价值的多元化。格局的变更必然带来主体价值的转变。晚清之前,由于社会文化比较单一(主要是以儒家经学为主体的文化思潮),社会主体价值观没有可选择的余地,只能是按照儒家经学思想规定了的"仁、义、礼、智、信"、"温、廉、谦、恭、让"以及纲常伦理等来规范自己的行为。然而,1840年以后,社会利益格局的变更,尤其是西方器物文明和西方契约精神、法治精神、资本运作规则等不断入侵,这些新式文明改变着人们的价值追求。

---

① 王韵秋.晚清文化的变革与发展论析[N].光明日报,2009-05-26.

（3）内容的多样化。在社会文化的内容多样性方面主要体现在中西学之争。①经世治用的精神挑战传统空疏的学风，引发了经学领域的革命，这是晚清学术变异的先兆。以学术救世为核心的经世思潮贯有清一代，鸦片战争后这种学术理念更是成为诸多士大夫治学的手段。摒弃古文经学的空疏文风，以讥评时政、倡言变法为主流意识，将学术研究与社会现实问题相结合，从而引发了以变与不变为主题的经学领域的论争，刺激了晚清学术的变迁。②诸子学研究风尚的兴起打破了儒学独尊的学术格局，形成了中国传统文化多流派并存的局面。③以西方文化为参照重构诸子学理，实现西学对中国文化的渗透，打破了中国传统文化发展的地域界限。① 在这三个方面中，尤以经世治用思想最为彻底，它在一定程度上引导了中国自 1840 年至新中国成立 100 多年间的社会文化思潮的发展。从今天文化学发展的意义上看，无论是经世治用思想还是诸子之风再起，还是西方文化的引入与同化，都是中国以积极态度融入世界近代文化发展的重要表现。

三、晚清社会文化变迁的动力

晚清社会文化变迁的动力来源主要有以下三个层面：

（一）中国社会文化自身发展的要求

晚清中国社会文化的变迁不仅根源于中国社会变革，而且还是文化自身发展的要求使然。1840 年前后，西方文明对中国传统社会形成了全面而深刻的冲击，在这一强大的冲击下，不仅使"天朝上国"的文明优越感荡然无存，而且强烈地刺激了中国人的民族自尊心。当然，中国传统文化中的不适应社会发展要求的内容也被暴露无遗。随后而起的洋务运动、维新运动以及孙中山领导的一系列社会革命，都要求文化在内容上和前进方向上有所变革。这种文化变革的总体要求是：①将传统"经世致用"的"治平"理念与救亡图存的社会使命相结合，上升为强烈的民族主义文化精神。②将学术问题的研究直接与现实问题相结合，以文化领域的变革服务于社会现实，以文化结构的学术变迁影响中国社会发展模式选择，突出了民族复兴的政治文化内涵。③摒弃传统旧学空洞、无用的成分，而且有意识地将西学的实用知识渗透进中国文化的学术架构中。④确立以中国文化为本位的价值取向。

当然，这种变革不是一蹴而就的，它已经触及了中华文明的内核，必然会被社会保守阶层和既得利益集团反对。这种变革也不是简单的文化学术流派的裂变，而是反映了晚清社会政治结构的分裂与对立。

（二）社会阶层急剧分化的推动

自唐宋代以后，中国古代社会便逐渐形成了"士、农、工、商"的四民社会结构。到了

---

① 王韵秋.晚清文化的变革与发展论析[N].光明日报,2009-05-26.

晚清时期,由于列强的入侵及官僚资本主义、民族资本主义的发展,中国社会固有的"四民"社会结构慢慢地开始进入瓦解期,社会阶层急剧分化。

1. 乡村社会结构的破产

鸦片战争以后,国家社会经济状况每况愈下,国家财政入不敷出。晚清政府为了应付战争赔款,不断加重对农民的盘剥,再加上为镇压太平天国而制定的厘金制度,进一步加重了农民的负担。此外,开放港口航运,失去关税自主权,外国资本和产品畅通无阻地进入中国市场,对中国进行大肆商品倾销,乡村手工业受到了前所未有的严重冲击。中国的乡村社会是由数以万计的以一定地理范围的乡村集市为中心组织起来的初级商品交换市场。外国资本和商品的到来严重摧垮了本已相当脆弱的乡村市场,大批乡村产业破产,这些破产的乡村产业者不断涌入城市,形成了城市无产者或者产业工人,在一定程度上改变了乡村社会结构。

2. 城市产业结构的分化

城市产业结构发生了巨大变化:①城市小产业经受不住来自外国资本主义的强烈冲击而破产倒闭。②新兴封建地主阶级依靠强大的政治保障和雄厚的产业资本迅速崛起。③处于夹缝中的民族资本主义开始了艰难的发展。这三类形态导致的直接后果是加剧了城市社会结构的分化,城市开始由单一社会结构发展成集官僚资产阶级、民族资产阶级、城市产业工人、城市无产者和普通市民于一体的社会结构模式。这一结构形成后,要求社会文化能与城市社会结构变革同步发展起来,并为其提供应有的服务。

(三)西方文明的刺激

2 000多年来,中国传统儒家知识主要体现在内部循环文化结构上,其间,虽然也有外来文化(佛教文化、伊斯兰文化等)与之融合,并没有从整体上改变其一枝独秀的主体性统治地位。自1840年以后,西方文明如洪水般涌入中国,优越的文化理念和文化内容,尤其是注重法则、注重规律、注重人本的"三重理念",严重突显了中国传统儒家文化注重纲常、注重伦理、轻视工商理念的滞后性。然而传统儒家文化的循环模式是"儒家经典的文本知识—教育知识—个体知识(个体的儒家修养)—儒家社会知识—儒家经典"的循环结构。这个环节带有明显的封闭性和稳定性,在环节中排斥了接受其他知识体系的可能性。然而,西方文明的到来打破了这一结构形态,尤其是在个体知识这一环节上打开了缺口。大量的具有"开眼看世界"的人士开始接触西方文明并一发而不可收拾。

在封建社会,皇权掌握着社会政治文化权力,而文化权力为适应专制皇权的需要,为皇权的政治权力进行合法性论证。1900年前后,晚清苟延残喘,皇权衰败。中央权力的减弱,中国传统儒家学说的文化特权失去了皇权保护,逐步丧失了其应有文化地位,大大加快了社会文化向西方文化的移转。

第二节　晚清社会教育制度的建立

随着晚清经济社会变革和文化制度变革,社会教育制度和形式也发生了一系列的变化。这种变化的主要表征是西方教会学校的兴起,洋务学堂和维新学堂的开设,以及以京师大学堂为代表的新式学校的创办。由此,中国教育制度进入到了一个新旧并存、相互交织的格局,中国近代学制也在这种交织碰撞中逐步建立了起来。

一、教会学校的兴起

教会学校不是起始于1840年以后,19世纪初已经开始了。1807年英国基督教传教士马礼逊来到广东,学习中文,并开展相关传教活动。1818年马礼逊在马六甲开设英华学校,由其助手米怜任校长,马礼逊担任校监。英华学校虽然是在中国本土之外开设的学校,但其教育对象主要是华人,使用语言也是汉语,并且在开办期间培养了一批知名人士,对中国及其周边国家社会发展产生了很大影响。在马礼逊的影响下,1835年,华侨罗便臣在广州成立“马礼逊教育会”,并开始着手创办以马礼逊命名的学校“马礼逊学堂”。4年之后,即1839年11月,马礼逊学堂在澳门成立,鸦片战争后,又搬迁到了香港。马礼逊学堂是在中国领土上设立的第一所专业教会学校。在这所学校里除了开设基督教神学课程外,还开设有中、英文课程,甚至一些自然科学类课程,如几何学、生物学、数学、地理学等。

鸦片战争后,随着中国海关的开放,大批外国传教士来到了中国,开始了以传教为目的,附带创办学校的活动。这一时期创办的教会学校主要分布在沿海诸省市。在上海创办的有:1846年,美国圣公会开设的信义塾;1847年,美国基督教怀恩堂开设的怀恩中小学堂;1850年,美国圣公会开设的裨文女学、英国圣公会开设的英华女塾;1853年,法国天主教开设的明德女学等。在天津创办的有:法汉学堂、诚正小学、淑贞女学;在福建开设的有:1844年,英国伦敦基督教会在厦门创办英华男塾,此外还有真道小学、育英书院等;在浙江等地开设的有:1844年,英国东方女子教育协进社在宁波创办女子学塾,这是中国历史上创办的第一所专门女子学校。此外,还有山东登州的蒙养学堂,北京的崇实馆,杭州英义塾,武昌的文惠廉纪念学堂,苏州的存养书院等。到19世纪60年代末,西方教会在中国开设的学校共计75所。第二次鸦片战争后,此类学校达到350多所,学生多达近万人。19世纪末,学校更是达到了2 000多所,学生人数也增加到了4万多。

今天看来,教会学校在中国的开设有其两个方面的影响:①消极方面的影响。教会学校的开设与西方列强的殖民化是同步的,西方资本和商品摧毁了中国的商品市场和经济结构,而教会学校的广泛开设则进一步摧垮了中国人的精神世界,改变了中国人固有的价值观和世界观。可以这样讲,教会学校的开设同化了中国文化,是西方列强在更深层面上侵略中国的有力帮手。②积极的作用。教会学校开设的目的很明确,传教的同时同化中国人的精神,但它们也在无形之中传播了西方近代的先进文化知识,客观上推进了中国融入世界的发展潮流,也为中国近代教育改革奠定了一定的基础。

二、洋务学堂的开设

鸦片战争后,一大批开明封建官僚开始意识到中国的落后,着力于"开眼看世界"和"实业救国",办洋务兴中华的理念渐渐传播开来。为了推进洋务实业的快速发展,各类专为洋务培养人才的学校也同行并起,以"中学为体、西学为用"为指导思想的洋务学堂的开设标志着中国近代教育转型的开始。一般而言,洋务学堂按照用途和专业的不同被划分为三个种类,即方言学堂、军务学堂和技术学堂。它们共同为洋务运动培养亟需的翻译、军务和各类技术人才。这三类学堂已经明显地带有西方近代新学的性质和特点。

1. 方言学堂

方言学堂主要有京师同文馆、上海广方言馆、广州同文馆、新疆俄文馆等。其实方言学堂是个统称,即专门的外国语言学校,主要培养国家亟需的外交人才、翻译人才等。1862年开设的京师同文馆是中国第一所专门外语学校,最初只有英文馆,后来根据形势发展的需要又增设了法文馆、俄文馆、德文馆等。到1866年,为了造船需要,又在该馆中开设了数学与天文学,自此,京师同文馆变成了一所综合性的学校。起初,这些外国语学校的学生只有八旗子弟才可入学就读,但由于八旗子弟品性低劣、不学无术,几年的学习并没有培养出洋务派所需的理想人才,后来洋务派不得不放宽招生条件,一些其他出身的学生也可以进入学习。学校的教育教学工作主要由中央或地方官员主持,但也有大量的外国教员。方言学校的开设弥补了国家缺乏精通外国语言人才和不能深入了解国外情况的不足,为中国人了解域外文明尤其是西方文明扫除了障碍。

2. 军务学堂

军务学堂主要为了学习西方操练士兵、制造武器以及各种军事知识,培养水军、陆军等方面的军事人才而开设的专门学校。这个时期的军务学堂主要有:天津水师学堂、福建船政学堂、天津北洋武务学堂、广州水师学堂和江南水师学堂等。其中,天津北洋武务学堂是中国最早的陆军军官学校,福建船政学堂是中国最早的海军军官学校,分别创建于1885年和1866年,是中国军队知识化、专业化、标准化建设的标志性事件。军务学堂创办的动因是:鸦片战争后洋务派深感中国军队建制和武器的落后,着力通过坚舰利炮和提升"养兵练兵之法"来达到国家自强、摆脱外辱的目的。各军务学堂因用途不同所习科目也有较大的差别,如1866年在福州马尾创办的福建船政学堂,分为前堂和后堂两个部分,专习不同科目。前堂主要学习船只制造,因为当时法国的造船技术最好,故而注重法语的学习,所以前堂又名"法文堂";后堂主要学习船只战舰的驾驶,因为当时的英国驾驶技术最好,故而注重英语的学习,所以后堂又名为"英文堂"。两堂并举,蔚为壮观。此外,两堂均开设有多门自然科学课程,如算术、几何、代数、物理、化学、机械学、航海学和天文学等。在这里不仅要求学习各种理论知识,还需把理论知识与实际操作相结合,以达到学以致用的目的。该学堂为中国培养了大批的优秀船政人才,邓世昌、刘步蟾、林泰曾等均出自该学堂。

3. 技术学堂

技术学堂主要有福州电报学堂、天津医学馆、上海电报学堂、南京储才学堂等。这类技术学堂门类有别,主要是学习西方先进实用技术,培养专门用于洋务实业发展的高级实用型人才,类似于今天的专科学校。其中,1881 年创办的天津医学馆是中国第一所具有西医性质的专门医药学校。在这类学校里,学生主要学习电类、医类、矿类、地质类等学科知识,教员多为外国人。

洋务派开设为数众多的洋务学堂虽然目的仍然是为封建统治阶级服务,维护清王朝的统治,带有浓厚的封建买办色彩,但客观上使中国本土化教育冲破了传统儒家经学教育模式的束缚,为中国近代实业的发展和教育的发展带来了清新的空气。

三、维新时期学制的发展

甲午中日战争的全面失败,客观上宣告了洋务运动的失败。一些具有先进思想的人士开始认识到单一的实业很难达到救国目的,通过实行新政、变法提升国民素质。康有为说:"尝考泰西之所以富强,不在炮械军兵,而在穷理劝学。"①自 1895 年以后,先是王韬、马建忠、郑观应等人突破了洋务思想的狭隘,随后是康有为、梁启超、谭嗣同、严复等维新派纷纷登上历史的舞台,他们著书立说、创办报刊学堂、推行维新变法,为近代中国的新学新政发展做出了贡献。这一时期学制发展主要有以下几个方面的内容。

(一)维新学堂的创办

维新学堂的创办宗旨与洋务学堂有着不同。洋务学堂主要是为了推广实业救国理念,以实务学习为主旨。而维新学堂则不同,它主要是维新派用以"开民智、强民心",宣传政治和教育主张,并谋求政治利益为根本。由于宗旨目标的差异,在办学理念、办学目标、教育内容和学生来源等方面也各不相同了。这一时期的维新学堂有:万木草堂、时务学堂、通艺学堂、浏阳算学馆、时敏学堂、务本学堂、经正女学等 10 余所。其中影响最大的当数万木草堂和时务学堂。1891 年,康有为在广州创办万木草堂,到 1898 年戊戌变法失败后被解散,仅存有 7 年的时间。然而这 7 年却培养了大批具有维新思想的进步人士。万木草堂创办之初,康有为就主张"脱前人之窠臼,开独得之新理"。康有为撰写了万木草堂学规——《长兴学记》,他以《论语》中的"君子志于道,据于德,依于仁,游于艺"为纲,

---

① 康有为.公车上书.中国近代教育史资料汇编[M].上海:上海教育出版社,1995:134.

对学生施以德、智、体教育。万木草堂课程开设得也很丰富,主要以"中学"为主:义理之学、经世之学、考据之学和词章之学。学堂中除了知识传授外,还非常重视学生在德、体、能、音乐、演说等方面的全面发展。这已经有了现代大学"德智体美"全面发展的雏形。

(二)晚清新政的实施与失败

清王朝在行将就木的最后 10 年里,为了挽救宛如黄昏的政权,延揽社会人才,开始着手推行新政,虽然最后也是以失败而告终,但其历史影响却是无比巨大的。1902 年,清政府颁布了《钦定学堂章程》,对各级各类学堂的目标、性质、年限、入学条件、课程设置及相互衔接关系都做了规定。虽然这一学制没有实施,但却是中国历史上第一次由中央公布的法定学制系统。1903 年,大学士张之洞领命主持制定了《奏定学堂章程》,对学制系统再次进行系统化的修订,史称"癸卯学制"。新的学制体系对各级各类学校的创建与运作均做了详细规定,其中既有从蒙养院到大学堂、通儒院的普通学校教育系统,也有从初级到高级的师范学堂和实业学堂系统,还有为新进士和已仕官员学习西学而设立的进士馆和仕学馆。此后,清政府又先后颁布了《女子小学堂章程》和《女子师范学堂章程》,对妇女教育进行了规范。"癸卯学制"实施以后,清政府开始了对国家教育系统的全面整顿,标志着中国近代学制的正式开始。

新学制颁布之后,清政府着手建立新的教育行政管理体系。以前,中国官方学校都是由礼部代管,并无专门的学校管理部门,而私学则处在混乱无序的状态。随着洋务学堂和维新学堂等新式学校的出现,中央设立统一管辖全国学校的专门部门就显得尤为必要。1898 年京师大学堂成立后,负有统辖各省学堂之责,成为向近代中央教育行政部门过渡的重要机构。1905 年,清政府撤销了京师大学堂统辖全国教育的职能,设立学部,专管全国教育。1906 年,又裁撤各省学政,改设提学使司统辖全省学务。随后,又在各府厅州县设立劝学所。这样就形成了"学部—提学使 司—劝学所"一整套新的教育行政管理系统。1911 年,随着清政府的灭亡,新学制也随之消散。新学制的失败并不是由于新学制自身原因造成的,而是在当时社会状况下,国家政权尚处于不安定的状态,而作为国家整体管理一份子的教育又岂能独在?

表 3-1　清末民初新学教育发展统计表[①]

年度	1902	1903	1904	1905	1906
学校数(所)	222	627	1 640	3 433	11 211
学生数(个)	6 804	21 183	46 867	100 399	262 423
年度	1907	1912	1913	1914	1915
学校数(所)	16 895	87 272	108 488	122 286	12 739
学生数(个)	489 005	2 933 387	363 206	4 075 338	4 294 257

① 郝锦花.新旧学制更易与乡村社会变迁[M].北京:人民出版社,2009:21.

(三)科举制度的废止

科举取士是自隋唐以来,国家政府选拔人才的最主要的途径。但是经过1 300多年的发展,科举制度不以务实为重、求新为重的弊端与清朝新式教育的清新务实相比是那么晦暗。废除科举、取消八股的呼声日益高涨,魏源即批判道:"科举以声音诂训相高,举天下人才尽出于无用之一途"。1898年6月23日,光绪帝采用维新派的主张,下令废除八股考试,一律改八股作文为策论。1901年,清政府全面废八股而改试策论,并废止武科举。1903年11月,张百熙、张之洞等人奏准,自下届考试起,按年递减中试名额的1/3,历3届减尽。1905年9月,光绪帝颁布上谕:"自次年(1906年)为始,所有乡会试一律停止,各省岁科考试亦即停止。"①至此,自隋朝开始的科举考试制度在完成了它1 300多年的历史使命之后,终于寿终正寝了。

(四)京师大学堂的设立

1896年6月,也就是在维新变法的前期,刑部左侍郎李端芬在上呈光绪皇帝的《请推广学校折》中,第一次正式提议设立"京师大学"。2年之后的1898年初,康有为上书光绪帝再次提出:"自京师立大学,各省立高等中学,各府县立中小学及专门学。"随着维新运动的发展和社会各方人士的广泛呼吁,1898年6月11日,清光绪帝颁布《明定国是诏》,宣布变法,正式把设立京师大学堂作为推行变法的一部分。维新期间,由梁启超依照日本和西方学制,并立足于本国教育的实际情况,起草了《京师大学堂章程》,成为京师大学堂建设发展的法律依据。《京师大学堂章程》分为8章52条,内容涉及了办学目标、学生功课、入学招生、就业出处、教师聘用、办学经费来源等。规定京师大学堂以"培植非常之才,以备它日特达之用"为教育目标;教育宗旨是:中学为体、西学为用,二者相兼、不偏不废;教学方法是:中西并重、观其会通。京师大学堂设立后,吏部尚书孙家鼐被任命为管理大学堂事务大臣,曾出任多国公使的许景澄和长期担任京师同文馆总教习的美国传教士丁韪良分别出任中学和西学总教习。

戊戌变法失败后,京师大学堂很幸运地被保留了下来,并发展成为后来的北京大学,这也算是晚清留给后人的一笔财富吧!

(五)留学教育制度的出现

晚清还有一项政策很值得关注,那就是中国最早的留学教育制度。虽然此前也有过留学生,但星星点点,不成规模。如1847年,在马礼逊学校就读的容闳、黄宽、黄胜等人随传教士布朗赴美国留学,成为中国最早的留学生。随着,清末新政的推行,加上政府的支持,自1898年开始,留学生人数急剧增多。以留日学生为例,1903年仅1 300多人,而经过3年的发展,到1906年一下竟增到12 000余人,几乎增长了10倍。这些留日学生一部分归国后成为了资产阶级革命的中坚人物。当然,还有一部分归国留学生成了国内优秀的教员,为中国近代新式教育的发展发挥了重要作用。据王奇生先生统计,在1907

---

① 郝锦花.新旧学制更易与乡村社会变迁[M].北京:人民出版社,2009:40.

年,国内专门学堂、各种实业学堂和优级师范学堂的教员中,留学生出身者 280 人,占教员总数的 17.5%;至 1909 年,留学生出身者增至 753 人,占教员总数的 26.1%。[①] 留学制度使中国近代知识分子有机会深入接触西方先进的文化和科学技术,他们的出现和归来为中国在向近代化迈进的过程中带来先进的思想,并打下了坚实的人才基础。

第三节　晚清社会教育思想的综略

晚清时期,在洋务运动和维新运动的推动下,产生了一大批社会教育思想家。他们的教育思想虽然在某些方面还残存有封建的余瘴,但他们毕竟在黑暗的晚清社会为人们开启了一扇走向光明之门。这一节我们要通过介绍几个具有代表性人物的教育思想,来管窥一下晚清的教育基本模态。

一、以魏源为代表的早期开明派教育思想

魏源生于 1794 年,卒于 1857 年。字默深,湖南邵阳人,曾任内阁中书。魏源痛感鸦片战争中国的惨败和清政府的腐败无能,提出了一系列有关社会改革和文化教育改革的主张,是中国最早一批"开眼看世界"的代表人物之一。魏源在文化教育方面的主张大致有以下三个方面:

(1)变革科举考试制度,培养实用人才。1840 年鸦片战争以后,魏源从鸦片战争失败的教训中深刻认识到人才对于国家的重要性,他认为"今夫财用不足,国非贫,人才不竞之谓贫"、"人才进则军政修,人心肃则国威道"。提出国家要想强大,首在培养人才,而培养具有真才实学的有用人才,首在改革科举考试,重新树立新的人才培养机制。

(2)提倡经世致用。他认为学问真正的用途并不是拿来把玩的,而是要运用到具体实践中去的。他在《皇朝经世文编》中写道:"善言心者,必有验于事矣;善言文者,必有资于法矣;善言古者,必有验于今矣;善言我者,必有乘于物矣。"他极力反对做学问讲训诂、重考据,脱离现实生活,主张学习要与实际相结合,与实践相结合。

(3)提出了向西方学习的主张。"师夷长技以制夷",全面向西方学习是魏源的理论理想的核心。在当时看来,这一主张虽然符合当时的中国国情,但却相当前卫。他认为要想抵抗外国侵略,必须了解外国的情况,不能夜郎自大、固步自封,必须虚心向西方学习。他反对顽固派全面抵制西学的做法,主张应该"开眼看世界"。为此,他编写了《海国图志》,系统介绍外国历史和地理等情况,打开了中国通向西方文明的窗户。

---

① 王晓华,叶富贵.中外教育史[M].北京:首都师范大学出版社,2007:118—119.

二、以张之洞为代表的洋务派教育思想

张之洞生于 1837 年,卒于 1909 年。直隶南皮人,清末洋务派的代表人物之一。字孝达,号香涛,自号抱冰老人。曾任湖北、四川学政,山西巡抚,两广总督。新政期间,以军机大臣兼管学部,统管全国教育工作。他一生创办实业,兴设学堂,大力推行洋务成为中国近代史上重要的实业家、思想家和教育家。1898 年,他著写《劝学篇》,系统论述了"中学为体,西学为用"的理论体系,成为清末教育的指导思想。清末新政开始后,他又主持修订《奏定学堂章程》,他的一生对中国近代教育贡献颇大。

张之洞的教育思想集中体现在他的著作《劝学篇》中,其核心理念是改革教育传统,施行"中学为体、西学为用"的教育政策。鸦片战争后,张之洞痛感清政府的腐败无能、人才匮乏,对旧式学校教育与科举制度的腐败积弊较为关注。他在洋务派中率先提出了整顿和改革传统教育的主张。他主张,变革教育制度首在废除科举制度。他在《劝学篇·变科举》中指出:"八股取士,自明至今,行之已 500 余年。文胜而实衰,法久而弊起。"他认为"救时必自变法始,变法必自变科举始"。"对科举制度宜存其大体而斟酌修改之"。这一思想主张为 1904 年科举制度的全面废止营造了氛围。此外,他还认为,变革传统教育必须要有破有立,破除旧式学制以后,必须全力推行新学教育。1886~1904 年的 18 年间,他先后主持或倡导兴办的学堂有:广州黄埔鱼雷学堂、广东水陆师学堂、江南陆师学堂、湖北武备学堂、两广电报学堂、南京创办储才学堂、武昌农务学堂、湖北工艺学堂、湖北自强学堂、湖北师范学堂、南京三江师范学堂、湖北师范传习所、两湖师范学堂、武昌育婴学堂等。无论规模还是数量,堪称中国之最。

在教育思想方面,张之洞主张新式教育要采用"中学为体,西学为用"的教育理念。虽然,这一理念并不是由张之洞最早提出来的,但却是由张之洞系统阐述并倡导付诸实施的。这一思想主张认为教育首先要传授经史之学,这是一切学问的基础,要放在率先的地位,然后再学习西学中有用的东西,以补中学的不足。这一教育思想,反映了封建统治者的利益,也是清朝统治者在应对西方列强文化侵略下的无奈之举。这一思想的时代局限性是显而易见的,它被历史洪流所淘汰也是必然的。

三、以康有为为代表的维新派教育思想

康有为生于 1858 年,卒于 1927 年,广东南海人。字广厦,号长素,又号明夷、更牲、西樵山人、游存叟、天游化人等,是著名的维新派代表人物之一,他擅长经理之学,尊崇儒家学说,著有《康子篇》、《新学伪经考》、《大同书》等。他参与维新变法,推行清末新政,为中国政治革新和近代教育的转型做出了突出贡献。以康有为为代表的维新派教育思想与洋务派教育思想基本相同,都是对"师夷长技以制夷"理论的继承和发展。

康有为认为教育的首要功能是"启民智",并把发展教育提升到了国家存亡绝续的高度。康有为指出"欲任天下之事,开中国之新世界,莫亟于教育"。1896 年,康有为在《上清帝第二书》中指出"尝考泰西之所富强,不在炮械军器,而在穷理劝学"。同时,他还认为"当此绸缪未雨之时,为兴学育才之事,若追亡救火之急,犹恐其不能立国也"。这里康有为把中国与西方进行深入的对比,他已经认识到中国的落后主要是由于民智未开、教育不兴、人才不强,必须兴办教育、开启民智,而不是急于制造军兵器械。他的这种认识反映了维新派渴望文化革新,提高全民族的文化素质,培养更多的新型实用人才的强烈愿望,已经比洋务派单纯的实业救国前进了一步。

康有为等人认为教育不应该只是少数人享有的权力,而应该惠及普通民众。康有为等人面对当时中国"若夫小民识字已寡,或有一省而无礼律之书,一县而无童蒙之馆,其为不教甚矣"、"天下民多而士少,小民不学,则农工商贾无才"[1]的窘困状况是相当痛心的。虽然康梁等人皆出身官宦,但他们的思想和行为却不同与传统的封建官僚士人。他们主张实施教育兴国,认为教育应该是惠及普通民众的战略性工作,而不应是少数特权阶层独享的财富,强调"一人独学,不如群人共学;群人共学,不如合什百亿兆人共学。学则强,群则强,累万亿兆皆智人,则强莫如京"。[2] "欲富强之自立,教学之见效,不当仅及于士,而当下及于民;不当仅立于国,而当遍及于乡,必使全国四万万之民,皆出于学"[3]。即是说,中国要实现富强自立,不能让只占少数的士人作为受教育的对象,而应是全体国民,只有全体国民的素质提高了,才有抵制外敌的力量。同时,康梁等人还关注到了女性群体的教育问题。晚清之前的中国,女性群体被剥夺了受教育的权力和机会,仅有少数特权阶层的女性通过私学等方式学习一些文化知识,数量很有限,层次也不高。康有为认为"女子当与男子一切同之。此为天理之至公,人道之至平"。[4] 他主张"宜先设女学,章程皆与男子学校同"。

总体而言,以康梁为代表的维新派主张的是"经世致用"的教育思想,主张教学内容应该注重实际,理论与实践相结合,反对空谈虚测。1898 年,康有为在上光绪帝《请废八股试帖楷法试士改用策论折》中,提出"令诸生荒废群经,惟读四书,谢绝学问,惟事八股"、"学八股者,不读秦汉以后之书,更不考地球各国之事,其培养的人才几近废物。巍科进士,翰苑清才,而竟有不知司马迁、范仲淹为何代人,汉祖、唐宗为何朝帝者。若问以亚非之舆地,欧美之政学,张口瞠目,不知何语矣。"[5]剑指僵化的科举制度,认为科举制度不重实际、不重实学,是严重浪费人才的举措,必须予以废除。与此同时,康有为还提出了实学教育的主张"乡塾童学读史、识字、测算、绘图、天文、地理、光、电、化、重、声、汽之

① 王凤喈.中国教育史[M].福州:福建教育出版社,2006:232.
② 康有为.上海强学会后序[M].北京:中华书局,1981:41.
③ 毛礼锐.中国教育史简编[M].北京:教育科学出版社,1984:232.
④ 康有为.大同书[M].郑州:中州古籍出版社,1998:166.
⑤ 陈学恂.中国近代教育文选[M].北京:人民教育出版社,1983:102.

学校不设。则根底不立。驱垂老乞丐者为兵,而欲其识字、绘图、测表、燃炮,必不可得,则兵不如人。选悍夫勇士者为将,而欲其读史、知兵、测天、绘地,必不可得,则将不如人。购外夷开官厂以为船炮枪械,而欲其新式巧制,必不可得,则船炮枪械必不如人。故凡有战衅,必败绩以摇国家,有兵而不可用,有械而不可恃,以此求强,安可致哉?"[1]这种实学精神,对后世新学教育影响极大。总体而言,康梁所代表的维新派虽然在政治主张上依然不放弃皇权至上的原则,奢想在不改变封建政治体制的前提下,改变国家文化教育格局,具有明显的时代局限性,但他们的基本义理和前卫主张却是值得肯定的。

第四节　晚清社会教育的影响

晚清社会教育是一个新旧学交织、中西学交织的多元教育格局。在这种格局下,社会各利益群体纷纷从各自的立场出发,提出了诸多教育主张,并进行了大量的教育实践。这些教育实践对晚清及近代社会产生了重大而深远的影响。

一、对中国近代社会教育发展的直接影响

晚清社会教育的兴起,尤其是以京师大学堂为代表的新学教育的创办,为中国近代社会教育发展奠定了坚实的基础。晚清教育新政结束 30 多年后,1935 年 4 月 10 日《教育杂志》发表了社会教育统计,列出中国社会教育机关共 12 种,其中图书馆、讲演所、民众阅报处,具体统计数字如下(部分地区):

表 3-2　1935 年地区图书馆、讲演所、民众阅报处统计表[2]

地区	图书馆			讲演所			民众阅报处	
	数量	经费(元)	人员数	数量	经费(元)	人员数	数量	经费(元)
四川	156	99 945	317	485	41 487	652	856	518 096
河南	148	69 851	221	82	789	84	1 950	31 379
广东	124	74 976	204	21	14 280	79	742	44 980
湖南	116	95 414	213	178	17 197	459	3 657	29 990
河北	104	91 430	192	146	5 104	161	1 411	37 498
福建	46	66 129	150	14	2 182	26	68	9 434
上海	43	89 320	132	1	1 356	13	158	1 842

---

[1]　康有为.上清帝第四书[M].北京:中华书局,1981:150.
[2]　此表根据 1935 年 2 月 27 日《上海晨报》,1935 年 2 月 26 日《北平晨报》,《教育杂志》第 25 卷第 4 期刊登的统计数字整理。

续表

地区	图书馆			讲演所			民众阅报处	
	数量	经费(元)	人员数	数量	经费(元)	人员数	数量	经费(元)
浙江	41	79 811	125	12	292	18	2 360	16 663
湖北	24	36 340	44	10	4 818	26	30	2 407
南京	2	9 540	9	1	12	1 400	/	/
北平	1	528	1	13	6 324	/	/	/

这一统计数字说明：①晚清社会教育中创兴的几种社会教育形式，在以后的社会教育发展中得以确立。②清末最初创建这些社会教育形式的省份、地区，如广东、湖南、山西、河北，在其后的发展中保持了它们的发展优势。③从全国社会教育的发展状况来看，文化发达地区普遍好于文化落后地区，说明地区文化基础对于社会教育发展的重要意义。

二、对改变中国教育目标价值取向的间接作用

晚清教育形态的改革，对改变中国教育的目标及教育的价值取向也产生了深远的影响，最主要的一点是通过晚清教育改革使教育从精英阶层走向普通大众，从根本上改变了中国文化专享的局面，为提升整体国民素质创造了条件。晚清教育是面向全体民众而不仅面向统治阶层，从实践层面上改变了传统教育仅注重统治人才培养的着眼点，对求才与求仕主义进行了更为直接的批判，反映出社会教育的实践，促使人们重新审视清末学堂建立的英才主义价值取向。

三、对近代中国文化变迁的积极作用

晚清新政虽然昙花一现，但它却对近代以来中国文化变迁产生了积极的推动作用，主要表现在以下两个方面：①扩大了文化变迁的引领群体。晚清以前，文化的主导权一直掌握在少数统治阶层手里，普通民众无法参与到文化塑造和文化创新中来。新政的实施扩大了普通民众接受教育的权限，使更多新型知识，尤其是西方优秀文化在普通民众中得到了快速的传播或普及，民众参与社会文化创新的积极性和主动性有所增加。②推进了官学文化向大众文化的转变。所谓官学文化，是指由官职功能而产生，渐以统治术为主体的文化。班固《汉书·艺文志》曾论证儒家学说由司徒官而来，道家学说由史官建立，阴阳学说由义和官分化，法家学说由理官构建，墨家由清庙官、名家由礼官、纵横家由行人官、杂家由议官、小说家由稗官分别建树。这是中国文化的一大特色——学在官府，不同于西方的宗教文化或寺庙文化。孔子讲私学，但是其倡兴的儒家学说经过历史上两

次大的改造,被统治阶级奉为天经地义,成了地地道道的官学文化代表,它以"修身、齐家、治国、平天下"为最高理想的科举制为中介,固定了社会精英与政治系统之间的紧密联系,使无论处于什么阶层的人,一旦接受到这种教育,即产生通向仕途的强烈愿望。这种教育因其统治阶级数量所限,只能集中在少数人身上。因此它只能是一种英才教育。而大众文化是指在新式学制实施进程中,随着教育范围的扩展和教育内容的更新,产生的一种为广大民众所接受的文化模式。如新式教育中增加的理工学科和大量的实用技能性的内容,民众一旦学成便能参与到国家和社会的生产建设中来,这是自古以来官学文化所未有的。再如,此前官学文化中包含有大量的爱国治世的内容,但何为爱国、如何治世,大多停留于理想层面或说教层面。但新政以后,面对外国列强的入侵,中国出现了前所未有的"国将不国"的局面,大量接受新式教育的民众积极投身实业或社会变革运动之中,把爱国治世的理想转变成了现实。

四、对改造国民心态的积极影响

(1)皇权观念的淡化,公民意识的形成。公民意识是社会意识的一种存在形式,是一种现代意识,是在现代法治下形成的民众意识。王久渊先生在其著作《政治学概》一书中从政治学视角明确了"公民意识"这一概念。王久渊先生认为:公民意识表现为人们对"公民"作为国家政治、经济、法律等活动主体的一种心理认同与理性自觉,又体现为保障与促进公民权利,合理配置国家权力资源的各种理论思想。具体体现为视自己和他人为拥有自由权利,有尊严、有价值的人,勇于维护自己和他人的自由权利、尊严和价值。[①] 这种意识还包含公民对于国家和社会的责任感。公民意识作为专有名词原非中国所创,但它却在中国由来已久。然而,由于中国政治统治模式即封建皇权的根深蒂固,公民意识仅存于少数拥有较高文化修养的群体之中,并没有形成大规模的社会意识形态。《新民说》一文中指出,"中国人没有公共的观念,他们所说的公字,都是皇帝一个人说的,那做皇帝的人晓得百姓有这种思想,他就说你们这些小百姓天天办你们的私事,把我们这寡人予一人朕的公事都丢开了,这可不是以私废公么。那百姓自己也承认了这句话,所以供皇帝办事叫做办公事,又叫做替公家办事,自己偶然有集会结社或是来干预地方上的事情就都不能够做了,故老百姓既没公共的事情做,那公共的观念自然越弄越没了。"[②]新政实施以后,社会教育充当了改造国民性的历史重任"应知现今中国海口尽割,路矿尽失,门户洞开,四百兆人民无立足之地,是因中国不能自强百事废弛之故。今欲使人人知振作大方,必先使人人知危亡之痛,故开民智为第一要著,尤不可不坚持牺牲一身以振聋聩于汤火之宗旨"[③]。正是在亡国灭种的强烈刺激下,在社会教育那振聋发聩的呼唤声

① 王久渊.政治学概论[M].成都:西南交通大学出版社,2010:87.
② 梁启超.梁启超全集[M].天津:天津古籍出版社,2005:500.
③ 许美德.中国大学(1895~1995)一个文化冲突的世纪[M].北京:教育科学出版社,2000:152.

中,中国人的公民意识开始觉醒。

（2）国民思想信仰的转变。晚清时期,整个社会文化处于内外焦灼的状态:①本土文化与外来文化的剧烈冲突;②本土文化内部的相互斗争;③随着战争的爆发和人员的迁徙,不同地域之间的文化也出现了不兼容的现象。文化的剧烈冲突带来的直接后果就是国民思想信仰的偏转,加之各种带有浓烈宗教色彩的社会团体和社团组织的出现,更加剧了国民思想信仰的混乱。然而,随着新学教育的出现,教育范围的扩大、教育内容的更新,国民思想信仰在清末出现了较大的改观。"脑质为之改易,思想言论与前者若出两人"[①]这是梁启超维新运动失败后,流亡在日本接触大量西方资产阶级启蒙思想后发出的感叹。与此同时,以孙中山、黄兴等为代表的新式资产阶级的崛起,"革命"取代了"皇权专制",形成了"人人皆感咸与维新"的局面。[②] 这在一定程度上印证了这样一条规律:新式教育培养新式人才,新式人才引领新式思想信仰,新式思想信仰助推社会变革,社会变革又要求教育更加快速的发展。从这个意义上讲,新式教育对于改变晚清时期社会整体状况是功不可没的。

①　丁文江,赵丰田.梁启超年谱长编[M].上海:上海人民出版社,1983:188.
②　梁启超.梁启超全集[M].天津:天津古籍出版社,2005:412.

第四章　民国时期大学与大学文化的发展

为了系统研究大学与大学文化的发展,我们把 1911 年辛亥革命结束到 1949 年新中国成立,这 38 年的时间统归于民国时期。辛亥革命的成功结束了清政府的封建统治,也终结了延续了近 2 000 年的封建制度,民智开化、思想自由、社会开放,为巩固政权,政府在不同时期颁布了一系列的政策、法令,对包括教育在内的社会各个方面进行了改革。1912 年,作为维新变法硕果仅存的京师大学堂改名为北京大学,正式拉开中国现代高等教育的序幕。而 1928 年清华大学的成立,则标志着中国大学教育体制和理念的成熟。抗战时成立的西南联合大学更谱写出"大学之为大学"的华美篇章。以这些大学为代表的新式大学注重与社会发展、国家命运、民族复兴的紧密结合,形成了主线统一而又各具特色的大学风景线。

第一节　多元背景下的民国大学发展

1911~1949 年这 38 年,是中国近代以来政治混乱、思想多元、文化激荡的 38 年。这期间从最初以孙中山为首的资产阶级教育改革到国民政府时期官僚买办资产阶级教育改革,从马克思主义教育观的传播到新民主主义时期中国共产党教育革新的开始,中国教育制度走过了多变、复杂的发展历程。这一时期,现代意义上的大学在多元文化激荡中艰难发展,并由此衍生了蔚为壮观的大学文化。本节我们从两个时段和三个层面上试加介绍多元背景下的民国大学发展状况。

一、民国初期资产阶级的教育改革

一般来讲,民国初期是指自辛亥革命开始到 1927 年大革命失败这一时期。在这 16 年的时间里,是中国高等教育发展的重要时期。当时中国由于军阀割据,缺少强有力的中央政权统治,以致政局不稳,各自为政。各地高等教育因所属关系不同,故在教育政策和教育方针上呈现出了不同。由于这种不同，才使中国大学积极学习借鉴西方大学办学模式、走出一条属于自己的发展道路成为可能，才使中国致力于建立一种具有真正学术自治和自由开放精神的现代型大学成为可能。

（一）资产阶级的教育改革

立足于当时的社会现实，辛亥革命后，以孙中山为首的资产阶级开始全面开展教育改革和教育创新。

1. 设立专门的教育管理机构，统一管辖全国教育工作

1912年1月，民国临时政府设立教育部，认命蔡元培为教育总长，行使教育管辖权。第三章我们已经提到，在晚清之前，中国并没有统一管辖教育的专门性中央机构，只有礼部代行管理全国教育之职，但这种管理是一种相对松散不成系统的管理模式，当然也没有相对成熟化、系统化的管理理念。直到1905年，清政府迫于社会压力和形势的发展，废除国子监，设学部，由军机大臣张之洞监管学部。此时，清政府已名存实亡，学部虽然设立了，但并没有发挥其应有的功能。

民国临时政府设立教育部可以说是受晚清新政的启发，但同时又与晚清设立学部不同：①人员组成不同。晚清学部主管是晚清旧臣，而临时政府教育部启用精通教育的新人。②理念不同。晚清学部虽有创新，但依然沿用"中学为体、西学为用"的教育管理理念，学校办学只能局限于晚清政府设定的范围，缺乏自主精神和自治权力。而临时政府教育部主张，全面学习西方教育管理理念，主张扩大学校办学的自主精神和自治权力。③管理模式不同。晚清学部管理是一种垂直的三级管理模式，即中央学部—省府级学监—道县级学监。而临时政府教育部的管理是一种非垂直的督学制管理模式。所谓督学制是一种只提出指导性意见，中央教育部负责督促学校落实的制度。对比以上发现，临时政府教育部与晚清学部差异性极大，虽然临时政府教育部还处在初创阶段，但已有了现代教育管理的雏形了。

2. 树立了人本主义教育理念

深受西学影响的蔡元培到任后，对晚清以来实施的教育政策进行全面的整顿和批判，并提出了民国政府应实施新的教育政策，替代晚清新政。"民国教育与君主时代之教育，其不同之点何在？君主时代之教育方针，不从教育者本体上着眼，用个人主义或用一部分人的的主义，利用一种方法，驱使受教育者迁就他或他们之主义。民国教育方针，应从受教育者本体上着想，有如何能力，方能尽如何责任；受如何教育，始能具有如何能力。"①这里蔡元培注意到了教育的一个核心问题，那就是教育的目的与作用是培养社会有用之人。他认为教育的本体是人，而不是国家或政府。这一人本主义教育理念，对后世影响极大。

民国之前的封建社会教育以"忠君、尊儒、尚公、尚武、尚实"为宗旨，"忠君"是指教育的目标要围绕着服务君主，服务于阶级统治；"尊儒"是指教育的内容要以儒家传统经学、

① 蔡元培. 蔡元培全集（第2卷）[M]. 北京：中华书局，1984：262.

理学理想为主体；"尚公、尚武、尚实"是指教育的方法。这一教育宗旨与初生的共和精神是完全相背的，"忠君与共和政体不合，尊孔与信教自由相违。"①民国之前的封建社会教育理念严重制约了人的主体性发挥，使人变成了学习的动物，丧失了主动性和创造性。而以蔡元培为代表的民国初期的教育家们提出的军国民教育、实利主义教育、公民道德教育、美感教育、世界观教育"五育并进"的教育理念，使教育回归到了人本身。1912 年 7 月，临时政府教育部召开中国历史上第一次教育工作会议，对教育的方针、宗旨、学制、法令等进行了讨论和规定，规定"注重道德教育、以实利教育、军国民教育辅之，更以美感教育完成其道德"的教育宗旨。从这项规定我们可以看出，新兴资产阶级的教育观是以道德教育为核心的，同时把实务教育、军事教育、美感教育等作为道德教育的辅设，从一定程度上反映了资阶阶级的政治诉求和价值取向。

3. 颁布法令，实施系统的教育改革

1912 年，临时政府教育部颁布了《普通教育暂行办法通令》、《普通教育暂行课程之标准》等教育法令。对晚清以来的教育模式、教育内容和办学宗旨等进行了变更。虽然这些法令，随着临时政府的瓦解很快就烟消云散了，但其基本精神和内容还是被后来的学制改革所吸收。

(二)封建残余的复古教育

以袁世凯为代表的封建残余势力很快就窃取了辛亥革命的成果，原临时政府所推行的资产阶级文化和教育改革也被封建残余的复古教育所取代。袁世凯是晚清旧臣，深受封建文化思想影响的他，从上台的那一刻起，就极力主张把文化教育回归到尊孔复古上来，试图为复辟帝制制造舆论。以袁世凯为代表的封建残余的政策主张有：①极力推崇孔子的"克己复礼"的思想主张。1913 年，袁世凯发布了《通令尊崇孔圣文》，1914 年又通令全国恢复祭祀孔子的典礼活动。②改变教育的宗旨。1913 年，袁世凯政权出台了《天坛宪法》，明文规定"国民教育以孔子之道为修身之大本"。1915 年又颁布《教育要旨》，提出了"爱国、尚武、崇实、法孔孟、重自治、戒贪争、戒躁进"的教育宗旨，对临时政府时期提出的人本主义教育宗旨进行全盘否定，明确要求各级学校学生"恪守圣人训诫"，不可犯上作乱。③改变教育内容。袁世凯政权在 1915 年颁布了《特定教育纲要》要求学校恢复儒家学说在课程设置中的核心地位，学生要读经研经，同时还主张学校应恢复晚清之前女子不得就学的传统，认为女子就学有害风化。以上政策法令的实施是为了适应封建残余势力的统治需要，是中国教育发展的历史性倒退，必然被历史所淘汰。

二、国民政府时期的教育改革

1927 年国民大革命失败，国民政府成立。为了服务统治需要，国民政府在文化教育

---

① 蔡元培.蔡元培全集(第 2 卷)[M].北京：中华书局,1984:136.

上进行了各方面的改革,提出了"党化教育"方针和"三民主义"的教育宗旨。1927年5月,南京国民政府通过了"实行党化教育"的反动议案。所谓党化教育,是指一党为了巩固自己的党魁或党组织的地位,不惜歪曲历史或事实,甚至用武力消灭作后盾,实行的美化或崇拜党魁或组织的愚民教育。[①] 其实质就是消灭人的主体性,培养为某一政党服务的奴化的人。同年8月,国民党教育行政委员会又颁布了《学校施行党化教育办法草案》,该草案提出:"我们所谓党化教育就是在国民党的指导之下,把教育变成革命化和民从化;换句话说,我们的教育方针要建筑在国民党的根本政策之上。"同时责令各省市予以实施,如上海市成立"党化教育委员会",浙江省制定《实施党化教育大纲》,要求中学以训练党员的方法训练学生,用党纪律压制学生。国民党的这一教育政策的倒行逆施遭到了许多人士的反对。迫于压力,国民政府不得不于1928年取缔"党化教育"的名称改为"三民主义教育",并先后颁布实施了《三民主义教育宗旨说明书》《中华民国教育宗旨及其实施方针》《三民主义教育实施方针》《三民主义教育实施原则》等政策法令。在《三民主义教育实施方针》一策中,对国民政府统治下的各级学校实施三民主义教育方针进行了具体的规定:"各级学校三民主义之教育,应以史地教科阐明民族之真谛;应以集团生活训练民权主义之运用;应以各种之生产劳动的实习,培养实行民生主义之基础;务使知识道德,融会贯通于三民主义之下,以收笃信力行之效。"对于大学及专门学校教育也进行规定:"大学及专门学校教育必须注重实用科学,充实学科内容,养成专门知识技能,并切实陶融为国家社会服务之健全品格。"

国民政府在规定了"三民主义"的教育方针之后,又对学制进行了改革。1928年,国民政府大学院召开了全国教育工作会议,通过了《整理中华民国学校系统案》,对全国初等教育、中等教育和高等教育进行了系统的设计,虽然其目的还是为国民政府统治服务,但一些具体的做法和教育理念也是值得肯定的,如对高等教育的规定。1929年国民政府大学院针对当时的高等教育现状颁布了《大学组织法》《大学规程》《专科学校组织法》《专科学校规程》等政策法令,把大学分为国立、省立、市立、私立四大类,科类分为文科、理科、法科、教育科、工学科、农学科、商学科、医学科等,规定凡三个科类以上的学校称为大学,三个科类以下者称为学院。同时规定大学的办学目标应是"研究高深学术,养成专门人才"[②]。

与学制改革同时进行的还有教育行政制度改革和学校管理制度改革。

在教育行政制度改革方面,国民政府在1927年撤销了原广东国民政府教育行政委员会,决定设立中央大学院,作为全国最高的学术教育机关,管理全国的教育事业,由蔡元培任大学院院长。在《大学组织法》中,就大学院的性质、组织、机构、职能等做了具体的规定。大学院为全国最高学术机关,总揽全国学术与教育行政事宜;大学院设院长一

---

①　愚昧国民的"党化教育"[OL]. http://www.douban.com/note/47071161.
②　王晓华,叶富贵.中外教育史[M].北京:首都师范大学出版社,2007:144.

人,总理全院事务。下设秘书处、教育行政处、国立学术机关及各种专门委员会等。大学院有三个特点:①学术与教育并重,以大学院为全国最高学术教育机关。②院长制与委员制并用,以院长负行政全责,以大学委员会负议事及计划之责。③计划与实行并进,设中央研究院,实行科学研究。设劳动大学,提倡劳动教育。设音乐院、艺术院,实行美化教育。"一切设施,务本学术研究之精神以进行,不独要以科学方法举行研究,并欲以科学方法处理公事。"①可见,大学院内部组织机构的设置,体现了改造原有中央教育行政的思想。大学院将教育行政与教育机关合而为一。大学院在它存在的不到2年的时间里,做了一些有益于社会并对社会有较大影响的工作。与大学院设立的同时,国民政府还在地方上实施大学区制,取消各省教育厅。后来,大学区制在运行过程中不符合教育发展需求和运行规律,遭到了大范围的抵制和中伤。以北平大学区为例,自1928年8月北平设立大学区开始,即遭到北京各学校的反对。北平"各校当局,左支右绌,日惟应付学潮是务。而所谓学潮者,甲起乙继,此往彼来,题目无穷,有动无静。当局无一月半月之安宁,社会群众亦极感惶恐与厌恶。"以致"北平教育,有退无进"。而且"近年北平学界风气之恶化,可谓已达极点。终年均有风潮,口实层出不穷。学生不读书,教员不授课,在北平实为习见。各校学生中,终年包办各项社会运动,政治运动,挟少数势力以压迫多数同学,且复受师长之敬畏者,视10年前情形,又复变本而加厉"②。大学区制严重影响了学校的正常办学行为,使师生穷于应付各种政治活动与社会活动,违背了教育自身运行的规律,必然如昙花一现,不复存续。

在学校管理制度改革方面,国民政府为了实现独裁的统治需要,对学校管理制度进行了统一和规范。颁布实施了《整饬学风令》、《学生自治会组织大纲》、《中小学训育主任办法》、《各级学校党义教师及训育主任工作大纲》、《中等以上学校导师制纲要》、《小学、中学及师范学校教员检定暂行规程》等政策法令,对学校的学风、课程设置、教师管理、班主任管理、教科书审检等进行了明确的规定,但凡不符合独裁统治需要的内容及管理方式,一概禁止。

三、马克思主义教育思想的传播与发展

(一)早期马克思主义教育思想的传播

马克思主义教育思想是一种科学的教育思想,它有别于资产阶级教育理念和传统中学教育理念,它是在抨击旧制度、批判旧教育的基础上形成的教育模态。马克思主义教育思想积极倡导工农大众,组织各类工农大众参与社会实践活动和各种制度的变

---

① 王倩.民国教育史上一次"昙花一现"的改革——大学院与大学区制的试行[J].河北师范大学学报(教育科学版),2004(5).

② 沈观.大学区制问题.范祥善.现代教育评论集[G].上海世界书局,1931:111.

革,把教育作为引导青年和工农大众参加革命斗争的工具,主张利用教育培养革命人才。[①]

早期马克思主义教育思想的传播和实践并不是通过学校等专门教育机构来完成的,而是具有马克思主义觉悟的先进人士通过创办杂志、报刊等来完成的。1918 年李大钊在北京大学成立了第一个马克思主义研究会,开始着手系统研究马克思主义,并在《新青年》上发表《我的马克思主义观》一文,向广大民众尤其是高层知识分子系统介绍马克思主义唯物史观、经济学说、科学社会主义和教育思想。"五四运动"前夕,李大钊又先后发表了《青年与农村》、《劳动教育问题》等多篇文章,提出了"现时社会工人阶级之所以没有受教育的机会,完全是资本家剥削的结果。""要想把现代的新文明,从根底输入到社会里,非把知识阶级与劳工阶级打成一片不可。"李大钊在文章中指出了教育的阶级性问题,资产阶级的教育是为资产阶级统治服务的,农工阶级(或称无产阶级)应以马克思主义教育思想为核心,争取自己应有的受教育权力。同时,陈独秀、毛泽东、蔡和森、邓中夏、李达等人通过创办《新青年》、《湘江评论》、《星期评论》、《觉悟》等杂志,传播马克思主义,开展马克思主义思想的教育活动。

(二)党的新民主主义教育政策与实践

中国共产党成立后,党为了革命需要创办了一些教育机构开展工农教育和党的干部教育,是党早期自主运用马克思主义的教育实践。1922 年,中国社会主义青年团召开了全国第一次代表大会,通过了《关于教育运动的决议案》。1924 年,党以马克思主义教育思想为指导,提出了新民主主义的教育改革方针:"厉行教育普及,以全力开展儿童之本位之教育,整理学制系统,增高教育经费,并保障其独立于法律上、经济上、教育上、社会上,确认男女平等之原则,助女权之发展。"此间,党还进行了广泛的新民主主义教育的实践,达到了传播马克思主义理论与实践马克思主义理论的有机结合。如 1921 年,毛泽东在湖南长沙创办湖南自修大学,传习马克思主义理论知识。1924 年彭湃成立中国第一个农民运动讲习所——广州农民运动讲习所。该讲习所自 1924～1926 年的 2 年间,共开设 6 期。第 1 期培训 38 人、第 2 期 114 人、第 3 期 225 人、第 4 期 98 人、第 5 期 114 人,第 6 期由毛泽东担任所长,培训人员从 1～5 期的广东本省扩大到全国,参训人员达 327人。广州农民运动讲习总共培训农运干部 930 人,正式毕业 800 名,从讲习所毕业的学员被派往农村担任农民运动特派员、农民协会会长和农民自卫军的领导。[②] 讲习所以培养农民运动骨干为目的,系统讲述马克思关于阶级斗争的学说和斗争的方法,有力推动了各地的农民运动的发展。

土地革命时期,党根据形势发展的需要在各根据地着力开展了干部教育、群众教育、儿童教育,组建一大批干部培训学校、扫盲班、夜校、识字班、列宁室、俱乐部、书报阅览所

---

① 王晓华,叶富贵.中外教育史[M].北京:首都师范大学出版社,2007:148.
② 农民运动讲习所回顾[OL].http://www.rongshuxia.com/book/1023099.html.

等,推动了根据地群众文化教育的开展。1933 年中央教育人民委员部发出了教育训令:"在目前一切给予战争,一切服从战争利益这一国内战争环境中,苏区文化教育不应是和平的建设事业,恰恰相反,文化教育应成为战争动员中一个不可少的力量,提高广大群众的政治文化水平,吸引广大群众积极参加一切战争动员工作,这是目前文化教育建设的战斗任务。"我们从训令可以看出,党的教育指向是文化教育建设必须服务和服从于阶级斗争的需要,而不是单一的文化知识传播。

抗日战争爆发后直到解放战争结束,为了服务于抗战和解放战争的需要,党又围绕着国防教育提出了一系列的教育政策和教育法令。1938 年,党在六届六中全会上,通过了《实行国防教育政策,使教育为民族自卫战争服务》的决议。这个决议中,提出了四点具体意见:①改订学制,废除不急需与不必要的课程,改变管理制度,以教授战争所必需之课程及发扬学生的学习积极性为原则。②创设并扩大各种干部学校,培养大批的抗日干部。③广泛发展民众教育,组织各种补习学校、识字运动、戏剧运动、歌咏运动、体育运动,创办敌前敌后各种地方通俗报纸,提高人民的民族文化与民族觉悟。④办理义务的小学教育,以民族精神教育新后代。此后,各抗日根据地都遵照这个决议实行国防教育政策。所谓实施国防教育政策,是以"提高和普及人民大众的抗日知识技能和民族自尊心为中心"的教育内容,培养具有民族意识、胜利信心、战争与生产所直接需要的知识技能的抗日国民和抗日干部。为此必须贯彻执行教育为抗日战争服务、教育与生产劳动相结合的方针;必须改变教育的旧制度、旧课程,实行以抗日救国为目标的新制度、新课程;发动人民自己教育自己、实行以民教民的新方法。在国防教育政策实施上,为了适应抗战对干部的需求,党创办了中央党校,马列学院、抗日军政大学、陕北公学、鲁迅艺术学院、延安自然科学院、中国女子大学、泽东青年干部学校、延安大学、陕甘宁边区行政学院以及华北联合大学、白求恩卫生学校等干部培训学校或专业技能学校。但在学校办学过程中出现了理论与实际脱节的情况,党及时发现了问题并进行了适度的调整。1941 年中央颁布了《关于延安干部学校的决定》,对在办学过程中出现的理论与实践脱节、教条主义学风和主观主义作风等问题进行了规范和纠正。

纵观这一时期党的教育政策,我们可以得出如下几点结论:①坚持以马克思主义作为教育的统一指导思想。在办学过程中坚持宣传学习马克思主义理论,贯彻马克思主义学风,强调教育要为工农大众服务、为革命运动服务、为无产阶级服务。②党对教育的统一领导。在党所创办的各类学校里,基本上都设有党组织,在不影响学校的自主办学权的条件下,强化党对教育的领导。③学校的性质和学员来源方面。学校的性质都是党所领导下的无产阶级教育学校,学校的学员也皆来自于具有共产主义觉悟的工农大众。这在阶级属性上、指导思想上、组织管理上最大限度地保证了办学的科学方向和目标。

第二节　民国时期大学教育的基本特征

第一节，我们对民国时期的教育发展进行了粗略的分析。那么作为教育发展过程中起引领作用的大学的发展程度如何？有什么的特点？对今天的教育理论和教育实践有什么样的启示呢？我们将在这一节中重点讲述。

无可否认，民国时期实行的是精英教育模式，有学者把这一时期的精英教育模式总结为"二低五高"，即"低知识分子率、低大学录取率"和"高名校率、高洋派率、高名教授率、高少壮派教授率、高成才率"。[①] 这种精英教育模式来源于以下三方面的原因：①社会教育现状的约束。民国时期社会教育资源相对匮乏，无法满足社会大众对接受教育的需求。②人们生活观。由于社会动荡不安，大部分民众的生活观倾向于务实，对求知求学的欲望要低得多。③教育者和受教育者本身的原因。一方面受教育者是精英，教育者本身也是精英。对于受教育者而言，从"五四运动"以后到抗战前夕，全国每年招生 1 万人左右，考生约 8 万，无论是毛入学率还是录取率都极低，如清华大学、北京大学、中央大学、交通大学、协和大学、北洋大学等的录取率都长期保持在 10％左右甚至更低；对教育者来说，大学里的教师 50％以上都有留学背景，少数本土化学者也是从优等生中选拔出来的，这样的反复筛选使大学教授的精英率相当可观。由此看来，民国时期的精英教育模式决定了民国时期大学的发展特点，虽然那时的发展经验和具体做法不可复制，但对后世大学教育产生了诸多深远的影响。

一、把坚持开放办学当做大学发展必由之路

民国时期大学最显著的特点就是开放办学。具体表现在两个层面：①对外的开放，即通过留学、游学等形式，接收西方大学的办学传统和办学内容。②对内的开放，主要表现在大学内部不拘一格的办学模式和国内大学间的交流与合作。晚清新政在文教方面有三大内容："废科举、设学校、派游学。"三大内容中派游学的功勋极大。据统计，1978～2007 年 30 年间，出国留学人数达 121.17 万，回国人数达 31.97 万，不到三成；而晚清民国时期大约 20 万留学生，归国率远远超过 90％，这确保了绝大部分名校的海归派教授比例都超过 60％。[②] 民国时期的留日生、赴法勤工俭学和留欧美生等群体都对国家发展产生了重大影响，前二者成为无产阶级革命的重要力量，后者则成为学术文教、科技界的中坚。留学的好处是显而易见的，它一方面带来了西方先进的知识技术和思想观念，另一

---

① 刘超.中国大学的去向：基于民国大学史的观察[J].开放时代,2009(1).
② 刘超.中国大学的去向：基于民国大学史的观察[J].开放时代,2009(1).

方面还为中国革命和后来的社会主义国家建设储备了人才。就高等教育而言,由于这些留学人员的到来,中国大学的面貌一改晚清之前的经学占绝对统治地位的局面,呈现出中西优秀学说并存发展的百家争鸣的状态。

在学生成才方面,由于开放办学,学生的成才率要比晚清之前大大提高了。纵观民国时期大学发展,我们看到无论哪一类的大学都有着深厚的国际背景,这些学校都注重外语,除中国文史课程外几乎都是采用全英文教材,而且师生均有较多的国际交流机会,因此学生往往能够同时接受两种或多种文化的熏染。以清华大学为例,该校在 1925 年前后只有 50 名左右教师,但已开设 7 门外语课程。如此水准,的确当得起"外国语文学在清华大学素有根基"之誉。北京大学则不然:"入学的第一年就分系,不必读多少普通课程就可以选专科……于是一般的人都各就所好,专心发展……我们常常听说某某人英文考试年年不及格,以至于毕业都成问题,但在国内研究金文的,他已是权威学者之一。"[①]在这种西化文化的熏陶下,一大批具有国际研究能力和国际视野的学生迅速成长起来,成才率和知识转化率较之晚清之前的社会教育大幅度地提高了,如北京大学、协和大学、清华大学、燕京大学等,毕业生成才率大都保持在半数以上。

二、把不拘成式办学作为大学发展的应有之义

(一)办学招生的极大自主权

考察一下民国时期的大学,我们发现那里的大学办学招生曾拥有真正的自主权,与现在国家提出的还权于大学,扩大办学自主权是完全不同的。招生是大学发展的第一步,没有好的生源,大学无以发展,更谈不上提升质量和效益。民国时期坚持教育的多元化,学校无统一教材,高校招生也不是全国统考,而是实行完全自主的招生。大部分大学招生坚持的是保送生和自主招生相结合的模式。一般来讲,全国知名大学,如北京大学、清华大学在招收保送生之外,还在在北平、上海、武汉等地设立考点若干。而其他普通大学限于财力和声望,只在本校设立一个考点。考生可以根据自己的学识和能力同时报考学校若干,可以在短期内先后参加多次考试,最大限度地避免了"一考定终身"的问题。

(二)师生入职就学的破格制

民国时期的办学自主权还集中表现在对教师入职和学生就学的破格录用和录取制度。对教师的破格制度在清华大学、北京大学体现得最为明显。

1. 人才选录的破格制

尹松山、汶立在编著的《北大人性格与命运》一书讲述了这样一个故事:1916 年上海的《东方杂志》上连载了梁漱溟撰写的一篇文章《究元决疑论》,文章以近世西洋学说阐述

---

① 傅林.世纪回眸:中国大学文化研究[M].教育科学出版社,2009:96.

印度佛家理论,这篇文章发表后很快便引起蔡元培的高度重视,蔡元培与当时的文科学长陈独秀商议决定聘请梁漱溟来校任教,梁漱溟对此却感到十分恐慌。他对蔡元培说:"我只不过初涉佛典,于此外的印度哲学实无所知。"蔡元培当即反问道:"那么你知道有谁能教印度哲学呢?"梁漱溟说不知道,蔡元培接着说:"我们亦没有寻到真能教印度哲学的人。横竖彼此都差不多,还是你来吧!"这个例子告诉我们,当时以蔡元培为代表的大学管理者不拘一格降人才的管理智慧和超人胆识。

2. 职务晋升的破格制

北京大学、清华大学等名校在职务晋升,尤其是教授的选聘上,具有很大的自主权。一般教师要跻身教授不需要超过 10 年;留洋归国者,相当一部分则一回国即成教授。大部分本土出身的学者在 35 岁左右成为教授,海归派则是 30 来岁跻身教授。因此,民国最年轻的教授为 22 岁的叶公超,20 余岁的教授大有其人,如胡适、朱自清、周培源、钱钟书、陈省身、华罗庚、黄玉珊、朱偰、柳无忌、李卓敏等。如此一来,全国就形成了一个 30 来岁少壮派名教授群。而青年一旦跻身教授,则免除了后顾之忧,可以全心治学、教研、服务社会。根据 1918 年统计,217 个教员中,90 个教授,教授平均年龄 30 来岁,对其中 76 人的统计显示,50 岁以上 6 人,35 岁以下 43 人,像胡适、刘半农等被聘为教授时仅 26 岁左右。[①]

3. 学生录取上的破格制

民国时期,各大学都对学生录取采用了优选制,但也有一些学有特长的学生被破格入选,避免了学有专长的学生无学可上的局面,最大限度地实现了人尽其才。当然,破格制并不是随便可用,而是有一套严格的审查程序,北京大学、清华大学等名校表现更为明显。例如"五四运动"之前,胡适破格录取了数学零分而作文满分的罗家伦。后来罗家伦掌管清华大学后又录取了同样严重偏科的钱钟书(英文满分、数学 15 分)。2 年后,吴晗(文史、英文满分,数学 6 分)、钱伟长因偏科(国文、历史均满分,英文 0 分)而受阻于北京大学,清华大学破格录取之,日后,钱伟长乃成为著名的"三钱"之一。在毕业环节上,清华大学亦行破格,著名诗人林庚毕业时,因不愿做学术论文,乃提出以文学作品相代,国文系主任朱自清经过考虑,予以同意。[②] 这样的例子在民国时期不胜枚举,它充分体现了大学的办学自主权,这与彼时的大学文化和社会文化发展动向有关,在今天的社会状况下,虽不可复制但可资借鉴。

三、把科学的制度设计作为大学发展的基石

(一)高薪养教制度

薪酬具有良好的激励作用。民国时期的大学教师与现在的教师薪酬制度几乎相

---

① 刘超. 中国大学的去向:基于民国大学史的观察[J]. 开放时代,2009(1).
② 刘超. 中国大学的去向:基于民国大学史的观察[J]. 开放时代,2009(1).

同,教师的薪酬是由政府发放,虽不是名义上的公务人员,但实质是相同的。北洋政府时期,当局长期拖欠教育经费和教师薪金,教员收入普遍低于职员;教授实际收入还不及一般政府科长,这就迫使多数教师四处兼职,且经常参加"索薪"斗争,以致教学质量难以保证。但也有特殊情况,这表现在教师所在大学的归属地和归属单位,从数据我们可以发现,南方诸高校的教师薪酬普遍高于北方高校。这与当地政府对高校的重视不无关系。学者刘超在《中国大学的去向:基于民国大学史的观察》一文中所列数据可见一斑:

1927 年,国立京师大学教员待遇为:一级教授 300 元、二级 280 元。1926 年,广州军政府明文规定,一等教授月薪 500 元、二级教授 450 元,这明显高于北洋政府管治下的各校。广州政权定鼎南京后,全国局势渐变,尤其是东北易帜、军阀混战结束后,军费渐少而教费增加,中国大学渐入黄金时期。20 世纪 30 年代,大学教师的收入继续增长,其中,一级教授月薪可达 500 元。1924 年北京平民 5 口之家月均用度 14 元 2 角 5 分;人力车夫养家月费 11 元 6 角 2 分,相比之下,教授收入之高可以想见。

由于高层次大学教授实行了高薪养教制度,使得这些教授的社会活动能量增加,也无生活上的后顾之忧,可以尽力做学问、搞研究。如胡适的生活条件颇为富裕:出门有车、家有佣人、居处有独家院落,在生活必要开支外仍剩有不少闲钱。这充裕的物质条件足为这些学人用做活动经费,或广交友朋、资助青年所用,另还可自办刊物。所有这一切,都有助于其经营人脉,营建权势网络和能量系统。正是这样,胡适在抗战前 10 余年间便先后办有《新青年》、《努力周报》、《现代评论》、《新月》、《独立评论》等大牌名刊,而且资助林语堂游学多年;至于著名的《学衡》则连续多年主要依赖于吴宓一人;为中国化学界赢得国际声誉的《中国化学会会志》亦基本上依赖于曾昭抡一人的收入。曾任罗家伦助手、兼具清华大学和中央大学背景的郭廷以曾经讲到:"1932 年后,教费从不拖欠,教授生活之安定与近 20 年来所未有。"萧公权也讲到:"清华 5 年的生活,就生活的便利和环境的安适说,几乎接近理想。"据说,萧公权的居处是一所西式的砖房:里面有一间宽大的书房,一间会客室,一间餐室,三间卧房,一间浴室。此外还有储藏室、厨房和厨役卧房各一间。此外,藏书量是文化人经济实力的直接表现之一,其时不少名教授都是有名的藏书家,而要拥有并保管好巨量包括珍本、善本等图书,没有相当的经济实力是不可能的。对比当下我国大学现状,大学教师的工资虽比之 20 世纪 80～90 年代有了很大幅度的提高,但还处于社会总收入平均数额的中下等,这迫使他们不得不通过外出兼职、经营商业等来弥补收入不足。

(二)教授治校制度

民国时期在大学制度改革中最值得称道的是教授治校制度。这是实现大学真正意义上的学术自治的重要途径。民国时期"教授治校"的管理模式首开于北京大学,它是在 1916 年蔡元培执掌北京大学,创立的诸项制度中的一项。在此之后,清华大学、东南大学、南开大学、河南大学、武汉大学等均先后实行了教授治校。当然,不同大学其教授治校的组织模式、具体管理形式、管理权限各不相同。以清华大学为例,1926 年,在清华大学颁布了《清华学校组织大纲》。大纲开宗明义地指出:"系适应民治教育之潮流,依据教授治校之原则,同时不得不顾及本校特殊之实况,兼谋补救已往之阙失。"①在《清华学校组织大纲》的规范下清华大学成立了教授会、评议会等教授群体组织,参与清华大学的各项管理工作。1927 年,南京政府任命罗家伦为清华大学校长。罗家伦到任后,大力推选教授治校制度,制订实施了《国立清华大学条例》。该条例对清华大学的教授治校制度进行了详细的规定:

第 18 条:国立清华大学设教授会,以本大学全体教授组织之,审议下列事项:

一、课程之编制

二、学生之训育

三、学生之考试成绩及学位授予

四、其他建议于董事会或评议会事项

第 22 条:国立清华大学设评议会,以校长、教务长、秘书长及教授会所互选之评议员 4 人组成之,其职权如下:

一、指定大学各部分之预算

二、审议科系之设立或废止

三、拟订校内各种规程

四、建议于本大学董事会之事项②

当然,除了清华大学之外,国内其他大学也不同程度地实行了教授治校制度。但效果和特点也各不相同,如在 20 世纪 20 年代郭秉文先生治理下的东南大学,其侧重董事会治校功能的校务管理就不同于以评议会、教授会为主体制度的清华大学的校务管理。目前,我国大学通行的做法是党委领导下的校长负责制,但这只是行政管理上的含义,并不是学术上的含义。在学术管理上绝大多数大学依然沿用了教授治学的制度,即大学通过设立学术管理委员会,对本大学的学校进行评议和管理,学术管理委员会大多是本校或校外声望高、影响大的教授来担任。最大限度地实现了行政管理与学术管理的分离,保证了学术的公正性、专业性和严肃性。

(三)学科改造

大学的学科建设是大学最为重要的基础性工作。民国时期尤其是"五四运动"以后的大学根据社会发展需要,对学科进行了大规模的改造和调整,转变强调实用学科建设忽视基础学科建设的做法。罗家伦执掌清华大学之初,曾指出:"清华大学的发展应先以文理为中心,再把文理的成就,滋长其他的部门。文理两学院,本应当是大学的中心,文哲是人类心灵能发挥得最机动最弥漫的部分。"同时,他还认为"不知纯粹科学

---

① 苏云峰.从清华学堂到清华大学(1928～1937)[M].北京:三联书店,2001:53.
② 清华大学史料选编(第 2 卷)[M].北京:清华大学出版社,1990:138—142.

是应用科学之基础,注重应用科学而不注重纯粹科学便是饮无源之水",明确了基础学科是实用学科的根基,一味强调实用学科建设是不符合大学教育发展规律的,长期下去,必然会导致基础学科弱化,实用学科不强的双败局面。罗家伦认为,基础学科属于"道"的范畴,实用学科属于操作、运用技术的范畴。前者更具有决定性的意义。其实,在 20 世纪 20 年代以后,在国外尤其是欧美名校中,其最核心的是史理学院,而工、商、医等都处于外围。目前我国大学的运作,尤其需要重振基础学科的核心地位。这不仅是夯实整个学科体系、增强学术原创力的需要,也是缓解目前功利学风与社会风气的需要。对大学而言,没有高水平的人文社会科学,就不成其为高水平的大学。从这个意义上讲,大学的领导者必须转变办学理念,注重基础学科和应用学科的双向并进,齐头发展,不可偏废。

第三节　民国时期主要教育思想综略

民国时期是中国高等教育发展最为绚烂多彩的一个时期。这一时期不同教育者站在不同的阶级立场上提出了诸多颇具时代特性的教育理念,并积极把这些教育理念付诸教育实践中来。我们要综合研究这一时期的高等教育思想,这些教育思想家的理论主张是不可不提的。这一节,我们分别以代表新兴资产阶级的教育家蔡元培、代表普通民众阶层的教育家陶行知和代表无产阶级的教育家杨贤江等为重点,试图分析民国时期中国教育的基本模态和发展理念。

一、蔡元培的教育思想

蔡元培生于 1868 年 1 月 11 日,逝世于 1940 年 3 月 5 日,浙江绍兴山阴人。蔡元培字鹤卿,革命时期曾用蔡振、周子余等名。曾任中华民国首任教育总长,北京大学校长兼任中法大学校长。他是新文化运动的领导者和参与者,是中国近代以来著名的革命家、教育家和政治家,开中国近代教育之先河,提倡"开放办学"、"思想自由、兼容并包",为中国近代教育做出了卓越的贡献。

蔡元培的教育思想和教育主张,我们在第一节已有所触及,这里着重介绍他的高等教育思想和实践。

(一)改造旧北大,建造新北大

北京大学在中国高等教育发展史上的地位是无可替代的。在 1916 年,蔡元培出任北京大学校长之前,北京大学曾有过 12 任校长,分别是孙家鼐、许景澄、张百熙、张亨嘉、李家驹、朱益藩、刘廷琛、柯劭愍、劳乃宣、严复、何燏时和胡仁源。虽然在蔡元培之前,北京大学已经进行了一些民主改革,学生人员和学校面貌也较之创设之初有了很大程度的变化,但其基本的指导思想和办学理念并没有根本性的改变。蔡元培上任后,一改袁世凯等封建残余复古教育思想的影响,全力推进北京大学新文化建设。面对北京大学校政腐败、制度混乱、学术淡薄、文化滥觞的局面,蔡元培提出了一系列的改革主张。早在1912年蔡元培在任临时政府教育总长时强调"大学应该成为研究高尚学问之地",他对北大固已存在的教师不研究学问,学生不追求真理的现象大为反感,指出北京大学的师生把进入大学当做升官发财的资本是北京大学"腐败的总因"。为此,他认为必须明确大学的办学宗旨,改变大学"学不立学"的状况,采取以下几个措施:①改变学风。1917年1月9日,蔡元培发表就任北京大学校长的演说,对学生提出三点要求:"一曰抱定宗旨,二曰砥砺德行,三曰敬爱师长。"他把"抱定宗旨"放在首位,意在以此改变腐败的学风,提出"入法科者,非为做官;入商科者,非为致富"。"大学为纯粹研究学问之机关,不可视为养成资格之所,亦不可视为贩卖知识之所。学者当有研究学问之兴趣,尤当养成学问家之人格"。言之谆谆,涵义深远。②建设优秀队伍。蔡元培认为要打破北京大学的旧习惯,不仅在改变学生的观念,还应"从聘请积学而热心的教员着手"。因此,着力改革教师队伍,选聘教师不论出身,不讲贵贱,一切以"学诣高深"为第一原则。对那些有真才实学、热心教学的教师大胆任用。经过整顿,北京大学教师明显表现出平均年龄轻,富于学术活力的特点。③打造学术文化。蔡元培不仅将北京大学作为知识传授的专门场所,还把其作为学术创新的阵地。为此,他对一切能用于推进大学发展和学术创新的管理模式,统统给予支持。1916年,蔡元培仿照西方大学办学模式,率先在国内大学中设立了各科研究所。"五四运动"前后,北京大学已先后成立文科、理科、法科、国学和地质学研究所等。此外,还加大图书馆建设,增加图书藏有量,并选聘李大钊作为图书馆长主持图书馆的建设发展工作。④着力培养学生的综合素质和能力。蔡元培十分重视对北京大学学生综合素质和能力的培养,提出了"砥砺德行、敬爱师长"的主张。在他的倡导下,北京大学一改原有的封闭沉闷的局面,创办了各种体育会、画法研究会、书法研究会、演剧会等,培养学生的正当兴趣。以上四个方面措施的实施改变了老北京大学落后封闭的局面,使北京大学焕发了青春活力,并迅速成为了新文化运动的主阵地。

(二)力主大学应思想自由、兼容并包

蔡元培认为大学是研究高深学问的地方,它不是政府机关、不是工厂企业,在大学里不能以家庭出身、民族种别、政治信仰等外在因素替代学识修养。大学理应思想自由、兼容并包。他认为应该广泛吸收各种人才,容纳不同学派。如果抱残守缺,持一孔之论,守一家之言,是不可能成为真正高水平的大学。

"思想自由、兼容并包"是一所大学办学的基本性原则,必须予以保持。蔡元培认为要从理论学说和教师个体两个方面给予关注。在学说方面,蔡元培认为真正的大学应该有勇气、有胆量去容纳不同学说观点,大学的管理者要成为各种学说的保护者,让各种不同学说拥有共同的发展空间,让学说学问在自由空气中发展,在相互争鸣中前进。在教师个体选聘方面,蔡元培认为,教师最重要的是有专门学问。只要有真才实学,有研究学问的兴趣和能力,就聘为教员。反之,如若学术水平低,则不管什么人,坚持辞退。而对于教员的政治见解,学术派别,只要不妨碍授课,则不作为取舍标准。在这一思想的指引下,北京大学出现了前所未有的发展盛况。如在文科教师队伍中,既集中了许多新文化运动的著名代表人物,如陈独秀、李大钊、鲁迅、胡适、钱玄同、刘半农、沈尹默等,也有政治上保守而旧学深沉的学者,如黄侃、刘师培、黄节、辜鸿铭、崔适、陈汉章等。在政治倾向上,有的激进,有的保守,有的主张改良。在新派人物中,有马克思主义、三民主义、无政府主义、国家主义的不同代表。《新潮》与《国故》对垒,白话与文言相争,百家争鸣,盛极一时。当然,我们也要看清蔡元培这一思想的实质目的,那就是着力于破除封建文化专制制度的约束,通过大学文化改革着力发展资产阶级新文化,其阶级属性依然是明确的、稳定的。

(三)主张受教育者综合素质的提升

蔡元培主张教育应使受教育者接受全面的教育,不可偏废执一。在这种思想主张的指引下,蔡元培在中国教育历史上第一次提出了军国民教育、实利主义教育、公民道德教育、世界观教育和美感教育五育并举的教育理念。这是中国教育思想发展里程碑式的事件。

长期以来,中国的教育理念是儒家经学,极力强调受教育者的道德修养和品格锤炼,而对实利、世界观、人生观、价值观等关注不够。辛亥革命后,统治了中国几千年的封建帝制被推翻了,但封建文化还依然存在,抑制了社会的进步和发展。为了尽快改变这一状况,推动新兴资产阶级文化的发展,蔡元培提出文化教育的五育思想成了社会发展的迫切需要。1912 年 2 月蔡元培发表了著名的教育论文《对于新教育之意见》,比较系统地提出了五育并举的思想。所谓军国民教育是指教育武装国民,实行全民皆兵教育。蔡元培认为,从国外环境来看,我国处于"邻强交逼,亟图自卫,而历年丧失之国权,非凭借武力,势难恢复"。从国内形势来看,辛亥革命后国内军阀群起,军队素养不高,要想实现中国的自立自强"非行举国皆兵之制,否则无以平均其势力"。所谓实利主义教育并不是完全是现在意义上的实用主义教育,两者不能划等号。蔡元培的实利主义教育是一种富国强民教育。他认为世界的竞争不仅仅是在武力,尤其是在财力。因此加强科学技术教育,提高生产力,发展国民经济,国家富强才能够在世界竞争中生存下来。除了以上两种群体性教育之外,蔡元培还对个体教育提出三种具体教育内容,即公民道德教育、世界观教育和美感教育。这三种教育是对军国民教育和实利教育的补充,对后来北京大学着力开展爱国主义教育和世界观、人生观、价值观教育影响极大,也为"五四运动"和新文化运动的到来奠定了思想基础。

二、陶行知教育思想

陶行知是伟大的民主主义战士、中国人民教育家、思想家。他生于 1891 年 10 月，逝世于 1946 年 7 月，安徽歙县人。他是中国人民救国会和中国民主同盟会的主要领导人之一，先后创办晓庄学校、生活教育社、山海工学团、育才学校和社会大学，提出了"生活即教育"、"社会即学校"、"教学做合一"三大主张，曾任南京高等师范学校教务主任，继任中华教育改进社总干事。

（一）教育普及论

陶行知认为教育不是某一阶级或阶层的特权，而应惠及广大普通民众，使广大普通民众都能有平等的机会接受应有的教育。在这种教育思想的指引下，陶行知一生致力于开展平民教育运动。1920 年，他在南京高等师范学校任教时，开办了暑期学校，亲自教居民、车夫、小商贩读书识字。在提倡平民教育运动时，他编写了《平民千字课》，举办平民读书处和平民学校，并到机关、工厂、商店、家庭、和尚庙乃至监狱里去教平民识字。1926 年后，他又致力于乡村教育运动。1931 年他又发起了普及教育运动。陶行知的普及教育思想，是依据当时社会实际的：①虽然全国各类学校已经很多了，但基本上还是精英教育模式，普通民众因为经济原因被排斥在受教育的行列之外。②20 世纪 30 年代之前中国的文盲占了全国总人口的 90% 以上，国民政府不愿意承担教育经费支付，各地方势力也忙于扩军备战，无暇顾及。陶行知认为只能把普及教育的计划"建筑在极困难的农业经济的基础上"，用穷办法普及穷人所需要的"粗茶淡饭的教育"。

在分析了社会形势之后，陶行知认为，普及教育只靠学校教育是不行的，要多种形式并举，要在学校之外，创造出一种较为自然的组织来补救，学校是文化的"旅馆"，只能暂住而不可久留。自学团、共学团、普及教育团、生活教育团、工学团"才是文化之活细胞"。陶行知的普及教育思想和实践，从推行平民教育、乡村教育、普及教育，再到进入国难教育、战时教育、全面教育、民主教育等阶段，每一次的新探索，都在原有的基础上有所进步，并随着中国革命的深入而发展，沿着新民主主义教育的方向前进。陶行知这种开放式的教育模式是中国教育的一种创新，为后来中国共产党开展普通民众的马克思主义思想理论的教育提供了借鉴。

（二）生活教育论

生活教育论是陶行知教育思想的核心，也是其教育理论的主体。由于推行平民教育的失败，使陶行知认识到，在当时的中国社会形态下，要想提升全国民众的文化水平，只靠学校或社会组织来完成教育的职能是远远不够的，必须把教育融入社会生活之中，用社会生活生产来教育民众。这一种理论主张主要包括三个层面的内容，即"生活即教育"、"社会即学校"、"教学做"三者合一。

"生活即教育"是生活教育论的核心。陶行知指出教育的根本意义是生活的变化。

他认为"生活教育是生活所原有、生活所自营、生活所必须的教育"。这里陶行知指出了教育的本质问题,即教育的目的是如何更好地指导人们的生活、生产。自古以来,教育来源于生活,又反作用于生活。如第二章所讲到的先秦时期的诗歌教育、生产生活教育等都是活生生的社会现实教育。只是后来,随着社会分工的细化,教育被分离出来成为专门的生活形态,并形成了系统的理论结构和专门的知识系统,才变得专业化和专门化。从实质上讲,陶行知的生活即教育理论是一种终身教育理论,"与生俱来,与生同去,出世便是破蒙,进棺材才算毕业"。这一理论主张与当今提出的构建学习型社会,实行终身学习制度是一脉相承的。

"社会即学校"是陶行知生活教育理论的另一重要组成部分。陶行知指出,"自有人类以来,社会即是学校,生活即是教育"。他认为,进入专门学校学习的人毕竟只是少数,绝大多数的民众还是通过社会生产来完成知识的学习和传承的。他说:"一切都减少,校外有经验的农夫,就没人愿意去领教;校内有价值的活动,外人也不能受益。"在这里他认为以前教育者把校内校外划分过于明显,不能很好地把社会与学校有机地融合起来,是教育的局限和失误。主张"是要把学校的一切伸展到大自然里去",学校办学要把整个社会作为教育的范围,"不运用社会的力量,便是无能的教育,不了解社会的需要,便是盲目的教育"。当然,我们也应该看到,陶行知这一理论固有其积极的作用,但还要看到他过分地强调社会的教育功能,把传统学校与社会教育划等号,把专业教育与业余教育相等同也是有一定理论局限性的。

"教学做合一"是陶行知生活即教育理论的方法论。他认为传统学校教育是教与学的合一,把实践放在了末位;而社会生活教育是把实践放在第一位,教与学方面尤其是教育理论的系统性方面是欠缺的。他认为,在生活里,对事说是做,对己之长进说是学,对人之影响说是教,教学做只是一种生活之三个方面,不是三个各不相谋的过程。"教学做合一"是生活法也是教育法。陶行知的教学实践就是从"教授法"到"教学法",由"教学合一"到"教学做合一",这一教学方法的改革,是一重大的贡献。观古知今,我们今天的大学里一直在提倡"产学研"相结合,即把社会生产与学校教学、学校科学研究相结合,主张把学校的知识学习、科学研究应用到社会生产中去,达到相互促进、相互推动的目的。这一主张与陶行知的"教学做合一"的理论实质上是类同的。

综上而言,陶行知的生活教育理论是适应当时的社会发展需求的,对于新民主义和马克思主义的广泛传播,以及社会大革命是大有益处的,这一理论主张也把中国现代教育推向了一个新的发展阶段。

三、杨贤江教育思想

杨贤江生于 1895 年,逝世于 1931 年,享年 36 岁。杨贤江是中国共产党早期党员之一,曾参与了五卅运动和上海三次工人武装起义的组织工作。1921 年,被商务印书馆聘为《学生杂志》主编。他一生致力于人民的教育事业,在教育理论上做出了突出的贡献,被称为马克思主义教育理论家。

杨贤江的教育思想主要来源于两个层面:①他深恶于晚清以来尤其是袁世凯复古教育的倒行逆施和国民党对文化教育的专治统治,实行"党化教育"的危害。②他深受马克思主义先进理论学说的影响,认识到在中国只有通过教育使民众了解马克思主义、信仰马克思主义并具体践行马克思主义,中国革命才有成功的希望。在这种背景下,杨贤江提出了一系列关于新民主主义和马克思主义教育的理论主张。

(一)教育起源论

关于教育起源不仅是一个教育学的问题,而且还是一个社会学和哲学的问题。在杨贤江教育起源论述之前,西方教育史学界已经提出了两种教育起源论:①法国社会学家利托尔诺的"生物起源论"。②美国教育家孟禄的"心理起源论"。这两种教育起源论从生物学和心理发生学的角度论述了教育区别于其他社会形式而存在。杨贤江遵照马克思主义的唯物史观,通过广泛深入的探索研究,提出了"生活起源论"的思想。这是世界观上关于教育起源的第三大理论主张。杨贤江认为"自有人生,便有教育";"教育的发生,就只根于当时当地的人民实际生活的需要。这所谓生活,一方面是衣食住的充分获得,他方面是知识才能的自由发展"。① 杨贤江认为,教育并不专指学校教育,它是随着人类社会的产生而产生了,只不过随着后来社会发展,而专门分化出来从事教育的人或机构。但这并不能取代教育来源于生活的理论。杨贤江提出的"生活起源论",不仅比他之前曾有的教育起源论科学,而且也比他之后提出的"劳动起源论"全面客观。在近年我国教育理论界开展的"教育起源问题"大讨论中,杨贤江的"生活起源论"进一步得到了学术界的充分肯定。

(二)教育本质论

自古以来,人们从不同视角解释过教育的本质,但没有统一的答案。杨贤江认为,教育"是帮助人经营社会生活的一种手段。教育的定义,应是社会所需要的劳动之一领域,是给予社会的劳动力以一种特殊的资格的。自有人生,便有教育"。② 也就是说,教育是用来指导人们谋求物质生活和精神生活的,通过教育使年轻一代的物质生活得到保障,精神生活获得满足,这是教育的根本职能。杨贤江的教育本质论是前所未有的一种新理论,它不仅对文明社会以来的教育变质是一种抨击和批判,同时对我国社会主义教育理论体系的建设起到了指导作用,产生深远影响。

(三)全人教育论

全人教育论是杨贤江的教育目的论,即是说教育的根本目的是什么,是培养社会政治的工具还是培养心智行健全的全能型人才,这一点与蔡元培的五育论是有相似之处

---

① 杨贤江.杨贤江全集[M].郑州:河南教育出版社,1995:643.
② 杨贤江.杨贤江全集[M].郑州:河南教育出版社,1995:643.

的。杨贤江认为教育的目的是培养德智体全面发展的全人。"德育——造就良好之习惯;智育——造就清楚之头脑;体育——造就康健之体魄。所以,学校教育之目的就是造就完全之人格。"[①]即是说,教育并不是只是知识方面或者说是智力方面的教育,而应是道德修养、行为习惯、身体健康,甚至是情绪心理健康诸方面整体良性的教育。杨贤江的全人教育论,融合了古今中外教育思想史上的理论精华,包含了我国古代教育家的完人教育思想,古希腊以来西方教育家的和谐发展思想,以及近代日本教育家小原国芳的全人生指导思想。他的这一全人教育论对后世的教育影响极大,今天我们所提出的社会主义教育要面向世界、面向未来、面向现代化,培养德智体全面发展的社会主义事业的建设者和接班人,与杨贤江的全人教育理论既一脉相承又有创新发展。

(四)学校教学论

学校教学论是杨贤江的教育方法论,即学校应采用什么样的方式来教育学生。在综合研究当时的社会教育模式后,他提出了"自由研究,共同活动"的教学方法。这一教学法是杨贤江构建的学校教学论体系的核心。杨贤江认为"历来的学校教学,但有教师之动而无学生之动。学生之学业,非依学生自身之动机与需要,惟按教师所授之课程,强制的学习而已"[②]。由此,杨贤江提出了两种新的教学法:"一为自由研究;二为共同活动。"自由研究即是:自动的非他动的、内生的非外铄的、创造的非因袭的。共同活动即是:非孤立的而为协力的、非依赖的而为独立的、非涣散的而为团结的、非倾轧的而为互助的。[③] 这种教学方法在中外均有过实践,在古希腊柏拉图创办的学院和春秋时期孔子的杏坛授学都是采用的这种教学方法,只不过他们还没有把实践上升到理论上来。而杨贤江的学校教学理论是对古人先进教学法的继承和发展,其先进性不言而喻。

第四节　民国时期大学文化的衍生

民国时期,在大学快速建设发展的同时,独具时代特色的大学文化也随之衍生,并在一定程度上推动了大学的良性发展。此时的大学文化已经完成了由封建学制影响下的"木讷"文化转向自由学制下的"清新"文化。这种"清新"文化里以"教育独立、办学自主","国家振兴、民族解放","立场鲜明、严谨治学","崇尚自由、人文关怀"为核心价值追求的新主张、新理念得到了充分的彰显。

---

① 杨贤江.杨贤江全集[M].郑州:河南教育出版社,1995:118.
② 杨贤江.杨贤江全集[M].郑州:河南教育出版社,1995:467.
③ 喻立森.杨贤江的创新教育理论与教育理论创新[J].中国教育学刊,2004(1).

一、以"教育独立、办学自主"为核心的大学文化思潮的兴起

民国时期大学文化中最为耀眼的一环就是"教育独立、办学自主"理论的提出。兴起于 20 世纪初的新文化运动是打开中国大学自主办学、教育独立大门的钥匙。"五四运动"后,全国大学里悄然涌动起一股要求"教育独立"的思潮和运动,其标志是 1922 年蔡元培《教育独立议》、李石岑《教育独立建议》等方案的提出和当时南北各校师生的有关活动,这一活动和理论主张的发展经历了一个渐进发展的过程。最初教育独立只是局限于教育经费的独立,随后才提出了办学的独立、管理的独立和文化发展的独立。到 1928 年在全国试行大学院制和大学区制,教育改革家们力主从"法理"上规定教育独立和办学自主,但最终因政府的干预和社会的反对而宣告失败。然而,其基本义理和精神却为民国近 40 年的大学发展铺平了道路。

晚清之前,关于教育独立的思想一直受到封建统治阶级的压制,尤其是清朝对于文化教育的专制更是达到了历史的最高峰。清朝末年,随着清统治的衰败和西式新学教育的出现,教育独立、办学自主的理论被推到了历史的前沿。章太炎最早提出了教育独立的设想,他认为"学校者,使人知识精明,道行坚厉,不当隶政府,惟小学与海陆军学校属之,其他学校皆独立"。①严复也主张"政、学分途",而王国维在《静安文集论近年之学术界》里更明确强调:"学术之发达,存乎其独立而已。"以上三人都对教育的独立性有了初步的认识,都在一定程度上反对国家对文化教育过度的干涉,但只是只言片语,没有形成统一的理论主张。1912 年,蔡元培作为民国首任教育总长发表《对于新教育之意见》,其中论及政治家与教育家的区别:政治家是以谋现世幸福为其目的,而教育家则以人类的"终极关怀"为其追求;故而前者常常顾及现实,而后者往往虑及久远。因而他主张共和时代的教育应当"超轶于政治"。蔡元培认为"现在是国家教育创制的开始,要撇开个人的偏见、党派的立场,给教育立一个统一的智慧的百年大计"②。1922 年初,李石岑、周鲠生、郭梦良等人在《教育杂志》、《新教育》等杂志上先后刊发研讨"教育独立"的文章,他们认为:"教育事业应当完全交与教育家,保有独立的资格,毫不受各派政党或各派教会的影响。"随后,北京大学的胡适、清华大学的罗家伦等人也提出了"教育独立"的治学主张,如胡适在参加庐山谈话会上提出"一是现任官吏不得做公、私立大学校长、董事长;更不得滥用政治势力以国家公款津贴所长的学校。二是政治的势力不得侵入学校。中小学校长的选择与中小学教员的聘任,皆不得受党派势力的影响。三是中央应禁止无知疆吏用他的偏见干涉教育,如提倡小学读经之类。"而 1941 年接替罗家伦担任中央大学校长的顾孟余指出"大学要学术思想自由,一切党派退出学校"。

---

① 雷颐.教育总长蔡元培[N].经济观察报,2009-2-6.
② 蔡元培."兼容并包 思想自由"造就北大一代辉煌[OL].http://news.xinhuanet.com/edu/2007-11/27/content_7153991.htm.

这些民国时期的教育大家们对于大学办学模式的深刻思考是具有历史必然性的。首先这种"教育独立"、"学术自由"、"大学自治"的思想是"五四运动"之后,中国大学全面学习西方制度文化的结果。中国具有现代意义的大学办学时间较短,没有什么经验可供借鉴,只能仿效西方。其次蔡元培等人在"五四运动"前后排除政府和社会强势者的种种干涉,苦苦支撑北京大学的独特体验,是促使他坚定主张由教育家办教育的直接原因,后来接管北京大学的胡适同样如此。1932年7月,胡适对国民党当局向大学及教育机构安插党羽,酿成风潮,明确表示反对:"用大学校长的地位作扩张一党或一派势力的方法,结果必至于使学校的风纪扫地,使政府的威信扫地。"这是他作为"诤臣"规诫政府,以维护教育机关的特殊性。这些都说明了大学之别于其他社会组织,它必须有自己坚守的基线和原则。

当然,"教育独立、办学自由"只是一种理想教育家进行教育改革的理想而已,至于这些改革家们苦苦追求的摆脱政治干扰的设想,不仅没有达到他们预期的目的,反而在特定的社会政治环境中,使教育越来越流于附庸境地。有学者称这是自由主义的社会政治理想在近代中国的败落,决定了"教育独立论"的无果而终。当然,就思想价值而言,这一主张突显大学教育需要思想学术自由的基本理念,影响深远。正如1930年蔡元培为《教育大辞书》所写"大学教育"词条称:"近代思想自由之公例,既被公认,能完全实现之者,却惟大学。大学教员所发表之思想,不但不受任何宗教或政党之拘束,亦不受任何著名学者之牵制。苟其确有所见,而言之成理,则虽在一校中,两相反对之学说,不妨同时并行,而一任学生之比较选择,此大学之所以为大也。"

通览民国时期的"教育独立、办学自主"的理论主张,虽然没有彻底的实现,但毕竟为当时的大学教育注入了无限的生机和希望,为之后大学文化积淀了不可多得的养料。

二、以"民族振兴、民族解放"为目标的大学文化形成

以"五四运动"为标志的新文化运动,全面推进了以"国家振兴、民族解放"为目标的大学文化形成。大批具有爱国主义、民族主义、自由主义觉悟的学生以罢课、游行、请愿等不同的斗争形式,反抗帝国主义的侵略、封建制度和官僚买办资产阶级的压迫,自觉担负起了救亡图存、民族解放的历史重任,成为了新文化运动时期,大学文化的最高形态和价值追求。

(一)重视培养学生的民族责任感

"五四运动"以后,尤其是抗战的爆发,各大学均以培养学生的民族责任感和爱国主义精神为首要任务。早在1936年,时任清华大学教务长的潘光旦先生在《国难与教育的忏悔》一文中深刻指出国难之时,教育应该使受教育者做一个"士",认为"'士不可以不弘毅,任重而道远'是所以备平时;说'士见危授命'、'士可杀不可辱'是所以备危难"[1]。在

---

① 杨东平.大学精神[M].上海:上海文汇出版社,2003:42.

国家和民族危亡之际，以西南联合大学、清华大学、北京大学等为代表的大学主动把教学内容融入到了抗战救亡的滚滚洪流之中，成为了救亡图存运动的先锋队和前沿阵地。

（二）重视培养学生的爱国主义精神

100多年来，以清华大学、北京大学等为代表的新式大学，不仅在教育、科研和文化创新上培养学生的独立自主精神，而且始终把爱国救世和反对封建专制、反对外来侵略作为立学的基本要求。1903年，刚成立不久的京师大学堂为反对沙俄对中国东北地区的侵略，发动了大学史上第一次学生爱国运动"拒俄运动"。1918年，北京大学学生发起了拒签中日协约运动；1919年"五四运动"是中国大学爱国主义精神的大爆发，几乎国内所有大学、中学都参与到了这次运动之中，这也成为中国大学参与政治活动的标志性事件。随后，"一二·九运动"，"反内战、争民主"运动，"反对美军暴行"等运动中，中国大学生始终站在斗争的前列，成为中国学生爱国运动的一面旗帜。1937年，北京大学、清华大学、南开大学联合组建的西南联合大学在极端艰苦的条件下，以"刚毅艰卓"的精神办学，为国家培养了大批优秀人才，"先后毕业学生二千余人，从军旅者八百余人"[①]。正是这种以爱国主义为基本价值追求的大学文化方才塑造了大批有着高度爱国主义热忱的优秀人才，加速了社会历史变革朝向正确的方向前进。

三、以"立场鲜明、严谨治学"为传统的大学学术文化的形成

学术文化是一个大学突显特色的重要标志。蔡元培曾经讲到大学就是研究高深学术的机构，那么由学术而文化是民国时期最为显著的特征。这一时期，古今学术在这里交汇，中西学术在这里融合，构建了独具民国时期特色的大学学术文化风景线，其中积淀的经验也为今天大学学术文化的构建提供了不可多得的借鉴和启示。

（一）在学术研究方法上，由考据转向实证和推理

（1）传统考据方法与西方实证方法融合而成科学实证方法。实证主义作为一种方法传入后，即与中国传统的考据方法相结合，对中国学术界的影响可以说是普遍的。就学者而言，几乎每一个有成就者都直接或间接受到它的影响。传统学术借此机缘也勃发了生机：墨学重新受到人们的重视，乾嘉考据学再度风行；冯友兰、金岳霖融会中西、推陈出新，构建起学术体系；王国维、陈寅恪等兼用实证方法和传统考据方法，在各自学术领域做出了骄人的成就。

（2）马克思主义唯物辩证方法传入中国后，即与中国传统的朴素辩证方法相契合，作为具有科学性、革命性和实践性的方法论原则在民国学术界崭露头角，并沿着政治和学术两个方向发展和深入。学术界以此为指导建立起了全新的学科门类和方法论体系。

---

① 林齐模.浅议北大精神.世界多元文化激荡交融中的大学文化——"海峡两岸大学文化高层论坛"论文集[C].高等教育出版社，2008:102.

（3）传统的义理方法与西方诠释学方法融合而成义理阐释方法。义理阐释方法兼取富于理论色彩的西方诠释学与富于实践色彩的中国义理学的长处，着眼于理解和阐释，以一种动态而开放的方法论体系和双向回流的思维方式解读意义世界和价值世界的诸多问题，为融合中西提供了新的思路。

（4）传统的直觉方法与西欧、印度的直觉方法融合而成的直觉方法。在对西方非理性主义思想的认同和对"科学万能"的诘难中，现代新儒学扬波而起，或从文化路向不同来反对科学一元论，或认为人生观问题不能用科学方法来解决。他们借鉴西方柏格森创化论哲学中的直觉主义来阐述中国的道德哲学，强调对生命、生活的感受、体念和体悟。从梁漱溟、张君劢讲非理性的直觉，到贺麟讲超理性的直觉，再到牟宗山讲智的直觉，新儒家都表现出对中西直觉方法的批判、扬弃和融合创新的共同致思趋向。[①]在上述四种主流方法中，科学实证方法与马克思主义唯物辩证方法在民国时期的影响是最大的。

（二）在学术范式上，走出了传统经学的制约，确立了现代思维方式的转型和新式学术范式

这一时期，中国学术研究走出经学时代，颠覆儒学中心，标举启蒙主义，提倡科学方法，学术分科发展，中西会通创新等，都标志着民国学术范式的确立。具体而言，主要体现在三个方面：

（1）新话语模式的确立。民国学人大都把语言与思维放在一起来思考问题，以胡适、陈独秀为代表发起的文学革命，从工具理性出发，以白话文这一新形式来灌注新文化运动的精神内容；以革新的语言工具——白话文来建立"活的文学"；以革新文学内容——文学革命来建立"人的文学"。作为新文化运动的全新工具和武器，白话文极大地推进了启蒙文化运动，不仅扫荡了陈旧的话语模式，确立了新的话语模式，而且为新的学术范式的确立提供了前提。

（2）新思维模式的确立。民国时期确立了两种新的思维模式：①对科学的崇拜；②对哲学的高度重视。这种思维模式反映了当时的人们追求一种完整的认识以及追求完美的理论的倾向，它促使人们去建立历史观来研究哲学问题，并根据哲学认识来建立各自的学理及学说。

（3）新学术精神的确立。民国时期学术上确立了怀疑和实证两种精神：首先是怀疑精神。"怀疑"从认知思维过程的那种被压抑的萎缩中张扬跃动起来，成为认知过程发生的启动点，由怀疑而产生批判，由批判而产生扬弃。正是这种怀疑和批判精神在"五四运动"前后引发了在近代学术思想史上具有重要意义的"重估一切价值"的思潮。由康有为开启端绪的"疑经"，经严复、胡适从学理上、致思上的疏导和升华，发展而为顾颉刚的"疑古"，怀疑精神达到高潮。正是这种怀疑精神开辟了许多全新的学术领域，确立了崭新的

---

① 薛其林.民国时期学术的主要特色与成就[N].光明日报,2004-12-21.

学术范式。以顾颉刚为代表的"古史辨"派就是典型例证。其次是实证精神。西方的科学实证精神和实验主义经严复、胡适等人的引进,在"五四运动"时期蔚成风气,一切"心成之说"都要接受科学实证方法的严密验证,由怀疑而"大胆假设",由实证而"小心求证"[①],从而使学术研究建立在坚实的理性基础之上。

民国时期学术研究方法的进化和学术范式的确立,使中国传统学术文化进入了快速发展期。有学者称中国各大学自 1927～1937 年进入了 10 年的黄金发展期。当然,这个黄金期是多个方面的,但学术文化的勃兴使学术研究确立了其在大学诸因素中不可动摇的主体性、核心性的地位。自此以后,学术研究与人才培养、服务社会一起成为大学的三大基本职能。

四、以"崇尚自由、人文关怀"为价值追求的大学管理文化的形成

民国时期的大学形成了蔚为壮观的管理文化。我们从本章前三节有关民国时期大学建设的历程和理念中可以清楚地看到,这一时期的大学因优秀的管理而生机活现,因不拘成式的管理而成就卓著。总体而言这一时期的管理文化是以"崇尚自由、人文关怀"为价值追求的,具体可以体现在以下三个层面。

(一)大学领导者的人文主义精神

无论是蔡元培,还是罗家伦,无论是蒋梦麟,还是张伯苓,之所以在今天我们还称其为教育大家,一个重要的原因是他们身上所体现出来的人文主义精神。他们把这种人文主义精神内化到学校办学实践中来,推动了大学向科学化、人文化、现代化迈进的步伐。人文主义重要表现是注重发展和培养学生的人性,体现人在教育教学中的主体性地位。1921 年,蔡元培在北京大学校务会议上讲到:"教育者,与其守成法,毋宁尚自然;与其求划一,毋宁展个性。"蒋梦麟则更为鲜明地主张个性教育,他说:"吾人若视教育为增进文明之方法,则当自尊重个人始。"近代著名大学校长办学治校过程中所体现的人文精神,其突出的特点就是尊重学生。蒋梦麟曾寄语青年学子:"青年,青年,你们自己的能力,就是水;运用千百万青年的能力,就是决百川之水。"[②]竺可桢主政浙江大学后,对学生充满了期待:他主张大学要造就各界领袖,盼望着学生"具备清醒而富有理智的头脑,明辨是非而不徇利害的气概;养成深思远虑,不肯盲从的习惯,有健全的体格,肯吃苦耐劳,牺牲自己、努力为公的精神"[③]。

人文主义精神的另一个重要体现就是尊重教师、信任职员。清华大学校长梅贻琦明确指出:"师资为大学第一要素。"竺可桢认为:"教授是大学的灵魂。"[④]近代著名大学校长

---

① 薛其林.民国时期学术的主要特色与成就[N].光明日报,2004-12-21.
② 蒋梦麟.现代世界中的中国——蒋梦麟社会文谈[M].上海:学林出版社,1997:179.
③ 丁致聘.中国近七十年来教育记事[M].上海:国立编译馆,1935:167.
④ 丁致聘.中国近七十年来教育记事[M].上海:国立编译馆,1935:184.

对教师的尊重、信任,不仅表现在思想认识上,更深切地体现在行动中。蔡元培强调对教师不要求全责备,要以学诣为主;他破格聘用梁漱溟等,使梁漱溟终成一代哲学大家。陈垣主持辅仁大学时破格聘用并培养启功,终为启功成为一代国学大师打下基础。张伯苓主持私立南开大学时,无论经费多么紧张,总是想方设法优待教师。

人文主义精神还有一个重要表现是除去大学管理者的官员化。民国时期的大学校长几乎从不以行政长官的姿态面对教师和学生,他们一改往日校长当官的习气,民主地、平等地对待师生,为后世做出了很好表率。例如,1916年以前的北京大学校长们每天进校时总是高视阔步,对校役从不理睬。蔡元培到北京大学任职的第一天,校役们依惯例排队在校门口毕恭毕敬地向他行礼,不想蔡元培当即也脱帽向他们鞠躬还礼。蔡元培的举动使校役和师生们耳目一新。以后,蔡元培每进出校门都向校役们脱帽鞠躬还礼。类似这样的例子,在民国时期的大学校园里时有发生,这充分体现了民国时期大学管理者较好的人文修养和道德品格,这种修养与品格无形中熏陶和感染了师生,并成为优秀的大学管理文化中的重要组成部分。

(二)大学管理已经开始注重制度的规范性建设

由于民国时期的高等教育还处于稚嫩的阶段,当时的高校管理法规较多地借鉴了西方国家的做法。同时,受教育环境的限制而无法真正与西方国家的先进高校在同一层次上"对话",这一时期的大部分法规在一定程度上是从中国高等教育的实际情况出发而制定的。

表 4-1　民国时期大学管理法规分类表[①]

类别	法规名称
关于大学培养目标与定位	《专门学校令》、《大学令》、《师范教育令》、《大学法》、《专科学校法》、《实业学校令》、《职业学校法》
关于大学运行与组织	《高等师范学校规程》、《实业学校规程》、《专科学校组织法》、《大学规程》、《大学组织法》、《私立学校规程》、《大学研究院暂行组织规程》等
关于大学师资管理	《大学教员资格条例》、《大学及独立学院教员聘任待遇暂行规程》、《教育部设置部聘教授办法》、《大学教授副教授自费出国进修办法》等
关于大学学术管理	《学术评定委员会分科设定规程》、《学术评定委员会办事规程》、《学术审定会条例》、《学位分级细则》、《学位授予法》
其他方面	《大学研究院暂行组织规程》、《大学研究所特种研究补助办法》、《大学研究所暂行组织规程》

---

①　林译丛.民国时期高校管理的现代诠释[J].中山大学学报论丛,2006(7).

我们从这些政策法令中可以看出,民国时期的大学制度建设已经进入到了一个相对规范的时期,分类管理和分层次管理的现代大学管理模式已经初具形态。站在今天的管理视角上看,民国时期的大学管理制度有的还显幼稚,但毕竟它向现代大学转型迈进了难得的一步。

第五章　新中国成立以来大学与大学文化的发展

新中国成立以后，中国大学和大学文化经历了改造、调整、分化、融合、发展等几个历史阶段，完成了由自觉发展到规划发展、由自由主义办学方向向社会主义办学方向的历史性转变。与此同时，大学规模不断扩充、大学数量不断增长、办学水平不断提升，新中国大学建设和大学文化建设呈现出前所未有的一派欣欣向荣的繁荣景象。但我们也要看到在不同的历史时期，大学和大学文化建设由于受国内外各种因素的影响，出现了诸多的问题和困难，一定程度上减缓了大学和大学文化的发展速度。本章将从历史的视角，解读新中国成立以来大学与大学文化的发展历史，剖析它们在不同历史阶段中存在的问题。

第一节　新中国成立以来大学的发展

新中国成立以后，国家对高等教育进行了全面的整顿和改革，对民国时期残留下来的不适应社会主义发展需求的旧思想、旧学制、旧传统进行大胆的革除。同时全面摹仿和采用苏联的办学模式，对大学的办学理念、办学模式、办学方针进行了不同程度的苏化。虽然在这个过程中存在诸多问题，然而从历史视角来看这个时期的大学建设还是为即将到来的社会主义革命和社会主义建设贡献了力量。这一节，我们简单介绍一下，中国高等教育现代化发展进程中的一个全新阶段——社会主义阶段。为了介绍方便，我们把新中国成立以来到现在的中国大学发展分为三个阶段：①1949～1966 年的改革调整阶段；②1966～1977 年的裂变退化阶段；③1978 年至现在的良性发展阶段。

一、社会主义办学方向的确立

新中国成立以后，中国高等教育首先要做的是如何迅速确立为社会主义建设事业服务的办学目标和办学方向。为了解决这个问题，国家先后召开了两次教育工作会议。第一次是 1949 年 12 月召开的全国第一届教育工作会议。这次会议主要是解决《中国人民政治协商会议共同纲领》提出的"中华人民共和国的文化教育为新民主主义的,即民族的、科学的、大众的文化教育。人民政府的文化教育工作,应以提高人民文化水平,培养国家建设人才,肃清封建的、买办的、法西斯主义的思想,发展为人民服务的思想为主要任务"以及"中华人民共和国的教育方法为理论与实际一致,人民政府应有计划、有步骤地改造旧的教育制度、教育内容和教学法"等问题;第二次是 1950 年 6月召开的全国第一届高等教育工作会议。这次会议主要为了解决三个层面的问题:①中国高等教育发展不均衡的问题;②中国高等教育如何服务新中国的社会主义政治和经济发展的问题;③中国高等教育中的学科设置和课程调整问题。在这两次会议精神的指导下,新中国开始了大规模的高等教育改革活动,迅速在高校中确立了社会主义的办学方向。

(一)院系调整

1953 年,新中国开始了第一个 5 年计划(1953～1957 年),作为第二个 5 年计划的重要组成部分的高等教育也开始依照苏联模式进行了社会主义性质的计划调整。这一调整的主要意图有三个:①调整高等院校的地域分布;②调整高等院校的学科专业;③调整高等院校的名称。实质上早在 1949 年底,高等学校即已开始在小范围内进行院系调整,例如,北京大学、南开大学教育系并入北京师范大学;而清华大学、北京大学、华北大学三校的农学院合并为北京农业大学。取消上海交通大学管理学校,把该校所属系科分别并入交大工学校、北方交大和上海财经学校;复旦大学土木系并入上海交通大学;上海交通大学纺织系与上海纺织工学院、上海工专纺织科合并为华东纺织工学院等。这时的调整还是小规模意义的调整,并没有伤及中国高等教育的筋骨,但是到了 1952 年底到 1953年,大范围、全国性的调整开始了。

1952 年开始的全国院系大调整突出表现了以下四个方面的特征。

1. 调整的整体思路明确

站在今天的视角下,我们看当年的院系调整并不是杂乱无章的,它有着非常明确的目标和思路。中央教育部于 1951 年 11 月召开了全国工学院院长会议,拟订了全国工学院院系调整方案,揭开了 1952 年全国院系大调整的序幕。1952 年秋季,中央教育部在高等学校教师思想改造的基础上,根据以"培养工业建设人才和师资为重点、发展专门学院、整顿和加强综合大学的方针"为原则,在全国范围内进行了高等学校的院系调整工作。

这时期的院系调整理念与晚清新政时张之洞等教育改革家们提出的设想有着惊人的相似,把全国大学分成两大类:①增设专门的替代传统大学的革命大学,主要以设置人文社会科学为主;②整合那些有着广泛应用科学的专业,成立专门的理工大学。沿着这种改革思路,这一时期具有代表性的事件是设立中国人民大学。中国人民大学是 1950年在原陕北公学的基础上建立起来的,这所大学设立的目的是为新中国培养具有高度马克思主义理论觉悟的干部。刘少奇同志在中国人民大学第一届学生开学典礼上发表了重要讲话,明确指出这所大学的使命是负责在苏联先进经验的基础上开创一种全新的社会科学模式,以取代资本主义的社会科学。同时,刘少奇还指出,中国人民大学不会与其他理科专业的大学竞争生源,它将成为中国独一无二的新型社会科学中心。中国人民大学的办学目标和办学性质被确定了下来。据中国人民大学校史记载,这一时期的中国人民大学除认真组织好教学外,还积极建立健全组织机构、制定教学计划和各种规章制度、组建教研室、培养师资、进行科学研究、开展政治思想教育工作、组织全体人员学习马克思主义。到1952年底,中国人民大学已经初具规模,设有9个系、38个教研室、1个编译室,此外还有专修科、预科、马列主义研究班、研究生班、马列主义夜大学、夜校、函授专修班和附设工农速成中学,3年内共为国家培养各类毕业生2 318人,为新生的政权培养了大批的党政领导干部。

2. 区域性整体调整

新中国成立之初,高等院校区域整体分布不平衡,全国约有51%的高校,60%的学生和教师仍然集中在东南沿海城市。经过调整,东南沿海5所重点大学迁移到了中心地带和内地,同时,在高等教育薄弱地区新建高校12所。1952年底,全国50%以上的院校完成了调整工作,其中以华北、东北、华东3个地区的调整较为彻底。经过这一调整,私立高校全部改为公立,各院校的性质和任务均较前明确,工科院校得到了发展,综合大学得到了整顿,这样使高等学校在院系设置上基本符合国家建设的需要。1953年的院系调整工作,以中南区为重点,其他地区局部进行。调整的原则仍着重于改造旧式系科庞杂的大学,以及加强与增设高等工业学校和高等师范学校;同时,对政法、财经院系则采取适当合并集中的做法,以便进行整顿。1952年院系未调整前有高校211所,1952年调整后为201所,经1953年调整后全国高校总数为182所。①

3. 高等学校内部结构性调整

除了整体区域性调整之外,国家还对高等学校内部进行了大规模的调整。院系调整后工科学生数大量增加,1946年,工科学生仅占在校生总数的18.9%,1952年达到35.4%,②为各科学生之首,改变了此前以文法科为主的学校学科结构。通过增设钢铁、地质、矿冶、水利等12个工业专门学院,以及建成机械、电机、化工、土木等比较齐全的工科专业体系,改变了旧中国不能培养配套的工程技术人员的落后状况。20世纪50年代初期的院系调整有一定的积极意义,总体来讲是适应当时的政治和经济建设需要的,为我国的工业化建设和科学技术发展奠定了基础,培养了大批专门人才;相反,人文社会科学由于它的"资产阶级性质"而遭到否定。通过学科和课程改造,社会学、政治学等学科被停止和取消。正如南京大学教授祖庆年先生所说:"50年代院系调整后,哲学系竟失去

① 许美德.中国大学(1985~1995)一个文化冲突的世纪[M].北京:教育科学出版社,2000:111.
② 教育部.中国教育年鉴(1949~1981)[M].北京:人民教育出版社,1991:72.

了存在的余地,老老青青,统统给扔出了南大的大门。"①这种高校内部结构性调整损害了大学的办学自主性和积极性,尤其是对人文社会科学整体学科的建设和发展带来了近乎毁灭性的灾难。

4.高校办学自主权的收归

"教育独立、办学自主"一直是教育改革家们坚持不懈的目标。1952年院系调整后,为了便于对全国高校的管辖,中央于1953年专门设立了高等教育部。中央认为,高等学校教师的思想改造学习今年暑假前即可告一段落,院系调整工作在今年暑假亦可大部完成,各类高等学校的任务和培养人才的目标均较以前明确,统一招生与统一分配毕业生的制度已经确立,这些条件将便于中央高等教育部及其他部门进一步加强直接和具体的管理。中央高等教育部设立以后,将对全国高等学校的办学方针政策、高校建设计划、规程制度、教学计划、教学大纲、教材编审、生产实习等事项,进一步统一掌握。凡高等教育部关于上述事项的规定、指示或命令,全国高等学校均应执行;如有必须变通办理时,须经中央高等教育部或由中央高等教育部转报政务院批准。从此,高校的办学自主权被削弱了。后来有关学者对这一时期的教育政策进行批驳,认为有违大学发展规律和大学自治精神。新中国刚刚诞生,社会思想混杂,政治局面不稳定、经济建设百废待兴,高校中还残存有大量的旧思想、旧学说甚至有颠覆新生政权的反对学说,中央设立高等教育部统一管理高等院校,有效地防止了敌对势力的破坏活动,维护了高校的政治稳定和正常的教育教学活动的开展。

(二)学制改革

新中国成立以后,除了大规模的院系调整外,还对以前各级学校的旧式学制进行了系统的改革,使学制符合社会主义办学方向的要求。为此,1951年,以政务院命令正式颁布了《关于改革学制的决定》,从而产生了新中国第一个学制,也是中国教育史上正式在全国施行的第四个学制。这个学制包含着幼儿园到大学的完整体系。纵向看,分四段六级:第一阶段为幼儿教育4年;第二阶段为初等教育5年;第三阶段为中等教育6年,分初、高中各3年,均得单独设立;第四阶段为高等教育2~5年,在大学和专门学院设研究部,修业年限为2年以上。横向看,与小学平行的学校教育系统有工农速成初等学校,业余初等小学;与中学平行的学校教育系统有中等专业学校,工农速成中学及业余初、高级中学等。此外,还有各级政治学校和政治训练班,以及各级各类的补习学校、函授学校与特殊学校等(见图5-1)。

我们结合研究需要,重点关注高等教育以下内容:

实施高等教育的学校为各种高等学校,即大学、专门学院和专科学校。高等学校应在全面的普通的文化知识教育的基础上给学生以高级的专门教育,为国家培养具有高级专门知识的建设人才。

────────────

① 李刚.大学的终结──1950年代初期的"院系调整"[J].中国改革,2003(8).

中华人民共和国学校系统图

年级					
5		研 究 部			
4					
3					
2	专科学校	大学和专门学院			
1					

（图示：按年龄/年级排列的学校系统结构，包含 18 岁层级的专科学校、大学和专门学院；17、16、15 岁层级为高级中学、中等专业学校（技术、师范医药及其他）、工农速成中学（3～4 年）、业余高级中学（3～4 年）、业余初级中学（3～4 年）；14、13、12 岁层级为初级中学；11、10、9、8、7 岁层级为小学、工农速成初等学校（2～3 年）、业余初等小学；3 岁起为幼儿园）

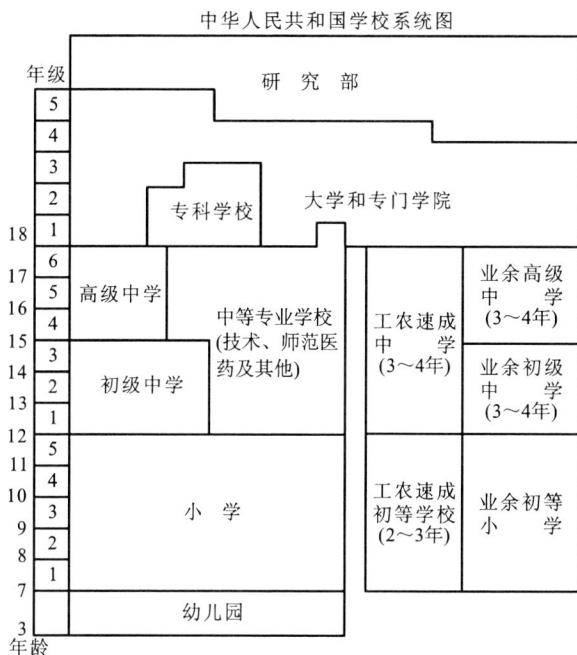

图 5-1 中华人民共和国学校系统图

大学和专门学院修业年限以 3～5 年为原则（师范学院修业年限为 4 年），招收高级中学及同等学校毕业生或具有同等学力者。入学年龄不做统一规定。专科学校修业年限为 2～3 年，招收高级中学及同等学校毕业生或具有同等学力者。入学年龄不做统一规定。

各种高等学校得附设专修科，修业年限为 1～2 年，招收高级中学及同等学校毕业生或具有同等学力者。入学年龄不做统一规定。

大学和专门学院得设研究部，修业年限为 2 年以上，招收大学及专门学院毕业生或具有同等学力者，与中国科学院及其他研究机构配合，培养高等学校的师资和科学研究人才。

各种高等学校得附设先修班或补习班，以便利工农干部、少数民族学生及华侨子女等入学。

高等学校毕业生之工作由政府分配。

以上是 1951 年《关于改革学制的决定》中有关高等教育的内容，从这些规定中我们可以得出以下结论：

(1)明确了教育的主体。此次学制改革明确了包括高等教育在内的一切教育形式都是服务于工农劳动人民的。同时，还针对教育对象文化程度的不同，提出了设先修班和补习班，以便工农干部、少数民族学生及华侨子女三类人员入学。

(2)技术教育受到重视。在取消原有职业教育系统的同时，大力发展中等专业教育，并明确规定技术学校、专门学院、专科学校和专修班的适当地位和制度，以培养新中国急切需要的大量国家建设人才。明确规定把高等学校分为大学、专门学院和专科学校,规定了专科学校和专修科的地位与制度,这样为发展工业、农业、交通运输、医药等高等专业教育提供了有利条件。

(3)学制年限有了全国统一的标准。新中国成立之前,我国高等教育模式不统一,有的仿效美国、有的仿效英国、有的仿效德国、还有的仿效日本。新中国成立以后,面对多种学制混杂的局面,国家出台《关于改革学制的决定》。此次改革将大学和专门学院、师范学校、专科学校、研究部等进行了统一的规定和管理。

(4)设立了一项针对各级政治学校、政治训练班和各级各类补习学校、函授学校的政策,保证各级工作人员,包括青年知识分子和原知识分子,有接受政治和业务再教育的机会。

随后,中央依据形势发展的要求,对全国教育进行细化和改革。"文化大革命"开始前,我国又进行了三次学制改革的试验:第一次是1958年9月,中共中央和国务院在《关于教育工作的指示》中指出:"现行的学制是需要积极地和妥当地加以改革的,各省、市、自治区党委和政府有权对新的学制积极进行典型试验。"1959年,中共中央、国务院发布了《关于试验学制改革的决定》,规定各省、市、自治区应有领导、有计划地指定个别小学、普通中学进行改革学制的试验。此后,各地都开展了学制改革的试验。第二次是1960年3月,各地曾试验过中学4年制,中学5年一贯制等10余种学制形式。据27个省、市、自治区统计,进行学制改革的中学,总计达3 495所,占这些地区中学数的18.6%。[1] 第三次是1964年2月,中共中央考虑到学制改革问题的复杂性和艰巨性,决定成立学制问题研究小组。1964年8月,学制问题研究小组在调查研究的基础上,向中央提交了《关于学制改革问题的报告》和《学制改革初步方案(征求意见稿)》,提出新学制必须体现下列三点要求:①建立两种教育制度。②根据城市和农村对于生产和建设的不同需要,来确定城乡各级各类学校的学习年限、课程设置、教学内容。③适当地缩短各级全日制学校的修业年限,并规划在我国的新学制中将有全日制、半工(农)半读、业余三类学校。全日制学校,小学基本学制为5年,不分段;中学基本学制为4年,不分段;设立高等学校预备教育,作为4年制中等教育同高等教育的衔接和过渡,其方式为高等学校办2年制的预科和由地方办2年制之分科预备学校。

这三次学制改革主要是针对中小学的,因为1951年学制改革中对高等教育的规定相对比较完善了,因此社会争议不大。连同1951年的学制改革算起,文化大革命前,我国共进行了四次学制改革,这是新生政权认真摸索教育发展规律、积累教育发展经验,推动社会主义教育事业进步的正确做法。在1966~1977年为期10年的"文化大革命"中,学校的正常教育教学秩序被打乱,开展的学制改革试验也随之流产。

---

[1] 许美德.中国大学(1985~1995)一个文化冲突的世纪[M].北京:教育科学出版社,2000:120.

(三)思想改造运动

新中国成立后,大学里的教师多是从旧社会里走出来的,他们之中大多数对社会主义、共产主义和马克思主义理论主张持赞同态度,但也有少数教师持不同意见。为了扭转这部分人的思想,使他们的教育教学工作服务于新生的社会主义政权,国家开始了一场全国性的有组织、有计划的针对旧知识分子的思想改造运动。1951年,周恩来做了关于知识分子的重要报告,指出大多数知识分子已经充分地更新了他们的思想,并对社会主义建设事业忠心耿耿。随后,毛泽东又提出了"百花齐放、百家争鸣"的口号。一场全国性的对教育及社会问题的自由评论和批判开始了。

随着形势的发展,这些自由评论和批判慢慢超出了正常的学术范围,而变成了对新生政权的批判和否定。中央不得不再次做出政策上的调整。中共中央发出《关于在学校中进行思想改造和组织清理工作的指示》,要求全国所有大中小学校的教职员和高中学校以上的学生,必须立即开始准备有计划、有领导、有步骤地进行思想改造工作。这样,由北京大学发起、针对京津高校教师的思想改造学习运动,发展为全国教育系统的一场运动。继教育界之后,文艺界、科学界、新闻界等先后加入这场运动,以知识分子为主体的民主党派也不甘落后,积极响应。1952年,全国政协常委会做出《关于开展各界人士思想改造的学习运动的决定》,要求政协各界人士以自愿为原则,参加思想改造学习运动。至此,思想改造学习运动普遍展开,全国各界知识分子概莫能外。其间,全国又开展了反贪污、反浪费、反官僚主义的运动,中央要求思想改造学习运动与"三反"运动相结合,在"三反"斗争中解决资产阶级思想问题。知识分子思想改造学习运动由此向纵深发展,到1952年秋才基本结束。

这次全国规模的知识分子思想改造运动,是党中央开展的一场马克思主义思想大普及运动。通过这次思想改造运动,广大知识分子,尤其是高校教师自觉地转换了政治立场,树立了马克思主义的科学的世界观,对统一社会思想、稳定新生的社会主义政权打下了良好的思想基础。同时,也为新民主主义革命向社会主义革命和社会主义建设转变打下了坚实的政治基础。

(四)组织清理

1952年5月2日,中共中央下发了《关于在高等学校中批判资产阶级思想和清理"中层"的指示》,在全国大学中开展了一场以批判资产阶级思想和清理"中层"领导为主要目标的运动。这次组织清理对新的无产阶级政权全面掌握大学、管理大学、统一大学的办学思想和办学理念是大有好处的,但也存在着过粗过大、打击面广的错误,可以说这次组织清理是一次不折不扣的大学政治改革。主要体现在以下几个方面。

1. 此次组织清理目标明确

①彻底打击学校中的封建、买办、法西斯思想(如崇美、亲美、恐美、反共、反苏、反人民的思想),划清敌我界限。②暴露和批判教师中的资产阶级思想(如宗派主义、自由主义、个人主义等),划清工人阶级和资产阶级的思想界限,初步树立工人阶级的思想领导。

③肃清学校中的贪污浪费现象,树立爱护公共财物、廉洁节约的新风气。④具体了解高等学校教师的政治情况与人事情况,以打好在学校中进行清理"中层"工作和进行教育改革的基础。

2. 对大学教师进行分类清理

对大学教师进行分类清理,即把大学教师按阶级归属划分清理范围和清理程度。根据北京和上海两地的经验,在这次运动中,可以而且应该让60%～70%的教师,在做了必要的自我检讨以后迅速过关。15%～20%的教师,要经过适当批评以后再行过关,13%左右的教师,要经过反复的批评检查以后始予过关;只有2%左右不能过关,需要做适当处理。这样的比例大体上是合适的。我们能做到争取、教育多数教师,孤立和打击少数坏分子,以达到团结改造高级知识分子的目的。具有严重政治问题或思想十分反动不能过关的教师,人数甚少,情况也各不相同,对他们的处理办法,应视各人具体情况、社会地位、检讨程度、业务能力等条件,分别考虑决定,有些人可以留待清理"中层"时处理,但这些人除一部分可以仍留校教书外,绝不能让其继续担任校内各种行政领导职务。属于此类教师的处理应经中央局批准,其中校长、副校长、院长、系主任及全国著名之教授的处理,应经中央批准。

3. 妥善安排被清理出去的"中层"干部

文件要求,在批判资产阶级思想运动完毕以后,各地可以选择少数重点学校,集中干部力量,转入清理工作。北京的燕京大学、辅仁大学已经这样做了,根据他们的经验,只要事先做好准备工作,转入清理"中层"工作是很自然的,而且可以迅速收效。同时,指出了五项注意事项:①必须有充分准备(包括干部、材料、计划、步骤等),集中力量搞完一两所学校以后,再抽出力量转入其他学校。②除依靠学校党团和群众力量外,当地党委必须选派一些得力干部,并密切配合公安部门人员,组成工作组到学校中去实际领导这一工作。工作组并可吸收其他高等学校(尚未进行清理工作的学校)的少数党员干部参加,以便他们取得经验,回到本校进行清理"中层"工作。③交代历史应先从党、团员开始,动员党团员带头,树立模范然后推及党外。④每个学校清理工作时间不要太长,以3个星期左右为宜。对于学校中有政治问题的人,除了极少数有血债或严重的现行活动的反革命分子外,其余都不必逮捕,而尽量采取改造和教育的办法来处理。⑤进行清理"中层"的工作必须坚持不追不逼,启发自觉的原则,这是保证清理工作不发生偏向的关键。做好学校清理"中层"的工作,除了正确的领导外,一方面依靠校内群众的发动,一方面依靠公安机关的配合和协助,二者不可缺一。

这次清理运动波及范围广、影响巨大,但它却让刚刚从旧社会转化而来的旧式大学有了脱胎换骨的变化,社会主义的办学方向得以确立,以党委领导的,以马克思主义、社会主义为教育内容的新式大学得以迅速发展。

二、社会主义大学的裂变

1966 年,为期 10 年"文化大革命"爆发了。这不仅是一场政治浩劫,而且对教育尤其是高等教育也是一次沉重的打击。从高等教育和文化的角度来看,文化大革命是对集官方儒家传统与苏联或欧洲经院传统于一身的集权学术权威的彻底瓦解。它如同一次巨大的浪潮把刚刚形成的社会主义大学和大学文化洗刷得几乎干干净净。这个时期,高等教育正常的发展模态被打破,社会主义大学也随之发生了裂变。

(一)教育价值观的裂变

文化大革命对教育的冲击首先表现在教育价值观的裂变上。1966 年之前,国家总体上是理性地看待教育的,提出了教育的根本价值在于培养为社会主义革命和社会主义建设事业服务的专门人才。同时,教育还在提升国民素质和继承革命传统方面起着无可替代的作用。但是,文化大革命的到来彻底把正确的教育价值观打破了。这一时期的教育价值观的裂变突出表现在三个层面:

1. 教育的主体性问题

教育到底是以人为本,还是以政治为本或者说是以阶级斗争为本呢? 文化大革命在教育方面是对人的主体性的否定,教育的目标不是为了人的更好的发展,而是为了阶级斗争的需要。凡是对阶级斗争有利的教育形态和教育内容都是正确的,凡是违背于阶级斗争的教育形态和教育内容都是错误的。人在教育中的地位要让步于政治和阶级斗争,学校变成了阶级斗争战场的一部分。

2. 教育的受体问题

所谓教育受体是接受教育的个人或群体。文化大革命之前的中国教育是通过招生考试录用合格学生作为受体的。文化大革命期间取消了招生考试录取的形式,使大量不符合招生资格的人,甚至文盲也来到了大学。而真正有志于接受高等教育的优秀人才,因为家庭出身、政治背景、经济条件等外在原因而无法接受高等教育。这违背了教育的真正目的,也是对人才的践踏和浪费。

3. 教育观的问题

文化大革命之前,无论是国民政府时期还是新中国成立之初都有过很多先进的教育思想。例如"教育独立"、"办学自主"、"学术自治"、"优选优用"等。这些教育观念和教育理论曾经促使了大学向着现代化、科学化大步地迈进。然而,随着 10 年文化大革命的开始,这些教育观念和教育理论统统被削弱或废弃,代之而生的是读书无用的反教育观。这种反教育观的直接后果是大学里学术颓败,管理混乱,教师不教书,学生不就学。

(二)反教育理念下的教育公平

文化大革命时期的教育理念是一种有悖于教育发展规律的反教育理念,在社会实践中又出现了貌似公平的教育现象,主要表现在以下几个方面:①改变城乡教育资源分布的格局,将农业院校等下放到农村,医药院校面向农村培养实用的"赤脚医生"、卫生员。②加速农村基础教育的发展,在农村扩大和普及高中教育;下放各级教育的管理权,中小学下放给农村和街道,实行由工人、贫下中农管理。③缩短学制,实行小学 5 年、初中 2 年、高中 2 年、大学 3 年的学制;简化教育内容,学校教育以政治教育和实用知识技能为主。④发展多种形式、因地制宜的教育方式,如"七二一大学"、耕读小学、马背小学等,从有实践经验的工人中培养技术人员,扩大工人、农民子弟受教育机会。⑤实行"开门办学",让学生走出学校,在学工、学农、学军的社会实践中,在工厂、农村的大课堂中接受教育,以打破"教师、书本、课堂"三中心。⑥取消重点学校制度和各种学校的差别(取消男校、女校、华侨学校、职业学校等),中小学实行免试就近入学。⑦取消各级学校的考试制度,反对用"教育质量"和分数标准把工农子弟关在门外,否定教育中的等级制、智力主义的取向;高校实行免试推荐入学,招收有实践经验的工农兵学员。⑧知识青年上山下乡,城镇居民、机关干部也下乡,"到农村去"成为一个时代的流行口号和主流价值。⑨打击和降低教师的地位作用,批判师道尊严等。[①]

很显然,这种教育公平是建立在以阶级斗争为需要的教育理念上,其中存在的大量反教育传统的做法是教育的大倒退。

(三)教育模态的扭曲

文化大革命对高等教育模态的扭曲主要表现在两个方面:①被形容为高等教育怪胎的"工农兵学员";②取消考试录取形式。

工农兵学员,又叫工农兵大学生,是文化大革命中后期按教育革命新办法进入大专院校的学生。这种招生制度以个人出身和政治表现为标准,从有实践经验的工人、贫下中农、解放军战士和青年基层干部中选拔学生,经过群众推荐、相关部门领导批准及学校复审等程序后进入高等院校。为了区别于之前通过高考录取的大学生,他们被称为"工农兵学员"。从年龄构成上来看,工农兵学员大致是共和国的同龄人,是中国共产党建立政权后,以全新的意识形态着意刻画和培养的一代人。这些共和国的红色婴儿曾得到当时社会的格外关注,他们唱着"理想之歌"和"我们是社会主义接班人"卷入那场摧梁折柱的 10 年动乱。他们曾是那个政治狂热年代极左思潮的虔诚信徒,大部分人完整地经历了"红卫兵—工农兵—工农兵学员"这样一个跌宕起伏的过程。作为教育革命的受惠者,他们有幸得到了接受高等教育的机会,并在"推荐制"存在的短短 7 个春秋里相继完成了他们 2～3 年的大学生活。1977 年,随着高考的恢复,"推荐制"退出历史舞台,"工农兵学员"也逐渐淡出人们的视野,成为一个历史名词。1980 年,教育部长蒋南翔宣布工农兵学员的学历为"大专"。1993 年,国家教育委员会和人事部联合下发文件,明确规定 1970～1976 年选拔入学的高等院校毕业生,国家承认学历为"大学普通班",简称"大普",结业或

---

① 王凤喈.中国教育史[M].福州:福建教育出版社,2006:121.

肄业的均须注明"大普结业"或"大普肄业"。至此,17 年来一直搞不清楚自己学历的 94 万工农兵学员终于有了一个看似确切的名分。据 1971 年 5 月对清华大学、北京大学等 7 所大学当年招收的 8 966 名工农兵学员的统计,出身工人、贫下中农、革命干部和其他劳动人民家庭的占 99.8%,出身剥削阶级家庭的占 0.2%;其中党员占 46.2%,团员占 38.1%,非党员占 15.7%。[1]

取消考试是文化大革命的"创举"。中国自有教育以来,学生升学必然要经过考试,但文化大革命却彻底取消了各类考试。1966 年 6 月 18 日,《人民日报》刊登北京女一中高三(4)班、北京四中高三(5)班写给党中央和毛主席的信,强烈要求废除旧的升学制度。中共中央、国务院决定推迟举行 1966 年的高考,大中学校开始停课搞运动,改革考试制度也成为教育革命的重要内容。1970 年,《人民日报》的一篇文章称:"两个阶级、两条路线的斗争,首先集中地表现在招生上。""过去,在修正主义教育路线统治下,高校在招生中,大搞'分数挂帅',鼓吹'分数面前人人平等',实际上是对劳动人民实行资产阶级的文化专制。消取高考制度带来的直接后果是学生的学习程度参差不齐,教育质量很低。据 1972 年对北京市 11 所院校工农兵学员文化程度的调查,学生中相当小学程度的占 20%,初中程度的占 60%,初中以上程度的占 20%。[2] 在招生中完全不考虑个人的志愿和兴趣,出现全然没有美术爱好的人"为革命学习美术",有多年实践经验的老工人被迫学医等不合理现象,免试推荐的办法,在实践中失去了公平和公正性,入学机会的争取变成各种黑暗交易。

三、改革开放以来大学的发展

实现高等教育的和谐发展,既是贯彻落实科学发展观、推动高等教育又好又快发展的内在要求,也是新中国成立以来特别是改革开放以来,我国高等教育改革发展的必然结果和基本经验。因此,回顾和总结改革开放以来我国高等教育改革发展的实践过程及基本经验,对于推动高等教育和谐发展具有重要的意义。

(一)高等教育改革的启动

20 世纪 80 年代初,中国高等教育管理体制总体上是国家集中计划、中央部门和地方政府分别办学并直接管理的体制。随着经济体制改革的不断深入,深化高等教育体制改革已势在必行。各地纷纷结合本地情况,由地方政府出面,开始"扩大高校办学自主权"的探索。

1985 年 5 月,中共中央做出了《关于教育体制改革的决定》(以下简称《决定》),明确提出要"从教育体制入手,有系统地进行改革"。在中央《决定》的指引下,我国高等教育

---

① 郑谦.被"革命"的教育[M].北京:中国青年出版社,1999:83.
② 高奇.新中国教育历程[M].石家庄:河北教育出版社,1996:220.

围绕着体制改革开展了全面探索和实践,主要体现在以下几个方面:①把教育管理体制改革作为教育体制改革的关键,在加强宏观管理的同时,实行简政放权,明确和扩大学校的办学自主权,加强高等学校同生产、科研和社会其他各方面的联系,使高等学校具有主动适应经济和社会发展需要的积极性和能力。②推进办学体制的改革,实行中央、省(自治区、直辖市)、中心城市三级办学的体制,调动各级政府办学的积极性,同时赋予社会力量办学以合法地位,民办高校开始兴起,突破单一的政府办学体制。③推进招生计划制度和毕业生分配制度改革,改变高等学校全部按国家计划统一招生,毕业生全部由国家统一分配的办法。④推进高校内部管理体制改革,逐步形成"公平竞争,择优上岗,多劳多得,合理流动"的运行机制,同时加强民主管理和民主监督。

这一时期的教育改革发展也触及了高等教育内部的结构问题和教育质量问题,如《决定》提出,要根据经济建设、社会发展和科技进步的需要,改变高等教育科类比例不合理的状况,加快财经、政法、管理类等薄弱系科和专业的发展,扶持新兴、边缘学科的成长。改变专科、本科比例不合理的状况,着重加快高等专科教育的发展。大学本科主要通过改革、扩建和各种形式的联合,充分发挥潜力,近期内一般不建新校。改进和完善研究生培养制度,增强科学研究的能力,培养高质量的专门人才。开展教学内容、教学方法、教学制度等方面的改革,提高人才培养的质量等。

(二)高等教育改革的发展

1. 全面深化高等教育体制改革

1992年党的十四大确立了"建立社会主义市场经济体制"的改革目标,这就要求高等教育体制改革有新的突破。1993年,中共中央、国务院印发了《中国教育改革和发展纲要》,确定了跨世纪高等教育改革的方向、目标和战略。1995年国务院办公厅转发了《关于深化高等教育体制改革的若干意见》。1998年国务院机构调整,为高等教育管理体制改革全面深化提供了良好契机。经过几年的"共建、调整、合作、合并",高校管理体制改革改变了计划经济条件下形成的部门和地方条块分割、重复办学的局面,基本形成了中央和省级人民政府两级管理、以省级人民政府管理为主的新体制,扩大了高校的办学自主权。通过改革,我国拥有了一批综合性、多科性的大学,改变了我国高等教育规模偏小、结构不合理、单科性高校过多的局面,加强了学科间的优势互补,优化了高等教育的资源配置。与此同时,办学体制、投资体制、招生和就业制度、高校内部管理体制等方面的改革也取得了实质性进展。如民办教育得到快速发展;以政府办学为主体、社会各界共同办学、公办学校和民办学校共同发展的多元化的办学格局基本形成;以政府为主、多渠道筹措教育经费的教育投入保障制度和教育经费管理制度进一步完善。

2. 不断扩大办学规模,实现了高等教育的跨越式发展

1999年国务院做出了扩大高校招生规模的决策。经过几年扩招,我国高等教育的毛入学率从1998年的9%上升到2002年的15%,初步达到高等教育大众化的标准。这一

举措适应了经济社会发展的需要,也满足了人民群众的愿望,使我国高等教育在一个较短的时间内实现历史性跨越。

3. 加大重点学科建设和人才培养结构调整力度

从"九五"开始,国家实施"211工程",即面向21世纪建设100所重点大学和一批重点学科。这是为实施21世纪经济和社会发展战略而采取的重要举措,是20世纪90年代高等教育发展的新的增长点。此后,为了重点支持国内部分高校创建世界一流大学和高水平大学,国家又启动"985工程"。通过实施"211工程"和"985工程"等,集中力量加强了重点学科、创新平台和创新团队的建设,推动了一批大学迈上新台阶,并带动了我国高等教育整体水平和竞争力的提高。同时人才培养结构调整的力度也在加大,从1998年开始,高校本科专业目录由504种减至249种,[①]初步改变了专业过细过窄的弊端。增加了信息技术类等急需专业的招生。在研究生阶段,大力加强了专业硕士研究生的培养。

4. 实施教育教学改革,稳定和提高教育质量

1994年,制定了"高等教育面向21世纪教学内容和课程体系改革计划",组织编写了数百本"面向21世纪课程教材",改变了课程教材落后的局面。从1995年开始,对180所高校进行了本科教学合格评估。高等学校还大力推进学分制、主辅修制,普遍加强了人文素质教育,建立了32个人文素质教育基地。

(三)我国高等教育改革的深化

1. 进一步树立以人为本,全面协调、可持续的发展观

党的十六届三中全会提出了"坚持以人为本,树立全面协调、可持续的发展观",十六届三中全会又提出了建设社会主义和谐社会的历史目标。以此为标志,高等教育进入了自觉以科学发展观为指导,促进教育的和谐发展的阶段。反映在我国高等教育发展的指导思想上,即贯彻"巩固成果,深化改革,提高质量,持续发展"的方针,着力提高高等教育质量,培养全面发展的高素质人才,实现高等教育规模、结构、质量、效益的协调发展。这是高等教育发展观在新形势下的重大转变。

2. 把提高教育质量作为高等教育发展的重点

经过连续几年的大规模扩招,我国高等教育进入了大众化阶段,教育规模扩大和质量提高之间的矛盾日益凸现,这就需要高等教育改革发展的重点由注重规模扩张和速度发展转变为注重内涵、提高质量。反映在理论界,关于"如何寻找高等教育规模扩大和质量提高之间的平衡点"、"用什么样的质量标准来衡量目前条件下高等教育的质量"等问题的讨论全面展开且日益深化。反映在决策和实践层面,提出把握发展的节奏,稳定发展规模,不再提"新的历史跨越"、"快速发展"等。[②] 近年来的政府工作报告、2006年的中

---

① 林世选.大学求是人生[M].郑州:郑州大学出版社,2011:86.

② 陈至立.落实科学发展观,推进我国高等教育的改革与发展[J].中国高等教育,2005(5).

共中央十六届六中全会以及《国家教育事业发展"十一五"规划纲要》都把着力提高教育质量作为高等教育的主要任务。《2003～2007年教育振兴行动计划》提出建立每5年一轮的高等学校教学评估制度。2004年教育部正式组建高等教育教学评估中心,组织实施对全国高校的本科教学评估。2007年初,中央财政投入25亿,正式启动了高等学校本科教学质量和教学改革工程,这是继"211工程"和"985工程"之后我国高等教育领域实施的又一项重大工程。

3. 优化高等教育的结构,推进高等教育类型层次和区域协调发展

一个世纪以来,我国高等教育存在办学类型趋同与办学层次盲目攀升等与大众化发展趋势相违背的情形。这种现象引起了决策层和理论界的重视,如何优化高等教育内部结构,实现高等教育体系的健康协调发展,同样被摆在一个非常重要的位置。国家教育事业发展"十一五"规划纲要和教育部每年的工作要点都把优化结构作为主要工作之一。这方面的探索实践主要有:在高等教育的类型结构方面,注意处理好高水平大学与整个高等教育的关系,在继续实施"211工程"和"985工程",推进一流大学和高水平大学建设的同时,鼓励和规范各高校找准自己在整个高等教育系列中的位置,合理定位、办出特色;注意处理好普通高等教育和高等职业教育的关系,大力发展高等职业教育,启动了"国家示范性高等职业院校建设计划",拟选择100所高职院校进行重点建设。在高等教育的层次结构方面,注意保持研究生教育、本科教育、专科教育合理比例。在科类结构方面,以社会需求为导向,积极调整学科布局和专业设置,加快培养经济、社会、文化、国防等方面的高素质人才,特别是农业、资源、能源和环境方面的紧缺人才。在区域结构方面,通过政策倾斜,扩大西部教育资源,增强其发展能力,如在许多重点项目和学位点评审中向西部地区倾斜;通过高校对口支援,促进西部地区和中东部地区高校间的交流与合作,2005年,批准了7对对口支援学校,对口支援总数已达到25对。同时,通过省部共建高校的方式,支持一些没有教育部直属高校的省、区,革命老区和少数民族地区高等教育发展。

4. 把教育改革向纵深和微观层面推进

通过前一阶段的全面深化改革,我国高等教育已初步理顺了体制关系,基本解决了我国高等教育发展的外部矛盾和问题,缓解了高等教育改革与发展的外部约束,也正是在这种体制改革的基础上,高等学校自身的改革与发展已成为社会关注和矛盾的焦点。因此早在21世纪初,有学者提出"高等教育改革和发展的重心应该从宏观体制的层面转向高等学校的层面",进一步增强高等学校自主办学的能力和承担各种风险的能力。2006年初,陈至立同志指出"现在,高等教育外部各项改革已经取得突破性重大进展,今后,我们要把重点放在建立现代大学管理制度上,让创新活力竞相迸发"[①]。原教育部部长周济在谈到"十一五"教育改革发展的主要任务时也指出,要巩固和完善这些年来建立

---

① 陈至立.在教育部直属高校工作咨询委员会第十六次全体会议上的讲话[N].中国教育报,2006-02-07.

起来的高等教育新的管理体制,"不断把教育改革向纵深和微观层面推进,深化学校内部管理体制、人事制度改革"[①]。这是我国高等教育体制改革进一步深入的必然要求。

第二节 新中国成立以来大学文化的发展

一、新中国成立初期艰难的转折

新中国成立初期,饱受战争创伤的中国在进行着极其深刻的社会变革。几千年的生产资料私有制,要变成为社会主义公有制;几千年的剥削制度要从此消灭;所有的人们,要变成不同类型的劳动者。这种翻天覆地的变化,不能不在我国社会生活和思想领域的各个方面,引起强烈的反应,知识分子亦不能例外。由于刚刚步入新社会,知识分子还有许多不适应的地方,思想上的资本主义、个人主义和唯心主义影响还没有彻底消除。因此,党对知识分子的思想政治教育随着全国政权的建立推向各个领域,围绕党的中心任务而深入展开,取得了显著的成绩,为党在执政条件下全面领导思想政治工作积累了经验。

(一)全面开展爱国主义和国际主义教育

1950 年 10 月,抗美援朝战争开始,党及时发出指示,要求各地迅速改变一般的思想政治教育,而有计划、有系统地进行以抗美援朝为具体内容的思想政治教育。随着全国思想政治教育的改变,知识分子的思想政治教育也相应地转变到围绕抗美援朝运动而掀起的爱国主义与国际主义教育中心的轨道上来。

1. 教育知识分子认清"抗美援朝,保家卫国"的重大意义

朝鲜与中国是唇齿相依的邻邦。中国人民与朝鲜人民,早在抗日战争期间,就结下了血肉相连、患难与共的战斗情谊。中华人民共和国成立后,朝鲜民主主义共和国是首批承认并与我国建立外交关系的国家之一。以毛泽东为首的中国共产党和以金日成为首的朝鲜劳动党,共同担负着进一步加强两党、两国人民的兄弟情谊和友好合作关系,维护远东和世界和平的历史重任。我国派出志愿军抗美援朝既是兄弟情谊的充分体现,又是为了为我国人民赢得长期进行社会主义建设的和平环境,其历史意义和作用是不可磨灭的。

2. 开展爱国主义与国际主义一致性的教育

"与祖国的安危相比,还有什么危险和困难是我们不能克服的?"洪学智上将道出了所有参战将士的爱国主义心声。杨根思、黄继光、邱少云、罗盛教等烈士的英雄事迹,几乎传遍了中朝两国的山山水水、家家户户。他们身上闪耀着的爱国主义与国际主义的光

---

① 周济.学习贯彻科学发展观,总结"十五"教育工作,推进教育事业大发展[J].中国民族教育,2006(2).

芒激励着全国人民,更激励着知识分子以满腔热忱投入到"抗美援朝,保家卫国"的伟大运动中来。

3. 知识分子的爱国主义与国际主义热忱

随着抗美援朝思想政治教育的不断深入,知识分子也同各民族人民和各阶层人士一样受到了深刻的爱国主义与国际主义教育,表现出积极支持抗美援朝的巨大热情。共和国的缔造者毛主席带头将自己的儿子毛岸英送到前线,为朝鲜人民流尽最后一滴血;广大青年学生,踊跃报名参军参战;后方的大中学生自觉组织起来,缝制棉衣、手套、慰问袋,捐献慰问品,书写慰问信,献给最可爱的人;医务工作者志愿组成医疗队,奔赴抗美援朝前线;豫剧演员常香玉不辞劳苦,带着"常香剧社",半年内巡演 170 场,用全部演出收入为志愿军购买战斗机;很多作家奔赴朝鲜战场实地进行考察和采访,写下了大量的战地通讯,魏巍的《谁是最可爱的人》、巴金的《生活在英雄们中间》等都在全军和全国人民心中产生了巨大的影响,教育感染了几代人。围绕抗美援朝运动在知识分子中开展的思想政治教育,提高了知识分子的政治觉悟,振奋了民族自尊心和自信心,极大地激发了知识分子的爱国主义激情和国际主义精神。

(二)大力开展无产阶级阶级观教育

新中国成立初期,全国共有知识分子 200 万人。[①] 为了加强知识分子的思想改造,帮助他们树立起分清敌我的阶级观点,从 1951 年秋至 1952 年秋,党在知识分子中进行一次较为集中的大规模的思想改造的学习运动。这次运动为新中国成立初期党对知识分子的思想政治教育增添了新的内容。

树立革命的立场是党对知识分子进行阶级观点教育的主要内容之一。党认为,知识分子站稳工人阶级的立场,是有一个过程的,是由民族立场到人民立场,再进一步到工人阶级立场的发展过程。为什么要知识分子由人民的立场再进一步站到工人阶级的立场呢?因为工人阶级是最先进的,是为人民的也是为民族的,将来要实现共产主义使社会达到无产阶级的境地。中国工人阶级虽然也是从旧社会过来的,不过跟知识分子不同,它经过现代化大生产的锻炼,体现了先进的思想和立场。知识分子的改造也要经过锻炼,经过学习,经过实践。因此,知识分子必须到工厂去,到农村去,认真学习工人阶级、劳动人民的思想、观念,站到无产阶级的立场上来。党总结历史经验后指出,我们过去发生"右"或"左"的错误,就是离开了工人阶级立场,对反动阶级迁就,但是工人阶级立场不是那么容易站稳的,需要长期地摸索、学习、锻炼。我们党的任务是要促进知识分子这一发展过程,推动知识分子的进步,防止这个过程中可能发生的各种偏差,逐步地解决立场问题。[②]

树立革命的观点和态度是对知识分子进行阶级观点教育的又一主要内容。党指出明确认识了立场的发展过程,态度问题也就容易解决了。面对世界形势,知识分子必须

① 林世选.国民素质论[M].北京:中央编译出版社,2009:130.
② 刘建军.中国共产党思想政治教育的理论与实践[M].北京:中国人民大学出版社,2008:219.

有明确的态度,首先要分清敌我,谁是我们的敌人,谁是我们的朋友。站在人民的立场和爱国的民族立场上,我们要争取全世界人民,要争取被帝国主义欺压的殖民地半殖民地国家的政府,他们都是我们的朋友。通过教育,广大知识分子逐渐转变了无产阶级立场没有站稳,存在对地主、资产阶级迁就妥协的倾向;逐渐转变了脱离工农,脱离群众,脱离实际的倾向;逐渐转变了个人主义、自由主义的倾向等。在知识分子中开始树立为人民服务、为社会主义服务、同工农相结合的观念。他们以崭新的精神面貌和高涨的工作热情,积极从事本职工作,从而推动了我国科学、教育、文化等各项事业的发展。[①]

(三)大力开展调动知识分子积极性的实践教育

随着社会主义改革的深入和经济建设的迅猛发展,知识和知识分子的重要性日益显示出来。但是,知识分子的数量和他们的政治思想、业务水平,以及党对知识分子工作的现状,都远远不能适应当时客观形势的要求。1956 年党及时召开了知识分子问题会议,会上周恩来做了《关于知识分子问题的报告》,毛泽东在会议的最后一天也做了重要讲话。这次会议对调动知识分子的积极性发挥了重要作用,提出了"知识分子已经是工人阶级的一部分"的科学论断。周恩来指出:我国的知识界的面貌在过去 6 年来已经发生了根本变化,"他们中间的绝大部分已经成为国家工作人员,已经为社会主义服务,已经成为工人阶级的一部分"。这是党对知识分子的政治地位和社会作用的科学概括,也是党在知识分子中进行思想政治教育的指导思想和理论基础。他尖锐批评了当前在知识分子问题上存在的两种倾向,认为必须同时反对宗派主义和麻痹迁就的两种错误倾向,但主要是反对宗派主义的倾向。中央要求党的各级组织必须充分重视知识分子问题,并采取正确方针和有力措施加以认真解决。

为了充分动员和发挥知识分子的积极性,党提出了明确的对待知识分子的政策和具体的要求,其中主要有:①新中国成立初期党对知识分子的思想政治教育,对知识分子要有充分的了解,给他们以应有的信任和支持,使他们能够积极地进行工作。②改善对知识分子的使用和安排,使他们能够发挥对于国家有益的专长。③给知识分子以必要的工作条件和适当的物质待遇。④在政治上关心知识分子,改善他们的政治待遇,积极组织他们阅读有关文件资料,参加有关社会活动。

为了适应社会主义建设急速发展的需要,我国知识分子的队伍必须在数量上加以扩大,在业务水平上不断提高,使我国的科学技术接近世界先进水平。如何最迅速最有效地达到这个目的呢?周恩来认为:①按照我们急需学科门类最迅速地派遣专家、优秀科学工作者和大学毕业生到苏联和其他国家去学习,开展合作。②加强科研机构和高等院校的科研力量。③增加高等院校学生的名额,大量培养合乎现代水平的科学和技术的新生力量。④加强管理图书馆、档案馆、博物馆的各项工作等。[②]

---

① 刘建军.中国共产党思想政治教育的理论与实践[M].北京:中国人民大学出版社,2008:220.
② 刘建军.中国共产党思想政治教育的理论与实践[M].北京:中国人民大学出版社,2008:220.

二、10 年文革里的黑夜挣扎

1966 年 5 月至 1976 年 10 月,在中国持续 10 年之久的"文化大革命",是一场由领导者错误发动,被反革命集团利用,给党、国家和人民带来严重灾难的内乱。正如中共中央《关于建国以来党的若干问题的决议》中指出的那样:"1966 年 5 月至 1976 年 10 月的'文化大革命',使党、国家和人民遭到新中国成立以来最严重的挫折和损失。"教育战线是遭受左倾路线和林彪、江青反革命集团摧残、破坏的"重灾区"。这个时期,很多大学处于停滞或半停滞状态,正常的教学和研究活动尚无法保证,更无大学文化创新可言。如果真要讲这一时期的大学文化的话,我们认为应是"摧残文化",即以摧残旧有优秀文化为目的,标树"暴力"、"制造混乱"等为主题的"恶文化"。研究发现这一时期的大学几乎有着惊人的相似。

(一)黑风来袭,面貌全非

从 1965 年底批判吴晗《海瑞罢官》起到 1966 年 5 月 16 日《中国共产党中央委员会通知》,标志着"文化大革命"的开始。历史证明发动"文化大革命"的主要论点及其极左路线,既不符合马克思列宁主义也不符合中国实际,是完全错误的。"文化大革命"给全国带来历时 10 年的动荡,大学正常的教学科研工作也被打乱了,进而成为"文革"的"重灾区"。

"文革"是从教育领域率先发起的。1966 年毛泽东在《五七指示》中提出"学生以学为主,兼学别样"和"学制要缩短,教育要革命,资产阶级知识分子统治我们学校的现象再也不能继续下去了"的指示。1966 年 5 月,林彪、江青反革命集团利用毛泽东关于"资产阶级知识分子统治我们学校"的"左"倾错误论点,炮制了一个教育战线的"黑线专政论",全盘否定 17 年的教育工作。各级学校领导干部和教师,特别是一些学术上有成就的专家、教授,均遭到残酷斗争,无情打击,身心受到极大摧残,有的甚至被迫害致残、致死,我国的教育事业受到严重破坏,不仅耽误了一代人,而且使教育质量急剧下降。

1976 年小学由 1965 年的 16 819 所减至 11 443 所,普通中学数量虽有所增加,由 1965 年的 18 102 所增至 1976 年的 192 152 所,但"学校的办学质量、水平、学习风气等均降之历史最低点,只视为政治任务的需要,统计数字中的虚假浮夸成分十分明显"[①]。高等学校由 1955 年的 493 所减为 1975 年的 387 所,减少 106 所。被撤销、裁并、搬迁的院校都遭到严重损失。在 10 年动乱中,高等学校有 4 年停止招生(1966~1969 年);1970 年和 1971 年开始试点招收工农兵学员,每年只招 4.2 万人。后来虽然有所增加,但是招收的学生大多数只有相当初中甚至不到初中文化水平。学制由"文革"前的 4~6 年缩短为 2~3 年。学生在校期间主要的任务是所谓"上大学、管大学、改造大学",开门办学,上阶级斗争这门"主课",所以也并没有学到多少知识,名为大学毕业,实际上并没有达到大

---

① 程方平.中国教育问题报告[M].北京:中国社会科学出版社,2002:15.

学本科、专科的水平。高校教学、科研功能基本丧失。"文化大革命"的10年间,估计为国家少培养了100多万名高级专业人才。[①] 因而,造成了人才青黄不接、知识匮乏的严重问题。普通中、小学,在"文化大革命"中由于实行"开门办学",频繁地下乡、下厂、下连队,学农、学工、学军,造成了"读书无用"的不良风气,严重降低了学生的学业水平。中、小学毕业生,多数实际达不到毕业程度。许多青少年学生因在"文化大革命"中受了极"左"思潮的影响,不懂得马克思主义的基本原理,分不清是非界限,无政府主义、极端个人主义十分严重,各级学校学生的思想道德水平也急剧下降。

(二)高等教育整体管理的无序性

1966~1976年是我国历史上的"文化大革命"时期,是我国历史上一段很特殊的时期,政治方向的不正确,导致经济、文化等各个领域出现无秩序、无统一指挥的混乱局面。我国政治、经济及高等教育都受到极大的摧残和破坏,高等教育质量、大学制度的发展都受到严重破坏。在这期间,一部分大学被迫撤销、合并或迁往农村、内地。

1971年4月召开的全国教育工作会议上,以张春桥、姚文元为首对新中国成立以来的教育工作和教师队伍做出的错误判断,即所谓的"两个估计"指的是:"文化大革命前17年教育战线是资产阶级专了无产阶级的政,是黑线专政";"知识分子的大多数世界观基本上是资产阶级的,是资产阶级知识分子"。[②] 教育战线几百万知识分子,就这样被推向灾难深渊,稍有不满者竟遭毒打和迫害,有的甚至失去了生命。这种错误的判断必然会导致错误的行动,"两个估计"以中央文件的形式发到全国,成为"四人帮"破坏、摧残全国教育事业,迫害广大知识分子的理论依据和反动纲领。"两个估计"是造成"文革"期间我国教育混乱的理论前提,严重违反了实事求是的理论基础,做出了很多荒唐的举动,给我国高等教育的发展带来了极大的阻力和破坏。由于对以往成绩的彻底否定,以及一些错误理论的指导,在这一段时期内我国教育,尤其是高等教育几乎是处于一片混乱的无政府状态。"四人帮"集团"破旧立新"的提法,大大地摧毁了广大知识分子的积极性,迫害了一大批知识分子,给高等教育造成巨大的损失。大批判的形式既形而上学,又具有极大的片面性。在办什么样的学校,依靠谁办学,培养什么样的人才及怎样培养,建设怎样的教师队伍等方面,他们以北京、上海和辽宁为据点,形成了辽宁、上海两地和清华大学及北京大学两个大学一体的样板形式,南北互应,制造并树立了一些所谓的"教育革命"的可供全国学习的示范性形式,并在全国范围内大肆宣传、推广。如他们直接插手制造同济大学"五七公社"集合典型工程进行教育的经验,并把它称为"社会主义工科大学的雏形","具有深远意义的教育革命方向"。把北京大学、复旦大学"以革命大批判带动教学"、"结合战斗任务组织教学"看成文科大学的教育方向。把西安外语学院从西安迁到陕北富县牛武川,称其为"窑洞大学"。[③] 从以上这些各种各样的大学形式来看,这一时期

---

① 程方平.中国教育问题报告[M].北京:中国社会科学出版社,2002:15.
② 王惠萍.推翻"两个估计"的前前后后[J].新闻与传播研究,1985(4):10.
③ 中央教育科学研究所.中华人民共和国教育大事记(1949~1982)[Z].北京:教育科学出版社,1984:440.

的特点是以劳动实践和斗争、批判为主,忽视了正规的教学任务。

(三)艰难挣扎下的学术文化发展

"文革"开始后,学校的科学研究基本停止,研究人员流失,实验室关闭。但即便在这样极端混乱的情况下,大学依然以顽强的精神投入到科学研究之中,并取得了很好的成绩,这也为文化大革命之后,大学教育、科研等顺利转入正轨奠定了良好的学术基础。以清华大学为例,据 1976 年统计,学校从事科学研究的教师仅占在职教师总数的 10% 以下,学校实验室及仪器设备也遭到严重破坏与损失。据 1977 年 8 月学校对各实验室科的调查统计,从 1966 年 6 月至 1977 年 4 月,清华大学仪器设备损失约 1 800 万元(约占原仪器设备总值的一半),实验室家具丢失 1 万多件,实验室工作人员从 1 100 多人减少到 500 多人,其中实验技术人员从 480 人减少到 180 人,有 1/3 的实验室需要重建。① 直到 1970 年以后,师生员工在极端困难的条件下陆续开展了科研工作,取得一些重大成果。在"文革"结束后,1978 年召开的全国科学大会上,清华大学有 77 项科研成果获得国家和部委奖,有些是始于这一期间的科研工作。如:试验化工厂承担完成了利用钍建造增殖核电站的研究任务,精仪系和自动化系研制出激光定位分步重复照相机、双频激光干涉仪,机械系潘际銮等研制成节能逆变焊机等,达到当时的先进水平;电机系高景德发表专著"串联电容引起的电动机的自激",为许多地方的电力、石化系统解决了重大技术理论问题;水利系教师在三门峡工地结合治理黄河,开展了泥沙动力学及河床演变的研究等。②

"文革"期间的做法,从汲取历史的教训和制度变化的角度出发,我们可以总结出:政策的制定如果是在错误思想的指导下,那么政策会体现为极端的形式,"文革"期间在革命委员会制度下所执行的一系列政策是一个很好的例证,"革委会"在"两个估计"的错误导向下,执行着错误的行动,造成大学内部秩序的混乱,给大学的教风和学风带来极大的危害。总之,这一阶段的大学发展处于停顿甚至倒退阶段。总的来说,主要是指导思想的错误导致政治方向的迷失,缺乏科学的理论的指导,又被少数人利用,所以"文革"期间的做法更多的是教训的总结,留给我们的更多的是反思。制度必须具有科学性、具有民主性和可操作性;否则,制度的实施带来的更多的是危害。制度的科学性必须要与时代接轨,要有科学的理论依据;民主性指的是制度要适应社会发展的上层建筑,不适合大多数人的政策和制度是很难实施或者是很危险的;可操作性,指的是制度应该有试点和借鉴,具有时效的社会价值和社会适应力。

三、改革开放 30 多年来大学文化的多元发展

一般来讲,大学文化是随着大学的发展和时代的发展而发展的,它是一所大学在

---

① 金富军. 文化大革命期间的清华大学[OL]. http://www.tsinghua.edu.cn.
② 金富军. 文化大革命期间的清华大学[OL]. http://www.tsinghua.edu.cn.

某一发展阶段的必然反应。大学文化的分类方法也很多,主要有物化层面的分类,如大学环境文化、大学器物文化、大学制度文化等;有时间层面的分类,如古代大学文化、近代大学文化、现当代大学文化;有区域层面的分类,如北方地区大学文化、中西部大学文化、南方地区大学文化、国外大学文化等。此外,还有类别层面的分类,如精神层面、器物层面、行为层面、制度层面等大学文化。为了研究方便,我们把改革开放30多年来的中国大学文化按时间层面划分为四个阶段:即第一个阶段是1977~1987年10年间的学院文化时期;第二个阶段是1988~1991年前后的行动主义大学文化时期;第三个阶段是1992~1999年的多元文化时期;第四个阶段是2000年到现在的信息化大学文化时期。之所以这样划分,主要依据政治因素、经济因素、社会发展和社会思潮等。第一个阶段由于处在文化大革命后,社会发展大转型时期,政治上的拨乱反正、经济上的体制改革使这一时期的大学与大学文化在革除文化大革命的混乱制度中获得新生;第二个阶段由于西方自由化思潮的影响,加之社会主义阵营的解体和国际共产主义运动走向低潮,大学与大学文化也因受到自由化思潮的影响而走向躁动;第三个阶段由于党的十四大召开,社会主义市场经济在中国的确立,国家全面转向以经济建设为中心,大学与大学文化的功利化倾向明显增强;第四个阶段由于网络等新兴媒体的出现和普及,大学人获取知识的方式和效率大大区别于传统知识的接收。在这种状况下,大学和大学文化的多元性随之体现。

(一)1977~1987 年的朦胧文化时期

这一时期的大学文化呈现出朦胧性和保守性。其主要原因在于国家刚刚从10年文化大革命的阴霾中走出来,旧的文化体制依然在某些领域中存在,还没有得到彻底革除,而新的文化体制尚在萌芽期,还没有完全形成,导致大学人在文化追求方面表现出既想变革又害怕变革的双向性心态。

(1)在精神理念上,探索真理与科学,推崇精英与英雄,思想上站在社会的前端,引导社会思想的先锋意识浓烈,理想主义色彩浓厚。大学生对传统的反思、批判,探索文化的热潮贯穿整个时期,理想主义成为大学生的代名词,形象地说,诗歌与哲学是那个时代的通行证;在校园传统文体活动中,纯粹校园性的文艺创作、演讲、朗诵、文艺表演、墙报板报、校园刊物、校园讲座等,以及与女排走出世界获得连续冠军相呼应的体育运动在校园里风行,成为大学文化活动的主要形式。大学生对生活哲理的思考,对科学知识的追求,对现实生活的热爱是大学生思索和行动的中心话题。大学生群体中围绕"人生的路为什么越走越窄"和"人人为我,我为人人"、"主观为自己,客观为他人"进行了校园大讨论。

(2)在文化追求上,20世纪80年代大学的文化追求既表现出封闭性又表现出躁动性。封闭性是指主流价值追求还是把传统儒家治世理念和理论作为主体。这里有一个较为典型的事件:1982年,第四军医大学空军医学系三年级学生张华,为救不慎落入化粪池的69岁老农魏志德献出了24岁的年轻生命。事情发生后,张华被追记一等功,授予烈士称号。当时几乎所有主流媒体都以英雄的称号来报道他。但人们更多的是从价值上去衡量这件事:一边是天之骄子的 24 岁大学生,一边是掏粪的 69 岁老农,年轻大学生为救年迈老农而死究竟值不值? 20 世纪 80 年代初,在中国改革开放的政治、经济大环境下,社会生活呈现出广阔而复杂的特性,固有的价值观念在转型期风云激荡,个体命运、人的价值被空前关注。"值不值"的争论映射着那个转型初期的语境。社会主流价值观几乎对各种否定的声音进行了批判和斥责。大学师生就关于用什么样的价值观来树立人生目标也进行了激烈的研讨。一种观点认为大学是"象牙塔"、"伊甸园"、"学院派",是纯洁的,不能也不应该被经济、金钱等污染;另一种观点则认为大学是知识和实践并行的机构,它不应当只注重保持自身的纯洁性,而忽略了与社会实践接轨。从以上争议我们可以看出 20 世纪 80 年代大学校园里已经出现了思想解放的迹象。

(3)在社会生活方面,20 世纪 80 年代,虽然中国社会整体上还沉寂在一片静谧之中,但大学里却是一片热闹的景象,独树一帜的西化校园文化在大学里悄然兴起。这是当时社会生活在大学生活中的反映,也是 20 世纪 80 年代大学发展的基本特征。大学生群体在放眼世界的同时发现科学技术、文化知识的重要,因而学习的热潮在校园中成为主流,校园里的活动与不断涌入的新思潮搅拌在一起,哲学上的存在主义,诗歌中的朦胧派、现代派,艺术上实验行为等校园风尚一浪接一浪。在诗歌与文艺上有顾城、北岛、苏婷等校园文学的领军人物;在科学界有陈景润、钱学森、杨振宁等思想道德学术偶像;在流行音乐领域有邓丽君及台湾校园歌曲风靡校园;在读书领域,名著热、美学热、西方哲学热(主要有尼采、萨特、海德格尔、柏格森)、传统文化热先后波及校园。大学文化活动直接与学习相联系,文化的娱乐特征不明显,主要表现为学习辅助特征、自我教育特征,大学生主体的主动性、积极性明显。

(二)1988～1991 年的行动文化时期

1988～1991 年这一时期,大学由于受到国内国际大环境的影响,尤其是自由化思潮的感染,出现了行动主义倾向。国内方面,改革开放政策的推行,唯利是图、贪污腐化以及享受主义、功利主义行为的出现,不可避免地波及了大学校园,大学人的主体观念较之1988 年之前发生了很大程度的变化。国际大环境也发生重大变化,如美苏争霸、冷战带来的世界格局的变迁,以苏共为代表的社会主义政权在一定范围内的削弱等,对中国社会发展带来了前所未有的制度和思想方面的冲击。这种冲击不可避免地反映到了大学教育教学过程中。这一时期大学文化转变是:校园失去了它往日的封闭与宁静,大学生的思想开始紧密地与社会的呼声相回应,一方面,"天之骄子"的称谓使大学生整体有强烈的振兴中华、参与社会的理想与责任感;另一方面,社会的变迁和现实的落后使他们身上紧迫意识上升,社会竞争意识开始在大学生中体现,大学生群体开始关注物价上涨、官僚腐败等社会焦点问题。

上述这些问题不断积累,没有及时的疏导最终导致全国性的学潮发生。有学者称"89 学潮"是大学文化的理想主义行动,也是理想主义、学院文化走向社会并与社会的第一次大规模融合、冲突。这种定义是否确切还有待商榷。

（三）1992～1999年的多元文化时期

1992年，邓小平南巡讲话和党的十四大召开，使中国的改革开放和社会主义市场经济建设走上一条快速发展的道路。而中国的大学在经过1989年政治风波后，曾出现了两个发展阶段：

第一个阶段是1990～1992年，中央把1989年政治风波定性为反革命动乱后，方励之等人的阴谋被摧毁，大学文化曾一度沉寂，大学生在心理和行为上陷于短暂的真空期和冷漠期。从心态上讲，大学生精神上普遍失落，校园精神遭到大学生乃至社会的嘲弄和遗弃；从校园活动上看，大学文化不再吸引在校学生。随之而来并与社会风气互动的是现实主义开始在社会和校园中抬头，拜金主义、享乐主义、实用主义逐渐风靡校园乃至社会。

第二个阶段是1992～1999年，社会分化和发展剧烈。大学文化在行为上表现为走向社会，助学自强。在20世纪80年代中后期产生并在大学校园内形成热潮的社会实践以多样化方式，广泛与社会接轨，伴随着高等院校教育产业、办学模式与高校职能的改革和变化，校园科技产业繁荣发展，各大高校开发科技产业的浪潮席卷整个校园，并形成校园学子"经商热"、"打工热"、"创业潮"等具有时代特征的校园景观。冲出"象牙塔"、冲出墙院和围城，走向更广阔的社会舞台在校园学子的思想意识里膨胀，大学生从事商业买卖、科技开发、社会服务、兼职打工成为校园新时尚。

这一时期，大学校园里表现出了比20世纪80年代初更为多元的大学文化。对待文化的态度，表现为参与流行、追求时尚；对待政治的态度，他们表现出了前所未有的漠视，大学人好像一夜之间失去了对社会政治的兴趣。在精神世界方面，大学生从心理意识层面对"学院"式的精英文化和理想主义进行了一次彻底遗弃，他们认同社会，并从"天之骄子"的称谓中挣扎出来重新定位自身的社会角色。对生活的态度，实用主义开始取代理想主义，居于大学文化的主体生活观。各种等级证书、专业技术、托福、GRE等成为校园新热点，各种文化消费品涌向校园；在社会心理上，1996年以后，社会进入全面竞争时代，大学生在就业压力下全面分化，单纯的校园学生角色不复存在，大学生的社会角色进入多样化时期，一边读书一边打工的现象增多，大学生成为临时销售员、酒吧侍者、歌厅主唱、企业主、商店老板，纷繁复杂的角色互换现象在大学校园里出现，校园违纪现象明显增多，大学文化行为日益复杂化、社会化、多元化。

（四）2000年至今的信息文化时期

2000年以后，随着网络等新兴媒体以及手机等新兴通讯工具的出现和普及，大学进入到了信息化文化时期。这一时期，高等教育由精英化转向了大众化，大学校园已不再是传统意义上的一片净土。突出表现为两个方面：大学文化与社会文化融为一体；另一个是大学文化自身的繁衍更新迅速加快。进入21世纪后，大学文化表现在三个层面：

（1）实用主义文化越来越受到重视。这里所讲的实用主义与哲学意义上的实用主义是有区别的。这里的实用主义是一种思潮形态,它突出表现为大学人的学习与生活更加务实。大学里的各种文化艺术活动和学术研究活动,已经由传统的理想主义向解决社会实际问题转型。

(2)大学行为文化的多样性更加突显。韩国劲舞、"星座速配"游戏、女生节、男生节、狂欢节、圣诞节、化妆节、服饰文化节、光棍节等也在时尚和西方文化的包装下不断在校园上演。比起1997年以前,大学生的行为更加多样化,角色更为复杂化,思想更加多元化,校园流行症候更加短期化,校园活动的多样性、另类性、享乐性更为突出,"酷一族"、"蔻一族"、"吧一族"(网吧、酒吧)和"无厘头"文化、"日潮韩流"在校园畅通无阻。

(3)大学文化的更新速度加快。由于受新传媒的影响,大学人接收信息的渠道更加广阔,传统的教育教学方式受到了严重的挑战。同时,由于大学校际、国际交流与合作的深入,大量层出不穷的社会新思想在更短的时间内侵染校园,促使大学文化随着社会文化的发展而不断自我更新。

当然,这一时期,大学文化的主流还是以马克思主义和社会主义思想作为桌圭的,没有发生如1989年前后那样的动荡与不安。这既是国家政治意识形态教育的结果,也是中国特色社会主义文化的魅力使然。关于这一部分,我们将在后面的章节中有更为详细的论述,这里不再赘述。

下篇：

大学文化建设论

第六章　当前大学文化建设的外部影响因素

大学文化建设受到来自内部和外部双重因素的影响,外部因素是大学文化建设的条件,内部因素是大学文化建设的基础,外部因素通过内部因素发挥作用。当前我国大学文化建设的外部影响因素众多,如社会思潮影响、传统文化影响、地域文化影响、网络文化影响、外来文化影响、流行文化影响等,我们将在本章中重点研究社会文化形态对大学文化的影响和作用。

第一节　社会思潮与大学文化建设的影响

在全球化进展的过程中,各种社会思潮风起云涌、此消彼长,在政治经济、社会发展、民族历史、文化艺术、伦理道德和精神信仰等领域表现出强大的吞噬与同化效应。现代社会很多人尤其是青年人面对形形色色的社会思潮困惑不解,或无能为力,或无所适从。当前,大学也不再是"象牙塔",各种现代通讯设施的完善,尤其是网络的快速发展,人与人的沟通交流越来越便捷,信息传播越来越即时,大学人接受外部信息的渠道较之以前更为广阔。当然,各类社会思潮也以前所未有的程度侵蚀着大学,使大学文化建设的方向和内容发生了偏转。对此问题,我们应该引起足够重视,并且敢于正面回应。必须对各种社会思潮的性质做出正确判断,对其历时过程、多重内涵和现实表现及其派系纠葛做出科学分析,化解社会思潮的吞噬与同化效应。

一、社会思潮的概念与特性

(一)社会思潮的定义

关于社会思潮的定义学界有着不同的理解。中国人民大学教授段忠桥在其著作《当代国外社会思潮》一书中指出:社会思潮是在特定的社会历史背景下,建立在一定的社会心理基础之上,具备某种相应的理论形态并在一定范围内具有相当影响力的带有某种倾向性的思想趋势。学者于沛在《史学思潮和社会思潮:关于史学社会价值的理论思考》一书中从阶级属性出发,对社会思潮进行了定义,他认为:社会思潮是在一定历史时期内,反映一定阶段、一定阶层的利益和要求的一种思想倾向。学者高瑞泉、杨扬在《转折时期的精神转折——"新时期"以来中国社会思潮及其走向》一书中从个体的角度出发,对社会思潮进行定义。他们认为:社会思潮是经过思想家倡导而在大众中持续流行,与时代和社会重大问题相关的较系统较集中的那些思想观点的运动。

当然,类似的定义还有很多,不一而足。但无论从哪个角度出发,似乎都有各自的道理。在我们看来,社会思潮是一种意识形态和思想集合,属于一种社会意识。虽然在不同时期存在多种多样的社会思潮,但总体而言应当有一种主体社会思潮来引导其他社会思潮,形成一个主体多种方向,这是一个正态社会发展所必须的。如果一旦这种平衡性被打破,多种社会思潮并起,没有一个主体社会思潮的存在,即没有主流政治意识形态的存在,那么这个社会或者国家将面临着倾覆的危险。

社会思潮总是在两个层面上存在和发展,首先是社会心理形态,即群众的社会意识中的共同心理倾向。这一层面的社会思潮只能通过社会调查统计加以了解把握,可称之为统计意义上的社会思潮;社会思潮的另一个层面是观念形态的,主要通过具有一定观察、思考与概括能力的并掌握一定话语权知识分子,将群众意识进行概括和表达,他们是社会思潮的表述者。这一层面的社会思潮表现为形形色色的学说、理论,可称之为文献意义上的社会思潮。社会思潮中涌现出的思想家、理论家们的著述、学说,从一个侧面反映所代表的思潮并在某种程度上影响和推动着思潮,但任何思想家、理论家的思想言论都不能等同于思潮本身,社会思潮有着自身的内在逻辑和外部边界。①

(二)社会思潮的特性

社会思潮是社会意识的特殊运动形式。作为一种社会思潮,它具备社会意识的全部属性,但又区别于社会意识。马克思主义认为,社会意识是社会生活的精神方面,是社会存在的总体反映。它包括人们的政治、法律思想、哲学、艺术、宗教等意识形态和人们的风俗习惯、社会心理等。社会意识结构建立在社会的经济结构基础之上并受社会的政治结构制约。社会意识具有复杂而精微的结构,由诸多层次和因素构成。从反映社会存在的程度和特点来看,社会意识包括社会心理和思想体系两个层次;从社会意识主体的范围来看,它可以分为个体意识和群体意识。从内涵上看,社会意识是人们社会生活的过程和条件在观念上的反映,归根到底是社会物质生活过程及其条件在观念上的反映,主要是对物质资料生产方式的反映。从外延上看,社会意识是总括人的一切意识要素和观念形态以及人类社会中全部精神现象及其过程的哲学范畴。广义理解,社会意识还包括依据一定的社会思想建立起来的制度、设施和组织等思想的"物质附属物"。

---

① 房宁.影响当代中国的三大社会思潮[J].复旦政治学评论,2008:12.

社会思潮除了具备社会意识的基本属性之外,还有自身的特殊属性。

1. 历史性

社会思潮具有特定性和历史性,表现为社会思潮总是社会历史发展到一定时期的产物,并带有该时代的印记,对该时代人们的精神层面、生活层面起着不同性质、不同程度的影响。例如,空想社会主义曾作为一种社会思潮存在于资本主义社会发展阶段。空想社会主义产生于16世纪,终结于19世纪30～40年代,是资本主义生产方式产生和成长时期剥削者与被剥削者间对立的反映,是在理论基础上建立起来的现代无产阶级先驱者的思想体系。当19世纪40年代更为科学的新式社会主义理论形态即马克思主义出现后,从理论上和实践上双重宣告了空想社会主义的失败,当然也替代了空想社会主义的传播。

2. 区域性

各种社会思潮都有一定的传播范围,超出了这个范围其影响功能将无法发挥。社会思潮的区域性特征表现为不同国家和地区由于文化背景、生产力水平的差异而生成的各异的社会思潮。如马克思主义作为一种主流价值观,是我国的主流意识形态,它在中国的传播和发展造就了中国共产党,以及中国共产党所领导的中国新民主主义革命、社会主义革命和社会主义建设事业,是一种被实践证明了的具有优秀品质的社会思潮。当然这种社会思潮只在包括中国在内的社会主义国家起作用。如果拿到中东以伊斯兰教为信仰的国家,可能就发挥不了作用,甚至无法传播。相反,伊斯兰宗教主义也无法在中国得到广泛的传播。区域性造就了社会思潮传播的局限性。

3. 群体性

社会思潮的群体性表现在社会思潮在一定阶级或阶层的人群中得到较为广泛的传播与支持,显现出大多数人的共鸣与趋同。一种社会思潮只有存在一定数量的信奉者、追随者、实践者,才可能成为一种社会思潮。因为一种现存的社会思潮总是指向业已存在的社会问题,而既定的社会问题又指向着特定的社会群体。那么,在社会问题没有解决之前,特定的社会群体总是借助于社会思潮来表达自己的利益诉求。群体性是社会思潮最为显著的特性之一。

4. 功利性

社会思潮的功利性主要表现为社会思潮作为一定社会利益集团的一种愿望表达,它总是带有明显的目的即功利色彩,与其利益和要求联系在一起。不可否认,一种社会思潮是特定利益群体利益诉求的集中表达,无论合理与否都具有着明显的功利色彩。19世纪在全球广为传播的社会达尔文主义是一个很好的例子。该社会思潮依据达尔文的生物进化学说,提出社会发展同样存在着"物竞天择、适者生存"的规律。该社会思潮主张的功利性和煽动性,很快成为帝国列强的治国主张,尤其是日本,为该国军国主义盛行奠定了思想基础。

5. 变异性

社会思潮的变异性表现为社会思潮的时效性,社会思潮并非一成不变。当现有思潮与主流意识形态方向一致时,其思潮则能保持、维护、控制在稳定的状态;反之,会刺激社会信息反馈机制的调整,迫使意识形态升级换代,以新的面目出现。由于社会思潮存在历史性,当一个历史时期成为了过去,新的历史时期到来,社会思潮会在表现形态、理论主张、利益诉求、追求群体等方面发生变异。这方面的例子很多,如1976年文化大革命宣告失败后,自由主义思潮变异为新自由主义;面对改革开放后西方国家对中国经济发展的新限制,新民族主义取代了保守主义等。

6. 症候性

社会思潮的症候性表现为社会思潮是社会心理和社会情感的表征,是政治、经济矛盾运动的直接反映。大量社会潜意识的产生和郁积会蔓延成某种症候,并以象征化的符号来宣泄。1919年前后,整个社会尤其是刚刚创办不久的现代型大学里到处弥漫着反社会达尔文主义的社会思潮。这种社会思潮来源于近代西方社会,该思潮主张社会变革同样遵循着达尔文的进化论,一些劣等民族和劣等国家应当而且必须为优等民族和国家的发展让步。这一理论为18世纪以来的西方殖民侵略做了理论上的准备。中国当然也是这一理论实践的受害者。但反社会达尔文主义的思潮只在人民心目中积聚,并没有达到总体上的爆发。然而,1919年第一次世界大战结束,作为战胜的中国不仅没有分得任何战争利益,反而更加成为帝国主义国家侵略瓜分的对象。巴黎和会的召开、北洋政府的腐败无能,尤其是"二十一条"的签署,激起了以爱国学生为首的全体国民的强烈反对,最终导致"五四运动"的爆发,开启了中国新民主主义革命的序幕。

二、当代社会思潮的基本类型

多年以来,关于当代中国社会思潮的研究,思想理论界做了大量工作,著述颇多。粗略检索"中国期刊全文数据库"发现,近10年来,国内期刊发表的有关"社会思潮"主题和几种重要社会思潮流派的研究和评述文章超过6 500篇,这里面不包括以论述主流社会思潮为主的论文。但是,在研究对象的调查、研究方法的选择、研究规划的制定、研究力量的汇聚、研究方向的凝练、研究质量的提升、研究成果的应用、研究基地的建设诸多方面,研究得还很不够;主流意识形态应对、引导、引领当代中国社会思潮的方式、方法、途径和手段还需要进一步改进、完善和优化。这种情况最近几年出现了很大改观。教育部于2006年度和2007年度将"当代中国社会思潮与马克思主义理论建设"、"20世纪中国社会思潮研究"列为哲学社会科学研究重大课题攻关项目并向全国高校招标。全国哲学社会科学规划领导小组在2007年度把"用社会主义核心价值体系引领多样化社会思潮研究"列为国家社科基金重大招标项目并批准三家单位同时中标。当代中国社会思潮研究得到空前的重视,意义十分深远。

当代中国社会思潮是指改革开放以来,特别是 20 世纪 90 年代以后,中国社会不同阶级阶层中流行的各种思想潮流的总和。它既包括爱国主义、集体主义、社会主义等思潮,也包括自由主义、民主社会主义、虚无主义、新左派、新民族主义等思潮,还包括新保守主义、后现代主义、实用主义、民粹主义等思潮,流派众多,构成复杂。我们对当前存在的社会思潮进行大致分类归纳。

(一)社会经济思潮

从总体上来说,当代西方经济思潮无非是经济自由主义和国家干预主义的此消彼长,此起彼伏。具体包括凯恩斯主义、新自由主义、新民族主义、新左派等思潮。

以凯恩斯主义为例,凯恩斯主义是在凯恩斯的著作《就业、利息和货币通论》的思想基础上形成的经济理论,主张国家采用扩张性的经济政策,通过增加需求促进经济增长,即扩大政府开支,实行财政赤字,刺激经济,维持繁荣。凯恩斯的经济理论认为,宏观的经济趋向会制约个人的特定行为。18 世纪晚期以来的政治经济学或者经济学认为不断发展生产从而增加经济产出,而凯恩斯则认为对商品总需求的减少是经济衰退的主要原因。由此出发,他认为维持整体经济活动数据平衡的措施可以在宏观上平衡供给和需求。因此,凯恩斯和其他建立在凯恩斯理论基础上的经济学理论被称为宏观经济学,以与注重研究个人行为的微观经济学相区别。凯恩斯经济理论的主要结论是经济中不存在生产和就业向完全就业方向发展的强大的自动机制。这与新古典主义经济学所谓的萨伊法则相对,后者认为价格和利息率的自动调整会趋向于创造完全就业。试图将宏观经济学和微观经济学联系起来的努力成了凯恩斯《就业、利息和货币通论》以后经济学研究中最富有成果的领域,一方面微观经济学家试图找到他们思想的宏观表达,另一方面,例如货币主义和凯恩斯主义经济学家试图为凯恩斯经济理论找到扎实的微观基础。二战以后,这一趋势发展成为新古典主义综合学派。凯恩斯主义对中国社会尤其是中国经济发展产生了重大的影响。该主张在刺激经济发展的同时,也为社会主义市场经济建设留下了诸多后遗症。自 2008 年,席卷全球的金融危机爆发以来,该社会思潮的弊端越来越显现,这引起了国内外相关领域学者的高度重视,批驳、否定、反对之声不绝于耳。2009 年 2 月 8 日,北京大学光华管理学院院长张维迎在"亚布力中国企业家论坛"上发表演讲称,要彻底埋葬凯恩斯主义;2011 年 6 月 23 日,许小年在《南方周末》上撰文,明确提出"从来没有救世主——凯恩斯主义的真相与陷阱",称较之个人的"动物精神",政府的"动物精神"对经济的伤害更大。约瑟夫·E·斯蒂格利茨撰文称凯恩斯主义已经被滥用了。

(二)社会政治思潮

政治思潮是对特定社会的政治现象的反映,是一定阶级、阶层理论化的政治倾向。当代中国社会思潮的主旋律依然是以马克思主义为指导的中国特色社会主义理论体系和社会主义核心价值观。它包含有主流意识形态建设的全部内容:马克思主义、社会主义、爱国主义、集体主义。此外,还包括民主社会主义、新民族主义、新保守主义、无政府主义、民粹主义等思潮。

近 10 余年间有三本书在社会上传播很广,一本是美国学者亨廷顿的著作《文明的冲突》,另一本是宋晓军等人合写的《中国不高兴》,还有一本是由一位年轻人撰写的,销量却达 300 多万本的《中国可以说不》。这三本书的出版和传播在中国引起了很大的反响。这三本书的畅销与中国新民族主义的产生不无关系。中国的新民族主义是 20 世纪 90 年代后开始的一股思潮,意在鼓舞人们理性发扬我国民族主义精神。学者房宁把 20 世纪 90 年代以来的新民族主义思潮划分为精英民族主义和平民民族主义两种类型,也有学者划分为学理性民族主义思潮和大众性民族主义思潮。

那么 20 世纪 90 年代以来,为什么会出现新一层面的民族主义思潮呢?这与当时的国内国际政治经济形势的发展有着紧密的关系。首先是全球民族主义空前国际化。20 世纪 80 年代以来,随着美苏两大阵营冷战对抗的消弱,国际局势发生了重大的变化。各主权国家在对外关系上更加强调国家、民族利益,政策上的独立性明显增强。东欧国家对待北约的态度,法、英对欧共体的立场,美、日、俄、韩对朝鲜半岛主导权的争夺,英、法、德、美、俄在巴尔干和中东问题上的不协调以及地区集团之间在贸易问题上的严重对垒,均从一个侧面说明各国对外政策中带有明显的民族主义色彩。从硝烟弥漫的巴尔干到排外丑闻和自治口号迭出的中西欧;从种族隔离制度尚未根除的南非到部族冲突迅速蔓延的撒哈拉以南的广大地区;从新近滋生出来的"伊斯兰冲突弧带"到存在年头久远的南亚"热点群";从表面上相对平静的东北亚到领海争端风波乍起的东南亚;从贫穷的黑非洲到发达的美国、加拿大……地球上几乎所有角落均能找到民族标识的斗争和摩擦。[①] 其次是国内民众政治观的国际化。20 世纪 90 年代以来,来自国际社会的政治变革此起彼伏。1991 年前后,在西方思想的影响下,苏联改革陷入僵局,随后解体;1992 年,第一次海湾战争爆发;1998 年针对伊拉克的战争爆发;1999 年,针对南联盟的战争爆发;2001 年,美国发生了"9·11 事件";2003 年至今爆发了对阿富汗、伊拉克、利比亚的反恐战争。可以说近 20 年是第二次世界大战结束之后的近 70 年来世界不稳定、局部冲突集中的 20 年。这 20 年里,国内民众几乎每天都在接触国际社会的重大变革。1999 年,美国轰炸我国驻南联盟大使馆以及随后的中美撞机事件,中日钓鱼岛事件等,更使得国内民众对国内政策和国际局势表现出了高度的热情和关注,爱国主义和民族主义的思潮也有了表演的空间。这种爱国主义和民族主义已经超越了传统意义上的国家和民族的界限,而变得更为广义。另外还有国内敌对势力的破坏。国内敌对势力从来没有放弃敌对破坏活动,他们从骨子里反对国家和党的领导,并伺机制造各种事端。2008 年,奥运圣火传递期间发生了一系列破坏事件。国内民众在谴责和反对敌对势力的各种暴力事件的同时,更加认识到融入新民族主义思潮

---

① 张树青.关于当前民族主义现象特征及起因的思考[J].西北史地,1996(3).

的重要性和必要性。

（三）社会文化思潮

在经济全球化、政治多极化、文化多元化的背景下，各种文化相互交融、相互冲撞，在保护民族文化与全面西化之间形成了巨大的思想差异，主要体现在虚无主义、后现代主义、实用主义、极端个人主义等思潮之中，这些思潮对包括教育在内的社会文化生活产生了重大的影响。

当前，在我国社会诸多文化思潮中应该关注虚无主义思潮。我们可以先来看几个例子：①2010年轰动全国的"药家鑫事件"。2010年10月20日23时许，西安音乐学院学生药家鑫驾驶红色雪弗兰小轿车从西安长安校区送完女朋友返回西安市区，当行驶至西北大学长安校区外西北角学府大道时，撞上前方同向骑电动车的张妙。药家鑫下车查看，发现张妙倒地呻吟，因害怕张妙看到其车牌号后来找麻烦，便产生杀人灭口之恶念，遂转身从车内取出一把尖刀，对倒地的被害人张妙连捅数刀，致张妙当场死亡。②2012年3月份发生在福建漳浦县的两名小学女生相约自杀事件，小学生自杀是因为想穿越到清朝。当下火爆荧屏的清穿剧让无知的小学生梦想穿越回古代也谱写一段与王子阿哥的旷世奇恋，这样的悲剧不得不说令人十分遗憾。前一个事件是道德虚无主义的产物，后一个事件是历史虚无主义的结果。什么是虚无主义？怎样看待虚无主义？是当下社会关注度较高的两个基本理论问题。虚无主义是集怀疑主义、自由主义、历史主义、解构主义与颓废主义等思想文化于一体的西方社会思潮。伴随虚无主义思潮的是自由主义、反理性主义、反权威主义、反本质主义、解构主义和多元主义。自从尼采提出"上帝死了"的观点后，人们开始关注自身在历史、道德、伦理等方面的主体性，有学者称"上帝死了"是对西方社会精神世界存在的最后根据的否定，以及对中世纪以来神学治世思想的重大挑战。

然而，虚无主义的发展并不是一朝一夕，也不是一成不变的，当下的虚无主义表现为多个层面，如历史虚无主义、道德虚无主义、文化虚无主义、信仰虚无主义等。历史虚无主义是对真实存在历史的否定或歪曲，以野史代替正史，以戏说代替科学。例如戏说化的《戏说乾隆》、《宰相刘罗锅》等，半史实性的《康熙大帝》、《雍正王朝》、《大明天子》、《唐明皇》等。道德虚无主义是对人类基本道德观念和理论学说的虚化或否定。道德是一种人与人、人与群体、人与社会、人与自然之间存在的一种基本责任，这种责任是维系整个社会良性发展的基本保障。以《正义论》而蜚声世界的美国哲学家罗尔斯将道德义务称之为"自然义务"。然而，我们从近年来发生的诸多事件中看到了道德虚无主义的影响和危害。例如南京的"彭宇事件"、"小悦悦事件"等，道德的滑坡和伦理的失衡既是社会的悲哀，也是人类共同要面对的难题。

三、当代社会思潮对大学文化的影响

当前社会思潮表现出了前所未有的新特征,它们的综合作用对大学文化建设产生了重要的影响。

(一)当前社会思潮的新动向

每个时期都有具有鲜明时代特征的社会思潮,它是社会矛盾在思想上的体现,既无法消除更无法阻止。那么当前社会思潮的总体特征和发展动向是什么样的呢? 我们大致总结了五点。

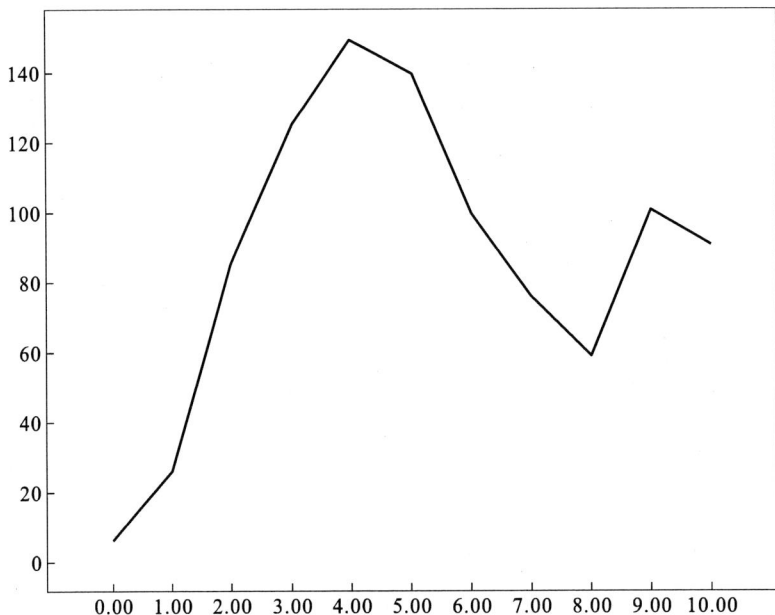

图 6-1 廉政文化知识与法规得分频数分布折线图

1. 当代社会思潮更加关注现实利益

这里并不是说以前的社会思潮不关注现实利益,相反任何社会思潮的终极目的都要落实到现实利益上来。只不过,当前纷繁复杂的社会思潮更倾向于个体或社会群体、社会组织、社会集团的利益实现。主要表现为对社会现实问题、涉及个体权利和民生的问题、社会经济发展趋向等方面的关注度增强。2011 年,我们曾以《高校廉政文化建设的构建方法及评价体系》为题针对大学师生开展了一次大规模的调研。调研发现,高校师生对腐败问题和党风廉政建设有着相当高的关注度。

表 6-1　廉政文化建设的满意度

	人数	百分比	有效百分比	累积百分比
非常满意	73	7.6	7.6	7.6
满意	266	27.8	27.9	35.5
较不满意	365	38.1	38.2	73.7
很不满意	251	26.2	26.3	100.0
合计	955	99.7	100.0	100.0
缺失值	3	0.3	0	0
总计	958	100.0	100.0	100.0

表 6-2　高校反腐倡廉建设评价得分频数表

序号	调研题目	(1)好		(2)比较好		(3)一般		(4)比较差		(5)非常差	
		人数	百分比	人数	百分比	人数	百分比	人数	百分比	人数	百分比
1	您对河南省高校反腐倡廉工作的总体评价如何？	281	29.3	293	30.6	308	32.2	48	5.0	28	2.9
2	您对河南省高校领导干部廉洁自律状况的总体评价如何？	207	21.6	321	33.5	350	36.5	57	5.9	23	2.4
3	您对河南省高校反腐倡廉制度建设效果的总体评价如何？	202	21.1	314	32.8	359	37.5	60	6.3	23	2.4
4	您对河南省高校反腐倡廉制度执行力的总体评价如何？	205	21.4	305	31.8	356	37.2	64	6.7	28	2.9
5	您所在学校在建立健全反腐倡廉规章制度方面做得如何？	231	24.1	350	36.5	293	30.6	63	6.6	21	2.2
6	您所在学校对反腐倡廉制度的宣传教育做得如何？	267	27.8	305	31.8	289	30.2	74	7.7	23	2.4

续表

序号	调研题目	(1)好		(2)比较好		(3)一般		(4)比较差		(5)非常差	
		人数	百分比	人数	百分比	人数	百分比	人数	百分比	人数	百分比
7	您所在学校在反腐倡廉制度的执行方面做得如何？	233	24.3	340	35.5	302	31.5	63	6.6	20	2.1
8	您所在学校对重点领域、重点岗位和关键环节的监督如何？	263	27.4	354	36.9	276	28.8	48	5.0	17	1.8
9	您认为目前高校教师的师风师德如何？	341	35.6	366	38.2	199	20.8	35	3.7	17	1.8

在调查中,超过半数(53.9%)的师生认为现在接受廉政文化教育对个人未来的发展很重要,另外有 38.8% 的师生认为比较重要,仅有 2.4% 的被调查者认为不重要。认为在校园内开展"廉政文化"的教育活动十分必要的人数占被调查总人数的 82.0%。从上面的数据我们可以看出,高校青年群体表现出了对党风廉政建设和反腐败工作的高度关注。这既是青年大学生自身成长的表现,也是当前社会思潮对他们深刻影响的结果。

2. 当代社会思潮更加关注话语权的争夺

当代社会思潮的另一个表现特征就是对于话语权的争夺。主要表现在三个层面:①争取信仰群体。没有信仰群体当然就没有社会思潮的存在。社会思潮同样是有生命周期的,当一种社会思潮与时代的发展和特定群体的需求不相符时,它的生命周期即随之宣告结束。社会思潮的生命力表现和实践基础都来自社会群体,当前各种社会思潮风起,它们总是通过各种学说理论来实现一部分群体的利益诉求,成为特定群体的代言工具。②对宣传阵地的争夺。社会思想只有得到广泛的传播才能成为一种社会思潮,而宣传阵地或宣传媒介就显得尤为重要。国家要宣传马克思主义理论学说、推进中国特色社会主义事业前进步伐,就要牢牢掌握宣传工具,使其为社会主义服务。当然,其他社会思潮也要建立自己的宣传阵地,传播自己的理论学说。如法轮功邪教组织就通过建立网站、电台、电视台等明目张胆地与党的科学理论相对衡。③对社会资源的抢占与控制。任何一种社会思潮的发生与传播,都要依靠一定量的社会资源,尽可能多地占有社会资源来完成理论学说的实现。这里所讲的社会资源多种多样,有物质层面、制度层面、行为层面、组织层面等。

3. 当前社会思潮具有传播效率的高效性与群体的广泛性

进入 21 世纪以来,网络、手机等新兴媒体和通讯工具迅速普及,这为社会思潮传播的高效性提供了平台,社会思潮由社会精英阶层向普通大众阶层扩张的速度加快了。以往社会思潮仅仅局限于少数高校的教师和人文社会科学研究人员,而当前思潮的参与者已不限于知识分子,日趋大众化,主要体现在以下几个方面:①社会精英分子依然是社会思潮的主体力量。②社会青年参与社会思潮活动的积极性高涨,他们通过新兴媒体可以自由地表达自己的主张,成为社会思潮的后备力量。③普通民众在"意见领袖"的引导下,也开始了自我意识的觉醒,在追求自我价值实现和主体利益获取方面有了更多的话语权。

(二)当代社会思潮对大学文化建设的影响

1. 当代社会思潮影响了大学人尤其是青年大学生的政治价值观

学者桑玉成教授在《政治价值观与政治生活的改善》一文中指出:人类政治生活始终受到一定的价值取向的支配和制约,这种价值取向通过政治行为人的心理和行为渗透到实际政治生活之中。这里面有三个递进层面的问题,即先从政治价值观到政治生活再到政治心理和政治行为。政治价值观并不是与生俱来的,也不是一成不变的,它是随着社会整体思想的变化而不断变化的。可以这样讲,社会思潮与政治价值观的形成与变迁不无关系。

大学人尤其是青年大学生,他们比社会其他组织成员有更多机会接触到社会科学的前沿问题,了解社会思潮发展变化的新动向,再加上他们年轻更易于接受新事物。大学里的青年群体接受了某一种社会思潮的理论学说后,不可避免地要改变包括政治观在内的一系列价值追求。我们可以举一个例子,2003 年底,共青团中央和中国青少年研究中心举办了一次大型的针对青年知识分子政治意识的抽样调查,范围涉及中国最有影响力的 20 所大学的学生和青年教师。调查结果显示,这些属于社会"精英"层次的青年知识分子对中国现行制度和发展道路基本持肯定和乐观态度,国家民族意识继续保持了 20世纪 90 年代以来的上升势头。调查报告显示,在回答"中国共产党领导的中国特色社会主义道路"前景时,31.3% 的被访者选择了"坚定不移地走下去",45.8% 选择"要根据实际情况进行微小调整",两者相加为 77.1%。12.1% 的被访者认为"若干年后要做根本调整"。在回答对未来预期的问题时,66.9% 的被访者认为未来"肯定能过上更好生活",26.8% 的被访者认为"或许能",两者相加高达 93.7%。上述两组问题的调查结果显示青年知识分子具有较高的政治认同度。对于某些经典的自由主义理念,如"管得越少的政府就是好政府",表示"非常赞同"和"比较赞同"的相加仅为 16.1%,而表示"很不赞同"的为 25.5%,"不太赞同"的为 32.9%,两者相加为 58.4%。①

我们欣喜地看到绝大多数青年大学生具有较高的思想觉悟和政治觉悟的同时,也应当看到当前社会上还存在着大量非马克思主义甚至反马克思主义的社会思潮。这些理论学说的存在和传播对于包括青年大学生在内的精英知识分子的政治价值信仰都是一个不小的冲击。虽然国家通过各种形式开展了对哲学社会科学的管理活动,但这些思潮

---

① 引自共青团中央宣传部、学校部和中国青少年研究中心《〈2003:中国青年看世界〉调查数据统计报告》。

还是有相当的市场的,有时候还会因某一突发事件,而使社会思潮变成一场社会运动,1989 年的那次全国性的学潮就是一个很好的例证。前一部分我们已经介绍了当前存在于我国的社会政治思潮多种多样,有的甚至还相互交织融合,形成了既有主流社会思潮又有支流社会思潮,既有积极意义上的社会思潮又有反动的社会思潮,既有保守性质的社会思潮又有激进性质的社会思潮。如何在大学的办学管理过程中甄别和选择社会思潮是全体大学人都应当理性面对的。

2. 当代社会思潮影响了大学人尤其是青年大学生的民族价值观

所谓民族价值观就是对于民族和国家民族政策的整体看法和基本观点。一个民族或者一个国家有了正确的民族价值观,这个民族或国家才能凝结出战无不胜的力量。当然,我们也要看到民族价值观总是带着鲜明的历史色彩和文化特质的。中国 2 000 多年的封建社会形成了以儒家学说为核心的民族价值观。为了维护统治,封建地主阶级无不是宣扬大民族思想,把对大民族而不是特定民族利益的维护,看成是对国家的维护,由此形成了"忠君报国"、"尊王为民"的民族价值观。20 世纪初,中国引进了西方的民主主义思想和马克思主义理论,人民才逐渐被承认是国家的主体和主人,以民主、民族、民权、民生为核心的民主价值观才逐渐被认识。改革开放近 30 年来,以人为本的中国特色社会主义理论体系的提出,明确了各族人民的社会主人翁地位,明确社会主义建设的目的是为了更好地提升各族人民的利益,一切都是为了人民的幸福。由此,人们逐步破除了文化大革命时期忠于某一领袖的狭隘的民族价值观而树立了崭新的民族价值观。这个一切为国家和人民利益服务的民族价值观可以概括为人民民主的社会主义民族价值观,尽管还有各种不同的思想影响,但它已越来越被全国各族人民所接受。

当前各种民族主义社会思潮不断涌入大学校园,侵染着大学人尤其是青年大学生的思想,典型的有民族虚无主义和狭隘民族主义。民族虚无主义无视民族特点,抹杀民族差别,把传统文化等同于封建糟粕,简单地否定民族传统。而狭隘的民族主义是对党和国家的民族政策理解不深刻、不全面,片面地主张民族政策是对特定某一民族服务的,一叶障目,不见泰山。如为了维护少数民族地区的经济社会发展,党和国家制定了一些针对少数民族聚集区的特殊扶持政策,狭隘民族主义者不理解,认为是对少数民族的偏袒。笔者曾随机对 100 名学生进行了调查,28 人认为国家的民族区域自治政策是对少数民族的偏袒,不合理也不公平;有 40 人认为国家的民族政策基本合理,表示可以接受但要在具体措施上进行调整,例如对少数民族的生育政策应与汉民族一致。有 32 人认为国家民族政策与自身无关。这次调查反应了狭隘民族主义理论在青年大学生中还是有市场的,大学教育管理者应该高度重视,合理引导。

3. 当代社会思潮影响了大学人尤其是青年大学生的信仰价值观

大学就是要培养青年大学生树立科学的正确的信仰价值观。然而,伴随改革开放的全面推进,西方社会思潮也蜂拥而入,各种信仰方式,以及打着信仰旗号的形形色色的思想文化,都抢夺自己的信仰地盘,甚至建立自己的信仰团体。由于大量非科学或反科学

理论主张的存在,使大学人尤其是青年大学生的信仰价值观较之以前发生了重大变化,具体表现为:

(1)实利主义信仰在大学的走俏。随着市场经济的发展,它的反面催化性也表现出来了,即实利主义。这种反面催化同样在大学校园里悄然而起。大学人尤其是青年大学生的信仰目标由理想主义向现实主义转变,价值信仰由一元主导向多元并存发展,精神信仰取向世俗功利化,讲实惠、求实用的思想意识日趋明显。部分大学人对名利的追逐竟是大众文化中明星及偶像崇拜现象的堂皇理由与不竭动力,导致现代崇拜的元素已经不再是神圣价值,而是世俗化的名利地位、品牌效应、人气指数以及不可缺少的感官愉悦。

(2)虚无主义信仰在大学的传播。"虚"和"无"本来就是中国哲学中核心的文化概念,它们是人类观察外在世界表现出来的一种心境,其本身就具有价值观和世界观、人生观方面的含义。但中国传统哲学上所讲的虚与无并没有西方文化意义上的悲观迷茫的意义。然而,处于全球资本主义的扩张以及社会发展的急剧转型期,中国人的精神信仰同样受到西方社会虚无主义的侵蚀。那么作为大学里的青年大学生就成了虚无主义思潮俘虏的对象,导致了部分青年大学生对社会主义大原则、共产主义目标产生怀疑和动摇,对科学的马克思主义信仰持否定态度。

(3)宗教迷信文化信仰在大学里的结集。国家支持大学开展对宗教学术的正常研究,但反对在大学校园里以任何形式开展传教活动。当大学生在生活上、学习上、情感上出现了困难,又没有合理的办法排解时,他们往往会不自主地投入宗教的怀抱。中国矿业大学党委副书记张爱淑等人在《高校宗教问题研究——以中国矿业大学为例》一文中为我们提供了这样的数据:中国矿业大学学生中信仰佛教的约占11.3%、伊斯兰教的约占0.7%、基督教的约占8%、天主教的约占0.2%、道教的约占1.3%。从数据来看,寻找自己信仰的占27.7%、寻找精神寄托和慰藉的占38.8%、被宗教文化感动的占16.6%、感到孤独的占7%、感到好奇的占3%、学习压力太大的占1.8%等。①

4. 当代社会思潮影响了大学人尤其是青年大学生的历史价值观

严重影响大学生历史价值观的社会思潮就是历史虚无主义,它是以歪曲史实为目的,通过捕风捉影、子虚乌有的故事来反叛历史传统。历史虚无主义反对阶级斗争学说,否定社会形态学说,主张历史选择论,推崇和照搬国外史学流派的观点,对中国重大历史史实进行大肆的批驳和反对,主要表现在以下几个方面:

(1)在历史本体论上,虚无主义者否定中国历史的继承性与连续性,武断地割裂历史发展的内在逻辑,主张全盘抛弃中华文明和各种历史遗产。历史虚无主义论严重影响了大学人正确看待历史的视角,抹杀了对历史史实的尊重和保护。

(2)在历史方法论上,历史虚无主义者以历史选择论为指导,以历史假设为前提,进

---

① 张爱淑等.高校宗教问题研究——以中国矿业大学为例[J].江苏省社会主义学院学报,2009(2).

行主观臆想和推断。例如,有大学人在一些非法网站或即时论坛中肆意发表自己所谓的历史观,蓄意歪曲历史,制造思想混乱。

(3)在历史价值观上,历史虚无主义者对传统的历史观肆意解构。他们对传统历史史实进行随意割舍和编排,按照自己的主观意志或者迎合某些人群的兴趣对真实的历史史实进行各种歪曲性解构,为历史上已有定论的人物和事件进行开脱。

第二节 传统文化对大学文化建设的影响

中国传统文化是现代大学文化建设的根基,是现代大学文化得以形成、发展的血脉。中国传统文化与现代大学教育的关系,是当代中国高等教育改革与发展的重要研究课题,它直接影响着我们对高等教育改革的深化和教育模式的选择。现代大学教育是在传统文化的背景下进行的,它必然受到传统文化的影响和制约。从这个意义上说,现代大学教育都要对传统文化有所继承,有所延续,有所创新,有所发展。因此,大学教育现代化的过程,是对传统文化重新评价和批判继承的过程。

一、中国传统文化的基本思想

所谓中国传统文化是指中国古代思想家所提炼出的理论化和非理论化的并转而影响整个社会的、具有稳定结构的共同精神、心理状态、思维方式和价值取向等精神成果的总和。[①] 中国传统文化是一种理性的文化,越是科学发达、人们的文化水准提高、认识能力增强,越是有利于中国传统文化的传播。它是一种自觉接收的文化态式,对中华民族的影响也是潜移默化的。这是中国传统文化的基本精神和基本理念使然的。

(一)天人合一的思想

天人合一,是中国传统文化的总特征,也是中国传统文化基本精神中最根本的一条。正如张岱年指出的:"中国哲学中天人合一观点有复杂的涵义,主要包含两层意义。第一层意义是,人是天地生成的,人的生活服从自然界的普遍规律。第二层意义是,自然界的普遍规律和人类道德的最高原则是一而二、二而一的。"[②]强调人与自然的统一,人与自然的协调,人的道德理性与自然理性的一致。"天人合一"观的提出,体现了传统中国人试图辩证地认识人自身与其所在的宇宙自然即主体与客体的整体关系,努力寻求对自我命运的主动掌握从而实现人生价值的独特而深刻的文化思考与探索。

"天人合一"的思想传统在中国有一个演化的过程。早在西周时期"天人合一"的思

---

① 王学俭.现代思想政治教育前沿问题研究[M].北京:人民出版社,2008:313.
② 张岱年.心灵与境界[M].西安:陕西师范大学出版社,2008:20.

想业已萌芽,指天定人伦,实际上仍是神人关系。到春秋战国时期"天人合一"观基本形成。当时的思想家们大都认为天人一体、人天同质,坚信人法天则、人能合天,要求天人协调、天人相用。孟子认为人有天赋的善心善性,天人同性,"尽其心者,知其性也。知其性,则知天矣";庄子认为天人是一气流通的统一体,反对人为造作,主张"无以人灭天",人生的最高境界是"天地与我并生,而万物与我为一";《易传》中对"天人合一"也有极为精辟的论述,如《易传·文言》中说"夫大人者,与天地合其德,与日月合其明,与四时合其序,与鬼神合其吉凶,先天而天弗违,后天而奉天时",既能洞知自然规律又顺应自然规律的"天人合一"的人格。汉代董仲舒把"天人合一"改造为"人副天数"和"天人感应",使之成为谶纬神学的命题,是较粗陋的。北宋张载是正式提出"天人合一"明确概念的第一人,他继承发挥战国时思孟学派之思路,倡言天人同气,万物一体,认为天人协调、"民胞物与"当为人生追求的最高理想 ,"天人合一"应是人生追求的最高境界。在其名著《西铭》中,他就说"乾称父,坤称母。予兹藐然,乃混然中处。故天地之塞,吾其体;天地之帅,吾其性。民吾同胞,物吾与也"。这可以说是对中国传统的"天人合一"说的经典性解说了。自宋以后,"天人合一"说就成为占主导地位的社会文化思潮,为各派思想家所广泛接受。

中国传统的天人观有利于人的道德意志和主体人格的自觉、有利于审美生活情趣的形成和人与自然生态的和谐,但其片面发达也会因认知理性的缺失而使科技落后,对自然规律无法深度而确切的把握和利用,这又不利于人的自由和全面发展,引进并使西方的认知理性思维方法与其结合也就成为了中国传统哲学在近现代以来研究发展的一般任务,事实上也是其基本走向。

(二)中庸思想

哲学自然观上的朴素辩证法在中国人的现实社会生活的主要表现就是"和而不同"的中庸之道。儒家极其重视和谐理念,以"中和"、"中庸"为最高价值。孔子提出了许多闪耀着辩证光辉的思想,在《论语》中我们可以看到诸如"中庸之为德也,其至矣乎"、"礼之用,和为贵"、"过犹不及"、"允执其中"、"君子和而不同,小人同而不和"等文字,这都是强调凡事要在矛盾对立面之间保持必要的谐和,既不简单混同又不固执一端,而且,这里还提到了区分君子小人的人格作派或道德水平的标准。《中庸》中首提"时中",即经常地保持动态中的平衡的意思,认为"喜怒哀乐之未发,谓之中;发而皆中节,谓之和"。《国语》中说"夫和实生物,同则不继"。《易传》中讲"一阴一阳谓之道"。张载在《正蒙·太和》中也讲"两不立,则一不可见;一不可见 ,则两之用息"。这都是在阐明矛盾对立面的和平调谐乃是事物存在发展的根本前提的道理。固然,只有和谐没有斗争是不行的,儒家从辩证法的高度也意识到了斗争的必要性,而"和为贵"的一面则是儒家始终强调的重点和归宿,斗争被看做是事物发展的手段、动力但不是最终目的。张载在论及"和与争"的关系时说"有象斯有对,对必反其为;有反斯有仇,仇必和而解"[①],这也是很有道理的。

---

① 张载.正蒙·太和[M].北京:中华书局,1978:58.

孟子还提到"天时不如地利,地利不如人和",看到了"人和"即保持人们之间的团结的政治和军事的意义,并认为此即是关乎国运的治道,得道多助,失道寡助。道家高洁绝尘,往往从批判世俗伦理、引导人们超脱经验执迷的意义阐发其辩证观点。老子讲"反者道之动"、"正言若反",认为"祸兮,福之所倚;福兮,祸之所伏"、"物或损之而益,或益之而损"。庄子还提出了著名的"反衍"思想:"以道观之,何贵何贱? 是谓反衍"也是对世俗等级利达观念的批判。

(三)仁人思想

人本主义在中国文化中有着悠久的历史和鲜明的个性,也被看做是中国文化的基本精神之一。"以人为本"的人本主义在中国文化中有两层旨意:①在人与神的关系上体现为"天地之性人为贵"的人格肯认和"未能事人,焉能事鬼"的轻神重人的根本态度。②在人民与统治者的关系上"民为邦本"、"民贵君轻"的社会观和朴素民主观。

从第一方面来看,一般来说,中国文化中确实一直有一个着重讲人的传统,冯友兰先生指出:"无论古今中外,无论哪宗哲学,归根到底要讲到人,不过中国的哲学特别地要突出人。"[①]"人学"在中国似乎颇有些早熟性。在殷商时代是"尊神"、"先鬼"的,但至西周即已为之大变化,开始重人、重人心,即所谓"周人尊礼尚施,事鬼敬神而远之,近人而忠焉"。春秋战国时期,"天"的权威瓦解,"人本主义"真正独立发展起来。先秦诸子大都取人本立场,称颂人性独有的尊贵卓越地位——"惟人万物之灵"、"天地之性人为贵"、人能"裁成天地之道,辅相天地之宜"、能"参天地,赞化育"等。儒家尤其以人事为重,关注社会实际事务。《论语》中记载孔子诸如"务民之义,敬鬼神而远之,可谓知矣","未知生,焉知死"及"不语怪、力、乱、神"的人本思想。这种现世观、人的主体意识和人本态度甚至影响了作为宗教的道教和佛教,在后来封建社会中得到进步思想家广泛的认同和发展,"舍诸天运,征乎人文"成为中国文化的主要价值取向。中国传统的"天人合一"观又可以满足人们的终极关怀与形上致思的祈向,对抵制宗教,避免西方中世纪式的神学迷狂有过历史的大作用。

从第二方面看,"民为邦本"的思想源远流长,最早可以溯源至殷周之际。《尚书·盘庚》中有云:"重我民"、"罔不唯民之承"、"施实德于民";周公汲取商亡的教训,重视民心和民情,他还提出了"保民"观念。在《左传》、《国语》等典籍中也有丰富的民本思想,如"民之所欲,天必从之"、"国将兴,听于民;将亡,听于神"、"民和而后神降之福"。"民本思想"在儒家学说中更有集中的反映,是儒家政治理论的基石。儒家认为,"得民与否"是政治成败之根本;孔子主张富民、教民,"民、食、丧、祭",民为首位;孟子说"民为贵,社稷次之,君为轻"更是中国人耳熟能详的经典性的民本思想;荀子以"舟水"喻"君民",认为水可载舟亦可覆舟,他还说"用国者,得百姓之力者富,得百姓之死者强,得百姓之誉者荣。三得者具而天下归之,三得者亡而天下失之"。道家也重民,老子说"无常心,以百姓为

---

① 冯友兰.中国哲学史[M].上海:华东师范大学出版社,1998:3.

心"。法家更重严刑酷法,以之为治国之道,但也不乏有"重民"思想,法家经典《韩非子》中就有不少这样的文字,如"凡治天下者,必因人性"、"利之所在民归之"等。汉唐时民本思想进一步发展,宋元明清时强化,箴言颇多,大都以呼吁民为邦本、体恤民生、予民休息为意。

中国的人本思想反映了中国先哲对"人"的关注,我们既要看到这种关注在一定意义上确实反映着人民反压迫、求自主的深切渴望与呼声,在另一方面也要理解它实质上仍是以"保民而王"、维护专制统治为主旨的政治策略性,但即便如此,民本思想对制约暴君苛政、改良人民的政治处境毕竟还是具有积极意义的。

(四)道德关怀

儒家文化是中国文化的主脉,其价值哲学的发达是其他学家所不及的。儒家的价值观可以被看做是道德的至上论,它对人的道德主体性的深入发展也使得它的道德学说带有了鲜明的内在价值论的特点。孔子的价值观的第一原理是"义以为上",即是说道德乃是最高的价值,《左传》中"太上立德"也是这个意思。孟子明确提出人有"天爵良贵"即天赋而内在的道德意识,它既是人性的本来,是后天德性冶锻、理想人格之所以可能的根本依据,也是人生最高的价值维系。考察儒家价值论,我们不难发现,人我、群己、公私、义利、理欲是儒者们关注和教化社会大众的基本命题。人们通常都以为儒家学说是完全反对功利、根本否认个人价值的,并以其"正其谊不谋其利,明其道不计其功"、"存天理、灭人欲"等语句为证明。

其实,儒家学者一般主张纯粹的道德观,即以为人、为群、为公、为义、为理作出发点去理解人生价值和道德践履,而反对世俗实用即为我、为己、为私、为利、为欲为根基的价值观。儒家并非认为我、己、私、利、欲为不屑一顾的无价值的方面,只是说它们要以为人、为群、为公、为义、为理作根本原则与价值趋向,而不应假借为人、为群、为公、为义、为理之名而行我、己、私、利、欲之实,这也就是孔子所指出的"仁者安仁,知者利仁"的不同。孔子不反对言利,认为要"因民之利而利之"、"见利思义",还讲"不义而富且贵,于我如浮云"。孟子也指出要"为民置产"、"国不专利",还说"当今之世,万乘之国;行仁政,民悦之,犹解倒悬也。故事半古之人,功必倍之"。《易传》讲"崇德",也讲"利用厚生",指出"备物致用,立成器以为天下利,莫大乎圣人"。与董仲舒不同,颜元提出了"正其谊不谋其利,明其道不计其功",王夫之更鲜明地提倡"声色臭味以厚其生,仁义礼智以正其德"。道家的价值论是"绝仁弃义"的无道德内涵的绝对价值观,它以作为宇宙自然之本的"道"、"德"的实现为人生价值之本的。墨家也重道德,也"贵义",但它否定纯粹道德,认为"利"是道德行为的本质与动因,因而墨家的价值观和道德论是功利主义的。法家则不主张道德的价值,认为"上古竞于道德,中世逐于智谋,当今争于气力",人性本恶,价值标准应是人尤其是君主的私利。但比较而言,儒家的道德论才是整个社会意识形态的主导。

中国历来是人治社会,而人治又特别注重道德教化的意义。道德在中国较之成文法更有威力。孔子是不赞成严刑酷法的,说"道之以政,齐之以刑,民免而无耻;道之以德,齐之以礼,有耻且格"。中国历代统治者也都十分注意强化伦理规范对人民的精神熏陶和行为的规范并以之为治国之本,即"礼义廉耻,国之四维,四维不张,国乃灭亡"。在缺乏政治分权和君权制约的人治社会,道德事实上也发挥了诱导为政者抑恶从"仁"的调节功能。

可以说,正是强烈的道德观念及其理论奠定了支撑中国伦理政治社会的理论基石,筑就了中国民族的价值意识形态的坚实内核。儒家强调"太上立德"和"义以为上"、发挥人的道德主体性,认为"人皆可为尧舜"、"满街皆是圣人",人人皆有希贤希圣的可能,这往往能激励人们自觉去敦修人格、正道直行。中国传统的德性文化塑造了无数真正善良、正直,真正有气节、刚正不屈的"民族的脊梁"和伟岸人格。但这种德性文化的负价值亦是很明显的,即:伦理文化的封建化底蕴、道德的形而上的抽象化和绝对化造成精神钳制,人性、个人价值和世俗生活被桎梏。但传统道德观的先公后私、义以为上的基本思路还是应予以充分肯定的。

(五)开放思想

中国传统文化的开放性有着在中华各民族之间的内部的交流融合及中外国家间的文化交流互补这样两个维度。"中华民族"是对生活在中国境域的、彼此间历史的交往、相互地影响而发展着的各个民族的统称,正是这种历史的交往和互动的影响,促成了中华民族血统的融合和中华文化格局的形成。早在春秋战国时期,从事农耕生产的中原华夏族就开始了与北方的游牧民族(主要是所谓四境的戎、狄、蛮、夷诸族)的文化交流,又经魏晋唐时代与南方少数民族的既耕既猎的山地游耕文化的融合,形成了我们今天意义上的汉民族及其文化。各民族的交往过程亦即是文化多元交汇的过程,一方面使相对发达的汉族农业经济的生产方式、政治制度及文化技术向周边少数民族地区扩展,另一方面,又使各少数民族的地域的文化资源向汉族文化充实和汇流。无论是经济生活的粮食果蔬、衣着服饰、家居器用、生产工艺,抑或是文学艺术、史学、医学的各个领域,都为中原汉族的文化发展提供了丰富多样的营养,尤其是北方游牧民族的文化,渗透着粗犷强劲的精神,富于流动创新性,对稳健儒雅的农耕文化发挥了历史的强补剂的意义。光辉盛大的中国传统文化是包括各少数民族在内的中华民族的共同的伟大创造。

一般地讲,在汉代以前,中国文化基本上还是内在而独立发展的,自从西汉张骞通西域以后,情况就开始发生了变化,不仅继续拓宽了与东亚国家的文化交流,与中亚游牧文化、西亚波斯的阿拉伯文化、南亚的印度文化、乃至欧洲文化也次序展开了全方位的交往和交流。

梁启超认为:"中国的智识线和外国的智识线相接触,晋唐间的佛学为第一次,明末的历算便是第二次。"[①]其实,从某种意义上说,以佛教东来为标志的中外文化的第一次交

---

① 梁启超.清代学术概论[M].北京:人民出版社,2008:60.

汇应在刘汉之际。东汉明帝初年,印度佛教经由西域传入中国,这是中外文化交流的一件大事。产生于南亚次大陆的佛教文化虽然是一类宗教文化,但其精致的思辨方法和独特而繁复的理论结构却是中国传统哲学自身所不及和未曾见识过的,它的信仰体系和思辨气质很能够吸引中国民众和知识分子。当然佛教在中国的传播也是其符合与取得中华民族文化特质和形式的过程,它在魏晋时与老庄玄学互相渗透结合并与儒学初步结合,至隋唐时实现中国化,形成了诸如禅宗、天台宗、华严宗、净土宗等中国化的教派。儒佛道的三教的持续冲突融合又使传统儒学在宋明时期达到理学的新境界。理学家们表面上指斥佛教为异端,但实际上又大都心仪佛学的思辨方法,所谓"出入佛老,返诸六经"是也。宋明理学无论是程朱一系或陆王一系,都明显地受到来自佛教哲理的深刻影响,以至于有了"程朱近华严,陆王近禅宗"的说法。佛教对中国文化在哲学、文学、绘画、音乐、建筑等各个方面都有较大的发展促进作用。

明代后期,中外文化交流达到了第二次高潮。西方传教士陆续进入中国,带来了基督教文化,并以"学术传教",介绍了不少西方的哲学、艺术及一些天文历算及几何的科学知识,受到朝野人士的欢迎。徐光启、李之藻、方以智等学界名士与利马窦等耶稣会士相交甚厚,悉心研究并热情欢迎这股异域新风。清朝康熙帝对西方文化的关注与认真学习也是人们所熟知的。虽然到雍乾时期,中西文化交流为封建保守势力所中断,但经过鸦片战争的教训,一批先进中国人"睁眼看世界",发扬固有的文化开放精神,积极致力于中西文化交流,引进西方的器物、制度文化,引进"民主"和"科学"的观念文化,以及引进马克思主义,并努力结合中国文化和时代的特点,积极实现民族文化的再度创新。中国文化在输入和吸收外域文化的同时,也积极向外辐射传播,中国的伦理政治文化、先进的农耕技艺、以四大发明为主的科技创造、文学艺术不仅是东亚文化圈的核心,也为西方世界的社会及文化的发展进步做出了巨大贡献。

二、传统文化对大学文化建设的影响

我国近代大学虽然是向西方学习的产物,但其根脉却是中国传统文化,中国传统文化的基本价值理念、基本教育精神、思维方式、行为准则等都对中国大学文化建设产生了重要影响。可以这样讲,中国传统文化就是中国大学文化的母体,是中国大学文化形成的渊源。目前,中国大学文化中体现了诸多传统文化的精髓。

(一)传统文化影响了大学文化建设的价值取向

1. 中国传统文化基本理念决定了大学文化要以道德教化为价值取向

在传统中国社会中,无论是思想家,还是普通民众,普遍有一种深沉的历史责任感。他们信奉学以致用的原则,对社会政治生活有一种强烈的参与意识。"修身、齐家、治国、平天下"是他们思想的主要内容,是达到内圣外王的理想境界的主要途径。要通过从小到大、从个体到整体,从主体修养到社会整体修养的途径,实现济世拯民的理想抱负。

当前,中国传统文化中固有的道德基因决定了大学文化建设也必须以道德教化为基本价值取向。道德是一种无形的力量,大学师生,尤其是党员干部和领导干部要影响和带动广大群众,必须自觉加强思想道德修养。要大力倡导"八个方面良好风气",自觉践行以"八荣八耻"为主要内容的社会主义荣辱观和社会主义核心价值观,分清是非荣辱,明辨善恶美丑,模范地遵守社会公德、职业道德、家庭美德,讲操守、重品行,注意防微杜渐,坚决抵御腐朽没落思想观念和生活方式的侵蚀。注重培养健康的生活情趣,保持高尚的精神追求,淡泊明志,克己慎行,正确选择个人爱好,提高文化素养,摆脱庸俗习气,努力做"一个高尚的人,一个纯粹的人,一个脱离了低级趣味的人,一个有益于人民的人",在道德建设上发挥模范带头作用。孟子提出"诚者,天之道也;思诚者,人之道也"。将"诚"定义为自然界和人类社会的最高道德范畴。君子诚之为贵,对人以诚相待,方可使自己问心无愧,永远无愧面对他人。只有真诚,才能赢得别人的尊重。这些都是大学文化应当关注和着意塑造的。

2. 中国传统文化基本理念决定了大学文化要塑造以德性为追求的大学人

传统中国的理想人格和价值取向,作为一种文化构成,经过长期的积淀,最终转化为异于其他民族的社会心理——求善、求美。在这种基本理念的支配下,大学文化建设必须突出"美名"、"良知"等理念,才能获得大学人的认可和支持。在当前,多元化价值文化充斥着大学校园,部分大学师生为了获取金钱、利益、名誉等,不惜出卖良知。高等院校是培养和造就各类人才的摇篮,是青年相对集中,思想交锋碰撞活跃的地方。在当前社会改革开放进入新阶段的时候,切实加强思想道德建设,为社会主义现代化建设培育优秀人才,是高校全面落实科学发展观,实现文化大发展大繁荣的必然选择。要想实现以上目标,大学文化必须立足于传统文化,通过多种途径着力引导大学人自觉形成以追求美名、维护美名为基本价值的追求。

3. 中国传统文化基本理念决定了大学文化要以社会义务和社会责任为价值追求

中国自古以来就有"天下兴亡,匹夫有责"的基本社会义务和社会责任的价值理念。无论知识分子还是普通百姓,都以天下一统为乐,以江山分裂为忧。维护统一成了民族大义,分裂割据成了国耻民忧。于是维护国家统一和社会和谐安定成了最大的群体利益。在这个大利益面前,个体利益、少数群体利益变得微不足道。这种强烈的社会责任感成就了中华 5 000 年的文明与进步。

大学作为育人重地,必须把"德"尤其是"大德"(师生对社会的义务和责任)作为首要工作来做。近年来,尤其是"5·12"大地震发生以后,四川大学的"社会责任教育"成效很大,为当今中国大学开展"社会责任教育"提供了范式。四川大学是全国高教领域中最早系统地提出并实施了支援重灾区抗震救灾和灾后重建计划的大学,是派出各类抗震救灾专业抢险队和志愿者队伍人数最多、行动最快的大学之一,是抗震救灾中收治重灾区伤员最重要的基地之一。继之,在地震灾区科学重建中,四川大学发挥了五大作用:①它是地震灾区科学重建的高素质人才培养基地。学校出台了新政策新举措,鼓励师生积极参与灾后重建。②它是地震灾区科学重建的智囊库和精神源。学校及时总结抗震救灾及灾后重建经验,积极进行学术研究,同时,学校积极组织力量为灾区灾后重建提供咨询建议。③它是地震灾区科学重建的科技创新前沿。学校组织专家深入灾区进行灾后重建研究,以学科优势和科技创新带动灾后重建。④它是地震灾区科学重建对外交流与合作的桥梁纽带。学校发挥高水平大学的平台作用,积极联合世界一流大学和国际组织,为四川灾后重建提供学科支撑、科技支援和智力支持。⑤它是地震灾区科学重建现代医学医疗基地。学校对灾区医药卫生重大课题进行了研究,积极提供医疗技术服务。① 历览中国大学发展史,这种以社会进步、国家发展为已任的例子在知名大学中不胜枚举,它既是一个大学的文化标志,也是一个民族进步的标志。

(二)传统文化影响了大学文化建设的基本内容

中国传统文化是一个在历史长河中,为人类发展做出杰出贡献的文化系统。它的内涵丰富、博大精深,影响深远。它是中国屹立于世界民族之林的厚实基础和精神支撑,优秀传统文化将对大学文化建设产生积极而深远的影响。

1. 弘扬爱国主义精神

我国人民的爱国主义精神是在中华民族漫长的历史进程中产生和发展起来的。中华民族在创造灿烂中华文明的过程中,形成具有强大生命力的传统文化,其内容博大精深,不仅包括了哲学、社会科学、文学艺术、科学技术等方面的成就,而且蕴含了崇高的民族精神、民族气节和优良道德,这笔丰厚的遗产是进行爱国主义教育的宝贵资源。从古至今,中华民族就有爱祖国的优良传统,历来倡导关心社稷,维护独立,报效祖国的优秀品格。"国而后家,公而后私",强调个人利益服从于国家、民族利益。《书经·周官》提出"以公灭私,民其互怀"的思想主张;诸葛亮《出师表》中的名句"鞠躬尽瘁,死而后已"至今广为传唱;范仲淹《岳阳楼记》中"居庙堂之高,则忧其民,处江湖之远,则忧其君","先天下之忧而忧,后天下之乐而乐"体现了崇高的胸怀和以天下安危为已任的伟大抱负;岳母刺字,"精忠报国"深入人心,岳飞一首《满江红》抒发出未能收复失地的悲愤心情和豪气冲天的爱国热忱;南宋爱国诗人杰出的代表陆游,崇高的爱国主义境界在《示儿》一诗中体现得淋漓尽致;顾炎武倡导的"天下兴亡,匹夫有责"的思想,林则徐"苟利国家生死以,岂因祸福趋避之"的诗句,无不昭示了他们为国家为民族无私奉献的高尚品德。邓小平指出:"中国人民有自己的民族自尊心和自豪感,以热爱祖国,贡献全部力量建设社会主义为最大光荣,以损害社会主义祖国利益、尊严和荣辱为最大耻辱。"热爱祖国是中华民族优秀传统的基本精神,这一爱国主义优秀传统,激励着历代志士仁人为了祖国的统一,民族的进步,社会的繁荣而英勇斗争。它是中华民族强大凝聚力的结晶。

2. 培养自强不息的精神

《易经》载:"天行健,君子以自强不息;地势坤,君子以厚德载物。"张岱年先生多次谈

---

① 谢和平.危机应对与大学的社会责任[N].四川日报,2011-08-24.

到:所谓的"自强不息,厚德载物"就是中国文化优秀传统的集中表达。刚健有力,自强不息是中国传统文化的主流精神。"刚"指的是刚强,不屈从于外力;"健"指的是具有持久力和内在坚忍不拔的精神状态。自强不息则指自信、自立积极向上,永不停止。刚健有为、自强不息的精神,从根本上反映了中华民族不屈不挠、乐观向上、坚忍不拔、朝气蓬勃的顽强生命力和坚毅的性格。孔子文化倡导的是"学而不厌,诲人不倦","发愤忘食,乐以忘忧,不知老之将至",激励人们不断完善自我,提倡一种积极有为的精神。不仅儒家主张自强不息,就连法家、墨家他们所主张的"尚力"、"争于气力"、"富国强兵",也都是提倡刚健有为的。再次提到范仲淹的"先天下之忧而忧,后天下之乐而乐"的远大抱负,屈原的"路漫漫其修远兮,吾将上下而求索"所表达的坚忍不拔,孜孜以求的顽强精神;《孟子·告子下》中写的"天将降大任于斯人也,必先苦其心志,劳其筋骨,饿其体肤,空乏其身,行拂乱其所为"所揭示的也正是刻苦努力,坚毅耐劳的精神写照。再如苏秦的头悬梁锥刺股,祖逖的闻鸡起舞,匡衡的凿壁偷光,勾践的卧薪尝胆,荀子的锲而不舍,李白的磨杵成针等例子,无一不在提醒人们坚忍不拔、持之以恒。自强不息的精神,使得中华民族代代繁衍,生生不息。

3. 形成以德为本、推崇仁爱的人文精神

孔子、孟子所宣扬的"圣人","大丈夫"的理想人格以及"杀身成仁","舍生取义"的崇高精神境界,往往成为无私奉献,爱国为民的精神支柱。在铸造中华民族坚毅的民族性格和崇高的精神品质过程中,产生了极为重大和深远的影响。中国先哲十分重视道德价值,特别强调人格修养,崇尚气节,强调道德规范的要求。孔子说:"富与贵,是人之所欲也,不以其道得之,不处也;贫与贱,是人之所恶也,不以其道得之,不去也。""君子喻于义,小人喻于利"是墨子主张的"国家百姓人民之利"为最高价值,宣扬崇尚公利。汉代的董仲舒也宣扬"莫重于义"的道德至上论,"生亦我所欲也,义亦我所欲也,二者不可得兼,舍生而取义者也"。正是这些对人生价值真谛的剖析,造就了千千万万刚直不阿,浩然正气的仁人志士;正是这些崇高的道德追求,铸造了中华民族崇高的精神品格。

中国传统文化非常重视人的思想品德和人格完善,它包含着如何做人,怎样做事,怎样实现自己的人生价值的主张。如何塑造崇高的人格,最为关键的是如何正确对待生命与道德、人格的关系。孔子讲:"三军可夺帅也,匹夫不可夺志也。""杀身成仁"、"舍生取义",就是为仁义道德而不惜牺牲个人生命的经典表述。在处理人与人的关系上,提倡从"仁"出发去爱人,建立"己所不欲,勿施于人","夫仁者,己欲立而立人,己欲达而达人"的互相亲爱和谐的人际关系。"仁"是孔子伦理道德的最高准则,其基本含义就是"爱人"。墨子则主张"兼爱",兼即不分你我,视人如己,正所谓"爱人若爱其身","视人之室若其室",不分贵贱亲疏地去爱一切人。

儒家的教育思想始终把人的道德品质修养当做一个认识实践升华的过程。孔子说:"欲治其国者,先治其家;欲齐其家者,先修其身;欲修其身者,先正其心。"正所谓,正心、

修身、齐家、治国、平天下。"正心,即改造思想,使自己主观世界达到社会、国家所需的思想道德水平。"修身"则是提高自身的各方面素质,重视从思想上、实践中的提高与升华。人文精神指引、激励着大学生成长和成才,人文精神在人类社会的发展中起着不可替代的精神支柱作用。

历史是不能割断、不能忘记的,中国传统文化的精华所在是不能够摒弃的,中华民族的崇高品格,不但对过去,而且对现在,以至未来,都具有重大的现实意义。高等学府作为培养天之骄子、社会栋梁的精英汇聚之地,更应该继承和发扬这些优良传统,使国民素质得以提高,爱国主义精神得以弘扬,自强不息的精神得以传承,以德为本、仁爱兼爱的人文精神得以长久流传。

第三节 地域文化对大学文化建设的影响

一方水土孕育一方文化,一方文化影响一方经济、造就一方社会。在中华大地上,不同社会结构和发展水平的地域自然地理环境、民俗风情习惯、政治经济情况,孕育了不同特质、各具特色的地域文化,诸如齐鲁文化、三秦文化、湖湘文化、燕赵文化、中原文化、三晋文化、巴蜀文化、徽文化、赣文化、闽文化……不同个性特质、各具鲜明特色的地域文化,不仅是源远流长的中华文化的有机组成部分也是精华部分,更是中华民族的宝贵财富。地域文化不仅为地方经济社会发展提供了良好的文化基础,也为地方大学建设提供了强大的人文支持。从一定意义上讲,大学文化在一定程度上受制于地域文化,是地域文化在大学这个特定载体中的反映和体现。因此,把地域文化与大学文化结合起来研究是有意义的。

一、地域文化的基本特征

(一)地域性

地域性是一方地域文化区别于另一方地域文化的重要标志。独有的地理环境、人文环境、历史积淀等造就独有的文化内涵和文化品质。如中原文化是中原地区独有的文化形态,湖湘文化是湖北、湖南等地所独有的文化形态,巴蜀文化是四川、重庆等地区独有的文化形态,齐鲁文化是山东等地独有的文化形态,等等。

在这里,我们以具有鲜明特性的地域文化的中原文化来做一说明。中原文化是中华文明的根源和主干,它已经不是一般意义上的地域文化了而是包含了中国文化内涵的普适性文化。原河南省省委书记徐光春在其著作《中原文化与中原崛起》一书中,把中原文化概括归纳为十八个方面:史前文化、神龙文化、政治文化、圣贤文化、思想文化、名流文化、英雄文化、农耕文化、商业文化、科技文化、中医文化、汉字文化、诗文文化、民俗文化、姓氏文化、饮食文化等。这些文化构筑了中原文化的基本形态。① 一般来讲,中原文化是植根于中原地区的文化。古代所谓中原地区与今天狭义上的中原地区是不同的,今天狭义中原地区专指河南省,而古代的中原地区以今天河南省为中心,包括毗邻的陕西、河北、山东等省部分地区。我们这里所讲的中原文化是广义上的中原文化。从总体上看,中原文化具有以下五个层面的特征:

(1)源发性。之所以说中原文化具有其他文化形态所不具备的源发性特点主要是因为它作为中华民族文化的源头之一,不仅是华夏文化的主流文化产生和培育的根本因缘,并因此构筑了华夏文化的初始模态,而且还在人类社会发展过程中保持有极大向心力和文化推动力。从盘古开天、女娲造人、三皇五帝、河图洛书等神话传说,到裴李岗文化、仰韶文化、红山文化、河洛文化、殷商文化等;从老子、庄子、韩非子等到李斯、墨翟、花木兰等中国历史上著名人士也都产生于中原。这种源发性是中原文化的本质性体现,也是其区别于其他后发文化的重要标志。

(2)原创性。中原文化的原创性是从它的内容上讲的。任何文化都是社会文明的有机组成体,而要成为文化必需要有自己的原创性。自古以来,从文字的创造到制度创新,从器物文明到精神世界,中原地区都曾有着辉煌灿烂的历史。例如,在文字方面,中原有仓颉造字、安阳有享誉全球的甲骨文;在政治制度方面有黄帝的"都有熊"置百官和李斯提出的郡县制,确立了中国几千年封建社会的基本制度模式;在精神世界方面,有《易经》、《道德经》、《庄子》、《墨子》等对宇宙、社会、人生的独特发现,极大地影响了中国人的民族性格和民族文化心理;在器物文明方面更是不胜枚举,随便走进河南省博物院一隅,都可以看到器物文明的足迹。

(3)融合性。中原地区特有的条件,造就了该地区的吸纳性。这里地势平坦、交通便利,同时又居于国家之中,毗邻四方。千百年来,这里就是集高度的农业文明和商业文明于一体的地区。社会交往的广泛性使中原文化兼具了高度的融合性,在大量吸收优秀的外来文化中成就着自身的辉煌。历史学家李先登在《关于中国古代文明起源的若干问题》一文中明确指出:"中国古代文明起源的特点是,中原地区首先进入文明,是中国古代文明的核心。随着历史发展向前,中国古代文明区域以中原这个核心为中心像滚雪球一样地逐步扩大,将周围地区不断地汇入中国古代文明区域之中,同时也将周围地区的优秀文化因素不断地吸收到中国古代文明之中,使中国古代文明不断向前发展。"②我们从这段论述之中不难看出,中原文化的融合性是优于其他文化的。

(4)辐射性。中原文化虽然有着主导性,但在长期的文化变迁过程中,不断向四方传播,表现出了强有力的辐射力和影响力。具体集中表现在两个层面:①辐射全国各地,在母体文化的影响下,催生了其他文化形态。如岭南文化、闽台文化以及客家文化,其核心

---

① 徐光春.中原文化与中原崛起[M].郑州:河南人民出版社,2007:4.
② 李先登.关于中国古代文明起源的若干问题[J].天津师范大学学报,1988(2).

思想都来源于中原的河洛文化。②远播其他国家或地区。秦汉以来,中原文化主要是通过陆路交通向东向西广泛传播,不仅影响了朝鲜、日本的古代文明,而且开辟了延续千年的丝绸之路。班超出使西域,玄奘西天取经,鉴真东渡扶桑等历史记载,都书写了中原文明传播的壮丽画卷。从北宋开始,中原文化凭借当时最发达的航海技术,远播南亚、非洲各国,也开辟了世界文明海路传播的新纪元。我们可以看到,即便是到了现代文明高度发达的今天,我们依然可以在日本、韩国、新加波、马来西来等地看到中国文化的影子,他们的礼义制度、行为规范等与传统中原文化理论体系是一脉相承的。

(二)独有性

独有性也叫独占性,是指一方地域文化具有的与生俱来的特有品质和独立内容。它所拥有的基本内涵是其他地域文化所不具备的。

以巴蜀文化为例。巴蜀文化是以中国四川盆地中成都的“蜀”和重庆的“巴”所代表的文化。四川盆地在地形上为“四塞之国”,古代交通甚为困难,故李白发出“蜀道之难,难于上青天”的感叹。这一封闭地形对巴蜀文化作为农业文明所必然带来的封闭性肯定会有较大影响。但正是因为如此,又反过来激励起巴蜀先民向外开拓、努力改善自身环境的决心和勇气。于是,环境与文化相交融,造就了巴蜀先民封闭中有开放、开放中有封闭的历史个性。随着时代的推移,开放和兼容终于成为巴蜀文化最大的特色。巴蜀文化同秦陇文化的沟通,最大的障碍是北方的高山——秦岭。但巴蜀先民以惊人的勇气,创造了高超的栈道技术,打破了盆地地缘的封锁,克服了狭隘的封闭性。蜀王派遣五丁力士开道,迎接秦惠文王所送金牛和五个美女的神话故事,就是上古时代开山通道进行文化交流的生动体现。栈道是巴蜀人的一大发明。司马迁认为巴蜀“四塞之国”的封闭性是靠“栈道千里,无所不通”来达到开放的,这是很精到的史家眼光。

巴蜀文化的独有性集中体现在巴蜀的宗教文化、民族文化上。在宗教文化方面,世界上的几大宗教中唯一在我国土生土长的宗教是道教,道教的创教之地就在巴蜀。当然,还有佛教,根据近年的研究和考古发现,佛教传入我国的途径是多源的。印度、中亚和西亚同我国古代的联系主要通过西域、南海和滇缅五尺道、牦牛道三种途径。古巴蜀位于这三条途径的交汇点,因此特别体现了佛教南传与北传在这里交汇的特点。

在民族文化方面,在今四川省和重庆市辖境内,聚居和杂居着汉族和藏、彝、土家、羌、苗、回、纳西、傈僳、布衣、满、蒙族等 14 个少数民族。汉族构成巴蜀地区人群的主体,主要聚居于四川盆地内。而盆地四周的高山、高原区则主要为少数民族的聚居地或生活区。西部高原和山地主要是藏、彝、羌族等少数民族聚居区,盆地东缘山地主要是土家族和苗族聚居区。四川和重庆这种民族分布格局是经过几千年的交流融合、迁徙定居、相互依存、发展演变而形成的。在长期的民族交流的历史过程中,巴蜀文化形成了自身的地方特色和巴蜀人的特色。这一过程与规律同中华民族形成和发展的过程与规律相一致,是多元一体的中华民族生息繁衍过程中的一部分。从古及今,凡从外地入蜀的文化人最强烈的直观感受,就是蜀人、蜀地均与其他地域有所不同。西晋裴秀的《图经》说巴蜀是"别一世界",杜甫入蜀称蜀人为"新人民",认为蜀地"异俗嗟可怪"。[①] 抗战时期入蜀的学者有感于古蜀国文化遗物的特异,提出了"巴蜀文化"的专门概念。

(三)系统性

系统性并不是所有地域文化都具备的,到目前为止,仅有少数几个地域文化拥有自己完备的文化生态系统,如中原文化和齐鲁文化等。事实证明,只有拥有完备的文化生态系统的地域文化在历史发展的长河中才能得以保全和衍生。

以齐鲁文化为例。据史料记载,西周初年,姜太公被封于齐,以治理夷人;周公被封于鲁,以拱卫周室。分封齐、鲁,标志着东夷文化向齐文化演变,宗周文化则在鲁国完整地保存下来。姜太公到了封地以后,实行开明的文化政策,"因其俗,简其理"促成了东夷文化向齐文化的转变。与之相反,周公之子伯禽到鲁地后,变其俗,革其礼,推行重农抑商的周文化。两种不同的文化使齐国和鲁国的人文经济趋于不同的发展方向:齐国的社会风尚带有明显的工商业氛围,崇功利,轻伦理,文化风气开放,注重实用;鲁文化更多地表现出农业社会的文化特征,文化风气保守,因循周礼,不思变通。战国时期,以孟子二度游学于齐为契机,齐文化与鲁文化开始融合。孟子在齐国居住时间长达十几年,他的学术思想受到了齐学的熏陶。荀子在齐、鲁文化合流中也起到了关键作用。荀子兼顾齐学,因而丰富和完善了自己的儒学思想,同时又通过学术交流,把他的儒学思想在齐国文士阶层传播开来。在诸如此类的背景下,齐文化和鲁文化走向融合,共同构筑了齐鲁文化。

齐鲁文化之所以能够在中国传统文化中发挥重要作用,其凝聚力和生命力来自其基本精神。齐鲁文化的基本精神,我们大体归纳如下几点:自强不息的刚健精神、崇尚气节的爱国精神、经世致用的救世精神、人定胜天的能动精神、民贵君轻的民本精神、厚德仁民的人道精神、大公无私的群体精神、勤谨睿智的创造精神等。[②] 这些,对我们民族优秀传统精神的形成具有重要作用。

二、地域文化对大学文化建设的影响

(一)优秀地域文化决定了大学文化的定位

所谓文化定位即是 所大学依据自身的特色就大学文化建设形成的基本价值取向和目标追求。从中国大学的发展史来看,尤其是新中国成立以来,这种文化定位,越来越受到大学的关注,也形成了各具特色的大学文化形态。优秀地域文化作为地方性大学建设的母体之一的理论已经得到了学界的广泛认可。研究发现,当前几乎所有大学都把自身文化定位深深扎根在地域文化(本土文化)之中。下面我们通过两个例子

---

① 林军,张瑞涵.巴蜀文化[M].北京:时事出版社,2008:10.
② 逢振镐.齐鲁文化研究[M].济南:齐鲁书社,2010:62.

来说明：

（1）汕头大学。汕头大学的校训是"团结、勤奋、求实、创新"。不可否认，目前国内许多高校校训都有雷同现象，而我们认为，汕大校训是从本校的实际与需要出发的，更是汕头大学地方文化特色的一种精神体现，校训秉承了潮汕文化精髓，传承着李嘉诚先生的创业精神，取意久远又充盈现代精神，既有丰厚的文化底蕴，又有深刻的现实意义。众所周知，地域文化有着独特的文化底蕴和精神内涵，对办学理念的形成往往起着潜移默化的作用，汕头大学作为一个地方性的大学，办学理念以潮汕文化为重要素材和切入点，充分利用地域文化的地方性、典型性、直观性和生动性等优势。其校训排除不当的文化偏见，是办好汕头大学的思想、精神和灵魂，是对汕头大学师生道德准则、人格品质、精神境界、工作作风、学习态度的训示，体现了汕头大学特有的办学理念与文化精神内核，是潮汕积淀的优秀地域文化内涵的体现。潮汕文化面对内陆的正统中原文化而言是封闭保守和停滞落后的，但特殊的地理环境却使潮汕文化较之中原文化更容易面临异域文化的冲击和影响，成为一个动态的开放体系。潮汕的自然环境，孕育了潮人不怕苦、敢冒险、敢为天下先、求实而乐于探索、凝聚性而又精明灵巧。这种性格特征的形成，与其一开始的海洋作业和商贸活动中较早地形成了风险共担、利益均沾的商业合作有密切关系。中原宗族文化一贯以儒家伦理道德为规范，突出血缘和地缘关系，强调宗族内部族众的凝聚力，从中原等外地迁入潮汕的移民带来的这种宗族文化，在潮汕得以长久保存并更加强化。而潮汕的这种冒险开拓、刻苦耐劳、注重义气、勤俭立业等地域文化精神在汕头大学的校训里得以充分、完美的展现。[1]

（2）景德镇陶瓷学院。瓷器是中华民族的伟大发明，它的产生和发展丰富了人类文化的内涵，推进了人类文明发展的进程。在英语中，"china"是"瓷器"的意思，正规的、系统的陶瓷教育起步较晚。虽然在近代，许多有识之士开办了学堂，进行现代陶瓷教育，但由于历史客观因素，几乎都夭折了。直到1958年，景德镇陶瓷学院的建立才使得中国陶瓷工艺发展得到了新生。这所学院自成立以来，就有着明确的文化定位：①立足于轻工行业，着力培育优秀的行业特色；②立足于江西陶瓷文化，传承和发展千百年来积淀的优秀陶瓷艺术文化。这两个立足使得该学院成为至今为止鲜有的具有独立性、不可替代性的文化特色。

类似于这两所大学的例子还有很多，但都共同指向了地方性大学特色办学的两个基本的原则：①"分类定位原则"。即不同类型和不同层次的高等教育都是国民高等教育体系的有机组成部分，都应该根据国民高等教育体系的整体性要求各就其位，各司其职，都可以在一定的类型中和层次上办出特色、办出水平。"分类定位"的原则要求，就是允许不同类型和不同层次的高等学校选择适合自己发展的多样化的办学模式。②"服务面向

---

① 郑松辉. 从地域文化精神解读汕头大学校训［OL］. http://guojinwen52. blog. 163. com/blog/static/447794782009229111306/.

原则"。即高校应坚持以经济建设和社会发展为主要的服务方向,特别是要根据区域经济和产业结构的特征以及社会文化发展来筹划学科建设,确定专业设置与从事课程开发,这是高校统筹各种办学资源的基础。

(二)优秀地域文化影响了大学文化的品格

大学具有文化传承的功用,在我们看来应该是三个方面的传承:①人类优秀的文明成果;②中国传统文化;③优秀的地域文化。文化传承的功能决定了大学应有高洁的文化品格。英国著名学者阿什比曾经说过:"任何类型的大学都是遗传与环境的产物。"①不同的时代、不同的环境、不同的民族与文化背景,造就了风格迥异的大学。综观当今世界著名学府,它们最鲜明的特征是:一流大学一般都具有较为悠久的发展历史和深厚的文化底蕴,有着独立、完整的大学精神,在长时间的办学实践中形成了鲜明的办学特色和明确的办学理念,突显自由、民主、创新、进取的文化品格。

大学文化由于具有天然的地缘优势,体现了"校园人"的共同特点,因而容易培育、体现和成为一所大学的品格。充分挖掘校本历史文化积淀,对于切实改善大学内部治理,全方位提升大学的文化品格具有极其重要的作用。幽雅的校园,无疑对"校园人"的品质生成起着潜移默化的美育作用;古老的大学校园更有一种令人神驰的力量。南京师范大学开展的一项调查显示,承认校园景观布局合理有特色的教职工占67%,学生占86%,其中,有47%的教职工和73%的学生认为需要对有些景观进行一定的解释和说明,以突出他们的人文内涵。② 南京师范大学随园校区作为金陵女子大学旧址,可适当复原一些当时的校园学习、生活场景,当然也可以树碑刻文,突出随园是古代的"随园故地"和"红楼旧地"。大学新校区要在做好整体规划的前提下,加强必要的校园景观建设,促进新老校区之间的历史文化衔接,并赋予新景观一定的文化内涵。此外,在这个 E 时代中,在虚拟的网络世界中开发并建立学校的特色和品牌文化栏目,也显得相当重要。

(三)优秀地域文化优化了大学文化的生态系统

大学文化与其他社会文化一样也同样是一个有机的生态系统,但因其在国民素质培养中的特殊地位又明显区别于其他社会文化。作为一个生态系统,大学文化同样需要保护和优化,同样需要通过内在和外在的双重作用来维系大学文化的生态平衡。在维系大学文化生态系统的诸因素中,优秀的地域文化是 个不可或缺的重要方面。大学文化的生态系统与地域文化的关系是什么样的呢?苏州科技学院党委常委、副院长曹毓民在《光明日报》上撰写了一篇题为《地域文化在孕育地方高校办学特色中的四大功能》的文章提出三个层面的理论意见:①地域文化引领地方高校服务地方发展的层次和方向。我国经济社会发展进程表现出明显的不平衡态势,要求为之提供不同层次

---

① [英]E·阿什比.科技发达时代的大学教育[M].北京:人民教育出版社,1983:142.
② 张留芳.治校·治教·治学——南京师范大学办学理念寻踪[M].南京:南京师范大学出版社,2003:40.

和方向的教育、科技和人才服务,地方高校能很好地适应区域不同发展阶段对知识、劳动力变化的需求。②地方高校以地域文化为载体服务地方发展。根据地域自然资源的特点和形成的地域文化,地方高校特别是资源型城市中的地方高校,充分利用自然科学学科以及地域中的各种自然资源,积极开展具有地方特色的科学研究,使高校的学科建设通过与地域自然条件及形成的资源文化相结合而更具有竞争力和发展潜力。③地方高校依托地域文化与地方社会实现资源交换。地方高校对地方社会经济发展服务,实际上是一种学校与社会的资源交换,这种资源的交换往往也以地域文化为依托。我国在向社会主义市场经济转型过程中,地方高校面临比部委高校更为敏感的市场规律的挑战。地方高校为了获得更多的办学资源,必须以地域文化为依托,争取社会各界支持。①

我们认为,每一所大学都有归属地,在其归属地中或多或少地要受到归属地地域文化的影响,而归属地地域文化影响最为深远的莫过于精神文化方面了。我们以河南大学为例来说明。河南大学已是一座百年老校,它创建于1912年,一百多年来,河南大学依托深厚的中原文化塑造了独具地域特性的综合性大学。我们可以从河南大学的校歌中窥见一斑:

嵩岳苍苍　河水泱泱

中原文化悠且长

济济多士　风雨一堂

继往开来扬辉光

四郊多垒　国仇难忘

民主是式　科学允张

歌欤吾校永无疆!

歌欤吾校永无疆!

据河南大学校史记载:这首《河南大学校歌》诞生于1940年,由嵇文甫先生作词,陈梓北先生谱曲。在抗战最艰难的时刻,河南大学决定创作《河南大学校歌》,利用歌曲的形式,通过广大师生传唱,在阴霾的天空和血腥的环境中树起河南大学的猎猎战旗,以凝聚师生,鼓舞抗战斗志,弘扬学术传统,坚持办学不辍。从歌词中我们可以清楚地看到"嵩岳苍苍、河水泱泱,中原文化悠且长"、"民主是式、科学允张"等字样,这是植根于中原地域文化的崇高精神追求。在河南的83所本专科院校中,这种体现中原文化的艺术创作比比皆是,它们正是通过这些独具中原地域特色的艺术创作充分表达了自身的文化精神追求。

---

① 曹毓民.地域文化在孕育地方高校办学特色中的四大功能[N].光明日报,2010-12-03.

第四节　网络文化对大学文化建设的影响

当今世界,文化已成为一国综合国力的重要组成部分,成为民族凝聚力和创造力的重要源泉。十七届六中全会指出,"提高国家文化软实力,使人民基本文化权益得到更好保障。""不断加强网络虚拟社区建设,着力培育积极健康的网络文化。"由于民众的广泛参与和脱离了地域限制,网络文化在树立国家形象、发扬光大中华文明、培育网络文化产业等方面,发挥了越来越大的作用。同时,网络文化的兴盛对大学文化建设也扮演了传统媒体无法替代的重要角色。

一、网络文化的实质与特点

当前,网络已经成为社会文化交流的重要载体,随着网络的普及化、大众化,即时讯息的传递、自我意见的表达以及群体交流的便捷都已经不再是遥不可及的事情了。由于网络而形成与之配套的文化,统称为网络文化。网络文化有广义和狭义两种定义:广义的网络文化是指网络时代的人类文化,它是人类传统文化、传统道德的延伸和多样化的展现。也就是说,网络文化不是一种单独的文化模式,而是传统文化的一部分,只不过它与传统文化的传播载体不同罢了。狭义的网络文化是指建立在计算机技术和信息网络技术以及网络经济基础上的精神创造活动及其成果,是人们在互联网这个特殊世界中,进行工作、学习、交往、沟通、休闲、娱乐等所形成的活动方式及其所反映的价值观念和社会心态等方面的总称,包含人的心理状态、思维方式、知识结构、道德修养、价值观念、审美情趣和行为方式等方面。即网络文化是社会文化进化到网络时代之后,出现了一种全新的、不同于传统文化形态的新文化。网络文化具有独立性,它不仅是一种社会存在,而且还是一种社会心理。

从实质上讲,我们认为网络文化有三种基本组成因素:①网络文化是一种社会文化活动;②网络文化产生文化产品;③网络文化是一种精神创造。网络文化体现了人类社会发展进程中的时代特征与社会属性。向群性是人类社会的基本特性,在传统社会中,人们的交往方式是通过个体或群体的主动性活动来实现的。而在网络社会人们的交往方式是通过网络这个载体以及个体或群体的主动创造与被动接收来完成的。表面上看,网络文化与传统文化只是载体的不同,但实质上却是精神追求和文化动因的根本性差异。

网络文化作为一种新生事物,向来争议不休,但没有谁能阻止它的存在和发展。要真正认识网络文化,我们还得从网络文化的基本特征来考察。

（一）网络文化是一种补偿性文化

之所以称网络文化是一种补偿性文化是因为网络文化可以弥补传统传播方式的不足，或者说是替代传统传播方式的某些功能性缺失。传统传播方式主要是通过报刊、杂志、电台、电视台、书籍以及口口传播等。这种传播方式的局限性是显而易见的。传统媒介所设置的语境决定了它的传播方式是"点对面"的形式，传统媒介就像一个"窗口"，传播者通过这个窗口可以自由地"观看"接收者，而接收者难以看见传播者的活动。这种传播过程中话语权的不平等，决定了传播的单向性，也决定了传播中由于不能相互直接交流而带来的种种局限，甚至使媒介与接收者的距离拉大。网络新传媒的出现有效克服了传统传媒的不足，接收者本身也是传播者，他们在享受别人传播讯息的同时，也为别人传达讯息。同时，网络群体消除了身份、地域、年龄、性别、种族、国家等的限制，接收者可以以平等的身份参与网络社会的互动和交往，缩短了接收者与传播者、接收者与媒介等之间的真实距离。下面这个例子可以说明这一点。新华网和人民网都开设了强国论坛，普通民众有机会在论坛中表达自己对国家建设和社会管理的看法。

（二）网络文化是一种大众性文化

网络文化已经摆脱了传统媒介文化的精英性和高贵性，表现出一种大众性、普及性的文化模态。传统媒介是一种被动性的传播方式，例如如果受众不识字就没有办法看书刊、报纸、杂志；如果受众没有一定的社会影响力是不可能被传统媒介所关注和宣传报道的；即便是电视普及性较广的传媒形式，如果受众文化层次不高，他们也难以看懂一些节目，尤其是外语或地方语节目。传统媒介还具有传播速度慢，缺乏互动等问题。网络包罗万象，在这里可以看书、看报、看新闻，更重要的是它可以互动。

（三）网络文化是一种自由文化

之所以称网络文化是一种自由文化主要是从两个层面上来讲的：①群体组成的自由性。2009年1月13日，中国互联网络信息中心（CNNIC）在北京发布了《第23次中国互联网络发展状况统计报告》。报告显示，截至2008年底，我国互联网普及率以22.6%的比例首次超过21.9%的全球平均水平。同时，我国网民数达到2.98亿，宽带网民数达到2.7亿，国家CN域名数达1 357.2万，3项指标继续稳居世界排名第一。这么庞大的一个群体是一个自由组合的群体，群体成员拥有一个公共的名称——网民。网民社会与传统社会的最大区别是身份的不确定性和交往的自主性。②传播内容的自由性。互联网放大了个体行为影响，聚合了个体行为能量。分散在各处、被社会忽略的少数人聚集起来，形成了小的群体，并有着不断扩大的趋势。善的力量是如此，恶的力量也是如此。在现实生活中分散的、不受人注意的丑恶现象，往往能够通过网络集中地反映出来。因此，有效约束网络的自由性，使这种自由被限制在合理合法的表达范围之内就显得尤为重要。国家近年来，陆续出台了大量的有关网络管理的法律法规，把网络社会、虚拟社会的管理纳入了法治化治理的范畴。

二、网络文化的表征

(一)积极方面

1. 网络文化阵地日益完善,并发挥着主流价值观的激励引导作用

网络在中国的普及是相当迅速的,从 1998 年前后到今天不过是短短的 10 余年,这 10 余年间网络的承载量却超越了历史上传统媒介承载量的总和。就中国而言,近年来,大力发展互联网产业,网络文化阵地成为宣传党和国家路线、方针、政策的重要渠道。网站建设全面覆盖。除了强化各类商业网站建设规范之外,国家还重点建设了多类公益型网站,如各级政府网站、专业文化类网站、宣传教育网站、公共服务网站等。网站在传播国家主流意识形态方面起到了重要作用,它成为党和国家重要的网络舆论阵地和网络文化建设的中坚力量。近几年来,国家通过网络重点宣传北京奥运会、新中国成立 60 周年、上海世博会、广州亚运会等一系列重大事件,引导广大民众对于国家政治制度的认可和支持。同时还通过网络及时报道国家在处理拉萨"3·14"事件、乌鲁木齐"7·5"事件、抗震救灾等突发事件的态度与政策。另外,网站主流价值引导力度加大。例如在庆祝中国共产党成立 90 周年报道中,中央重点新闻网站如新华网、人民网、中国电视新闻网、中国广播新闻网以及其他地方性官方网站共发布稿件 450 万篇,图片 180 万张,音视频报道 10 万余条,专题页面总访问量达 30 亿人次,在网上营造了隆重热烈、团结奋进的浓厚氛围。中央重点新闻网站每日页面访问总量已达 7.2 亿人次,与 2003 年相比增长了 8 倍多。网络的正面引导作用增强,大量的普通民众对典型事迹形成了社会共识。例如,2011 年 7 月初,杭州市民吴菊萍勇救坠楼女孩的事迹经微博、博客、视频分享、社交网站等途径在网上迅速传播,引起海内外人士广泛关注。被广大网民称做"最美妈妈"的吴菊萍受到了赞誉。网络正面典型的可亲、可敬、可爱、可信形象成为社会主义核心价值体系的重要内容。

2. 网络文化产品日益丰富,网络文化市场的产品供给能力和供给质量有了较大幅度提升

(1)各类优质网络展馆的建设,弥补了现实展馆的局限和不足。据新华网统计:2011 年,国家数字图书馆工程在全国开展了首批实施的 15 个省级馆和 52 个市级馆的推广工作。截至 2011 年 6 月,国家数字图书馆数字资源保有量已达 560TB。除了国家数字图书馆建设外,各地数字图书馆建设也蓬勃发展,目前全国已有 20 多个省规划和建设了省级数字图书馆。[①] 同时,各类网络服务站、网络博物馆、网络剧院、网络展厅等也陆续建成开放。例如 2010 年,上海世博会就建成了网上世博,通过动画、视频、文字和图片等全方

---

① 党的十七大以来我国网络文化建设综述［OL］. http://news. xinhuanet. com/politics/2011-10/13/c_122154782. htm.

位展示了上海世博会上各展馆的情况,为无法实地观看的民众提供了方便。

(2)网上马克思主义阵地建设。马克思主义是中国主流意识形态和党的理论基础,充分发挥网络功能是当前党的创新建设的重要内容。据悉,目前全国已建成各类专题马克思主义网站 4 万多个。大量马克思主义经典作品上传入网,供民众自由下载或阅读,这对于宣传、学习马克思主义起到了重要的作用。

(3)多元化网络文化产品日益丰富,为民众提供了大量的文化食粮。据中国互联网数据中心第 73 期《互联网发展信息与动态》报道,截至 2011 年 11 月 4 日,Cisco Systems 的一项调查研究表明,1/3 的大学生及 30 岁以下职业人群认为,上网如同空气、水、食物一样重要。调查抽样了 14 个国家的 8 000 民众,半数以上人称无法在没有网络的状态中生存。数据显示如图:

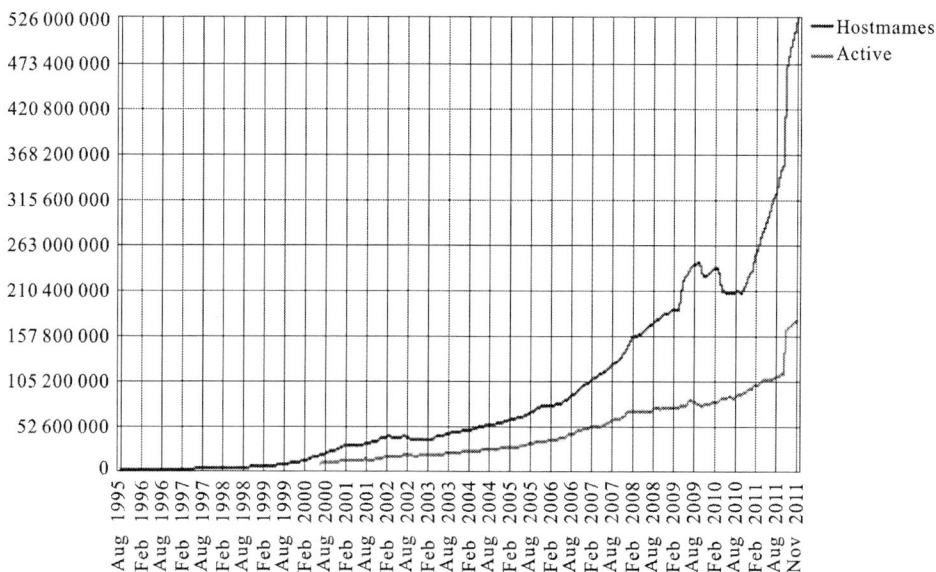

图 6-2　全球网页服务器数(1995～2011)

3. 网络问政已经成为通达政情民意的新渠道

近年来,随着网络的发展,"网络问政"、"网络行政"已经成为国家政府治理社会和管理社会的不可或缺的组织形式,也是政府创新社会管理模式的有益举措。我们从中央政府的官方网站上看,以中华人民共和国中央人民政府门户网站为例,该网站上发布的各级政府的最新动态、文件政策、各类统计数据、便民服务等非常全面。网站还在显著位置设有"在线访谈",能与普通民众即时沟通,民众可以通过该平台表达自己的意见和建议。同时,政府还强化网络的开放度,通过网络实现信息公开,接受民众的监督。2011 年,郑州市政府媒体网络事项督办中心正式成立,分别在市政府网站、大河网、中原网、商都网开设网络民意直通车,受理网民诉求,传播政府声音,有效提升了社会管理的成效。目前,我国已经建立政府门户网站 4.5 万多个,75 个中央和国家机关、32 个省级政府、333

个地级市政府和 80％以上的县级政府都建立了电子政务网站,中国政府网被网民称为"24 小时不下班的政府"。①

(二)消极方面

1."泛娱乐化"倾向显著

近年来,我国网络文化出现了一种"泛娱乐化"倾向。其典型代表就是低俗娱乐新闻在网络上的泛滥和对"红色经典"的"恶搞"。在网络世界里,那些热衷于把革命英雄变成可笑的小丑的网友,忘记了对英雄人物应有的尊重。"泛娱乐化"倾向的负面效应不仅仅在于它突显了某些人阴暗的窥视心理和不正常的好奇心,更重要的是它颠覆了人们的道德标准、混淆了是非判断的价值观念。

有人说,互联网的虚拟性带来了网络世界的公开与自由。虚拟性在扩大公民言论自由度的同时,也释放了人性中的丑恶。人们在网络上出现时都可以使用一个虚拟的网名,真实身份的隐匿使得人们容易摆脱现实世界中的各种束缚,一些平时不敢说的话、不敢做的事,在网络世界里却可以肆无忌惮地去说、去做。在一些热门的论坛里,"出口成脏"的帖子随处可见,某些话之下流和恶毒,令人吃惊。可以说,互联网的虚拟性为"泛娱乐化"提供了生存的土壤。

2. 网络暴力

在网上发表具有攻击性、煽动性和侮辱性的言论,造成当事人名誉损害,人们习惯称之为"网络暴力"。网络暴力是指网民在网络上的暴力行为,是社会暴力在网络上的延伸。网络暴力的根源很多,主要有以下几个方面:①网民的匿名性,网络上缺乏制度和道德的约束;②一些网民的素质不高;③现实社会中不可避免的存有不公平现象;④法治与精神文明建设的滞后等。

中国网络暴民的出现,与目前中国网民年轻化、网络的商业化运作以及中国民主环境都有关联。根据中国互联网络信息中心(CNNIC)2008 年 7 月公布的第 22 次《中国互联网络发展状况统计报告》显示,我国 68.6％的网民为 30 岁以下的年轻人。而这一特征在中国网络发展的 10 余年中不曾变过,而且近年来,18 岁以下以及 18～24 岁之间的网民比例呈上升趋势。网民年轻化,是网络暴力突显的直接原因。这些年轻的网民血气方刚,充满激情冲劲十足,但也容易冲动,容易被激怒,容易放纵自己。主帖事件在网络上一发布,他们会迫不及待地敲击键盘表达自己的观点和立场,显示出不满与愤怒。这些愤怒的网民个体在网络上容易集合成一个观点一致的临时的网民群体。然后他们以群体的身份,以"正义"名义对当事人进行有计划、有目的、有组织的追讨与打击。他们以为自己正在伸张正义,却忽略了自己给别人带来的过度伤害。他们既容易受到群体情绪的影响,也容易受到表面信息的左右,急于对一件事情进行是非评判,无法敏锐地看清事件

---

① 党的十七大以来我国网络文化建设综述[OL]. http://news. xinhuanet. com/politics/2011-10/13/c_122154782.htm.

背后的复杂关系及其本质。

网络本身的特性又比传统的媒体或其他言论平台更能容纳这种年轻的冲动与无知。正如一位网络编辑所说,"网络暴民"这个词并不新鲜,其实"平媒暴民"已经存在很多年了。只不过"网络暴民"由于其发言成本低、联合成本低、杀伤半径大而更显威力罢了。

3. 网络色情

自中国接入互联网的那一刻起,对网络的监管就已同步启动,尤其是对网络色情。2009 年下半年的"域名备案检查风暴"、"关闭清理 BT 门"等大规模互联网整治,也是由打击手机涉黄网站、"反低俗网站"引发。

目前,世界上大部分国家和地区都把美国整治网络色情的经验作为借鉴,制定色情的法律法规,区分"软色情"与"硬色情",以保护儿童及大学人为主。与其他国家和地区的"分级分类管理"的做法不同,中国对"网络色情"几乎采取了"一刀切"的管理模式,"软色情"与"硬色情"一律禁止,甚至制定新法对此予以确认。2002 年,美国 Forrester 公司的多篇调研报告指出,用户在色情网站上逗留的时间明显高于其他普通网站,通常色情网站的盈利会在 20％左右,如果有什么刺激性的新花样,其盈利甚至会高达 80％。

相较于中国对色情的管制延伸到个人领域,西方国家对于成人色情网站的监管,大多着力于儿童色情之上。在美国等国家,收费型色情网站无须任何注册手续就可以合法存在,阅读此类资讯需要自己的实名信用卡来支付,而且网站还受到媒体和一些民间团体的严格监督。而在网上公布免费的色情资源则会遭受重罚,因为免费资源可能被儿童获取。如果色情网站要招收免费会员,站方必须对会员的身份、年龄进行确认,因为儿童看色情网站是不允许的。此外,美国等国家还对传播"网络儿童色情"采取重罚。2003 年 6 月,一位纽约大学法律系教授因在电脑里存有大量儿童色情图片被判刑半年,纽约大学也将其踢出校门。

三、网络文化对大学文化建设的影响

数据显示,大学生已经成为网络使用的主力军。网络在大学里的普及对于提升大学人的知识接收能力、开阔知识视野起到了重要的作用。那么网络文化力在大学教育教学和管理服务中的张显也不可避免地影响了大学文化的建设,改变了业已存在的大学文化生态。

(一) 宏观层面——网络文化影响了大学文化的生态系统

在介绍地域文化时,我们讲到了大学文化本身也是一个有着自我发展的生态系统。这种生态系统与大学发展是同步的,即有什么样的大学便会有什么样的生态文化系统。而网络的出现却在一定程度上改变了这种状态,即有什么样的大学未必有什么样的生态

文化与之对应,会出现大学文化生态系统超前于大学发展这样的情况。网络文化对大学文化生态系统的影响主要体现在两个层面:

1. 网络文化影响了大学文化生态系统的结构,使大学文化生态系统常做常新,不拘成式

在第一章中我们介绍了大学文化是由精神层面文化、器物层面文化和行为层面文化三个部分组成的,这几个部分相互作用而成为一个系统。网络文化作为大学文化发展的外因,在大学人的作用下,迅速内化到该系统之中。网络文化通过大量的信息流侵染着大学人的精神世界,改变其价值追求,从而改变整个大学的精神层面文化,如办学理念和校风、学风、教风等;同时,网络文化的深入发展,对大学器物层面文化和行为层面文化方面的影响也是巨大的。

2. 网络文化影响了大学文化生态建设的方向和内容

自中国近代产生大学以来,大学文化生态都是一个相对封闭的系统,文化生态建设的方向和内容也几乎都在仿效中完成。如现代大学建立之初,"中学为体、西学为用"是其基本文化理念,现代大学主要是在仿效欧美办学模式中实现自我发展的;新中国成立初期我国的大学主要是在仿效苏联的办学模式下完成自我发展的。然而,到了信息时代,世界各国的优秀文化云集于网络,各种新式办学理念、办学模式、办学经验可以在很短的时间内被仿效和学习。这方面的例子有很多,如最早以哈佛大学、麻省理工大学为代表的网络公开课在全球免费对外开放,这充分体现了大学文化的公益性和前瞻性。随后,世界各大知名高校纷纷效仿。今天我们已经能很容易地在网络上看到全球、全国知名教授的最新课堂授课。一校终身,互不侵扰的格局正在冰消水融,全球高校正在向着一个目标进发——网络共同大学。

(二)微观层面——网络文化影响了大学人的发展

1. 网络文化影响了大学人的交际行为与社会心理

网络文化影响大学人的交际行为与社会心理同时表现为良性和恶性两个层面。

从良性层面上看。大学既是知识云集的地方,同时也是青年人云集的地方。青年大学生正处于一种渴求交往、理解的心理发展时期。网络跨越时间和空间的界限,把交往的距离缩短,把交往的环境虚拟化、简单化,大大拓宽了大学生交往的范围,增强了大学生的交往能力。

从恶性层面上看。网络的虚拟性带有明显的负面效应。一方面,由于网络交往中的无压力感、随意性和虚拟性,以及对人的个性的张扬,人们从网络交往中获得的快感渐渐大过从现实交往中所获得的乐趣,部分大学生开始沉溺于网络交往而忽视现实交往,导致了部分大学人的自我封闭。另一方面,网络交互的不确定性使大学人在社会人的进程中忽略了团队意识和合作观念的培养。

2. 网络文化影响了大学人的道德观和价值观

网络具有虚拟性和匿名性,部分大学人过分相信网络信息,不加筛选地予以接收,从

而影响了他们正确道德观和价值观的形成。2005 年,河南某高校发生了一起学生跳楼自杀事件,经过网络传播后,影响巨大。有人把该学生的遗书发到了网上供其他学生阅读,遗书中大量悲观厌世的情绪感染了本校其他学生。在第一位学生自杀后的 3 天时间内,又有两位学生受其影响而自杀。2010 年,河北某高校有学生上传了一段不雅的视频,一对大学生情侣在校园食堂里做不雅动作。这段长 2 分 54 秒的视频在网上迅速传播开来,不少大学生还把该视频下载到手机上随时观看。由此可见,网络信息传播的典型特征是互动性,大学生不仅可以在网上浏览信息,还可以发表评论。他们既是信息的接收者也是信息的生产者。每一个体因其性格的独特性以及人生观、价值观、道德水平、修养程度等方面的差异性,各自对待问题的看法也各不相同。加之网络的推波助澜,一些大学人在道德自律和树立正确的价值观、人生观和世界观的过程中呈现出恶性发展态势,这是大学管理必须足够重视之处。

第五节　流行文化对大学文化建设的影响

大学是青年人活跃的场所,这里是社会潮流的引领地。各种流行文化都可以在这里找到它的生存空间。从某种意义上讲,一定时期的大学文化也是一定时期的流行文化。

一、流行文化的定义

流行文化是时装、时髦、消费文化、休闲文化、奢侈文化、物质文化、流行生活方式、流行品味、都市文化、次文化、大众文化以及群众文化等概念所组成的一个内容丰富、成分复杂的总概念。这个总概念所表示的是按一定节奏、以一定周期,在一定地区或全球范围内,在不同层次、阶层和阶级的人群中广泛传播开来的文化。

流行文化是我们身边的文化事实,它正在模铸我们的生活,同时我们的生活也可能成为新的流行文化产生的契机。从叙述派文化观点来讲,文化模铸人的生活,而人的生活也在书写文化故事。回想改革开放的 30 多年,我们生活中的家用电器由拥有电灯发展到拥有电视、洗衣机、冰箱、空调、电脑等,这些物质条件的改变也导致了人们生活状况的变化。譬如盛夏时的纳凉是中国人的传统习惯,它也成为人际交往的重要途径,而电视的进入家庭使得邻里之间少了一些交谈的机会,甚至家庭成员之间也少了很多交流。电话进入家庭之后,走家串门的事已不再是单纯传递信息,它更多地包含了感情联系的内容。电脑网络通讯的使用重新界定了通信、聊天、读报等行为的意义,并且也改变了生活的节奏。叙述派文化学家布朗认为,文化作为一种叙述,具有相当于"语法"的规范,人们自己的生活通过各种讲述酝酿出语法,而我们又可以通过语法来读解人们的生活故事。文化是人们生活的读本,也是人们生活的写本。个人经由某种文化进入生活,又通过生活谱写出文化的新的语句。流行文化正在成为一种蓬勃生长的新的文化类型,它会引导人们对生活做出新的理解,也会使得人们讲述用新的语法编织的故事。

二、当前大学流行文化的特点

一个时期有一个时期的流行文化,当然,在不同时期流行文化又表现出不同的时代特征。当前,社会流行文化的信息化、多元化和融合化使居于社会流行文化前沿的大学流行文化呈现出了相似的特点。

(一)主体的多元化

大学流行文化的主体是大学人。以前大学流行文化的主要参与者是大学生,而随着网络、即时通讯工具的出现,大学流行文化的参与者已经扩展到了教师和管理者层面。这主要体现在以下几个方面:①大学生依然是流行文化的主力军。他们通过融入流行文化而获得感官上和心理上的满足。②大学教师是流行文化的被动参与者。大学教师为了提高教学质量和教学的新鲜度,不得不接触流行文化,以期与学生有共同的话题。近日,网络流传很广的一个视频可以证明这一点。新东方的"头牌舞男"被学生们昵称为"思思"的周思成老师,不幸成为"被害人"。网上轻而易举能搜出近千个以"周思成"为关键词的视频。当然网上的评论分歧大,挺周派与反周派几乎旗鼓相当。这个事件说明了教师融入流行文化,并把流行文化转化为教育教学的一部分已经成为一种趋势。③大学管理者是流行文化的参与群体。大学管理者主要包括学校行政管理者、党务管理者、后勤服务者、学生辅导员等。他们要想有效地对大学生进行管理,不得不参与流行文化的传播,甚至是流行文化的创作。笔者所在的高校就有一位辅导员,在管理中开创性地组建了大学生化妆社团,引导学生在不同的场合,用得体的装束来提升自我品位,在学校引起了争议。保守人士认为大学生就应该艰苦朴素,化妆扰乱了学生的心智;开放人士则认为此举提升了大学生的审美意识,是"美育"的一部分。

(二)内容的世俗化

内容的世俗、易懂是流行文化的基本特点。世俗化并不是庸俗化,它应当是一种简单而不复杂、明快而不灰暗的文化。校园流行文化内容上五花八门,如校园歌谣、校园文学、服饰、语言、生活方式等。我们以歌谣为例,校园歌谣是校园流行文化耀眼的表现。校园歌谣朝气蓬勃,极富有校园味道,毫无矫饰,是率真性情的流露,听起来十分感人,它形象地反映出青年学子的生活,表现出年轻人的蓬勃朝气、青春活力以及他们那富有诗意的浪漫气息。其曲风朴实明快、积极向上,充满活力,深受人们的喜爱和传唱。20世纪70年代以后,校园歌谣在大学里悄然兴起,以台湾最为前卫:1975年6月6日在台北中山堂的"现代民谣创作演唱会"上,台湾大学学生杨弦把台湾诗人余光中的诗作《怀乡》谱成曲子演唱,深受青年欢迎。校园歌谣不但反映青年富有活力的生活,而且也是对西方音乐泛滥的一种抵制。从那以后,台湾校园歌手佳作不断,如侯德健的《龙的传人》,叶佳修的《乡间小路》、《外婆的澎湖湾》等,都是那一时期产生的。1974～1980年,台湾地区共产生了300多首校园歌谣,其中最有名的莫过于罗大佑的《童年》。随后,大陆也开始了新一轮的校园歌谣和网络歌曲创作。一些优秀作品不断出现,如《同桌的你》、《睡在上铺的兄弟》、《大学自习室》、《窗外》、《橄榄树》、《七子之歌》、《对面的女孩看过来》、《小芳》、《朋友》、《月亮代表我的心》、《完美世界》、《光辉岁月》、《最美》等。这些歌谣通俗易懂,朗朗上口,又具有鲜明的时代特征和群体特征,是不可多得的艺术佳作。同时,我们也要看到校园流行文化由于受到不良商业文化的影响导致了大量庸俗文化产品的产生与流行。

(三)动向的娱乐化

不可否认,校园流行文化之所以受到大学人的喜欢和青睐,主要是它的娱乐性。大学人可以通过传播和仿效流行文化来娱乐生活、交流情感、减轻压力、获得满足。我们常见的几种娱乐化的表现形态有:①"恶搞"。如网络上流传很广的校园视频"清华新闻联播"、"宿舍西游记"等,都是以"恶搞"为主题的。②调侃。调侃本身并没有恶意,只是通过戏剧化的评论来表达自己的观点。比如,近年来网络中出现的"芙蓉姐姐"、"拜金女"、"凤姐"、"犀利哥"等网络名人成为大学生群体调侃的对象。再比如,网络语言"我爸叫李刚"、"哥抽的不是烟是寂寞"、"哥只是个传说"等在大学生中的风靡一时。当然,我们也应当看到另一层面的问题:大学生不是用自己的理性去反思,而是当做一种娱乐和调侃来追捧。这种非理性的文化现象对校园主流文化形态的营造产生了严重的冲击。

三、流行文化对大学文化的影响

流行文化也被称为世俗文化,它是新时代的一种文化形态,本身具有中性的属性,但在特定的条件下,会有良性流行文化和恶性流行文化之分。因此,流行文化在与大学文化交融的过程中也具有双重性:①它为大学文化提供新鲜的内容;②一部分糟粕成为大学文化发展的桎梏。

(一)流行文化对大学文化内容的影响

流行文化对大学文化的内容的影响主要体现在两个层面:①良性层面的。流行文化作为大学文化建设的重要补充,对大学文化的多元化、时代化发展起到了至关重要的作用。大学文化应以开放的态度,包容和吸纳流行文化中的优秀元素。②恶性层面的。大学文化建设并不是无序性的,它倡导主流文化价值,但流行文化的发展对主流文化价值的传播带来了困难。不可否认,校园流行文化的某些糟粕影响了大学人树立正确的世界观、人生观、价值观,影响了大学人的良性发展。例如,流行文化中的时尚因素使得大学生的消费需求向更高的层次发展,在消费行为上大学生一改传统的实惠、耐用、节俭等价值取向,转向注重审美、新潮、变异以及个性化。这就助长了大学生消费的攀比心理。再如,流行文化中的追星行为使部分大学生的价值观发生了偏转,他们崇拜的偶像不再是雷锋、王进喜等英雄模范人物,也不是钱学森、邓稼先等杰出科学家,而是李宇春、周杰伦等。2010年李宇春个人演唱会在郑州举行,闻讯而来的迎接李宇春的"玉米们"主要是大学生和社会青年,他们中的多数都是逃课或逃工而来,目的就是看一眼心目中的偶像。

(二)流行文化对大学文化环境的影响

大学文化环境是指影响大学文化形成、发展和活动开展的一切外部因素。流行文化对于大学文化环境的影响是巨大的。这种影响也有两个层面的内容:①现实环境。流行文化要传播和发展必须通过一定的载体,如场所、阵地和工具,这与大学主体文化建设产生了冲突。有时候主体文化建设不得不让位于流行文化,举一个例子来说明。2004年11月20日,笔者所在郑州轻工业学院同时举行了两个活动。一个是著名歌星韩红的演唱会,另一个是科技文化展播会。两个活动的举办场地距离很近,活动几乎都是晚七点开始的,但情况却天壤之别。韩红演唱会人满为患,科技文化展播会又发礼品又抽奖还是很少人光临。为什么会有这种差异?并不是说大学生不爱知识、科技,而是当正统文化遭遇流行文化时,流行文化更能满足大学生的个体欲望。②虚拟环境。这里所讲的虚拟环境主要指校风、学风以及道德观念等精神层面。从学校环境方面来说,流行文化淡化了大学生的政治理想和道德观念。大学生沉湎于平庸的娱乐和无聊的消遣之中,以逃避社会责任和应有的学习任务,极大地影响了校风学风建设;同时,泛娱乐化倾向使原本躁动不安的校园增添了不和谐的因素:行为文化的搞怪、学术文化的浮躁,课堂上、教室里到处都是娱乐化的"歪诗"、"邪词"。举一个例子。2011年11月18日,复旦大学学术委员会网站上登出一篇名为《"桑间濮上之音,亡国之音也!"——从影星来访,一堂课35人缺席谈起》的文章,作者是复旦大学哲学系教授张庆熊。文中,张庆熊教授称,2011年11月10日下午,他像往常一样走进教室上课,赫然发现教室里空荡荡,"一个学生上来告诉我,因为香港艺人梁朝伟来访,35名武警班学员被团委叫去维持相辉堂秩序",因此请假。张庆熊对此十分愤怒,"今天是我多少年来第一次如此生气的日子","写这篇文章不是追究个人的责任,而是为了扭转这种偏离正道的习气"。①

笔者也同样遇到了相似的事件,而且情况还要严重:那次是斯琴格日乐的演唱会,晚上去上课,200多人的教室里空无一人。当然这一现象存在很多方面的原因,如学校管理、课程设置、学生自身厌学情绪和社会环境等。

---

① 明星到访复旦 学生翘课维护秩序[OL]. http://www.ce.cn/xwzx/shgj/gdxw/201111/21/t20111121_22853057.shtml.

第七章　当前大学文化建设的内部影响因素

大学文化建设是个系统工程,除了受到来自外部的诸因素的影响外,还深深地受制于大学的内部诸因素。大学的内部诸因素大致包括大学德育、大学法治、大学党建、思想信仰、管理体制等,这其中既有软性约束又有硬性约束。在它们交织作用的共同影响下,今天的大学文化建设遇到了前所未有的困难与挑战。本章将对大学文化建设与大学内部诸因素之间关系进行深入细致的探讨。

第一节　大学文化与大学德育

大学德育实际上是指通过思想教育、政治教育、心理教育等提升大学人,尤其是大学生的思想政治素养和道德境界。当然,大学德育必须依存于良好的大学文化,而大学文化建设的质量也与良好的大学德育的效能有着不可分割的关系。因此,深入探讨大学文化与大学德育的关系,是开展大学文化研究的必由之路。

一、大学德育的体系与构成

关于大学德育理论体系的研究由来已久,国内外德育专家和学者从不同视角提出了不同的理论学说。从国内研究来看,主要有四种德育理论形态:①从文化视角来看,即大学在传统文化的递进过程中促进了德育理论的形成和发展,通常这种理论学说也叫做文化传递德育论。②从主体视角来看,这种德育理论认为德育的主体是人,个体由于社会文化、家庭背景、政治地位、经济条件、宗教信仰、教育程度等的不同而存在着较大的差异,通常这种理论被称为主体性大学德育论。③从历史视角来看,这种德育理论认为古代大学、近代大学、现代大学与当代大学在文化基础、价值理念、办学模式等方面都存在着较大的差异,那么作为大学教育重要组成部分的大学德育在不同时期理所当然地存在着较大差异,应区别研究。这种大学德育理论被称为大学历史德育论。④从认识论的视角来看,该德育理论认为德育主体的自我认知,即德育各主体如大学生、管理者、教师等在德育实施过程中对德育的功用认知是不同的。而德育的效果就是使这种不同的认知达成尽可能的统一。

从国外的研究来看,当前,世界学术界最前沿的德育体系理论研究主要集中在欧美国家的道德教育体系研究理论上。从总体上看,欧美德育体系理伦大致可以分成三大类:①全球视野下的德育理论,主要表现为生态德育论、科学人道主义论、社会关心教育理论等。②社会学视野下的德育理论,把德育与社会发展紧密联系在一起,看成一个整体,如斯金纳的新行为主义德育论、班杜拉的社会观察学习德育论等。③个体视野下的德育理论,把德育中的主体单独抽调出来重点研究,主张个体的社会性、社会心理与道德价值观协调并进,如基于存在主义哲学上的个人主义德育论、建立在个人主义心理学上的德育论、基于认知结构心理学上的德育论。以上几种理论与国内的研究方式大不相同,国内的德育研究主要是考察德育内容诸因素的相互关系和单独功能。而欧美德育理论是大视野下的德育系统论,把德育与社会发展整体联系起来,综合考察。这是中西方观察事物的方法论问题,这里只做简单的介绍,不再做更深层次的研究。

以上介绍了德育的体系和研究方法,下面再来介绍一下大学德育的基本构成。一般来讲大学德育由以下三个层面构成:

(1)政治思想层面。当代大学德育是在社会主义核心价值观的指导下,以爱国主义、集体主义和社会主义为基本内容,带有鲜明阶级性的思想政治教育。大学德育既是宏观的概念,也是微观的概念。在日益激烈的国际价值观的争夺下,如何通过大学德育来实现青年大学生树立起牢固的国家主流意识信仰,是大学德育的根本政治任务。从这个角度来讲,大学德育是宏观与微观的结合,是国家政治意识在大学教育中的体现。

(2)精神层面。当代大学德育在精神层面的表现有两个方向:①引导学生培养强烈的创新精神、艰苦创业精神和强大的民族精神。②引导大学生自觉树立理性的科学精神和注重和谐、关注公正的人文精神。这两个方向并行不悖,相互支持。前一个方向是大学德育对学生个体德育的塑造;后一个方向是大学德育对学生应对未来社会、融入未来社会应当坚守的精神动力。

(3)道德法律层面。大学德育狭义上讲是关于大学人的道德教育,德育与道德是不可分割的。道德是以善恶评价为标准,依靠社会舆论、传统习惯和内心信念的力量来调整人与人、人与社会、人与国家之间关系的意识形态和行为规范。而德育就是要把道德通过教育完成内化的过程。2001年出台的《公民道德建设实施纲要》第20条指出:学校是进行系统道德教育的重要阵地。各级各类学校必须认真贯彻党的教育方针,全面推进素质教育,把教书与育人紧密结合起来。要科学规划不同年龄学生及各学习阶段道德教育的具体内容,坚持贯彻学生日常行为规范,加强校纪校风建设。要发挥教师为人师表的作用,把道德教育渗透到学校教育的各个环节。要组织学生参加适当的生产劳动和社会实践活动,帮助他们认识社会、了解国情,增强社会责任感。这里是把学校开展公民道德教育提升到了国家战略层面,既体现国家对德育的高度重视,又体现了学校德育的崇高性。除了道德层面上,大学德育还应包括法治,即通过教育使大学人理解法律的权威性、法律的作用、我国立法的核心理念等。特别是在相对重视社会关系的我国传统文化的影响下,让学生认识到法律是建构法治社会的重要环节。

二、当前大学德育面临的困境和挑战

人的思想道德观念是不断发展变化的,随着社会发展变化而发展变化。大学生正处于思想政治观念的形成时期,加强和改进大学生思想政治教育,提高他们的思想政治素质,把他们培养成中国特色社会主义事业的建设者和接班人,对于全面实施科教兴国和人才强国战略,确保实现全面建设小康社会的宏伟目标,确保中国现代化事业兴旺发达、后继有人,具有重大而深远的战略意义。因此,清醒地认识大学德育工作面临的新形势,了解新情况、新机遇,具有十分重要的意义。

(一)经济全球化和政治多极化带来的挑战和机遇

经济全球化,一方面可以促进全球资源的有效利用与合理配置,推动全球经济的共同协调发展;另一方面又使各国经济摩擦加剧。经济全球化的引导和推动者是以美国为首的西方发达资本主义国家,西方发达国家以经济、金融、技术等方面的优势,引导着经济全球化的发展。信息技术的发展——高功率的广播、卫星电视覆盖整个地球及其外层空间,使得世界大大缩小。世界政治格局中多极化和单极化的斗争,以新的形式表现出来。西方敌对势力利用人权、民主、宗教、民族等问题对中国实施"西化"、"分化"、"淡化"、"溶化"的图谋日益加剧,必然在国内政治思想领域和一些社会矛盾中反映出来,也必然反映到大学中来。同时,政治民主、思想多元的趋势,随着各种社会思潮和价值观念的传播,也会影响大学人的思想走向,所有这些都大大增加了大学德育工作的难度。

(二)科技迅猛发展提出的严峻挑战和机遇

大学传统德育工作往往是"你说我听、你打我通"的模式,这是被动的方式。信息社会里,计算机网络具有速度快捷、信息容量大等传播优势,思想冲击力强,辐射面广,受教育对象广泛,传统思想政治工作模式很难适应社会的发展。随着知识全球化,东西方文化已由"线性接触"变为全方位的碰撞,一方面给大学德育工作带来了难得的机遇,通过引进思想政治教育信息,促使高校转变思想政治观念;随着国际互联网和多媒体的广泛应用,扩大了大学人的视野,增强了鉴别思想政治是非的复杂性,唤醒他们的主体意识;各民族文化在接触和碰撞中也相互融合,增加统一性和普遍性。但另一方面,由于发达国家和发展中国家信息技术和网络的发展很不平衡,信息流量差距很大。由于计算机互联网络具有开放性的特点,为人们提供各种思想和观念的虚拟空间,网上的信息不仅有红色的(进步健康的),还有灰色的(无聊颓废的)、黑色的(反动的)、黄色的(淫秽的)等,一些学生为了逃避现实就业的压力或自控力差,痴迷于网络领域,沉迷于虚幻世界。我们无法事先干扰和滤除网上精神垃圾,在无法控制学生自由选择的情况下,不可能不影响他们的思想和行为,对于以接受信息为主的我们来说,民族文化的繁荣和生存面临着威胁,随着信息网络技术的发展,高校思想政治教育在学生信息接收中的权威地位已经被打破。

(三)大学生群体的新特点、新变化对思想政治工作提出了新要求

大学生群体的新特点、新变化主要表现在三个方面:①价值取向日趋务实,要求德育工作更有说服力。越来越多的大学生开始追求进取务实的价值选择,自主、竞争、公平、效率等时代意识增强,多样性特点较为明显。价值评价标准和取向出现双重性、多样性。如部分大学生习惯于以集体主义的价值标准要求别人,对自己却采取个人主义的价值标准等。部分大学生在价值观、人生观上不同程度地存在不良倾向,即在个人与集体的关系上有个人倾向,在理想与实惠的关系上具有实惠倾向,在奉献与索取的关系上有索取倾向,在奋斗与享受的关系上有享受倾向。②独生子女占大多数,要求德育工作更具亲和力。由于社会开放程度不断提高,大学生思想活动的独立性、选择性、多变性、差异性明显增强;但不少独生子女由于家庭环境优越,很少受艰苦生活的磨练,部分大学生意志较脆弱,或自负、或自卑,易走极端,心理承受能力相对较弱。特别是随着社会竞争的加剧和生活节奏的加快,大学生面临的各种压力不断增加,特别是就业、情感压力增大,思想情绪复杂多变,心理问题比较突出,个别学生由于承受不起压力有可能走向极端。因此,基于这种情况要求高校德育工作更具亲和力,在融洽的人际关系中接受教育,提高认知水平,解决思想认识障碍,提高大学生的抗挫折能力。③大学生成长需求的多样化,要求德育工作具有针对性。受多种因素的影响,当代大学生求知成才的渴望更为强烈,面临的压力也较大。注重自我价值和利益的实现、关注自身素质和能力的提高成为大学生的主流,主体意识、竞争意识、自强精神普遍增强,并呈现更加务实、多样的特点。大学生群体特点的变化,给高校德育工作带来巨大的挑战。

三、大学德育与大学文化的关系

(一)大学德育是大学文化建设的重要组成部分

1. 社会主义政治对德育的要求

我国是社会主义国家,《课程改革实施纲要(试行)》中明确强调了新课改要以"三个面向"和"三个代表"的重要思想为指导,贯彻党的教育方针,全面推进素质教育。社会主义社会的教育,必须强调学生的爱国主义、集体主义和社会主义的教育,同时必须着眼于整个社会的和谐发展。面对我国民族复杂、人口众多、经济发展不平衡的国情,我国教育必须重视对学生的民族教育和纪律教育。追求民族团结、内部和谐、强调社会主义的主流价值观,坚决抵制自由主义。我国的德育必须坚持社会主义的指导思想,确保国家的稳定、民族的团结、社会的和谐,这是我国德育的基点。

2. 经济发展水平对德育的要求

当前我国正处于经济高速发展的历史机遇期,同时也面临着前所未有的压力和矛盾:一方面是经济高速增长,另一方面是社会收入差距拉大,就业成为空前严峻的问题;一方面国家缺乏大批高级人才,另一方面又有大批青年失业。这给我国德育带来了前所未有的冲击和压力。基于我国的社会发展现状,德育应强调对个体道德和团体意识的培养。我国的经济发展需要大批的自主创新人才和自主创业人才,这对我国德育中的创新精神和艰苦创业、自力更生的精神培养提出了更高要求。经济发展的水平很大程度上取决于民族文化和民族性格。正如韦伯认为的那样,西方的基督教新教文化有利于资本主义精神的培养。对于我国经济发展来说,对我国传统的勤俭节约、自强不息等精神的继承至关重要。如何培养青年学生的艰苦奋斗精神,给德育提出了时代的要求。

3. 社会主义文化对德育的要求

文化对教育具有巨大的影响力,在一定程度上决定了教育的发展模式和风格。我国的传统文化有着巨大的生命力和影响力,对传统文化的继承是教育的重要任务。正如新加坡前总理李光耀所说:"身居迅速变化的时代,我们希望在探索走向未来的同时不割断与过去的联系。在告别过去的时候,我们有一种深刻的不安,失去传统会使我们一无所有。"[①]从"吾日三省吾身"到"穷则独善其身、达则兼济天下",以及"正心、修身、齐家、治国、平天下",我国有着丰富的德育材料和优秀的德育传统。中国现代德育必须继承传统教育的精华,同时结合现代教育科学,发展中国特色的德育。中国传统文化对家庭的重视、对国家民族的责任感和强调正直勤劳勇敢的价值观,为现代德育创造了良好的条件。德育必须在对传统德育的理性扬弃中走出一条科学发展的道路。

(二)大学文化建设质量的高低影响了大学德育水平

大学是文化建设与教育实践相结合的场所。大学文化中蕴涵有丰富的德育资源,同时,大学文化还对德育过程和效能进行规范与衡量。当前,大学要努力提升德育质量和水平必须把大学文化建设放在重要的基础性的位置上,从大学文化中提炼德育资源、优化德育情境、强化德育理念,确保德育与文化的相融共生。

1. 大学文化的德育资源

大学文化中蕴涵的德育资源共有四个层面的内容:①时间维度。大学的历史渊源、历史故事、历史名人、历史文化著作等都是大学不可多得的德育资源,大学人身居其中,在对大学校史的了解过程中,增加对学校的亲近度和认可度。②空间维度。大学环境的空间布局、整体规划等既是大学环境文化的一部分,也是大学德育的承载体之一。空间

---

① 吕元礼.新加坡是如何提高软实力的[OL].http://theory.people.com.cn/GB/100787/6894956.html.

和环境的布设情况在一定程度上也影响了大学德育的质量。③主体维度。大学文化中的主体有大学人,大学文化通过文化人实现效能,而大学德育通过以德育人、以情塑人来实现效能。两者本身就是一体的、不可分割的。由此可见,大学文化在影响德育主体方面也起到了重要推动作用。④资源维度。作为德育资源的大学文化具有整体性和内隐性的特点,它渗透到学校生活的方方面面,感染学生于无形,使其在真实可辨的人、事、物中和具体而微的细节中对一般的道德规范和伦理价值进行内化,将"道学问"与"尊德性"有机融合在一起。

2. 大学文化的德育情境

人类学家格尔兹将文化定义为由人自己编织的意义之网。① 即是说人类在情感传递的过程中产生了文化。大学文化作为社会文化的组成之一,也同样包含了大学人的情感传递,这与德育通过道德情感塑造大学人的基本义理是一致的。传统德育为人所诟病的主要原因是抽离具体的德育情境,使德育沦为道德律令和抽象知识体系的灌输过程。也就是说传统德育并不是把人的情愫和心理变化看做是实现德育效能的条件之一。现代大学文化把大学的精神文化、器物文化和行为文化三者紧密联系在一起,把传统文明与现代文明、地域文化与传统文化、网络文化与流行文化紧密联系在一起,使大学人在各种文化的熏陶之下,提升道德情操和品格境界。哲学家杜威特别关注道德情境中的不确定因素问题,并认为过去的道德理论特别是约定论由于忽视了这一问题而陷入了困境。杜威道德情境理论的核心是指任何道德教育都不是孤立进行的,离开现实文化环境的道德教育是不可能真正实现其目的的。从这个角度来看,大学文化是大学德育的情境基础,它为大学德育的良性发展和功能的发挥起到了重要的作用。我们可以通过一个例子来说明:台湾有这么一所学校,学生年龄为15~18岁,每年3 000多学生中,因违反校规校纪被校方开除二三百人。学校没有工人,没有保卫,没有大师傅,一切必要工种都由学生自己去做。学校实行学长制,三年级学生带一年级学生。全校集合只需3分钟。学生见到老师7米外要敬礼。学生没有寒暑假作业,没有一个考不上大学的。这就是台湾享誉30多年以道德教育为本的忠信高级工商学校。在台湾各大报纸招聘广告上,经常出现"只招忠信毕业生"字样。②

台湾这所学校的学生素养为什么这么好,原因是长期坚持不懈的文化侵染和熏陶。没有这种文化氛围和文化情境,同样的德育理念将出现"橘生淮南则为橘,橘生淮北则为枳"的局面。

3. 大学文化的德育理念

德育理念包含了德育目标、德育任务、德育内容、德育管理、德育评价等一系列实施过程中的基本精神和指导思想。现代德育的根本任务是端正人的品行,完善人的人格。

---

① [美]克利福德·格尔兹. 文化的解释[M]. 纳日碧力戈,译. 上海:上海人民出版社,1999.
② 高震东. 台湾中信高级工商学校的校长讲话[OL]. http://blog. renren. com/share/230901495/746487605.

这需要人的自觉参与,主动学习、实践、感悟、体验、反思、修炼。德育的实质就是造就德育主体,造就具有自主道德意识、道德行为的社会成员。[①] 2004 年中共中央和国务院联合下发了《关于进一步加强和改进大学生思想政治教育的意见》(以下简称《意见》),明确提出了:"校园文化具有重要的育人功能,要建设体现社会主义特点、时代特征和学校特色的校园文化,形成优良的校风、教风和学风。大力加强大学生文化素质教育,开展丰富多彩、积极向上的学术、科技、体育、艺术和娱乐活动,把德育与智育、体育、美育有机结合起来,寓教育于文化活动之中。要善于结合传统节庆日、重大事件和开学典礼、毕业典礼等,开展特色鲜明、吸引力强的主题教育活动。重视校园人文环境和自然环境建设,完善校园文化活动设施,建设好大学生活动中心。加强校报、校刊、校内广播电视和学校出版社的建设,加强哲学社会科学研讨会、报告会、讲座的管理,绝不给错误观点和言论提供传播渠道。坚决抵制各种有害文化和腐朽生活方式对大学生的侵蚀和影响。"我们可以看到,《意见》一方面体现了国家对建设高质量大学文化的要求和企望;另一方面也说明了高质量大学文化对推进大学德育的重要作用。大学文化中包含了大量的德育理念,通过精神塑造、制度规范和文化引领等实现德育效能的提升。

第二节　大学文化与大学法治

法治文化是大学文化的重要组成部分,大学是通过构建良好的法治文化环境来培养和造就具有良好法治素养和法律意识的大学人。这既体现了社会主义大学的自身属性要求,也是当前经济社会发展的要求。大学法治文化从本质上讲是一种大学行为文化,意在通过法治规范约束大学人的组织行为和大学管理。因此,研究大学文化必须深入了解大学法治文化。

一、大学法治的构建

(一)大学法治构建的基础

1. 教育法治的一般规律

教育对于人类个体和整体具有重要意义,教育是公共物品。教育法治的前提问题是由谁来提供教育。高等教育是一种准公共物品。由于高等教育投资收益的周期过长,难以在短期内收回成本,或者根本是无利可图,作为"经济人"的私人不是难以提供,就是不愿意提供,而国家也不可能放弃高等教育产品的非营利性特征。因此,国家负有提供高等教育这一准公共产品的职能。鉴于教育事业的特殊性,国家不可能直接

---

① 田建国.树立新的德育理念[OL]. http://news. sina. com. cn/c/2005-03-28/11565484973s. shtml.

实施教育,教育必须由某种具体的组织来实施。高等教育在现代社会主要由大学来承担,国家具有的高等教育职能首先是通过设立大学来完成的。国家设立大学不是国家垄断大学的设立,也不是国家对大学的直接控制。国家提供高等教育的最佳方法就是将高等教育这一公共物品交给能够提供高等教育的高等教育机构(主要是大学)来完成。而国家对于高等教育的控制,始终受到教育自身的内在性制约。对于教育法治来说,无论国家权力如何扩张,在国家权力与基本权利之间,始终应当以后者(主要是教育自由)为核心和基点。

自改革开放以来,我国一直都在进行教育改革,尽管先后出台了一些教育法律法规,但尚未形成完善的教育法律体系,在现代教育观念与管理体制之间仍然存在着巨大落差和矛盾。教育法治的研究也比较滞后,以教育法治为基础的大学法治不能脱离这一现实局限。

2. 大学的法治理念

大学的理念不仅是大学本身所应追求和推崇的价值观念,也是社会必须遵从的规范和规则。美国的约翰·S.布鲁贝克教授在《高等教育哲学》一书中指出:"就大学为了追求和传播知识需要自由而言,当种种控制力量软弱分散时,大学知识之花就开得绚丽多姿;就大学需要资源维持办学,并因此依赖富裕、强大的教会、国家或市场支持而言,当种种控制力量强大时,大学在物质上就显得繁荣昌盛,但是这种力量可能——也的确常常——以各种有害于教学和研究自由的方式实行控制。"①大学法治要以实现大学的理念为目的,保障大学理念的制度性支持。而大学则往往是由国家来设立或者社会支持的,大学的理念始终要面对大学传播创造知识与承担社会责任这一内在张力。

自1988年以来我国一直在强调政府对教育要"简政放权",但是我国大学的主体地位却从未真正生成。正在进行中的通过扩大高校办学自主权提升大学自主性的努力并未取得理想的效果,高校办学自主权的落实虽然取得了一定进展,但是大学的自主性并未得到实质性的提升:办学目标的过于功利化、学术管理的官僚化、大学文化的泛政治化使大学的功能日趋萎缩与退化,大学传承学术和发展学术的功能不断弱化;大学作为高深学问的权威机构则因文科研究充任现行政策的注释员,理工科重实用技术、轻基础理论而变得名不副实。其实,社会进步需要的是真正能改造现实世界的知识创新、科技创新和教育创新,大学的社会责任正是通过大学的传播创造知识来完成的。

(二)大学法治的具体构建

大学法治的具体制度建构涉及大学的设立、运行到监督这一整个过程。大学的设立是由国家来完成,大学的运行需要实现大学的理念,而大学理念的有效实现是以大学自

—————————————

① [美]约翰·S.布鲁贝克.高等教育哲学[M].杭州:浙江教育出版社,1998:26.

我的良好运行为条件的。大学法治的构建包括以大学为核心的大学的外部法律关系构建,涉及大学与国家和社会的关系;还包括以大学为基础的大学的内部法律关系构建,包括大学和其内部成员的关系。

大学法治所涉及的外部关系是宏观上的,涉及文化、政治、经济三种力量的关系;大学法治所涉及的内部关系是微观上的,关涉的是大学内部具体运作问题以及大学内部成员的权利保障问题。

在外部关系上,大学法治是通过学术自由及其制度性保障大学自治来实现的;在内部关系上,大学法治是通过大学的治理和大学成员的权利保障实现的。其中,大学的自治制度构建及大学与政府的外部法律关系构成了大学法治的核心。大学与政府的法律关系直接关系到大学自治能否实行以及自治的范围及程度。而大学内部的治理既是大学自治的具体实施,又是实现大学自治的前提和保障。对于现代大学而言,大学自治既是其理想所在,也是它赖以确保学术独立的命脉所在。因此,"大学教育的意义与目的固然是教育学者的专业,而如何由法治层面配合教育学者、国民全体和国家共同凝聚的教育理念来提出制定或修订教育法治的参考方向,是作为公法的宪法行政法的任务之一。因为大学行使的自治权力属于公权力,在依法治国的背景之下,也应当服膺于依法行政原则"。①

(三)转型期大学法治的构建

转型期的大学法治的构建是指在我国处于转型期这一历史背景下构建我国的大学法治。当前,我国仍然处于由计划经济向市场经济体制的转型过程中,"全权国家"向"有限国家"的转变尚未完成,政府职能范围及其职能方式仍然在探索之中。教育体制改革至今,我国大学与国家、社会的关系仍然尚未理顺。一方面,行政机关被视为高等教育主体,大学成为行政机关的附属物,大学需要国家放权;另一方面,则是在实际中所出现的种种问题,大学需要国家监管。大学法治自身的复杂性已经决定了大学法治构建的难度;再与处于转型期这一历史背景相联系,情形就更为错综复杂,我国大学法治的构建也就更为困难。对国家来说,面临放权与加强监管的矛盾;对于大学来说,则意味着自治与有效治理的矛盾。国家放权,与大学自治同时出现的情形可能是大学的滥用权力;国家收权,大学作为附庸,大学的理念难以实现。因此,我国大学法治的构建必须从我国处于转型期这一历史背景出发,从政府权力和大学权力两个方面进行构建。对于转型期的我国来说,大学自治与大学治理共同构成大学法治的内容。

二、大学法治建设的重要性

大学作为高等教育机构,尤其是大学所具有的重要意义,决定了法治对于大学具有

---

① 董保城.教育法与学术自由[M].上海:复旦大学出版社,1997:5.

重要意义,决定了大学法治的必要性。

(一)大学法治是教育法治的要求

法治作为一个保护个人自由和社会公平的司法性、宪法性概念,其基本观念就是,"政治权力的运用只能以法律为基础并处于法律的约束之下,必须有一些实体性制度和程序性制度来保护公民自由权和经济自由权,使其免受权力机构的任意干预"。① 大学作为高等教育的机构,服从于教育的一般原理。

法治是一个国家落实教育优先发展战略地位的保障。日本教育事业之所以迅速得到发展,重要的一点就是依靠教育法制的不断完善来保障和促进教育事业的发展。对于转型期的我国来说,法治是依法治国方略对科教兴国战略、人才强国战略的落实和保障。1995 年我国首次提出在全国实施科教兴国的战略。1997 年我国首次提出了依法治国方略,并于 1999 年在宪法第三个修正案中明确规定:"中华人民共和国实行依法治国,建设社会主义法治国家。"2002 年,在入世之后为适应新形势的要求,我国首次明确提出实施"人才强国"战略。法治方略是稳定实施科教兴国战略与人才强国战略的保障。

由于"全世界的国家社会演进,一直有两个极端的思潮,形成辩证式的发展。一个极端是以国家作为社会发展的中心组成,另一个极端则是以个人权利作为社会思想的核心基础。'教育既是权利又是义务'的论述,正是奠基于这两种意识形态的交集。近代宪政国家之'公民权'观念的形成,乃使教育酝酿国家与人民的交集争点,因为教育正是同时塑造公民(从国家的角度出发)与保障公民权(从人民角度而言)的基础工具"。② 国家主义日渐衰微,人民基本权利日益受到保障,教育不再是传统上国家塑造公民的权力工具,而日益突显出其基本权利的特征。作为人类社会文明成果的法治,能为权利行使提供保障,为权力运行提供规则:法治通过规范国家权力与公民权利为教育提供了保障,而大学法治则是教育法治的一般要求。

(二)大学法治是大学历史发展的经验总结

大学产生之初,是在市民社会与教会、神权与王权的矛盾之间生存的,大学从教会和国家获得特权,形成了大学自治的传统,而教会通过许可证的方式加强了对大学教师的控制,后来大学出现了现代意义的学术自由传统。随着民族国家的形成、发展与成熟,大学自治特权的负面作用,国家加强了对大学的控制,然而,国家对于大学的全面控制却削弱了大学的发展,甚至使高等教育停止不前。"当大学最自由时却最缺乏资源,当它拥有最多资源时则最不自由。"③自由和控制的矛盾构成了高等教育的一个核心命题。随着国家的日益成熟,法治逐渐成为国家统治的核心,大学自治的传统逐渐由特权成为权利,学术自由传统也成为基本权利。伴随着法治自身的发展进程,教会法、国家法都曾经或者

---

① [德]柯武刚.史漫飞.制度经济学[M].北京:商务印书馆,2000:201.

② 许育典.在学关系之法律性质[M].台北:五南图书出版公司,2000:1328—1329.

③ 黄俊杰.大学校长遴选[M].北京:北京大学出版社,2006.

仍然是大学发展的有效保障。因此,大学法治正是大学历史发展经验的总结。

(三)大学法治是大学科学发展的必然要求

依法治校是现代大学治理的理性选择和理想追求。传统的高校内部管理存在着不同程度的人治现象。人治的核心是人的权力大于国家的法律,特点是重人情、轻理性,重权威、轻法制。许多历史经验告诉我们,以人治事治不好事,以人治人治不服人,以人治权治不了权。法治反映了社会进步的价值取向,是理性化的治理方式,是依法办事的社会状态,是现代管理的基本特征和重要标志。法治的核心是依法办事,根据法的合理性来制约管理的随意性,杜绝管理中的长官意志和主观随意性。高校是汇集人才、知识、信息的场所,承担着培养人才、科学研究、社会服务等社会职能,在国家政治、经济和社会生活中发挥着重要作用。高校日益扩大的办学规模以及社会职能和组织结构的复杂化,迫切要求运用依法治校的理念和方法来规范学校管理,协调和处理各种矛盾和利益关系,从而保障学校的科学发展、和谐发展,提高办学的水平和效益。

依法治校是高校落实依法治国方略的体现。高校作为社会大系统的有机组成部分,作为社会分工意义上实施高等教育的社会组织,应该也有责任把法治的精神贯彻到学校的管理中来,强化法制观念,依法治校,依法制定指导和规范教育教学、科研、行政管理等工作的各项规章制度,并严格用制度管事、管人、管权,努力实现学校内部管理和运行的法制化、规范化、程序化,使人治因素受到法规和制度的规范和约束,促进学校的改革和发展。

依法治校是高等教育改革的需要。随着高等教育改革的不断深入,教育领域的新变化所带来的新情况、新问题,已经不是单纯依靠行政手段可以解决的。学校的管理,靠权威、靠缺乏法律依据的一般制度已不能适应现代教育发展的要求。依法治校就是要改变过去主要靠行政手段管理学校的观念,促进民主管理和常规管理的制度化,实现和保障教职工管理学校的民主政治权利和其他合法权益,保证广大教职工参与依法治校,促进学校各项改革发展事业的顺利进行。高校只有依据法律的规范,通过制定规章等立法手段确立教育活动的规则,通过执法和监督手段规范有关方面的教育行为,才能保证贯彻执行党和国家方针政策的连续性和稳定性,切实提高行政效率和管理水平,才能使教育事业在微观上搞活,在宏观上健康有序地发展。

依法治校是高校规范内部管理、提高办学水平和效益的迫切需要。经过连续的扩招,高等教育的规模迅速扩大,我国的高等教育已经跨入了大众化阶段。一批高校在高等教育现代化、大众化、国际化背景下实现了跨越式发展。但是,高等教育在改革和发展中出现的矛盾和问题也不容忽视,主要是高等教育与经济、社会发展还不够协调,体制改革、机制创新与市场经济发展要求还有差距;高校办学经费不足,经费投入产出率不高、资源闲置以及财力物力的浪费现象也在一定程度上存在。

(四)大学法治是实现大学理念的保障

现代化最终的动力与实力是知识。大学的理念是传播、创新知识,培养人才、服务社会,核心是独立与创新。随着"新的产业部门越来越以知识创新为前提、国家的综合实力越来越依赖于'软力量要素'的时代"的来临,现代大学也越来越陷入社会各种因素的制约之中从而削弱了其理念的实现。大学需要独立的地位,但又不可能脱离国家、社会的支持;大学需要独立,但并非是象牙塔,对于国家和社会的需要必须有所回应。面对国家政治、市场经济这双重力量对实现大学理念的可能性和事实性妨害,各国都在对大学进行改革,试图使大学脱离社会各种因素的不利制约,将各种因素的有利性发挥至极致。大学理念本身就是制度稳定与积累的产物,是制度化作观念的结果,法治作为最为稳定的制度,无疑是保障大学理念得以实现的最有效的制度安排。大学法治是实现大学理念的保障。

我国大学制度是近代才产生的,由于缺乏西方神权与王权这一矛盾的互相掣肘,并不具有自治传统,从产生之日起即隶属于甚至依附于国家。因为大学的重要,国家难以也不可能放手;国家权力本身之扩张性,国家在与大学的关系中处于主导性地位。所以,法治对实现大学理念的保障作用,尤其需要强调。

(五)大学法治是规范大学权力和保障公民权利的要求

大学负担了高等教育的公共行政职能,并享有相应的权力来保障这一职能的实现。大学享有的公共权力由于权力的固有属性同样具有侵犯公民权利的可能性。宪法上教育权利的两极是国家和公民,而在现实中正是大学连接了国家和公民。大学相对于国家拥有的是权利,国家不能侵犯,且需要保障;相对于公民拥有的是权力,公民的权利不能侵犯,且需要保障。大学法治正是规范大学权力和保障公民权利的基本要求。大学法治也将为解决大学争议提供相应的法律依据和途径。对于我国来说,现实中围绕大学所发生的种种争议,如校园禁吻令出台、北航招生丑闻等事件,直接构成了我国对大学法治研究的迫切性要求。

三、大学法治对大学文化的影响

大学法治对大学文化建设的影响主要体现在以法治的精神来塑造大学的理念上。这种精神理念的体现直接决定着近代以来大学建设的规范性和约束性。

(一)大学的职能是实现大学理念的手段

"正是职能适应性而不是职能专一性,才是衡量高度发展的组织的真正标准",大学"组织本身已经发展成一种区别于它在任何一个时期内可能履行的具体职能的生命力,组织胜过其职能"。① 大学的理念构成了大学存在的基础,而大学的职能则是大学实现其理念的手段。与大学的理念相适应,大学的职能也经历了漫长的演变,最终确立了教学、研究、服务三种职能。

---

① [美]塞缪尔·P.亨廷顿.变动社会中的政治秩序[M].上海:上海译文出版社,1989:17.

教学职能是大学最基本也是最原始的职能,即知识的保存和传播。大学作为迄今为止可以说是历史最悠久的组织机构之一,存在的根本依据就是大学的知识保存和传播功能。科学研究职能在大学的职能中占据核心地位,是大学创造知识的体现。"科学代表着一所大学的尊严和地位"①,但科学研究只是大学的一项活动,并不能代替大学,"只有大学本身才具备一个机构的组织特征;而科学研究是一项活动,过于崇高和精巧而不能成为一个机构的组成部分"。大学所具有的科学研究职能构成了大学组织的特色,因为科学既不能被强迫,也不能被管制。此外,大学还具有服务社会的功能。大学在社会中存在和发展,不可能不考虑到社会的需求,为社会提供服务。大学教学职能的实施属于知识的传播过程,对象是作为使用者的学生,这时大学承担的主要是对于个体的责任;但大学不是单纯的高等教育机构,还有追求学术真理的使命,科研职能的实施是知识的创新过程,所要负责的对象是社会和国家,也是整个人类,既包括当代社会、也包括未来社会人类的发展;大学服务职能的实施属于知识的应用过程,所要为之负责的是大学身处其间的当代社会和国家。正是有了大学对于知识的创造,才有传授知识的可能,才有培养人才的可能,而人才本身不仅意味着个人知识能力的增长,还意味着作为社会组成体的人的素质的提高,从而服务于整个社会的进步。正是在这一点上,大学被作为人类文明的中心,构成不同于中小学校、不同于研究机构、不同于其他社会组织的本质特征。

(二)大学的理念是文化力量的体现

"大学的资源是为了使其成为更有效的工具去完成使命,而这个使命不仅包括我们的经济独立,还包括肯定我们的经济和文化价值。"②大学是文化力量的代表,"应本于所信的价值,成为社会风尚的定力,成为文化的指针。"文化,更多的同基本价值相关,而作为文化的保存、传播和创造者的大学,需要对基本价值做出判断和选择。然而,"有关基本价值的根本性的差异如果不是永远不可能,那也很少能用投票的方法得以解决",更多的需要按照文化自身的规律进行判断。文化不能脱离既定的政治、经济条件的存在和发展,它具有相对独立性,是与政治、经济相列的一种力量,尽管在三者中间,文化的力量实际处于弱势。由于不同文化在相互作用时产生的对抗往往带来创造性的变革,而大学作为文化力量的代表者要保持对不同文化的包容,尤其需要学术自由。因此,大学理念的实现,有待于与赖以存在的政治、经济环境之间关系的处理,而法治作为现代社会的普遍认同的制度,能够为大学所代表的文化力量、政治力量和经济力量之间设定界限,从而形成三者之间的良性互动。大学作为文化力量的代表,可以说为"国中之国",要强调大学相对于国家权力的自治。大学远远超越了国界,学术具有一种没有疆界的世界精神。

① [西班牙]奥尔特加·加塞特.大学的使命[M].杭州:浙江教育出版社,2001:98.
② [美]伯顿·克拉克.高等教育新论——多学科的研究[M].杭州:浙江教育出版社,2001:227.

(三)大学的理念是学术自由与社会责任的统一

大学法治的构建以实现大学的理念为目的,大学的理念体现为学术自由与社会责任的统一。"大学是探索知识,研究真理的一块圣地,不应当被完全世俗化。它们应当和外界社会保持适当的距离",但"这个距离决不意味着与世隔绝,大学有义务走出象牙塔,为社会提供必要的服务"。"发展高等教育,既要不忘历史,又要关注未来,还要认识到自己肩负的社会责任。"①大学不是也从来不可能是万能的。"一所大学如果试图办成满足所有人需要的万能机构,那不是骗人的,就是愚蠢的。"②因此,我们必须从大学的理念出发,明确"大学的学术性是反映其本质属性的最重要的特征,也是大学区别于其他社会组织的关键所在"③,尊重大学传授、创新知识的根本性特征;明确大学的社会责任是通过学术自由所进行的传播创造知识来完成的。大学创造和传播知识构成大学培养人才与服务社会的基础。

(四)学术自由与大学自治构成了大学法治的宪法基础

美国联邦最高法院判决代表了对学术思想所取得的社会共识:"对我们的学院和大学的智力领袖横加任何约束都会葬送我们国家的未来。任何教育领域都没有被人们认识得那么深刻,以至于不能再取得新的发现。在社会科学方面更是如此,在这方面没有任何原理被认为是绝对的,即使有也很少。"④大学自治是学术自由的保障。对于现代大学而言,大学自治既是其理想所在,也是它赖以确保学术独立的命脉所在。当现代大学越来越陷于社会各种因素的制约之中而使其独立性遭到日益削弱之际,大学这种高级形态的教育机构的源头,其自治的独立性和典型性无疑给人以清新与启迪。这种也许是最为朴素、也许是最为初级的自治,一方面使人看到了现代大学自治传统的萌芽;另一方面又为现代大学自治理想的实现提供了精神上和模式上的借鉴。法治对大学理念的保障首先体现为作为根本法的宪法的保障——学术自由,最终落脚到作为学术自由制度性保障的大学自治制度。大学法治作为以实现大学的理念为导向进行制度的安排,倡导学术自由,实施大学自治制度,尽量摆脱政治权力、经济因素的控制,在自由的领域中努力寻求真理。大学法治的构建必须尊重大学的内部逻辑——大学自身所具有的独特理念,否则就难以走出收权放权的困境。正是在这一理念形式之下,大学不断调整自身,国家也不断调整与大学的关系。现代社会已经确立了法治原则,大学已经由最初的享有自治特权,发展到现代宪法规定的学术自由及作为学术自由制度性保障的大学自治制度,国家与大学的关系,也已经由全面介入发展到有限介入。法治通过规定国家权力与大学权力的界限,为大学理念的实现提供了现实有效的保障。

---

① 眭依凡.大学校长的教育理念与治校[M].北京:人民教育出版社,2001:96.
② [美]约翰·S.布鲁贝克.高等教育哲学[M].杭州:浙江教育出版社,1998:78.
③ 眭依凡.大学校长的教育理念与治校[M].北京:人民教育出版社,2001:121.
④ 吴式颖,任钟印.外国教育思想通史(第3卷)[M].北京:教育科学出版社,2001:401.

第三节　大学文化与大学党建

大学作为人才培养的摇篮和知识创新的基地,在作为先进生产力的开拓者、先进文化的建设者和最广大人民利益的维护者等方面应当走在时代前列,这对大学党建工作及教育创新提出了新的更高的要求。如何在各项工作中贯彻"三个代表",体现先进生产力的要求,体现先进文化的前进方向,体现最广人民群众的根本利益,推进教育发展和教育创新,无疑成为当前大学党建工作的主要任务。

一、当前大学党的建设的基本内容

《中共中央关于加强党的执政能力建设的决定》提出的科学执政、民主执政、依法执政是对我们党执政经验的深刻总结,也是对我们党的执政地位的政治合法性的时代诉求。因此,加强大学党的先进性建设,提升大学党的执政能力,就要以提高大学党的科学执政、民主执政、依法执政的水平为主要内容。

(一)科学执政

科学执政,就是要坚持实事求是,按客观规律办事。这就要求大学的党员干部、党的组织,花大气力深入调查研究,善于从客观存在的事物和社会矛盾中总结、概括出规律性的东西,并上升到执政理念和执政方略上来。只有这样,大学党的执政才能坚强有力,才能卓有成效。

(二)民主执政

民主执政,就是党要坚持为人民执政、靠人民执政,支持和保证人民当家做主。民主执政回答了我们党执政的民主性质,揭示了我们党执政的实现途径,阐明了我们党执政的根本目的,体现了我们党执政的动力源泉。民主执政要求我们大学的党员干部、党的组织,必须坚持以人为本,树立起领导、支持和保护师生当家做主的现代民主观念;必须高度重视和充分尊重师生的实践经验和创造精神;必须依靠师生的共同奋斗为师生创造实际利益,使师生从不断增长的物质、文化和政治利益中真切地感受到党执政的成效。

(三)依法执政

依法执政,就是党要坚持依法治国,领导立法,带头守法,保证执法,不断推进国家经济、政治、文化、社会生活的法制化、规范化。依法执政要求我们大学的党员干部、党的组织要紧紧抓住制度建设这个带有根本性、稳定性、长期性的环节,要求我们用法治的理念治理学校,以法律法规、符合法律法规的规章制度管理学校,使学校有良好的教学秩序,管理者依法管理,教师依法执教,将法治的理念融入学校教学、科研和学生管理等一切领域,从而树立良好的师德,培养良好的校风和学风,使学生在日常学习生活中从身边感受现代的法治理念,培养具有现代法治精神的建设者和接班人。

(四)廉洁执政

就本质关系而言,廉政是一种科学的信仰,它是建立在对廉政思想、廉政行为、廉政制度、廉政文化等深信不疑的基础上所形成的科学的理念或信念。基于廉政信仰的人,能自觉把廉洁自律、清正贤明作为行为准则,能自觉抵制腐朽思想、腐败行为的诱惑和侵蚀。廉政信仰不是与生俱来的,确立廉政信仰的关键在于教育。中共十七届四中全会指出:"贯彻为民、务实、清廉的要求,在全党深入开展党性党风党纪教育,把廉政教育列入干部教育培训规划,有针对性地开展示范教育、警示教育、岗位廉政教育,改进教育方式,提高教育实效。"可见,有针对性、有系统的廉政教育是促使党员干部形成科学廉政信仰的前提和保障。马克思主义是一种科学的信仰体系,是指导党员干部改造主观世界的思想武器,是一种较高层次的精神信仰。对于党员干部的廉政教育必须以马克思主义信仰作为重点,积极培育"做人民公仆"、"树清廉形象"的高尚价值认同和价值追求。

世情、国情、党情等的深刻变化使党的廉政建设面临着改革开放的考验、市场经济的考验、外部环境的考验和西方腐朽文化侵蚀的考验。马克思在《资本论》中论述了商品经济中的拜物教现象,即商品拜物教、货币拜物教和资本拜物教,"人民和政府对粗糙的国民经济学的盲目信仰紧紧抓住感觉得到、摸得着、看得见的钱袋不放,并因此而相信贵金属的绝对价值,把对它的占有看做唯一现实的财富"①。不难看出,马克思认为商品经济条件下的"盲目信仰"和对商品、金钱的崇拜是资本主义社会的通病。目前,社会主义市场经济已在我国确立,商品的极大丰富和财富的急剧增长不可避免地侵蚀了部分党员干部的思想,扭曲了他们的信仰。他们把金钱、权利、美色等当做最高的价值追求,忘记了党的宗旨、目标,丧失了对实现共产主义事业的追求。对此,毛泽东曾有过这样的论述:"有个别的干部是被物质所诱惑,因而不愿忠实于共产主义的神圣事业,完全腐化了;另有若干干部则起了霉,要在太阳底下晒一晒才能恢复健康。"②可见,廉政建设的基础必然建立在牢固的廉政信仰之上。这一点从入党动机上就可以判别得很清楚,基于信仰而入党自然会廉洁自律、克己奉公并积极为党的事业努力奋斗,但基于利益而入党则会在利己主义和实用主义支配下谋取私利,不可能廉政。所以基于信仰而入党还是基于利益而入党是衡量党员干部优劣及其能否做到廉政的重要标准。

大学是传播、发展马克思主义的主阵地,从某种意义上来讲,大学马克思主义信仰教育的效果如何直接关系到人才培养质量,关系到社会主义教育事业的成败。胡锦涛同志指出:"一个有远见的民族,总是把关注廉政文化建设与和谐校园构建的目光投向青年;

---

① 马克思,恩格斯.马克思恩格斯全集(第42卷)[C].北京:人民出版社,1979:20.
② 中共中央文献研究室.毛泽东著作专题摘编[C].北京:中央文献出版社,2003:2141—2142.

一个有远见的政党总是把青年看做推动历史发展和社会进步的重要力量。中国共产党只有赢得充满朝气的青年，才能赢得充满希望的未来。"①因此，培育坚定不移的马克思主义信仰，不仅是大学廉政建设的需要，也是事关"培养什么样的人，如何培养人"的重大理论命题。

当前，随着大学经济活动日益增多，社会交往日益频繁，特别是大学体制改革不断深化，办学自主权不断扩大，一方面给大学发展带来机遇，另一方面也使大学廉政建设面临着严峻的挑战。综观近年来大学廉政建设的历史与现状不难发现，大学廉政建设效果的优劣与大学对马克思主义廉政信仰教育的重视程度有着不可分割的关系。加强大学马克思主义廉政信仰教育，用先进文化占领大学思想阵地，自觉抵制市场经济带来的负面影响，为大学深入开展廉政建设工作提供精神动力，有利于从源头上铲除滋生腐败的土壤和条件，优化大学党风廉政建设的环境。从本质上讲，深入开展马克思主义廉政信仰教育是加强大学廉政建设的根基所在，也是培育合格的中国特色社会主义事业的建设者和接班人的根本要求。

制度的先进性是党的先进性的重要表现和追求，因此加强党的先进性建设、提升党的执政能力的重点是制度建设。党的制度建设包括组织制度、干部制度、权力管理制度、党内生活制度以及会议制度、决策制度等众多方面的内容，而与大学党的执政能力建设直接相关的重要方面就是党委领导下的校长负责制的认真贯彻执行。

《中华人民共和国高等教育法》对大学的领导体制这样规定："国家举办的大学实行中国共产党高等学校基层委员会领导下的校长负责制。"党委领导下的校长负责制是集体领导与个人分工负责相结合的一种科学的领导体制，是对立统一规律在大学领导体制上的体现。集体领导主要是对重大问题的决策而言，即重大问题的决策权属于党委集体；个人分工负责主要是对集体决策的实施而言，即集体决策的内容，按照领导班子成员的责权范围，由个人负责组织实施。党委领导主要是思想、政治和组织的领导，是对学校政治方向的领导。校长负责是要在党委领导下对学校教学、科研、后勤等行政工作的具体负责。

大学党的先进性和执政能力高低的标准要靠学校的发展成果来衡量。以笔者所在郑州轻工业学院为例，多年来，郑州轻工业学院通过建设高素质的领导干部队伍，形成了朝气有为的领导班子；通过认真贯彻民主集中制原则，切实加强了党委领导下的校长负责制；按照"八个坚持、八个反对"的要求，全面加强和改进了学校领导班子的作风建设。经过近几年的不懈努力，我们的办学规模逐步扩大，教育教学改革成效显著，重点学科、学位点获得新的突破，科技成果、科研论文、科研奖励的数量和质量不断提高，师资队伍结构明显优化，基础设施建设和后勤保障有了长足发展，党建思想政治工作取得显著成绩，优良的学风、校风逐步形成。这些成绩的取得既是我们实事求是、开拓创新的成果，

---

① 田淑兰.在国民教育中加强廉洁教育的思考[N].光明日报,2004-11-22(B3).

更是我们保持党的先进性、提升学校党组织执政能力的结晶。

二、当前强化大学党的建设的重大意义

在新时期保持共产党员先进性专题报告会上的讲话中,胡锦涛同志明确指出:"先进性是马克思主义政党的根本特征,也是马克思主义政党的生命所系、力量所在。党的先进性建设是马克思主义政党自身建设的根本任务。抓住了先进性建设,就抓住了党的建设的根本,就抓住了加强党的执政能力建设、巩固党的执政地位的关键。"大学承担着人才培养、知识创新和社会服务的重要任务,大学党组织作为党组织的重要组成部分,作为培养建设者和接班人的组织依托和保证,在加强党的先进性建设中必然肩负着重大责任。是否加强大学党的先进性建设可以说事关党的执政基础是否坚实雄厚,事关党的执政地位是否稳固,事关党的执政使命能否顺利完成,从根本上关系到党的先进性能否保持、党的执政能力是否强大。

大学党的执政能力建设是党的先进性建设的一个重要方面。党的基层组织是党的全部工作和战斗力的基础,大学作为党的基层组织的重要组成部分,大学党的执政能力建设是党的先进性建设的关键。大学是知识分子最为集中的地方,大学党员的知识文化水平高,民主意识强,对党的先进性有着更深更本质的把握,对党的执政要求也较高。大学党的建设只有顺应历史潮流,因势而变,与时俱进,凭借作为执政党的领导地位,有效使用各种手段,可以在变化发展的社会环境中,寻求有利于发展的新因素、新活力和新动力,从而不断开发、丰富党的先进性建设资源,才能使党的先进性建设与教职工的要求相适应,与社会发展的要求相适应。特别是近代以来,中国知识分子以其巨大的影响力和话语权,深深影响着我国的经济、政治、文化和社会生活,处在知识经济的当今社会,知识分子的社会影响力尤显突出。作为知识分子最为集中的地方,加强党的先进性建设,使大学党组织成为对知识分子和青年大学生具有凝聚力、影响力、号召力的组织,借助知识分子的声音和知识对社会的影响,大学党的先进性建设必将对民众产生广泛深刻的影响,从而提升我们党的执政能力。

大学实行的是党委领导下的校长负责制,大学党的建设事关大学的改革发展稳定,对落实科教兴国、人才强国战略发挥着不可替代的重要作用。鉴于大学党组织地位的特殊性,加强先进性建设,提高党的执政能力,不仅直接表明党基层组织的先进性和执政能力,而且会对党的其他基层组织先进性建设和执政能力建设起到窗口、示范作用。

大学党的先进性建设有利于培养社会主义事业建设者和接班人,从人这个根本问题上提升我们党的执政能力。胡锦涛同志曾指出:"一个有远见的民族,总是把关注的目光投向青年;一个有远见的政党,总是把青年看做推动历史发展和社会前进的重要力量。"青年,寄托着国家和民族的未来,只有赢得青年,才能赢得未来。目前,我国在校大学生

达到 2 300 万,可以说在校大学生又是同龄青年中的佼佼者,他们的思想政治素质、科学文化素质和健康素质如何,直接关系到党和国家的前途命运,关系到中国特色社会主义事业的兴衰成败,关系到全面建设小康社会和中华民族伟大复兴目标的实现。中共中央、国务院《关于进一步加强和改进大学生思想政治教育的意见》中明确提出了坚持政治理论教育与社会实践相结合的思想政治教育的基本原则,加强大学党的先进性建设,提升党的执政能力,特别是发展大学建设社会主义民主政治和社会主义先进文化的能力,为培养大学生良好政治素质营造良好的环境,开辟政治理论教育与社会实践相结合的空间,为培养社会主义合格建设者和可靠接班人夯实基础。

同时,加强大学党的先进性建设,为源头上保持党的先进性奠定了基础。每年数百万大学生毕业,大部分大学毕业生中的党员在毕业生中的比例达到或超过 10%,有的大学甚至超过了 30%,①大学生成为党新鲜血液的重要来源。大学生入党时年龄低,是社会的新生代,有效影响社会的时间长;受教育程度高,就有相对优越的话语权和深远的影响力。从一定意义上说,大学生党员寄托着我们党的未来和希望,是保证党长盛不衰的执政基础。因此,加强大学党的先进性建设,保持大学党组织自身的先进性,是保持、促进大学学生党员的先进性的需要,是保持党源头上先进性的需要。

三、大学党建与大学文化的关系

大学党建与大学文化建设相辅相成、相互促进。一方面,大学文化为大学党建创造了良好的环境、提供了精神动力,规范了大学党建主体的行为方式;另一方面大学党建也在充分发挥党领导的优势为大学文化建设发挥了不可替代的主导性和方向性作用。因此,要深刻理解大学党建与大学文化的关系应着重从两个层面上去考察。

(一)大学文化促进了大学党建

(1)大学物质文化建设为党建工作创造良好环境。大学物质文化主要包含有大学的教学设施、实验设施、生活设施、环境设施等校园硬环境。大学物质文化既是大学文化的载体,也是大学党建的载体。一所大学的硬性环境虽然并不能代表大学的全部内涵,但可以折射出大学的品位。中国的百年老校不在少数,如北京大学、清华大学、东南大学、河南大学、湖南大学等,这些学校在校园文化建设方面的怀古情结几乎有着惊人的相似。学生徜徉于湖光山色之中,游弋于亭台楼阁之中,感受着大学浓郁的文化气息,感悟出大学文化的价值内涵,起到了潜移默化的教育效果。大学党的建设并不是板起面孔教育人,而是以自然亲近的方式吸引大学人积极参与其中,而大学物质文化建设正好提供了这样的条件和环境。

(2)大学精神文化建设为党建提供了精神动力。大学精神文化是指对大学的传统的

---

① 林世选.大学践行人生[M].郑州:郑州大学出版社,2011:83.

积淀和大学的文化品格,突出表现在大学的人文精神和科学精神方面。大学精神文化的突出功用是深化大学人的精神反思,形成整体统一而又独具大学特质的大学核心价值理念,使大学精神内化到大学教育教学、管理服务等各个方面。大学党建一方面要以社会主义核心价值体系占据精神文化的主导地位,强化人们的政治信仰;另一方面要在打造大学精神过程中,让党员和师生员工对党的先进性充满渴望进而不懈追求,为大学党建开展创造良好氛围、提供不竭动力。从这个意义上讲,大学精神文化是推进大学党建的力量之源和精神动力。

(3)大学行为文化建设为党建工作目标实现提供了支撑。大学文化都是通过行为来体现的,同时,大学行为又影响着大学文化发展的速度和建设的质量。当大学人的行为符合大学规范要求和价值取向时才能称得上是一种文化。而这种规范要求和价值取向又与大学党的领导和党的建设不无关系。当大学行为文化呈良性发展时,大学党建的效率和质量就高。反之,大学党建的效率和质量就低。有许多例子可以证明。例如,2012年是雷锋同志牺牲50周年,各个大学都按照党委的要求开展了纪念性活动。笔者所在学校从2月份以来开展了150多场次大学生学雷锋社会实践活动。学生党员带头,其他学生参与。学生在实践过程中理解了"雷锋精神"、"党的宗旨"、"社会主义核心价值体系"等理论,对于推进大学基础党组织建设,提高党的战斗堡垒作用和宣传党的理论主张,起到了促进作用。这就说明了大学行为文化是实现党建工作目标的有力支撑。

(二)大学党建引领了大学文化

以大学党建中的廉政建设为例。在马克思主义看来,信仰的本质归根结底正是人类的一种自我超越。所谓人的自我超越,是指人改造自身现实存在状态使之趋于理想的一种永恒的努力和冲动。① 可见,信仰并不是从来就有的,也非与生俱来的,它的确立是一个复杂反复的过程。马克思主义廉政信仰的确立也是如此,也是在同各种非马克思主义政治信仰的斗争过程中不断确立完善的。当前,高校要从根本上、源头上遏制腐败,必须确立科学的信仰体系,必须教育和引导师生树立马克思主义廉政信仰。

(1)理想信念教育的功用。崇高的马克思主义理想信念始终是共产党人保持先进性的精神动力。高校应高度重视加强理想信念教育的核心作用,充分利用党课、团课、思想政治理论课、形势与政策课等课程平台加强第一课堂教育;充分利用校园网络、校园报刊、形势报告会、社会实践等第二课堂教育,着力引导广大师生坚定马克思主义信仰,使之自觉成为马克思主义信仰的传播者、执行者、推进者。

(2)党性修养教育的功用。"公"、"仆"、"廉"、"洁"是加强党性修养教育的重要内容,有公而生明,有仆而树德,有廉洁而生无私。高校应结合实际,积极开展示范和警示教育,开展党性修养教育,促使高校党员干部树立正确的世界观、人生观、价值观和正确的

---

① 马克思,恩格斯.马克思恩格斯选集(第3卷)[C].北京:人民出版社,1995:434.

权力观、政绩观、利益观,以党性修养的提升促进政治思想上的成熟,以政治思想上的成熟和清醒促进行动上的自觉,充分发挥马克思主义主流信仰教育对高校廉政建设工作的促进作用,积极提高广大党员干部拒腐防变的能力。

(3)师德师风教育的功用。教师作为特殊的职业群体,其劳动始终具有示范性。教师的品德修养、道德情操、作风仪表、治学精神乃至工作态度都对学生起着耳濡目染、潜移默化的影响,这种表率作用是无可替代的。高校应采取主题教育、典型示范、法制宣传等形式,不断塑造新时期教师的优秀品格和良好的形象,并通过教师的良好带动作用,深刻影响学生的精神信仰,自觉树立良好的学术道德和治学规范,预防各种非良性信仰的侵蚀。

(4)优秀传统文化教育的功用。高校应充分利用地域特点,结合地域特色文化,建设一批特色的廉政文化教育基地。就河南高校而言,辉煌灿烂的中原文化为高校廉政文化建设提供了肥沃的土壤,如焦裕禄纪念馆、开封包公祠、新乡比干庙、南阳武侯祠等都是不可多得的廉政教育资源。河南高校应充分利用地理优势,挖掘廉政资源,拓展廉政教育基地,引导师生在优秀的廉政文化氛围中接受廉政教育,使廉政成为群体性的价值理念,并最终树立廉政信仰。

第四节 大学文化与思想信仰

在我们看来,大学文化要想充分发挥其应有的育人功用,必须把优秀的文化基因移植到大学人的思想信仰体系之中,使其自觉参与到大学文化建设之中,并深受优秀大学文化的熏陶。这样能使大学文化起到教育人、引领人、服务人、鼓舞人、武装人、感化人的基本功能。

一、思想信仰的层次界定

信仰是主体对某种学说、主义或理论的信服和遵从,并内化为自己的行为方式的一种精神意识状态。[①] 它具有以下三种心理层次。

(一)感性的接纳

感性是人的初级心理需求,是人对客观世界反映的先入印象,如喜好与厌恶,高兴或生气等情感性的反应。接纳心理是信仰产生的基础。对信仰来说,感性的接纳就是一个由不信到信的心理过程。"信"包括几种涵义:①相信。所谓相信,是主体主动自愿地认可某种言论、事物或行为的正确性和可行性。作为感性心理的基础层次,它的主要特点

---

① 刘建军.马克思主义信仰论[M].北京:中国人民大学出版社,1998:45.

是主动性和自主性,相信来不得半点强迫。相信的建立不一定要建立在实践的基础上,直观的想象或者感同深受的共鸣更能建立牢固的相信心理。②信任。信任一般用于对某人的品质或能力的认可,在信仰心理层次中,一般指的是信任学说在现世中的象征人物。如相信神父、上帝、佛祖等。信任心理一旦建立,就会形成认可和依赖。③信心。信心指的是对事物良性发展态势的期盼。它指的是人们为了实现某种目标所表现出来的决心和自信。"信"的心理是信仰的心理基础,也是建构信仰的最重要的一步。

(二)坚定的信念

信念是人们在相信的心理基础上,对某种理论、学说和理想所抱的坚定不移的观念与坚决执行的态度。它是认识、情感和意志的统一。在本质上,它更多表现的是意志力的坚持,其主要特点是较强的心理稳定性和强大的精神动力作用。信念是信仰建构的关键步骤,它是对信仰目标必然实现的执著,不会因为外在环境的变化而随意变动。即使人们在认知层面上对信仰学说产生疑惑,情感上强烈的认同也会抵制怀疑思想、支持既定的信念。信念作为强大的精神力量源泉,是人们克服困难的动力。坚定的信念一旦确立,就能使人精神振奋,甚至生命受到威胁也会坚持到底。

(三)虔诚的敬仰

敬仰是主体对信仰学说内容的极度信服状态、对信仰学说的象征符号极度地尊敬、对信仰学说规定的行为严格地遵循。信仰的对象一般是人类不可把握的、不可企及的现象或事物,如对圣贤的主张、主义的信服、或对神、鬼的尊崇。事物的发展趋势都有两种倾向——积极的发展倾向和消极的发展倾向。人的本能是趋利避害的,虽然现世中自己不能决定未来的归宿,但至少可以期盼积极结果的出现。信仰依靠这种期盼心理来规范人们的性情和品性,如行善、隐忍、顺从、尊敬,建立起虔诚心理,从而使信仰者不敢越雷池一步,一旦超越规范,就会倍感不安,为了避免未来的惩罚,信仰者会更加虔诚地对待信仰学说。

二、当前大学主流思想信仰面临的困难

根据 2009 年重庆市委做的"关于信仰问题"调研情况的报告分析得出:当前马克思主义信仰中的积极方面仍占据着主流地位,如约占 56.9% 的人选择信仰马克思主义,了解马克思主义的占到 76.2%,对社会主义发展前途有信心的人数占总调查人数的57.9%。① 但是也存在许多令人担忧的问题,主要表现如下。

(一)不能完全从情感上接纳马克思主义

信仰受着客观环境的制约,不同的人因为其家庭环境、教育经历、成长经历的不同而有着不同的认知结构,但是不管是何种认知结构,都必须首先建立在感性的基础上,

---

① 重庆市委重大调研课题组.关于"信仰问题"调研情况的报告[J].马克思主义研究,2009(12).

否则人与人之间便不能进行有效的沟通。感性之间的沟通是接纳心理的关键所在,所谓接纳心理是由于情感的认同和思想上的共鸣而产生的认可与接受。接纳心理是信仰建立的根基,没有接纳心理作为基础,信仰的建构是不牢固的。强制的接纳是不能建立有效的信仰的,因为它缺乏感同身受的情感认同,真正从情感上认同所要信仰的学说、理论或主义之后,才能积极主动地建构信仰。针对人们如何认识马克思主义这门理论学说,重庆市委的调研报告用"了解"一词进行描述。心理学上对"了解"的定义是指对学习材料有一定的认识和记忆,其所要求的心理过程主要是记忆。可见,"了解"是最低水平的认知学习结果,通常用来形容人对某件物或事的掌握领悟程度。研究报告显示:对马克思主义非常了解的只占到4.7%,比较了解的占到28.7%。[①]可见,大多数民众对马克思主义的接纳心理并没有完全建立起来,对它只是一种初始的印象,具体的内容并不了解。马克思主义是一门科学理论,只停留在感性心理层面,远远达不到对它信仰的要求。

(二)缺乏坚定的马克思主义信念支持

信念是充分认知、情感的认同和意志的执行三方面的结合。信念具有强大的精神力量,一旦建立,就具有较强的稳定性。从某种程度上说,它是人们从事某项事业的精神支柱,也是人们战胜困难与挫折的强大的精神动力。当前中国马克思主义信仰建构中的信念就是对社会主义发展道路的坚定支持和对共产主义必然实现的信心,以及身体力行去践行马克思主义的精神意识状态。重庆市委关于"信仰问题"调研情况的报告显示:在党员干部、知识分子、大学生和普通群众四类群体中都各有40%左右的人没有真正信仰过马克思主义,其中党政干部对中国特色社会主义发展前途缺乏信心的则高达35%,并有48.8%的干部将马克思主义与宗教混为一谈。而对宗教和各类文化思潮的信仰人数也占据很大的份额,如大学生选择宗教作为自己信仰的比例倾向为58.2%。又如在信奉西方民主社会主义思潮中,知识分子的比例占到33.3%,大学生则占到43.3%。而普通群众虽然对各种文化思潮不太认同,但是会选择信仰宗教或者封建迷信活动。如有高达24.1%的人相信请神、驱鬼、算命、烧香等封建迷信活动。[②]这些数据都足以表明,如何摆脱摇摆不定、迷茫、困惑、信心不足等心理是建构马克思主义信仰必须要解决的问题。

(三)缺乏对共产主义理想的敬仰

信仰作为一种终极关怀,包括人生价值归宿和社会发展态势两个方面,马克思主义是无产阶级政党认识和改造世界的学说。共产主义理论作为马克思主义的重要组成部分也在马克思主义信仰学说中占据着重要的地位。共产主义是全人类要实现的价值目标,是人类社会的高级发展状态。共产主义的实现是一个发展的过程,不是一蹴而就的;

---

① 重庆市委重大调研课题组.关于"信仰问题"调研情况的报告[J].马克思主义研究,2009(12).
② 重庆市委重大调研课题组.关于"信仰问题"调研情况的报告[J].马克思主义研究,2009(12).

是一个现实的实践过程，不是虚无飘渺的幻想；是一种崇高的心灵境界，不是世俗的精神依托。共产主义作为一个人类社会发展的必然阶段，是符合社会发展规律的。信仰的建立是一个从低级到高级发展的心理过程，是需要建构在每一个人的内心世界中的，是一种心性的约束和升华。它的建构过程是个主动寻求心理补偿的过程。如果信仰要求的内容与民众本身的现实利益相去甚远，就会削弱对信仰本身的尊敬与敬畏，民众与其将信仰寄托在遥远的社会理念中，不如选择能为自身带来实际利益的信仰学说。民众对共产主义的了解是普遍性的，但是大多数人没有将它上升到信仰的高度，这是当前中国马克思主义信仰心理困境的显著表现。

三、当前大学主流思想信仰困境产生的原因

根据信仰的三种心理特性，以及根据当前中国马克思主义信仰心理困境的表现，得出以下三点原因。

（一）马克思主义的理论性特点难以使普通民众产生感性的接纳

信仰是人类精神活动的高层次需要，是一个情感寄托和精神皈依的心理过程。马克思主义信仰要实现大众化，情感上的依托和思想上的共鸣是必须具备的基础条件。马克思主义主张通过劳动改造世界，强调人的主观能动性在改造客观世界中的作用。信仰的要求是首先要"懂"，其次才能"信"。而马克思主义主要特点是理论性强，政治性强，这种特点使得只有具备一定学历层次和知识结构的人才能真正理解，这也是多数民众对马克思主义的认识不能深入的原因。只有真正懂得它价值的人才能将它运用于自己的生活之中，并将马克思主义作为自己行动的指南。而多数普通民众由于不能真正理解马克思主义的价值所在，因此从心理上将它摆在理论的高阁上而遥遥相望，对它敬而远之。这就是说，感性上的认同是信仰建构的心理基础。如果不能将理性化解为感性，信仰的建构将只是一种形式。另外，建构信仰的首要特点就是以主动性的接纳作为前提。长期以来马克思主义在我国的传播方式缺乏灵活性，其统一的模式和高标准的要求使得民众对马克思主义的接受趋于形式化，并容易促成学习和接受它的逆反心理，结果是马克思主义的传播变成了强制的政治命令，其传授也变成了冷冰冰的理论说教，这使得它远离了民众的情感需要和生活实际。

（二）马克思主义的客观性特点难以成为普通民众的信念支持

任何信仰的建构都必须有强大的信念支持，否则信仰只是空中楼阁，飘忽不定。而信念，是心性的升华，其确立是一个复杂的思想斗争的过程，只有经历了重重的心理考验确立精神上之所需，并下定决心以它作为行动上的指南，信念的确立才会不褪色。人首先是个体的、世俗的、现实的存在，只有先满足其个体的、世俗的和眼前的需要才能去建构更高尚的精神需要。研究发现，中国人在信仰建构方面具有功利的特点，其信仰的需要往往是在遭受了人生中的危机后而出现的，这种危机可以是生活中的困难、心灵的痛

苦、事业上的挫折等。遭遇人生危机中的人急需心理救助或者心理补偿，为了避免以后再出现这种人生心理危机，信仰的建构就顺理成章了。如明清时期民众信仰基督的动机在于各种世俗利益——穷人是因为物质诱惑，病人是因为疾病的折磨等。目前，神鬼信仰在国人中的存在仍然是因为世俗的需要，根据某地商会做的一项信仰调查问卷，结果财神因为是财运的象征而占据信仰之神的首位。统计 1979～2008 年全国各地对大学生信教状况的调查结果发现，大学生中宗教信徒所占的比例最高达到 44%，其信仰宗教也是因为想要摆脱人生中的困境。由此可以看出，信仰首先是种心理渴求，一旦民众发现某种信仰学说能够符合其心理需求和现实需求，并能够有效地解决其实际问题时，他们便会主动积极地选择去信仰这个学说，并始终不渝地遵循。

马克思主义的特质是客观实践性。它将终极关怀放在了人类的解放和自由上，而不是世俗个人的精神需求；它要求外向的实践而非内在的约束，它将信仰放在现实的彼岸世界而不是个人的精神领域。这固然是马克思主义科学性的一面，但不可否认的是，这种特质也给它信仰的建构带来了不可规避的难题。这是因为个人精神和心理的需求才是信仰的建立的动力，不建构个人信仰是无法构筑社会信仰的。

(三)共产主义信仰目标的长远性难以使普通民众建立虔诚心理

信仰最重要的心理特征就是敬仰的虔诚性以及相伴而生的敬畏心理。虔诚心理是基于信仰对其实际利益的有效实现上的信服。它的建立需与个人的实际利益相结合，人们如果在现实生活中找不到解决危机的途径，为了避免危机的伤害，那么自然就会通过精神寄托的建立来构筑对未来的希望。通常情况下，民众一旦将未来的不可把握的命运——死后命运的归宿、自身血脉的延续、人生危机之后的转折等交给信仰力量来主导，那么虔诚心理由此而生。而马克思主义所建构的信仰目标——共产主义社会是全人类共同的价值需要，其实现的过程也会是个漫长的过程，只有等到社会主义社会发展到高级阶段，才能实现这个宏伟而又理想的目标。将个人的生命与社会的发展进程进行比较，前者是短暂的，后者是漫长的；将个体力量与社会发展力量进行比较，前者是脆弱的，后者是强大的。人的生命是有限的，是实际的存在，共产主义是一种崇高的理想追求，是一种远大的理想目标。共产主义信仰与个人价值需求之间的巨大空间，使得人们对马克思主义的信仰变得摇摆不定，其信仰的心理空间也很容易被其他社会思潮和宗教学说占据。

四、培养坚定的马克思主义思想信仰是大学文化的基本职能

(一)应分层次宣传马克思主义

马克思主义信仰的心理特征是理性的、客观的、理想的，这就要求宣传马克思主义的策略应有所分别，对于普通民众的马克思主义信仰宣传应平实、通俗，应结合其心理承受能力和思维方式特点来宣传马克思主义，可以编写马克思主义理论的通俗读本，用平民

化的语言来宣传马克思主义,并且要将马克思主义与民众的现实生活联系起来,将唱红歌、讲故事、看电影、排话剧等形式融入到民众的生活中,做到马克思主义与普通民众情感上的沟通。对于专门研究马克思主义的学者、专家来说,其信仰建构则是一个理性客观的过程,这种理性客观的研究越深入,越能激发马克思主义者的敬仰性,因为马克思主义是科学、是真理,他们的马克思主义信仰一旦建构,将属于科学信仰的范畴,就会经得起实践的考验,也会比较稳固。

(二)应侧重优秀的群体建构马克思主义信仰

当前我国的信仰一直处于意识形态信仰的统领之下,对民众的信仰建立统一的标准,这无疑是违背信仰建构的心理原则的。所以马克思主义信仰的建构必须根据其民众心理特性来建构属于自己的信仰群体。根据重庆市委调研的结果,可以这样来建构马克思主义信仰:中国共产党员必须树立马克思主义信仰;要求知识分子能充分理解马克思主义,积极引导先进知识分子信仰马克思主义,要求大学生在接受高等教育阶段,系统了解马克思主义,积极引导大学生建立马克思主义信仰;要求普通民众了解马克思主义的基本内容,不反对马克思主义,吸引优秀群众信仰马克思主义。

(三)应注重民众实际利益的实现,践行马克思主义信仰

马克思主义作为中国共产党执政的学说,属于意识形态的信仰范畴,作为执政党信仰的学说,不仅在理论宣传层面要体现信仰的科学性和真理性,更重要的是在执政过程中真正体现马克思主义的信仰。民众实际上是通过其执政方式和执政效果来评价马克思主义的实效性的。因此,要构筑马克思主义信仰的的大众化,就必须从满足民众实际利益开始做起。这就对执政党的执政能力提出了很高的要求,一方面要加强执政能力建设,真正做到全心全意为人民服务;另一方面要严惩党政干部中存在的腐败行为,当前党员干部中的歪风邪气、腐败行为等严重毁坏了党的形象,从而导致对马克思主义信仰的怀疑。因此,建构马克思主义信仰,就必须建立长效惩治腐败机制。

第五节　大学文化与大学管理

大学管理是领导者运用适当理念、方法和教职员工合作,共同产生有效的知识传授的一种过程。[①] 大学管理是一种复杂的社会行为,并与当时的政治、经济、文化背景等息息相关。当前,中国大学的管理既不能摆脱中国传统的人文管理,也需要西方现代的科学管理。从某种意义上讲,大学管理与大学文化是密不可分的。不同的大学文化塑造了不同的管理模态,而不同的管理模态又深深影响了大学文化的建设和发展。

----

① 赵存生.世界多元文化激荡交融中的大学文化[M].北京:高等教育出版社,200:78.

一、现代大学管理的基本理念

当前,我国高等教育正处于改革发展的机遇期和关键期。妥善解决这一时期面临的各种困难和问题,理顺各种关系,构建和谐校园,对于促进学校的持续发展,具有至关重要的作用。

(一)坚持协调发展观

坚持协调发展,就是要在办学实践中贯彻和落实科学发展观,在确立办学指导思想、办学定位、办学方针、办学思路中体现协调发展的理念。坚持协调发展观,首先要加快学校发展步伐,要在以下四个方面做好协调发展:①要坚持办学规模与办学质量相协调。当前要注重把教育质量放在首位,在办学规模稳步扩大的同时,不断优化教育资源配置,优先保证人才培养质量的提高。②要坚持办学结构、办学层次的协调发展。本科教育、研究生教育、职业教育、继续教育之间的关系是影响学校未来发展的重要问题。我们要根据当前高等教育发展的特点,立足自身的办学定位、办学类型、办学目标,科学调整办学结构和办学层次,保持协调发展。要在健康发展本科教育的同时,加快研究生教育,这是建设教学研究型大学和提高办学层次的需要。③要坚持教学与科研相协调。教学是立校之基,科研是强校之本。在办学实践中,要注重教学与科研的协调发展,以科研促教学,以教学带科研,实现教学科研一体发展。④要坚持学科的协调发展。学科建设是高校建设的龙头。在学科及专业布局上,要坚持从我们学校自身实际出发,突出优势学科,促进多学科协调发展。

(二)坚持以生为本观

坚持以生为本,就是坚持对学生主体地位的充分尊重,对学生潜能的充分挖掘,对学生人格的充分塑造,使学生得到全面发展。要把以生为本的观念贯彻体现在学校的教学目的、教学模式、教学方法、教学管理以及校风、教风建设等各个方面。比如在教学目的上,要立足学生的接受能力满足学生的需求,使学生在知识、能力、思想道德、身心健康等各方面得到全面发展;在营造校风、学风中,要将"一切为了学生,为了学生一切,为了一切学生"的理念融入其中,形成以生为本的浓厚氛围。

(三)坚持全面质量观

坚持全面质量观,就是要按照教育规律,根据经济社会现实需要和持续、健康发展的要求,对人才培养质量进行判断。人才培养质量是学校工作的生命线。要注重从整个社会的需求出发,分类指导、努力培养能够满足不同需求、得到用人单位认可的优秀人才。要逐步确立"厚基础、宽口径、强能力、高素质"的复合型人才的培养目标,以满足经济社会对毕业生的需求。

(四)坚持开放教育观

坚持开放教育,就是以更加开阔的视野和更加宽广的胸怀,充分利用国内外、校内外、专业内外优质教育资源,加强办学活动中的合作与交流。开放性是现代大学的特点,当前,随着高等教育体制改革的不断深化,高等教育与社会生活,特别是与社会经济发展的联系越来越紧密,高等教育的社会功能也变得越来越强。要促进学校又好又快发展必须进一步坚持对外开放,做好以下几个方面的工作:①积极争取教育部、省政府有关部门的大力支持;②加强与国内外省内外重点院校的沟通;③加强与知名企业的联系;④加强与知名校友的交流;⑤注重利用国外优秀教育资源,主动占领国外教育市场等。

二、现代大学管理模式的演进与发展

北京大学、清华大学、东南大学、浙江大学、河南大学等现代大学创立以来,大学以其顽强的生命力不断创造辉煌。纵观现代大学管理,我们大致可以把它的演进与发展过程划分为三个阶段,即经验管理模式阶段、科学管理模式阶段和文化管理模式阶段。

(一)经验管理模式阶段

大学的经验管理模式是指在没有任何成型的管理规律和管理制度可以遵循的前提下,大学管理者凭借办学经验对学校进行管理的一种方式。这一管理模式的时间跨度相对较长,大致是 1898~1980 年。这一阶段,中国大学管理经历了从仿效英、美办学模式到仿效德国,再到仿效苏联,再到 10 年文化大革命时期的无组织的混乱管理模式。除了文化大革命时期的办学管理模式外,无论哪一种经验管理模式都是与当时的历史背景紧密联系的,都突出体现了大学管理的主观色彩和自主行为。即便到了现在,在不少民办高校中也依然广泛存在着经验治校的管理模式。那么经验管理模式下的大学发展呈现出什么样的特点呢? 我们归纳出了五点:

(1)管理理念和管理决策重视经验和传统。这种管理能够较好地继承以往管理者留下的教育管理理念和成熟的管理经验。保持学校的传统,使管理过程呈现出相对的稳定性,但是这同时也成为学校管理理念和管理模式变革的巨大阻碍。

(2)管理手段的行政化。这种模式下的大学组织机构主要是模仿政府和企业,因此管理手段本质上就是习惯和行政权力,具有强制性特征。管理手段的行政化,学校管理秩序趋同于社会管理秩序。

(3)管理的零散性。这种管理是通过管理过程中遇到的问题来累积经验的一种管理方式,当学校规模不断扩大,新问题不断出现时,这种管理模式就可能出现暂时的失灵。因此,它是零散的、不系统的管理模式。

(4)缺乏科学性和预见性。大学经验管理模式停留在经验的层面,没有上升到理论的高度。因此,在指导实践的过程中,它缺乏科学性,经验指导下的管理行为停留在表层,看不清管理的本质。没有形成理论的经验自然也就缺乏对大学管理的预见性。

(5)管理效能上的低效能和高成本特性。经验本身不一定正确,在管理的过程中,随意性较强,管理者的时间和经历的花费也较大,管理的监督成本也较高。

(二)科学管理模式阶段

大学的科学管理模式是相对于经验管理模式而言的,这一模式主张大学管理必须有科学的管理理念、管理标准、管理法治等,它不因某个管理者意志的改变而改变,而是因循管理的规律来完成管理。这一管理模式持续的时间范围是1980～2000年。受泰勒科学管理理论影响,大学兴起了"标准化运动"和"效率运动",将学校比作工厂,教师比作工人,学生比作产品,学校管理人员就像工厂经理控制生产流程一样控制教育生产过程。随着科学管理理论的出现,现代大学结构的日益复杂化和功能的多样化,现代大学管理过程中不断吸收科学管理的理念,大学管理走向了科学管理模式的道路。

这一时期,大学开始了标准化建设之路:①大学从业人员开始持证上岗。如一线教师要获得教师资格证书方可在课堂讲学,后勤管理人员要获得工勤管理资格证书才可上岗等。②大学管理开始规范化。这一时间从国家层面到大学所辖省市教育管理部门到大学,都制定实施了一系列管理规范。如高等教育法、违法违纪处理制度、招生考试制度、毕业管理制度、行政管理制度、财务管理制度、校务公开制度等。这说明了大学管理靠经验、靠个体主观意志的时代已经过去了。③大学管理的标准化。从20世纪90年代开始,教育部开始对大学管理进行专业评估。例如教育教学评估、德育评估、体育评估、美育评估、就业评估、党建评估等,每一项评估都制定了详细的标准,要求大学按照评估指标体系实施管理活动。科学管理模式下,大学管理的显著特征就是讲求科学性,并有一定的理论指导作依据,重视技术手段,追求理性、硬件、量化的物化管理模式。如对学校课程的设置和课时的安排等都开始注意到学校师生的身心发展规律等,进行比较科学的安排。心理学、教育学、组织行为学和管理学理论的研究也为大学管理人员丰富自己的管理知识和经验起到了重要的作用。但在信息化时代,这种管理模式已经暴露出诸多弊端。

(三)文化管理模式阶段

文化管理是一种以人为本的全新管理模式。这种管理模式虽然从20世纪80年代就已经出现了,但真正运用到大学管理实践中还是在2000年以后。文化管理讲求管理哲学、讲求文化在管理中的特殊功能,它主要通过组织文化建设,塑造组织成员的价值观、信念和行为模式,依靠文化的导向、凝聚、约束、激励、调适等功能,充分调动组织中人的主观能动性,从而实现组织目标的过程。这一部分内容在以后的章节中会有详细的论述,这里不再赘述。

三、大学文化与大学管理的关系

大学管理是大学文化的重要组成部分,是大学文化在治校办学上的反映。大学管理发生于特定的大学文化之中,即有什么样的大学文化就会有什么样的大学管理方法或模式。而具有特色的创新管理又可以推进大学形成独有的大学管理文化。一般来讲,大学管理文化被划分到大学行为文化之列,是大学众多行为文化中的一种。总体来讲,大学文化与大学管理是包容与被包容的关系。

(一)大学文化对大学管理的推进作用

大学文化对大学管理具有强大的推进作用:

(1)在管理的初始阶段。在管理还没有实施之前,先于管理行为而存在管理制度。管理制度制订时会考察大学的具体情况,了解大学的文化特征和管理对象的接受心理,这就形成了大学制度文化的基本特征。管理制度制订的基础是管理分析,而管理分析的过程,无论是进行内部条件分析还是从把握学校的愿景、使命方面的分析,都要对大学文化进行识别、梳理,都要建立在学校已有文化的基础之上。由于各个大学的办学理念、目标定位和人才培养的方向不同,就形成了不同的大学文化。一所大学的文化一旦形成以后,要对其进行变革难度很大。因此,大学管理制度与大学文化应当相互适应、相互协调。如果,在管理制度的制订过程中不甄别地照抄照搬其他学校的模式,或者不顾实际地制订本校的制度,必然会造成后期实施的困难,甚至失败。

(2)在管理的实施阶段。大学文化是管理实施的文化保障,也是管理实施的重要手段。管理制度制定了,接下来便是全体或部分群体加以贯彻实施了。有着良好大学文化的大学在管理实施的过程中会充分运用大学文化的影响力、凝聚力和感召力,使全体大学人在大学文化的感召下达成共同的价值取向。这方面也是有实例可以证明的。2011年11月,河南省人民政府决定与国家烟草专卖局共建郑州轻工业学院,成为河南省第6所省部(局)共建高校。该校充分发挥理工科大学特有的治学严谨、实证先导的文化优势,全面布署实施各项具体工作。目前,该校的省局共建工作已经取得重大阶段性成果。这个例子说明了优秀的大学文化在推进大学管理过程中的精神动力作用。

(3)在管理的调整或绩效评估阶段。大学管理的调整或绩效评估同样需要大学文化的支持和保障。管理效能如何、出现问题的原因是什么、如何据此对战略的制定和实施做出调整等,同样不能忽略大学文化的影响。

(二)大学管理引发了大学文化的变革

大学管理并不是时刻都与大学文化相统一的。有时,大学管理会超前于大学文化而运行。美国管理学家洛尔施在研究企业文化与企业战略的关系时指出,文化可以从两个方面阻碍战略管理:①根深蒂固的信念会遮住管理者的视线使他们经常不能觉察外部条件的变化;②当特定的文化在过去曾经行之有效时,很自然的做法是在未来仍固守这一文化,即使发生了很大的战略变化时也仍会如此。[①] 大学管理不同于企业管理,但大学文化与企业文化却有相似之处。许多的企业文化理论可以借鉴到大学文化建设上来。刘向兵、张琳在《大学文化与大学战略管理的关系研究》一文中从大学战略管理角度,在借鉴企业文化的基础上提出了三种大学文化形态:①战略相助型大学文化,即大学文化导

---

① 刘向兵,张琳.大学文化与大学战略管理的关系研究[J].中国高等教育研究,2006(12).

向与战略目标相吻合;②战略制约型大学文化,即大学文化与大学战略相抵触,成为大学战略实施或战略转变的羁绊乃至发展的桎梏;③战略非相关性大学文化,即大学文化对大学战略无明显影响。

实质上,大学管理是一个复杂的文化系统。一般而言,原有大学文化持续时间越久,大学文化的变革就越困难;大学历史越悠久、规模越大,大学文化的变革就越困难;大学文化越深入人心,大学文化的变革就越困难。不管变革大学文化的难度有多大,如果实施的战略与原有的文化不相匹配,就必须考虑变革。

第八章　当前大学文化建设中存在的问题

1998 年,中国高等教育的毛入学率为 9.8%,1999 年全国开始大规模地扩大招生,2002 年高校毛入学率达到了 15%,2005 年全国在校大学生数量则达到了 2 300 万人,毛入学率为 21%。[①] 依据国际上公认的大学毛入学率 15% 是精英教育和大众化教育的分界点,我国的高等教育在 2002 年已进入大众化教育阶段。在高等教育飞速发展的时期,大学文化也面临着从精英大学文化向大众大学文化的过渡,并出现了许多新现象和新问题,值得我们探讨和研究。

第一节　大学的核心精神失范

大学精神是大学称之为大学的根本所在,它犹如灵魂维系着大学的发展。大学精神的失范或缺失,对大学来说是致命的。然而,就当下的中国大学而言,为数众多的大学不同程度地存在着大学精神失范或缺失的现象,从长远来看,必将有损于中国大学在推进中国现代化进程中的引领作用。

一、大学精神失范的表现

改革开放以来,我国高等教育的政策是明确的,导向也是正确的,高等教育取得了巨大成就。不过,在一些政策的实施过程中,部分高校遇到了这样或那样的问题,导致部分高校的某些做法不尽如人意。我们认为,当前大学精神失范主要表现在以下几个方面。

(一)大学理念缺失

"理念"是一个专有名词。我们通常认为,"理念"一词超越了观念,是一种综合性、系

---

① 王向阳.21 世纪高校大学生校园文化建设的新理念和新实践[J].现代教育科学,2002(7).

统性的理性追求。理念可以表述为，理性化的思维活动模式或者说理性化的看法和见解。它是对客观事实的本质性反映，是事物内在属性的外在表征。

《大学》讲："大学之道，在明明德，在亲民，在止于至善。""明德"、"亲民"、"至善"这三个层面表述的就是大学应有的治学理念。

"明德"是指大学应通过教育规范社会伦理，使大学人按照社会的道德伦理规范约束自己的行为。同时，通过主体行为的示范提升社会整体素质。一般来讲，明德主要表现在四个层面：①社会公德；②职业道德；③家庭美德；④个体道德。这四个层面的道德规范从个体与社会、个体与职业、个体与家庭、个体内部出发，论述了道德伦理的重要性。它们是个体能较好地适应社会、推动社会发展的理性要求。

亲民并不是指亲近民众，而是指通过大学教育使民众在知识、理性、道德、价值观等方面做出全新的界定。例如，一个没有接受过教育的民众，每天照样生活。但他们很少从理性层面总结归纳出自己生活的意义和目的。有一笑话讲，一个从城里来的专家去了西部某省，在黄土高原上见到了一个放羊娃。专家就问放羊娃为什么要放羊？放羊娃说是为了多挣些钱。专家问挣了钱干什么呢？放羊娃说是为了娶媳妇。专家问娶媳妇干什么呢？放羊娃说是为了生娃娃。专家问生娃娃是为了干什么呢？放羊娃说放羊。这不仅是一个笑话，同时它说明了一个简单而朴素的道理：民众在没有良好的知识素养的情况下，是很难实现自身的思想境界的提升的。我们就可以清楚地看到，大学对于提升民众的理性价值观的作用是无可争议的。

"至善"通常是指最高的善。那么什么是最高的善呢？朱熹在《大学章句》中指出："止者，必至于是而不迁之意；至善，则事理当然之极也。言明明德、新民，皆当至于至善之地而不迁，盖必其有以尽天理之极，而无一毫人欲之私也。"也就是说，事物本身固有的应然之理。这种应然之理虽然本身就存在，但如果不加提炼的话是不会自己张显出来的。大学教育就是通过知识传授使处在混沌中的个体表现出自身所固有的但却未曾被发掘出来的本质的最高层次——善。

以上三个层面，被朱熹称之为大学的"三纲"，即大学的理念。然而，当前为数众多的大学并不以此"三纲"作为办校治学的基本理念。一些大学从经济利益出发，把大学办成了企业、把教育当成了产业、把学生当成了产品，浮躁之气丛生、铜臭之气弥漫、官僚之气云起，使大学失去了"本心"。

（二）大学精神的缺失

大学精神通常包含有独立自由、勇于批判、科学精神和人文关怀几个方面的内容。大学精神是大学得以存在的灵魂。大学精神不同于大学物质基础，它是更高层次的文化意识形态。一所大学可以物质匮乏，但不能精神缺失。前文提到的西南联大，抗战时期临时成立的联合大学物质条件是很落后的，但西南联大的办学精神却是务实的、先进的。用两个具体事例加以证明：①西南联大的校训"刚毅坚卓"，它指的是大学师生应在国家危难之际始终保持品性上的刚毅不屈和学习科学知识的坚卓不辍；②西南联大的校歌

《满江红》。这首由冯友兰作词、张清常作曲的校歌慷慨激昂,表达出了西南联大师生同仇敌忾的精神风貌。我们不妨抄录如下:

引词

八年辛苦备尝,喜日月重光,顾同心同德而歌唱!

歌词

万里长征,辞却了五朝宫阙。

暂驻足衡山湘水,又成离别。

绝徼移栽桢干质,九州遍洒黎元血。

尽茄吹弦诵在山城,情弥切。

千秋耻,终当雪;

中兴业,须人杰。

便一城三户,壮怀难折。

多难殷忧新国运,动心忍性希前哲。

待驱逐仇寇复神京,还燕碣。

勉词

西山苍苍,滇水茫茫。

这已不是渤海太行,这已不是衡岳潇湘。

同学们,莫忘记失掉的家乡!

莫辜负伟大的时代!

莫耽误宝贵的辰光!

赶紧学习,赶紧准备,抗战,建国,都要我们担当,都要我们担当!

同学们,要利用宝贵的时光,要创造伟大的时代,要恢复失掉的家乡!

凯歌词

千秋耻,终已雪;

见仇寇,如烟灭。

大一统,无倾折;

中兴业,继往烈!

维三校,如胶结;

同艰难,共欢悦。

神京复,还燕碣!

许多教育专家认为,在保障大学的高水准方面,大学精神比任何设施、任何组织都更为有效。然而,中国大学精神的缺失表现在多方面:大学作为教学和学术自治中心的地位没有得到确立;大学办学缺乏鲜明的个性和独到的理念,定位贪大求全,办学目标功利化;大学教师的文化品位下降,学术失范。正如克拉克·克尔在《大学之用》一书写道:"洪堡的柏林大学正在被玷污,就像柏林大学当年曾经玷污牛津大学的灵魂那样……它们已经成为中等学校、职业学校、教师培训学校、研究中心、进修机构和生意事务的集中场……最糟糕的是,它们成了公众的服务站。"①大学精神的缺失是可怕的,它使大学像失去了舵盘的船一样,迷失了前进的方向。

(三)大学教师理想的缺失

大学教师是大学建设发展的核心动力之一,没有良好的教师队伍大学也就没有了发展的动力。大学教师的理想信念是通过自己的知识、技能和崇高的道德来影响学生,进而带动社会良性发展,使学生能够达到真善美的协调统一。因此大学教师常被称之为"人类灵魂的工程师"。然而,近年来,大学教师在理想信念方面却发生偏转,主要表现在两个层面:

(1)功利化倾向明显。近年来,中国大学普遍要求教师队伍建设的高水平化、高学历化。大学教师必须站在学科发展的前沿,以较高的学术研究水平来提升受教育者的知识水平和技术能力。片面强调高学历化存在着问题。不少大学提出高校教师必须获得博士学位,有的甚至条件更为苛刻,比如研究课题的层次、性别、职称、工作经验等。这些必备条件把一些学历层次低但却学有专长的优秀人才拒绝于大学门外。大学用人的导向作用,使得大量的人才扎堆考研、考博,人数上去了、质量下来了。这些博士进入大学后,科研能力不强、教学质量一般,浮躁之气浓厚。同时,大学老师的职称与福利津贴挂钩,而职称的评定又与学位、论文、项目、课题等挂钩,造成了大学教师学历获取的"大跃进"和低质量的论文项目的"满天飞"。

(2)理想信念缺失。唐代韩愈在《师说》一文中讲:"古人学者必有师,师者,所以传道授业解惑也。"这里提出了教师的三项基本职责,即指导道德修养、传授知识学说、解答人生和知识方面的疑惑。然而,部分大学教师在这三项基本职责的履行过程中存有理想信念的缺失。我们通过几个案例来说明问题:

案例一:生活情趣低俗

大学老师在上课时,给学生播放影音资料,大屏幕上显示的却是 A 片,课堂上的学生瞠目结舌……近日,网友"发疯的火龙果"就在大渝网发帖爆料,讲述了这件荒唐的事。目前已有3 187位网友持续关注,170 位网友跟帖发表看法。"老师用自己的笔记本放映教学资料的时候,大屏幕上显示的是 A 片。""发疯的火龙果"在帖中称,学生们顿时目瞪口呆。该教师没有立即停播,而是将笔记本关上,可大屏幕上影片还在显示。直到教师反应过来,才将电脑关掉。发帖者称,此事发生在重庆某大学,该教师是播音主持班的讲师。事后,学校也未对这名老师做任何处理,而该教师仍获得讲师授课评比三等奖。为了表示自己的歉意,该教师用所获的奖金请全班同学吃饭。②

---

① [美]克拉克·克尔.大学之用[M].北京:北京大学出版社,2008:3.
② 大学教师上课误放 A 片 请全班同学吃饭表歉意[OL]. http://bbs.tiexue.net/post2_4181293_1.html.

案例二:教师不务正业

《人民日报》长沙1月30日电(记者侯琳良)记者从湖南大学获悉:近日,该校包括6名教授在内的26名教师,因违反学校劳动纪律,在外兼职或出国逾期不归,收到了学校的"下课"通知书,其中6人被处置为自动离职,20人限期调离学校。

这是湖南大学依据2010年修订的《教职工纪律管理办法》,首次清退违纪教师。在这批被"下课"的教师中,有1名是该校从国外引进的高层次人才,最初在南方某企业做科研顾问,后来在该企业担任了实职,享受企业发放薪水等各种待遇,反而把在学校应承担的教学任务落了下来。

湖南大学常务副校长赵跃宇把这次集中清退比喻为对学校管理进行必要的"磁盘清理"。在他看来,造成大学教师不干本职,在外兼职或出国逾期不归现象的主要原因在于:社会上诱惑很多,使得一些教师把个人利益凌驾于学校正常秩序之上,而且过去学校管理过于松散,提供了空间。①

案例三:师德缺乏

四川某大学艺术学院的一群学生打入《华西都市报》教育热线,称某名任课教师在教学中,因为与该班一女生谈恋爱,采用不公平手段,让本来成绩只处于中下等的"女朋友",在上学期名列第4。学生们投诉说,该教师上课还爱打游戏,还不准学生检举。今年已经大三的学生们,都为自己的前途担忧,集体要求换老师。

在学校花圃里,该班16位同学(共30人)将记者团团围住,七嘴八舌地投诉。据介绍,该教师是一名年轻教师,和该班一女生好上后,就主动要求教他们,并教授了该班大三上学期的5门专业课,这在该校也是绝无仅有的。学生们纷纷表示,老师的私生活他们管不了,也不想管,但让学生们大跌眼镜的是,老师上课居然打游戏。按照学校教学进度,现在某课程应该教授7周了,结果现在还没开始授课,他说学生没资格管。

上学期,公布成绩时,该教师的"女朋友"取得了第4名,平时她想不上课就不上,连病假条都不交,还在寝室对其他学生炫耀:"要打多少分还不是我说了算,上不上课也是我说了算。"同学们称,如果不是这个"女朋友"没过英语三级,现在连奖学金都评上了。"女朋友"同寝室的一个女孩子因为平时对该教师不满,和"女朋友"不睦,该教师就给她打了8节旷课,甚至不收其作业。②

我们有理由相信以上只是个案,并不代表大学教师整体素质。但这些案例却给了我们以警醒与启示:大学教师高远理想的缺失,对于大学来讲不仅是一种损失,更是一种灾难。

(四)大学教授话语权缺失

讲到大学教授话语权缺失这个问题,我们可以先看一个例子:1952年,二战英雄艾

---

① 侯琳良.湖南大学26名教师不上课被"下课"[N].人民日报,2011-01-31.
② 大学老师与女生交朋友"师生恋"引发集体投诉[OL]. http://www.people.com.cn/GB/jiaoyu/1054/2464613.html.

森豪威尔将军接受哥伦比亚大学的聘任,担任这所著名常青藤大学的校长。上任伊始,将军在下属的陪同下巡视校园,会见校董会、行政人员和学生,最后参加了为他举行的欢迎大会。艾森豪威尔将军发表热情洋溢的讲话,并骄傲地称对有机会会见全体哥伦比亚大学的"雇员们"表示万分的荣幸。这时,一直坐在台下的在哥伦比亚大学德高望重的物理学教授,后来成为诺贝尔奖得主的拉比教授站了起来,自负却又不失风度地说:"艾森豪威尔先生,教授们并不是哥伦比亚大学的'雇员',教授们就是哥伦比亚大学的全部。"①

从某种角度上讲,大学教授就是一所大学全部财富的集中代表。一般情况下,大学教授的话语权充分表现在三个层面上:

(1)学术话语权是教授话语权的核心体现。大学作为培养高级人才的机构,许多事务都与学术息息相关,应该由专门的学术机构进行管理。如美国加州大学伯克利分校以教授评议会为学校最高学术管理机构,教授评议会中又有二三十个委员会,决定学校相关事宜,如经费预算委员会除决定经费使用外,还决定给一个系多少教授名额。

(2)管理话语权是教授话语权重要表现之一。一个大学如何管理、采用什么样的方式管理、由谁来管理,是大学管理的核心命题。斯坦福大学校长卡斯帕尔说,我有50%的时间都在听取教授的意见。这说明世界知名大学的管理并不完全是由校长说了算,校长的职责是把以教授为代表的师生的意见收纳起来,形成制度和决策施以管理。研究发现,自近代大学产生以来,教授在大学运行管理过程中发挥了重要的作用。诸如,学科设置与调整、院系设置与管理、教师聘用与管理、职称评审、参与学校重大事项的论证等。

(3)道德话语权也是教授话语权的重要表现之一。大学应该传承什么样的道德价值观,应该对受教育者施以什么样的道德教育,同样是大学教育的核心命题。教授在大学树立良好道德价值观方面应当拥有无与伦比的优势,他们在长期的教育过程中,形成了崇高的道德规范和道德价值观,他们对于大学失德行为有约束和批判的权威,这一点是不可剥夺的。

目前中国各大学以及各院系都设有类似于教授会的"学术委员会",然而"学术委员会"在学校重大问题上都没有决策权,甚至也没有发言权,最多就是当当"智囊"。有人讲,把教授话语权的缺失归咎于大学的管理体制和现行的教育制度,我们认为这种观点有些片面。真正导致教授话语权缺失的不是制度而是教授本身,源于他们坚守真理的勇气、他们坚持原则的态度和他们坚定的科学精神。

(五)大学特色的缺失

特色是一所大学区别于其他大学的基本属性和自我品格,它是学校的优势和生命力所在。从一般意义上讲,一所大学的存在不在于它的规模,而在于它的教育品牌。

---

① 〔美〕克拉克·克尔.大学之用[M].北京:北京大学出版社,2008:25.

我们以韩国的高等教育为例,韩国与中国不同,中国主要是以公办高校为主体,而韩国却是以私立高校作为主力军。目前,韩国的私立初级学院和4年制大学总量已达到了318所,占了高校总数的85.5%。韩国私立高校的良好发展与其重视和保持办学特色是分不开的。韩国政府十分鼓励大学的特色化。20世纪70年代开始韩国对所有高校实施《大学特色化》政策,政府设立专门的财政补助,支持大学的特色化,鼓励私立高校根据国家经济的变化及时调整专业课程的设置,培养符合国家、地区发展需求的人才。因此,私立高校非常重视自身特色发展,并在持续发展的历程中形成了独有的特色,以著名的加耶大学和浦项工业大学为例加以说明。加耶大学主要特色是大力发展实用学科,根据社会急需的专业,来设置相应的课程,培养相关专业的技术人才,学校的就业率一直名列前茅。加耶大学对三类学科做了不同的人才培养定位:理工类学科培养正直的技术专业人才,应用社会科学学科培养勤劳的国际性专业人才,艺术学科培养创造性的文化专业人才。而浦项工业大学与其他世界著名的名牌大学密切合作从事基础科学和工科前沿领域研究,成为韩国名列前茅的名牌大学。学校注重前沿研究,以先进技术的应用促进国家经济的发展。自1986年创立以来,经过短短20多年的发展,它已经成为世界知名的研究型工科高等院校。学校立志精英教育,为少数优异的高中毕业生提供优良的学习及科研环境,学校只有3 000名学生,却有研究学者800名,全球知名教授250人。①

办学特色是一所大学在长期办学实践中形成的比较持久稳定的办学方式和社会公认的、独特优良的办学特征,是学校的生命力和竞争力之所在。走特色发展之路,是高等学校贯彻落实科学发展观的基本要求,是遵循高等教育发展规律和高等学校办学规律的重要体现,也是建设高等教育强国,完善高等教育体系的客观要求。实践证明,要实现学校的科学发展,核心在于特色发展。以郑州轻工业学院为例,办校30多年来,学院不断凝练学科方向,突出学科特色,不断加大特色专业建设力度,打造强势学科专业,积淀形成了食品科学与工程、机械工程、仪器科学与技术、信息与通信工程、化学工程与技术、电气工程等鲜明特色的学科和一批在省内及全国享有声誉的特色专业。此外,在河南省还有一批走在前列的大学,它们走"以特色创优势,以特色求发展"的道路。例如,河南理工大学不仅与平煤神马集团、淮南矿业集团等一批煤化行业巨头签署了战略合作协议,还先后建成瓦斯地质与瓦斯治理国家重点实验室培育基地等22个国家、省部级重点实验室;河南农业大学通过省部共建,组织实施了现代农业科技创新行动计划、农业产业化推进行动计划等10项行动计划。郑州轻工业大学与省内有关地市建立战略性产学研合作关系,在服务地方经济的过程中寻求科学研究的创新点和落脚点。与三全、双汇、新飞、海尔、云南中烟、上海烟草集团、红塔集团等知名企业保持着长期而深入的合作关系。

---

① 黄海华.国外私立学校的品牌发展战略[N].中国教师报,2011-03-01.

每一所大学都有走特色发展的理想,但并不能说明每一所大学都走出了一条特色发展的路子,大学趋同化问题依然是制约当前中国大学发展的重大问题。本质上讲,大学特色缺失是大学理念和大学精神缺失的具体表现,它从一定层面上反映了大学在寻求发展道路上的困惑与迷茫。

二、大学精神失范的原因

近年来,研究大学精神缺失的论文著作数量很多,大多数学者把矛头都指向了大学的人文精神的缺失、科学精神的缺失、独立性缺失、话语权缺失、特色发展缺失等,我们的理论主张也基本上是从以上几个方面着手分析的。我们在研究大学精神失范时采用了历史比较法、归纳总结法和演绎法,试图从不同的角度揭示大学精神失范的原因。

(一)行政因素的影响

近年来,在大学去行政化的呼声越来越响亮的同时,大学的行政化问题却越来越严重了,使本应专心于学术的教授醉心于提升个人行政级别及待遇,自由开放的学术环境被僵化的行政制度所束缚。

1. 官本位的思想和行为损毁了大学精神

2012年5月20日是南京大学110周年校庆。2月2日,一条微博称:"校方表示,接待嘉宾序长不序爵,只按年龄排前后,不以官位论大小。"①这条微博迅速引来网友热议,众多网友都对南京大学的这一表态竖起了大拇指。如果南京大学真能如此,那么在当下也是一个"创举",因为它敢于打破所谓的约定俗成的"规矩"。近些年来,官本位思想在大学里盛行,并有愈演愈烈的趋势。从大学内部行政级别看,校长、书记以下有院长、学院党委书记、处长、系主任、科长等大小不一的官员,有了这么多的官员,自然要赋予他们一定的权力,给予他们一定的待遇,这样就导致部分学校的领导充分利用手中的权力,在评职称、评奖评优、申请项目和申请课题等活动中享受优先权。据统计发现,在第5届全国教学名师的100位获奖者中,担任党委书记、校长、院长、系主任、教研室主任、实验室主任、研究所所长等行政职务的占到九成,不带任何官职的一线教师仅有10人左右。②由此可见,追官、升官似乎成了一种风气,即便已经成了教授,还是去争着当官,这就不难理解某所大学一个处长职位竟有40个教授来争取的现象。想做官的人多,安心教学搞研究的人就少,这样必然会影响教风、学风,导致教学质量的下降以及大学精神的缺失,这严重侵蚀和毒害着当代的大学精神。

---

① 南京大学校庆拒绝"官本位"网友赞此举体现大学精神[OL]. http://edu. gmw. cn/2012-02/08/content_3520678. htm.

② 雷振岳. 去行政化方能清洁大学精神[N]. 工人日报,2009-09-17.

2. 大学校长办学理念迷乱是大学精神缺失的动因之一

我国《高等教育法》第 40 条规定，"高等学校的校长、副校长按照国家有关规定任免"。自中国近代大学成立以来，真正的民选校长几乎不存在。例如北京大学，1898 年 7 月，在京师大学堂成立之初，晚清政府就任命孙家鼐以吏部尚书、协办大学士受命为首任管理大学堂事务大臣，随后是许景澄、张百熙、张亨嘉、李家驹等。北洋政府时期，政府又任命蔡元培为北京大学校长。国民政府时期，政府又任命蒋梦麟、胡适等为校长。新中国成立以后，历任北京大学校长、书记等皆由中央政府任命。大学校长到底是民选、自选还是官任，其实并不是问题的核心。核心在于大学校长在任时的管理理念和管理方式。

历史上，蔡元培、蒋梦麟、张伯苓等都是官任的，但谁也无法否定他们对于中国高等教育发展的重大历史贡献。当前许多地方性民办高校发展也很好，甚至在某些学科方面走在了前沿。国外一些知名高校也有许多都是私立的，如美国的哈佛大学、斯坦福大学、耶鲁大学等。他们的校长多是民选或自任的。他们始终如一地坚持独立自由的办学理念，使得私立大学拥有了比公立大学更大的空间。

大学去行政化应当是思想理念上去行政化。在一所大学里，前一任校长本来按照自己的办学理念已经实行了改革，但正当改革卓有成效之时，他却被调任到其他大学，这样新来的校长又要实施自己的办学理念，这在某种程度上就会导致大学师生思想的混乱，大学组织管理的涣散和大学精神的缺失。

3. 现行管理体制造成了大学精神的"缺氧"现象

新中国成立以来，政府加大了对大学的管理力度，从招生人数到学科设置，从院系调整到大学校长任命都离不开政府的调控，这种行政化的管理体制在一定程度上限制了大学精神的发展。改革开放以来，我国对这种现象进行了深刻地反思和修正，对高等教育进行了多次改革，但这种局面并未从根本上得到改变，大学行政化管理体制依然存在。这使得学术权力在很大程度上从属于行政权力，教师没有对学术资源的配置权，导致了大学精神的缺失。这主要体现在以下几个方面：

（1）政府干涉大学的教育管理。美国直到 1980 年才成立教育部，但联邦宪法将管理教育的权力授予州政府，教育部的职能有两项：①建立教育数据库为教育评估和决策提供信息服务；②维护教育的公正性。这种做法让学校拥有很大的自主权。2011 年，笔者随团来到了加拿大，并且与加拿大多伦多大学的几位管理人员进行了交流。其中一名管理人员给笔者讲述的例子让人深受触动：在他从事多伦多大学管理工作近 30 年间，他没有接到过国家政府或地方政府的任何一个文件；也没有任何一个地方政府官员叫他去开会或到学校来考察指导工作。我国各级机构部门针对大学管理的文件每天皆有，严重制约了大学办学的自主性。我们以河南某大学为例做了一个统计：

表 8-1　河南某大学 2011 年收取各级文件统计表

发文单位	级别	年度	数量	其中会议通知
中央、国务院	国家级	2011 年	8 件	0 件
相关部委(局)	省部级	2011 年	51 件	1 件
省委、省政府	省级	2011 年	105 件	24 件
教育厅	厅级	2011 年	283 件	87 件
其他省属机构	厅级	2011 年	42 件	9 件
市委、市政府	厅级	2011 年	18 件	2 件
市属机构	处级	2011 年	5 件	1 件
区委、区政府及所属部门	处级	2011 年	2 件	5 件
所属街道办事处	科级	2011 年	4 件	4 件

(2)政府对大学指导的趋同化。政府对大学指导的趋同化是制约大学发展的一大困境。大学要在办学过程中突出特色,同时,各大学之间也因各种原因表现出较大的差异性。政府在对大学进行指导时,往往是一个模式、一刀切,抹杀了大学的差异性和相对独立的个性。

2010 年我国在全国教育工作会议上审议通过了《国家中长期教育改革和发展规划纲要(2010～2020)》,该纲要指出:"建立符合学校特点的管理制度和配套政策,取消实际存在的行政级别和行政化管理模式,推进政校分开、管办分离。"可以看出国家对于去除大学行政化的决心。

(二)经济因素的影响

我国的经济体制已由计划经济转向市场经济。我们看到了蕴涵于市场经济中的市场理性,正是这一理性,诠释了市场经济最根本的实质性意义:①个人将真正摆脱种种他制他律的、使个人陷入种种人身依附关系的社会因素,成为具有独立的现代人格的真实的存在。②市场经济就是个人独立活动的社会交往形式,它超越了自然经济条件下人与人之间狭隘的依附与等级形式。③市场经济本质上要求推崇理性、讲究逻辑、尊重科学,要求确立理性化的程序与制度,必然改变传统农业文明条件下自在自发、消极被动的存在方式,把个人从自在的和自然的状态中提升出来培养人的主体意识、批判意识与参与精神。由此看来,市场理性使人具有独立的现代人格、独立的社会交往形式,推崇理性、尊重科学,并具有了人的主体意识和批判精神。

市场模式渗透到了社会中的各个方面,大学也成为其中的一员。首先,学术被冠以"商品属性"。在一些大学,学术的研究仿佛是为了产出成绩,然后放入市场作为商品出售,换取相应的经济利益,变成了可用货币交换的等值物品。其次,部分学术的价值由市场来恒定和检验。在这样的条件下,学术价值的有无仅凭市场的需要,市场需要了便价值连城;市场暂时不需要就被冷落。这样便没有了学术的自由,大学也失去独立的精神。

大学的市场化还表现在大学的招生上。一些大学认为多招学生是提升自我的表现形式,从而走入了"招生大跃进"的怪圈:学生越招越多,教学资源紧张,学校靠多招学生来增加收入。动辄万人、几万人的大学比比皆是。办分校、办独立学院、联合办学等形式层出不穷,办学成了一种产业。我们这里有一组数据可以说明这个问题:

改革开放以前全国共有 598 所高校,在校本专科学生只有 85.63 万人,平均起来一个学校不到 1 400 人。1977 年恢复高考,当年考生有 570 万人,录取了 27 万人,录取率为 4.7%。1978 年的考生为 610 万人,录取 42.7 万人,录取率为 3.3%。1999 年大学开始扩招,当年的毛入学率为 8%,可是到了 2002 年毛入学率就达到 15%,2007 年更是达到 23%。1999~2002 年的本专科招生人数平均年递增率为 4.25%,而且 2002 年以后更是有增无减,而 1978~1998 年这 20 年的本专科招生人数平均年递增率为 5.1%。而与大学扩招相对应的是教育经费的问题,1984 年联合国教科文组织统计世界上的 100 多个国家的教育经费占国民生产总值的平均百分比为 4.4%,其中大洋洲为 8%,欧洲为 5.4%,美洲为 4.1%,亚洲为 3.6%,而当年的中国为 2.7%。所以我国在 1993 年颁布的《中国教育改革和发展纲要》中明确指出到 2000 年教育经费要占到 GDP 的 4%,这已经是一个低于世界水平的指标了。可是到了 2000 年,教育经费也只是在 2.5% 上徘徊,即使又过了 10 年也还是没有达到 4%(2009 年的教育经费占 GDP 的 3.48%)。[①]

教育经费的捉襟见肘使得学校自谋生路。于是大学成了工厂和企业,开始以各种名义开展产业,赚取经费。我们不能否定大学办产业,况且从一定程度上讲还是一件好事,比如产学研的结合。我们要说的是大学过分以产业为中心、以经济利益为中心,无疑是助推了大学的浮躁和功利化倾向。

(三)大学自身因素的影响

2010 年,原北京大学校长许智宏曾接受长江日报记者采访时谈到:现在的北京大学与耶鲁大学相比,论文数量上的差距不是那么大了。但他认为,中国大学的软环境建设,没法和国外一流大学相比。中国在这方面和世界一流大学相差"很远,很远"。许智宏认为,世界一流大学主要有三个标准:①有从事一流研究工作的国际知名教授;②有一大批影响人类文明和社会经济发展的成果;③培养出一大批为人类文明做出很大贡献的优秀学生。这里虽然许智宏并没有谈到大学精神的问题,但他却阐明了两个方面的问题:①中国大学面临的软环境恶劣;②中国大学在恶劣的软环境中有随波逐流的趋势。我国大学随波逐流趋势的表现是:现实层面的急功近利与精神层面的自我废弃。在这里,我们要着重说明两个问题:

(1)大学热衷于排名。大学中兴起了一股大学排名热,世界上比较著名的大学排名机构主要有:美国的《美国新闻和世界报道》,英国的《泰晤士报高等教育特刊》,QS 世界大学排名,上海交通大学世界大学学术排名。大学排名有其一定的益处,社会、政府及学

---

① 大学精神及在现行体制下的丧失之因[OL]. http://blog.sina.com.cn/s/blog_52dd6e110100lzaa.html.

校自身都对大学的办学进行监督,能有效地促进大学的健康发展。但是一些大学扭曲了大学排名的本意,不从根本上提高教学质量和改善人才培养方式,一味地做形象工程和样板工程,为了排名而排名,这便失去了排名的意义和初衷。大学不顾自身的特色与发展轨迹,盲目追风,大声呼吁要争先创办世界一流大学,创办世界一流大学的声音此起彼伏,却有始无终,引人深思。

(2)大学忙于各种评审。近年来,国家对大学的评审工作可谓五花八门,有本科生教学评估,"985 工程"、"211 工程"大学的评估,学科建设评估等众多评估。在评估之前,许多高校为了符合评估标准,慌忙应对。为了获得更好的评估结果以获取更多的发展资金、良好的学校声誉及提高生源质量,许多高校进行了有预谋的造假运动;同时高校在迎评的过程中也浪费了大量的教育资源和资金,增加了不合理的开支。大学竞相扩大校园面积,高举高水平、综合性、研究型大学的旗帜时,似乎忘了一个词汇——"绝对增值高度"。"绝对高度"是高出平均海平面的垂直高度,也叫"海拔"。这里的"绝对增值高度"是指高出自身原实力的高度。每个大学都有其办学特色,有自身的长处和不足,所以在建设的过程中,不能为了跻身名校的排名而盲目发展。

第二节 大学文化断代

上世纪末以来,国内大学出现了一轮大学合并潮和大学新校区建设潮。在这两种潮流的推进过程中,参与其中的大学出现了不同程度的文化断代现象。即采用多校区办学模式后,大学原有的文化形态被自然割离或异化,这影响或制约了大学文化建设发展的连贯性和持续性。

一、大学文化断代的表现

一般来讲,文化断代现象主要集中在合并的大学和拥有新校区的大学内。文化断代带来两个方面的后果:①割裂了大学文化的一贯性;②使大学文化有了重新选择文化发展方向的权力。也就是说,我们不能片面认定文化断代就一定有害或有利,它具有两面性,应该辩证地看待。

(一)缺乏一以贯之的文化传统

大学文化传统是大学在长期的办学过程中积累沉淀的文化习惯和历史经验,它是维系大学整体统一性的基本价值观念,也是大学不可或缺的宝贵的精神财富。然而在合并类大学和多校区办学类大学中,大学文化在一定程度上有所保持,但其良性延续却被阻断了。

1. 管理文化的统一性被阻断

合并类大学和多校区办学类大学由于需要照顾不同校区间的办学需求，不得不采用不同的管理方式。对于这个问题，我们可以通过例证来说明问题。

合并类大学我们以郑州大学为例。2000 年 7 月 10 日，合并后的郑州大学成立，它是由原郑州大学、河南医科大学和郑州工业大学合并而成。郑州大学包括新校区、南校区、工学院、医学院 4 个校区，总占地面积达 6 493 亩①，其中坐落在郑州高新技术开发的新校区占地面积达 4 845 亩，总规划建筑面积达 165 万平方米，涵盖了理学、工学、医学、文学、历史学、哲学、法学、经济学、管理学、教育学、农学、艺术学 12 个大学科门类。校本部有全日制普通本科生 4.6 万余人，各类研究生 1.4 万余人，外国留学生 1 100 余人，在岗教职工 6 000 余人。从学科门类、建设规模以及师生人数上看，郑州大学无疑是国内一所大型学校。在这所大学里，原有的郑州大学、河南医科大学、郑州工业大学的文化传统的延续被阻断了。以什么样的方式来管理这所大学，成为新郑州大学要面对的问题，它采用了分类分校区管理的模式：①按不同学科类别进行组团管理。学校把原有的 3 所学校的学科进行了拆分融合，形成了 2 大类组团（基础科学组团、应用科学组团）和 4 小类组团（文科组团、理科组团、工科组团、实验组团）。②分校区管理。学校按实际情况，对新校区、南校区、工学院校区、医学院校区进行了功能划分，并分别实行不同的管理模式，把新校区作为主体功能区，南校区、工学院校区、医学院校区作为附属功能区。作用不同、定位不同、管理形式也有较大的差异。③差异化管理。郑州大学把本科生、研究生、博士生安排在新校区；继续教育、各类成人教育、国际教育等安排在南校区；各类培训机构、出版社、其他社会服务机构安排在工学院校区和医学院校区。

多校区类大学我们以郑州轻工业学院为例。2006 年，郑州轻工业学院开始在郑州高新技术开发区建设新校区，新校区占地规模 1 000 余亩。从 2008 年第一届学生入驻新校区开始，加上郑州轻工业学院易斯顿美术学院东迁郑东新区，标志着郑州轻工业学院多校办学局面已经形成。如何管理这样一所大学，同样是郑州轻工业学院要面对的问题。郑州轻工业学院采取分割的方法，即把居于郑州市中心区的老校区中的材料与化学工程学院、食品与生物工程学院、政法学院、经济与管理学院、思想政治理论课教学研究部等几个院系进行整体搬迁，这几个院系与老校区分离了。我们认为这种管理模式对大学文化传统的伤害大。

2. 大学文化氛围的协调性被阻断

大学文化传统是孕育在浓厚的大学文化氛围之中的。合并类大学和多校区类大学欠缺的正是浓郁的大学文化氛围。原因有三个方面：①合并类大学在合并时，具有独立文化传统的大学不可避免地要与其他合并来的大学进行文化磨合，由于差异性较大，不可避免地出现相互排斥、文化冲突，严重时还可能出现文化"融血症"。②多校区

_____

① 1 亩≈666.6 平方米

类大学。由于功能各自独立,虽然名义上还是一个学校,但新的环境还是给搬迁来的单位带来了不适感,它们很难在短时间内营造出适合自我发展的文化氛围和文化模态。③由于学生在各校区的分布状态不同,学校在考虑硬软件配置时很可能造成各校区的分配不均匀,学生虽然也可以跨校区享受这些资源,但需要付出较大的经济成本和精神成本。例如长安大学由原西安公路交通大学、西安工程学院、西北建筑工程学院 3 所学校合并而成,主要有 3 个校区,即位于西安市区的老校区 700 多亩;离老校区 30 千米的渭水校区 1 700 多亩;离西安市 180 千米的太白校区 200 来亩,共计 2 980 亩。陕西师范大学有长安、雁塔两个校区,市区的老校区占地 780 亩;距老校区十几千米的长安校区占地 1 700 多亩。西安电子科技大学也有两个校区,位于市中心的老校区占地 540 亩,离老校区 13.5 千米的长安校区占地 3 000 亩。由于校区间距离较大,校区面积又很大,教师也会花费很大精力在不同校区间奔波,师生见面和交流的机会减少。学校由于在不同校区设置不同年级的学生,这会造成不同年级的学生间的交流机会较少。高低年级学生间相互学习的机会减少。学生在校期间所学到的"附带知识"减少,相应降低了学生的收益。

(二)规模的扩张与文化萎缩的矛盾

随着合并类大学尤其是多校区办学类大学的增多,规模与文化成了一对无法调和的矛盾。主要表现在两个方面。

1. 建设资金调配的结构性矛盾

大学大规模的建设需要大量的资金支持,而大学文化建设同样也需要资金支持。不少大学在面对这一矛盾时,几乎不约而同地把资金更多地倾向于硬件建设,这无疑挤占了本应付于软件的文化建设资金。我们从数据上来说明问题的严重性:2008 年由合肥工业大学副校长周军、中国传媒大学副校长袁军、长安大学副校长谢军占、兰州大学副校长陈发虎、中央财经大学副校长王瑶琪等人执笔完成的大型调研报告《多校区建设中若干问题的调研与分析》中指出:2000 年以来,扩招高校学校的土地面积增加了 1 倍以上,在校生规模增加了 2～4 倍,新校区的建筑面积达到 30～70 万平方米。……高校负债在 1998 年前并不受外界关注(1998 年教育部高校银行贷款总额仅为 5 亿元),然而,随着高校收费制度的实施和扩招,高等院校逐渐增加了银行贷款的份额,贷款收入成为继政府拨款、学杂费收入之后,我国高等院校筹措资金的第三个主要渠道。1998 年普通高等学校校舍建筑面积达 15 400 万平方米,2006 年普通高等学校校舍建筑面积达 57 356 万平方米。高等教育的快速发展是通过各方面的支持来实现的,其中用于高等学校建设的资金 2 000 多亿元来自银行的贷款。①

据《多校区建设中若干问题的调研与分析》一文提供的数据:西安某大学 2007 年收

---

① 多校区建设中若干问题的调研与分析[OL]. http://gxpx. ceat. edu. cn/node/theme/standard/gaoxiao32/main_jianxun. html? intReporterId＝16.

入 73 992 万元,支出 73 704 万元,本年收支基本持平。目前银行贷款 9 亿元,银行贷款利息 4 500 万元,相当于近 10 000 名本科生的学费收入,仅银行贷款利息一项就占该校全年学杂费用 30％以上。① 这么高的银行利息支付,大学怎么会有更多的资金用于文化软环境的建设呢? 笔者所在大学也是一个负债率很高的学校,全年用于改进大学文化建设的可支配资金不足全部资金的 5％,这个比例与硬件建设相比是很低的。这样不可避免地出现了学校建设规模的扩张与文化建设相对萎缩的尴尬局面。

2. 难以协调的多元发展难题

大学的发展应是多元协调发展的结构,任何一方面的欠缺或偏废都有可能导致大学自身发展的失衡。多校区办学分散了高层领导的精力。大学由原来的单一校区教学改变为多校区办学后对学校的教学设计也会产生影响。单一校区办学专业很明确,办学特色很突出,多校区办学后不但会使专业拓宽,而且出现重复专业的现象。由于不同校区的师资配备、硬件设置、办学环境、学生质量等有所不同,即便同一个专业,大学很难采用统一的标准,于是学校出现了同一专业的多层次办学、同一目标下的多重管理制度等问题。

二、大学文化断代的原因

当前造成大学文化断代的原因有以下两个方面。

(一)大学的无序扩张

大学的建设发展是应当遵循其固有规律的,即大学发展要与经济社会发展相适应,要与社会发展对人才的需求相适应,要与大学自身发展需求相适应,它不应是以大学领导者的人为意志为转移。然而,近年来我国的部分大学迈进了无序扩张期。以河南为例,目前,83 所本科院校和近 200 所高职高专类院校无一例外地都有了新校区。具体到郑州市,东部有:河南大学分校、河南师范大学新联学院、华北水利水电学院、河南中医学院、河南财经政法大学、郑州航空工业管理学院、河南警察学院等;东南部有:河南工程学院、郑州大学西亚斯管理学院、升达经贸学院、河南农业大学新校区;西部有:郑州大学新校区、河南工业大学新校区、郑州轻工业学院新校区、解放军信息工程大学新校区等;北部有:郑州师范学院,河南商业高等专科学校、中州大学等。以郑州大学为例,新校区建成后,该校区由原有的不足 700 亩急骤扩张到 6 000 多亩,加之合并了河南医科大学、郑州工业大学,学生人数、教师人数等都有了大幅度增加。在这种无序扩张的情形下,原有的河南医科大学、郑州工业大学积淀的文化传统已经不复存在,而郑州大学的文化传统也出现了偏转。

---

① 多校区建设中若干问题的调研与分析[OL]. http://gxpx. ceat. edu. cn/node/theme/standard/gaoxiao32/main_jianxun. html? intReporterId＝16.

表 8-2　郑州市区域内的大学分布表

区域	数量	名称
东部区	10 所	河南大学分校、河南师范大学新联学院、华北水利水电学院、河南中医学院、河南财经政法大学、郑州航空工业管理学院、河南警察学院、河南广播电视大学、河南教育学院、河南职业技术学院
西部区	4 所	郑州大学新校区、河南工业大学新校区、郑州轻工业学院新校区、解放军信息工程大学新校区
南部区	4 所	河南工程学院、郑州大学西亚斯管理学院、升达经贸学院、河南农业大学新校区
北部区	3 所	郑州师范学院、河南商业高等专科学校、中州大学

（二）大学文化的自我割舍

（1）新校区普遍缺失老校区那样的办学氛围，新校区的文化积淀、标志性建筑、校园绿化等短时间内难以达到老校区那样的标准。合并后高校校区多，区域分散，成为深度融合的最大障碍，难以在校区之间形成多学科交叉渗透的学术氛围，影响学校的真正融合。

（2）影响教学科研质量，多数高校的新老校区间的教学和科研设施无法优化配置，部分学科并没有因为院校合并和新校区建设而得到优化和质量提升，例如，某高校合并以前的医学院，一些学科在合并前曾在国内有一定影响，但合并以后，有的师生认为，教学质量和学科声誉较前有所下降。由于校区间相距较远，大部分教师只能满足于课堂教学，学生课余时间、晚自习等几乎见不到教师，大学生的释疑、解惑和思想教育受到一定影响。鉴于此，多校区办学条件下的大学，不得不进行文化上的自我割舍。

第三节　大学文化污染

大学文化污染是指不健康的精神文化产品，通过影响师生行为，达到抵消大学文化应有的引领、服务、管理的功能。一般而言，文化污染有两种形态：①传统类文化污染；②新兴文化污染。传统类文化污染主要指以不健康书刊、音像制品等出版物以及庸俗表演为主要形式和载体的文化污染。从 20 世纪 80 年代开始，一些宣扬反动、迷信、色情、暴力内容的出版物通过海外走私、非法复制等途径流入国内的文化市场，这些不健康的信息以书籍、VCD、低级庸俗的演出等相对容易被年轻人接受的形式为载体，对求知欲旺盛、喜好追求时髦的大学人危害很大，至今这种形式仍是文化污染主要来源之一。新兴类文化污染主要指借助国际互联网，以网页、电子出版物、游戏以及网页链接、电子邮件、论坛等为载体，对包含反动、迷信、色情、暴力内容的信息进行海量传播的污染形式。网络是近几年兴起的高新科技产品，它使地球变成了一个村庄，每个人通过网络能随时随地获取他想了解和掌握的信息。此类污染与传统类文化污染相比而言,信息量更大、传播手段更先进、危害更大,也更难实现有效的监控和防范。值得一提的是,网络作为新兴的科技产品一方面需要鼓励大学人积极地去接触、了解和掌握;另一方面网络作为"文化污染"传播的主要渠道,我们又要想方设法让大学人有效地与"文化污染"隔绝。

一、大学文化污染的表现

2010 年 7 月 23 日胡锦涛总书记在中共中央政治局第 22 次集体学习会议上强调:"文化是民族凝聚力和创造力的重要源泉,是综合国力竞争的重要因素,是经济社会发展的重要支撑……要引导广大文化工作者和文化单位自觉践行社会主义核心价值体系,坚持社会主义先进文化的前进方向,坚决抵制庸俗、低俗、媚俗之风。"可见,大力加强中国特色社会主义文化建设是关系到全面建设小康社会奋斗目标的实现,关系到培养、造就合格的中国特色社会主义事业建设者和接班人,关系到中华民族伟大复兴的大事。然而,近年来,各类低俗文化充斥着网络、广播电视、书籍报刊等媒体,其卑劣的内容、低俗的形式违背了良好的社会风尚,扭曲了正确的社会价值观念和价值追求,严重阻碍了中国特色社会主义文化的建设和发展。

(一)网络"恶文化"的肆意传播

网络"恶文化"是相对于主流网络文化而言的,即存在于网络中的有害信息文化。这主要表现在以下几个方面:

(1)关于暴力、凶杀、封建迷信的网站比比皆是。甚嚣一时的"法轮功"组织首领李洪志,多次在因特网上大肆传播"法轮大法"的歪理邪说,从精神上毒害群众;或发布所谓"经文",煽动不明真相的群众到党政机关聚集闹事;某些高校的学生甚至科学工作者也陷入其中。从 1996 年"法轮功"第一次把《转法轮》传上网络,到 1999 年 4 月,网站已经遍布海内外。据统计,"法轮功"在 25 个国家和地区建立了网站,使用的语言文字达 13 种。[①]

(2)网络环境下低俗文化泛滥影响大学生高雅审美品味的形成。网络低俗之风长期以来没有引起大家的注意,跟网络传播的特性有很大关系。网络的传播是主动式的,是一对一的、私密的,人们很难直接感受到网络低俗内容对人的危害。现在上网的大学生数量多,所以网络低俗之风的危害也是大面积的。大学生是上网人群的主体,我们不能让他们受到低俗、媚俗之风的侵蚀。我们一方面要讲群众观点,不要把大学生喜闻乐见的东西,与高雅文化对立起来;更不能以反对低俗为名,"高雅"到脱离大学生,而是需要培养大学生网络特殊性的鉴赏力和判断力。

---

① 刘红.浅谈如何防范和打击邪教在网络上的活动[OL].http://www.cnfxj.org/Html/xsjl/2007-5/28/133412165.html.

（3）网上信息垃圾充斥，严重干扰了大学生的网上正常活动。据统计，1983 年以前全球数据库总容量为 3.1 亿条，1984 年达 10 亿条，1995 年达 85.6 亿条，到 2001 年则达到了 100 亿条。[①] 应该说，大部分信息起到了开拓眼界、扩展知识、丰富生活的作用，但是其中也不乏一些给大学生学习、科研、生活带来严重混乱的垃圾信息。如大量的非法广告，插件等。一些网编、网络写手为了提高点击率，制造假新闻，鱼目混珠，已经成为公害。如海师大的偷拍事件，在网络推手的推波助澜下，产生了极坏的影响。

（4）部分大学生痴迷于网游。中国青少年研究中心 2007 年 1 月 10 日发布的《"十五"期间中国青年发展状况与"十一五"期间中国青年发展趋势研究报告》显示，在我国的青少年网民中，有 13.2％的人上网成瘾，另有 13％的人存在网瘾倾向。调查发现，青少年群体中，小学生有 10％～ 20％存在心理问题，有心理困惑的中学生所占比例为 13.9％～38.36％，近 20％的大学生更是存在不同程度的心理问题，其中，4％～ 13％的大学生患有网络成瘾症。[②] 另外，自杀和暴力犯罪等现象在高校中时有发生。中国青少年网络协会发布的《中国青少年网瘾数据报告（2007）》显示，网瘾群整体比例下降，研究生和本专科学生占网瘾群的比例较高。该报告显示目前我国青少年网瘾群体比例为 9.72％，比该协会 2005 年 11 月第一次发布的相关数据降低逾 3 个百分点。[③] 目前我国青少年网瘾群体中，男性青少年比例为 13.29％，女性青少年比例为 6.11％；18～23 岁青少年网瘾群体比例最高，为 11.39％；网瘾群体中失业或无固定职业者、研究生和本专科学生比例较高，分别约为 16.5％、14％和 11％。孙彩平的网络游戏深度调查显示，大学生认为玩网络游戏很正常，超过 60％的受访者玩网络游戏。有 61.2％的受访者对同学玩网游采取不干预的态度，即使不赞扬（有 11.2％的同学赞扬、佩服），但不会鄙视（4.4％的同学会鄙视、不以为然），对自己玩网络游戏的行为并不隐瞒。61.6％（2 964 人）的受访者有参与网络游戏的行为与经历，其中有 10％左右的受访者存在网络游戏沉迷状况：玩通宵或者每次超过 11 小时，每周超过 4 次。该调查还发现，约有 25％的参与网游的受访者不区分网游世界与现实生活：他们可能会用现实生活中的价值观念参与网络游戏，也可能把网络游戏中的功利性价值观念和暴力倾向带入现实生活。网络游戏中受访者表现出更多的功利、暴力倾向，对朋友更难信守道义。有 13.9％的受访者认为，在网络游戏中朋友是可以相互利用的，而在遇到利益分争时，有将近 34.8％的受访者选择会伤害朋友。[④] 网游痴迷对大学生在学业、身心健康等方面存在着负面影响，很可能强化大学生的暴力、功利主义的价值倾向，淡化朋友道义和责任。

（二）传媒的低俗化

湖南大学新闻学专业 2007 届毕业生单丹在其硕士论文《中国新时期新闻传媒低

①　杭中茂.网络时代与学习时代：当代大学生所处的两大时代语境[J].无锡商业职业技术学院学报，2003(4).
②　李亚杰，崔清新.我国 13.2％的青少年网民上网成瘾[N].新疆日报，2007-01-11.
③　文艺橙.中国青少年网瘾群体比例首次下降[N].光明日报，2008-01-19.
④　孙彩平.大学生网络游戏影响度研究[N].光明日报，2008-01-13.

俗化问题研究》中,对近年来传统媒介(主要指报纸、杂志、宣传册等)报道内容的低俗化问题进行了深入系统的研究。该同学从表象出发列举了如下当前传统媒介五类低俗问题:

(1)刻意宣传低俗"性"新闻。有些媒体为了追求"眼球效应",拿"性"为卖点,专打"擦边球"。2003 年 5 月,北京、南京个别报纸刊载长篇报道《变态富翁毁了 8 少女》、《湘潭"百万富翁嫖宿 8 少女"大案告破,引起轰动》。文内小标题有:"13 岁女生惨遭强暴","为虎作伥,17 岁少女拉皮条","变态兽欲:只对小女孩感兴趣"。2004 年 2 月,昆明一家餐馆学习日本的低俗饮食文化,开办了"女体盛宴",让赤裸的美女躺在餐桌上,身体上放着各类日式美食,供客人享用。个别媒体竟然对此"客观"报道,细致描写,宣扬这种不健康的"社会新闻"。在对湖北丹江口市委书记张二江受贿案做报道时,一些报纸对其与107 个女人发生性关系这一消息很感兴趣,挖空心思报道,更有甚者,想起梁山 108 好汉,将他的老婆也算了进去,于是就出现了这样的新闻:《市委书记与 108 个女人》、《一个男人与 108 个女人》,严肃的反腐报道变成一出闹剧。

(2)刻意宣传暴力新闻。部分媒体津津乐道于抢劫、凶杀、强奸等报道,描写过于直接,场面过分血腥,这些报道的重心不是如何汲取教训以及宣传法律知识,而是热衷于血淋淋的细节描写,采用大标题、大图片,以求最大限度地刺激受众感官。北京某报 2003年 10 月 29 日刊登题为《无良教师迷奸女生,全程录影成为铁证》的报道,明确报道迷奸所用药物的成分。2004 年 2 月,河南省深河市中级人民法院审理横跨 4 省、杀死 65 人、强奸 23 人的杨新海,个别报纸对他作案手段的残忍和现场的惨不忍睹做了详尽描述。暴力新闻的泛滥,既让人有不安全感,更有滋长犯罪的可能。

(3)刻意炒作"八卦"新闻。娱乐新闻成为人们娱乐休闲的"谈资",一些都市类报纸将窥探明星隐私、爆炒明星绯闻当做迎合少数读者口味的"法宝",娱乐新闻等同于明星绯闻,成为某些媒体的潜规则。2000 年 6 月刘晓庆因涉嫌偷税漏税被拘留,一些媒体纷纷炒作,从她的"狱中生活"细节到她取保候审后的各种活动、爱情绯闻等,把她的一言一行当成重大新闻,长篇累牍地追踪报道。对前几年柏林电影节的报道,许多媒体的报道重点是围绕所谓张艺谋、巩俐、章子怡的"三角关系"展开的:"张艺谋与巩俐避免在电影节上尴尬碰面"、"章子怡是张艺谋'巩俐情结'的自然流露"、"章子怡能接巩俐的班吗"等,甚至还冒出了一则"章子怡怀孕"的报道。相反,巩俐作为出任这个国际顶尖电影节的第一位亚洲评委会主席的这一重要新闻被冷落了,至于张艺谋的影片《我的父亲母亲》获奖产生的反应、电影节显示出世界电影怎样的走势、我国电影界该如何应对电影的全球化等,则成了新闻空白。

(4)漠视苦难,缺少人文关怀。少数媒体在报道中缺乏起码的同情心,以幸灾乐祸的笔调描写灾难新闻,使受众把观看和阅读别人的苦难当做一种娱乐方式。如南京一行人被车撞倒,当场惨死,当地一家媒体的新闻标题竟然是"骑车人'中头彩'惨死"。不久,该媒体又以"公交车轮从头越"为题,报道了一男子交通事故惨死的悲剧。广州有 30 余人因酷暑死亡,某媒体竟戏说为"广州酷毙30余人"。某家都市报在报道一民工被钢筋戳穿身体的新闻时,这样描写当时的情景:"钢筋从他的'要害'处插入,将他像糖葫芦一样'串'了起来"。看到这样的报道,让我们对一些编辑、记者的道德素养缺失感到寒心。

(5)推崇奢靡生活,鼓动"时尚"消费。少数"时尚"报道热衷于对豪宅、盛宴、名车和其他奢侈品的炒作,用羡慕的眼光崇尚大款一掷千金的挥霍,动辄就"豪华婚礼"、"黄金宴"、"顶级年夜饭"、"高级别墅热"等,甚至将性虐待等低俗的文化元素当做时尚标签加以追捧。南方某报2002年10月12日"客观"报道台湾"将举办国际娼妓文化节",把娼妓称为"性工作者",报道阐述"从事性工作遭受社会异样眼光的辛酸心路历程,并对大众提出吁求,消弭对性工作者的歧视与污名化"。2003年4月成都、沈阳个别报纸详尽报道成都市一对名贵宠物犬举行"中西合璧"的隆重婚礼,报道描述了它们的"结婚礼服"、特别的红色婚车,并说婚礼"热闹非凡"。畸形的消费、堕落的价值观被广为传播,滋长了拜金主义的放纵生活,为颓废的享乐主义推波助澜。大量的这类报道,势必加剧弱势群体的不平衡心理,激化社会矛盾。

(三)低俗文学作品大行其道

从功能上看,文学存在的目的就是通过反观现实生活来引导受众的价值观。它除了拥有外在的、实用的、功利的价值以外,更为重要的是它还拥有内在的、看似无用的、超越功利的价值,即精神性价值。然而,近年来,文学尤其是网络文学的低俗化倾向已经成为一个不争的事实。关于低俗化的定义,存在着较大的差异,比如《金瓶梅》这部小说刚问世的时候被定义为"淫贱小说",而现在却成了经典文学作品,研究《金瓶梅》的著作和文章不计其数。现阶段,我们所研究的低俗文学是指那些纯粹以赢利为目的,以娱乐为导向,反映人类低级生活的作品。我们从新浪网上摘取了两个例子:一个是《乌鸦》,实际上,当九丹在舌战以偏概全地说这是所有人的罪恶的时候,她还是在变相地为自己主人公的罪恶开脱:瞧,所有的人都是这样的。人性就是这样的,毫无理由的堕落。撇开文字的功力,自我剖析的力度已经成为女作家们火拼的焦点。自我剖析是一个作家勇气的见证,长期以来成为人们争论的焦点。三教九流的批评家们的结论是,自我剖析有"卖肉"之嫌疑,所以贬低。另一个是《成都,今夜请将我遗忘》——有理由放纵却无处堕落:名以"成都"为题,却把成都最根本的城市精神和特征给遗忘了,成都人是爱享受,是比较放纵,不是堕落。而现在看着这篇被称为有深度的颓废小说,跟《上海宝贝》比,《成都,今晚将我遗忘》更像部私人小说,卫惠在把手指伸进低裤数1个、2个时,还在惦记着上海带她无处不在的城市感觉,连高潮中也透着优越。而《成都,今晚将我遗忘》的作者拼命往繁华、糜烂和无奈中挤,成都人的心安理得,成都人百事能消纳的本能去了哪里?①

为什么低俗文学作品会大行其道呢?我们认为有五个方面的原因:

(1)作者和出版商的动力来源是经济利益。文学作品属于精神产品,精神产品一旦

① 低俗化文学出路在何方?[OL]. http://www.jiaodong.net/ent/system/2005/01/28/000053747.shtml.

进入市场,必然要遵循市场规律,受到市场规律的约束。一方面创作者迫于出版难和市场需求的压力,不得不迎合一些读者和观众的好奇心理和低级趣味,是"趋同大众趣味"的结果。另一方面目前我国仍处于市场经济的初期,多数出版从业者仍是在为生存而拼杀,尚没有能力顾及公益事业。出版社自负盈亏的经营模式,为了生存,出版社必须着眼于市场和"卖点",对于有价值而无"卖点"的好书,也只好割爱。相反,一些经济实力比较雄厚的出版社,则有能力赔钱出一些"无卖点"却"有价值"的好书。但是,有经济实力的出版单位毕竟为数不多。

(2)网络等新兴媒体的助推。目前来看,大学里纸质低俗文学作品并不多。大学图书馆和各院系图书资料室的图书采购的把关都是相当严格的。大学图书馆采购图书的程序一般是先制定年度采购计划(主要是经费总量和书籍内容各学科分布比例),然后在学校有关会议上通过或经主管校长批准。其次由图书馆与学校招标管理部门联系,拟定标书在校园网上公布招标,最后根据招标结果,由书商提供书目,图书馆约请有关专家教授根据书目选择预订图书。在这样的严格程序管理下,低俗纸质文学作品很难流入大学校园。但是,网络等新兴媒体却处于大学监管的空白区。学生可以通过网络、手机WAP、电子阅读工具等下载阅读各种文学作品。而各网站为了提高浏览率往往会把各种低俗的文学作品放在更为醒目的位置上,吸引包括大学生在内的受众去点击。

目前,网络等新兴媒体共发现四大类低俗网络文学作品:①部分网络文学作品明目张胆地宣扬淫秽色情内容;②用挑逗性的标题,或带有侵犯个人隐私性质的内容吸引网民点击阅读;③部分网站不顾社会公德的约束,大肆宣扬一夜情、性虐待、血腥暴力等内容;④部分网站登载淫秽色情低俗网络文学作品,或为其提供下载链接服务。这四大类网络低俗文学作品在校园里尤其是大学群体里的传播,带来了巨大的危害。

(3)国家相关法律的缺位。低俗文学之所以大行其道,其中一个很重要原因就是国家相关法律的缺位。这里所指的并不是国家没有相关法律法规,而是指在执行法律过程中并没有做到法律整治与社会预防有机结合起来,并且对于低俗文学的打击的力度不够强、范围还不够大。例如《文化市场管理条例》规定:"文化经营活动必须把社会效益放在首位,坚持为人民服务,为社会主义服务的方向,坚持百花齐放、百家争鸣的方针,弘扬主旋律,提倡多样化,宣扬爱国主义、社会主义和集体主义精神。鼓励和扶持积极向上,健康有益,具有民族风格、时代精神和地方特色的文化经营活动。禁止和取缔内容反动,色情淫秽,封建迷信,凶杀暴力,赌博和不利于民族团结,国家安全,社会稳定以及其他损害社会公共利益的文化经营活动。禁止文化经营活动中的不正当竞争和牟取暴利行为。"但在实际执行的过程中,如何甄别、由谁来甄别本身就是一大难题。低俗文学作品复制容易、产品成本较低且流通相对便捷,控制和管理起来难度更大。目前,大学校园里建立了各种文化监管制度,但在落实过程中与国家法律一样遭遇到了重重困难,大学低俗文学作品的流通得不到应有的管制,而呈泛滥之势。

(4)文化引导力的弱化。2011年,党的十七届六中全会上通过了《中共中央关于深化

文化体制改革 推动社会主义文化大发展大繁荣若干重大问题的决定》,明确提出了未来一段时间社会文化的前进目标和基本方针:"坚持以马克思主义为指导,推进马克思主义中国化时代化大众化,用中国特色社会主义理论体系武装头脑、指导实践、推动工作,确保文化改革发展沿着正确道路前进。坚持社会主义先进文化的前进方向,坚持为人民服务、为社会主义服务,坚持百花齐放、百家争鸣,坚持继承和创新相统一,弘扬主旋律、提倡多样化,以科学的理论武装人,以正确的舆论引导人,以高尚的精神塑造人,以优秀的作品鼓舞人,在全社会形成积极向上的精神追求和健康文明的生活方式。坚持以人为本,贴近实际、贴近生活、贴近群众,发挥人民在文化建设中的主体作用,坚持文化发展为了人民、文化发展依靠人民、文化发展成果由人民共享,促进人的全面发展,培育有理想、有道德、有文化、有纪律的社会主义公民。"在此以前,我们国家也有过专门针对文化发展的规定,但都没有如这一次把整体文化推进上升到国家战略的层面。由此我们也看到,国家对社会主义文化发展的高度重视和殷切企望。一段时间以来,由于市场经济的影响和各种社会思潮的影响,社会文化的引导力在不断弱化,从而导致各种不良文化作品的大肆传播。这就要求国家从国民整体利益出发,提倡和鼓励社会文化产业部门(也包括大学在内)以充沛的激情、生动的笔触、优美的旋律、感人的形象,创作生产出思想性艺术性观赏性相统一、人民喜闻乐见的优秀文艺作品,提升优秀文化和优秀文学作品的引导能力。

二、大学文化污染的危害

"文化污染"对涉世不深、自制能力薄弱的大学人的诱惑很大,如"精神鸦片"一般,一旦沉溺其中容易成瘾,难以自拔,对其身心健康造成大的危害。

(一)道德观念缺失

康德曾经说:"世界上有两件东西能够深深地震撼人们的心灵,一件是我们心中崇高的道德准则,另一件是我们头顶上灿烂的星空。"2009年,温家宝总理在英国剑桥大学发表演讲时说:"道德是世界上最伟大的,它甚至比太阳的光芒还要耀眼。"由于大量的文化垃圾涌入校园,无形中影响了大学生树立科学的正确的道德伦理观念。道德观念缺失主要表现在以下几个方面:

(1)性道德观淡薄。成人网站大肆传播和宣扬低级庸俗甚至畸形变态的"性知识",对大学生的性道德取向造成严重的误导,使大学生性过失和性犯罪行为呈现明显的增长趋势。

(2)政治道德观淡薄。突出表现在对国家的政治思想和政治理论传播进行歪曲和丑化。例如,我们在大学校园里经常可以看到大学生甚至是大学教师公开讲述所谓的"政治段子"和领导人"生活故事",以讹传讹、不负责任,影响很坏。

(3)生命道德观淡薄。突出表现在对他人生命的漠视。西安药家鑫事件发生不久,一名自称是药家鑫同门师妹名为李颖的女孩公开在网上称:"如果我是药家鑫,我也会捅死她,谁让她记我的车牌号!"这种对他人生命漠视的大学生虽然只是少数,但是我们要看到这一现象的恶性影响力。针对这个事件,问卷星网站曾做过一个名为"从药家鑫事件看当代大学生道德观、价值观"的问卷调查,调查结果见下表:

表 8-3 "从药家鑫事件看当代大学生道德观、价值观"调查表①

选项	小计	比例
赞同,这种人太难缠,以后会赖着自己不放	2	1.07%
可以理解,现在社会上太多这种事发生,谁知道会不会出现"扶起摔倒的老人反被告"这种结果	13	6.95%
反对,杀人之事有违道德,并且撞人在先,肇事者理应救人	60	32.09%
强烈唾弃这种毫无人性的言论	112	59.89%
本题有效填写人次		187

(二)法制观念淡薄

由于大学文化污染,尤其是宣扬享乐主义、实用主义等价值观的影视、文学作品的流行,使得部分大学人尤其是处在青年时期的大学生们迷失了自我,走上了违法犯罪的道路。近年来,大学生违法、犯罪率呈上升的趋势早已引起社会广泛关注。北京市朝阳区人民检察院武彬在发表的《大学生犯罪现象调查报告》中指出:"从社会大环境来看,学生们从小接触最多的就是电视和书报杂志。一些港台不良影视作品和杂志从视觉和心灵上冲击着学生们的人生观、道德观,潜移默化地影响着学生们的一言一行。某些长期浸淫其中的学生在脱离中学的"高压管理"进入较为自由的大学后,思想放松,有可能会走上歧途。虽然绝大多数犯罪的大学生案发后都后悔不已,但已无济于事。"②从目前情况来看,大学生违法犯罪主要集中在以下三个方面:①经济案件频发。据有关调查,盗窃犯罪约占大学生犯罪总数的50%,居大学生犯罪的首位。例如,2008年,某高校经济学院学生刘某趁寝室无人之机,找来锁匠撬开同寝室同学张某的衣柜,并拿走其放在衣柜中的招商银行卡,通过此卡,刘某取走了张某卡内存款3 100元,取完钱后刘某又将招商银行卡放回张某的衣柜里。2009年7月12日中午12时10分许,北京科技大学校内中国银行营业厅,一名在校大学男生持刀和"危险"液体,先后劫持一对情侣,威逼工作人员交出10万元现金后逃离现场。经过5小时追捕,该男生被拘捕。②杀人伤人事件层出。近年来,震惊全国的大学生杀人案发生了多起。如2004年的马加爵杀人事件;2008年的中国政法大学大四学生付成励弑师事件;还有上文提到的发生在西安音乐学院的药家鑫事件等。③性犯罪呈增长趋势。性犯罪是一种受到道德和

---

① "从药家鑫事件看当代大学生道德观、价值观"调查表[OL]. http://www.sojump.com.
② 武彬. 大学生犯罪现象调查报告[OL]. http://www.diyifanwen.com/fanwen/shehuishijianbaogao/2009097100135087232554.htm.

法律双重谴责的犯罪行为。一般来讲，大学生拥有较高的文化知识，应该懂得在道德上和法律上约束自己的行为。然而，他们受到不良文化污染——黄色文学作品、网络论坛帖子和网络情色小说等，导致了大学生的性心理扭曲。如2007年，某高校大学生因沉溺黄色网站不能自拔，以"孩子请家教"为名骗取寻找兼职家教的某女大学生的信任，并将其骗至家中，期间多次欲对其实施强暴，均因被害人反抗未果，后被害人趁其熟睡逃脱并报警。警方赶到，将还在熟睡的被告人抓获归案。当然，除了以上三种常见的大学生违法犯罪类型外，还有诸如大学生侵权案件、大学生政治犯罪案件、大学生公共安全案件等。这里不再一一举例说明。

（三）学业荒疏、思想颓废

部分大学生因为文化污染，从而丧失了对大学知识学习的兴趣和对科学、真理探求的快乐，导致了学业荒废。具体表现在以下几个方面：①因为沉溺于网络聊天、网络游戏，导致学业荒废；②因为沉迷于低俗文学作品、影视等，无法静心学习，导致学业荒废；③因为沉迷于赌博等，导致学业荒废；④沉迷于追星等，导致学业荒废。笔者获取了2007～2011年河南某高校的学生处分统计数据，由此，我们可以看到问题的严重性。

表8-4 河南某高校的学生处分统计数据

年度	留级	警告	严重警告	留校察看	开除学籍	吊销毕业证或学位证
2007年	562人	244人	102人	87人	17人	7人
2008年	576人	302人	187人	101人	24人	11人
2009年	541人	300人	152人	98人	26人	14人
2010年	603人	275人	188人	76人	22人	6人
2011年	582人	261人	123人	81人	18人	9人
合计	2 864人	1 382人	752人	443人	107人	47人

第四节 大学文化组织失灵

所谓文化失灵，是指文化作为组织的一种整合机制不能有效地发挥作用，背离组织目标的"投机"行为得不到有效控制，组织成员的利益得不到有效协调的情况。这里，"投机"是经济学中交易成本学派的一个重要概念，是指"通过欺骗手段寻求私利"的一种行为。[①] 大学是从事高深知识的创造、传播和应用的学术组织。由于高深知识操作过程和结果都存在很大的不确定性，大学组织成员的业绩难以评价。大学组织的协调

---

① 金顶兵.论大学组织中的文化失灵与文化重建[J].清华大学教育研究,2006(4).

和控制需要通过大学组织自身的传统和学术文化的影响吸引组织成员自觉地进行知识的创造、传播和应用。也就是说,大学组织主要用文化机制来整合。然而,如果大学组织成员难以形成或维持统一的信念、价值和目标,依靠价值观念等文化因素不能对组织成员进行有效地协调和控制,组织中投机行为得不到抑制,大学组织就必然面临文化机制失灵问题。

一、大学文化组织失灵的表现

组织的价值和信念系统也许从来也不能约束所有组织成员的行为。但是,当前大学组织整合中文化机制的效力已经大大消弱了,甚至明确地需要其他机制的介入。这说明大学确实出现了文化机制的失灵问题。这个问题的一种表现是大学教师偏离校园学术生活这一中心,而追逐校园之外的政治、经济利益。克拉克·克尔认为,学术生活似乎正在从传统范式走向后现代范式。在传统范式中,多数教授成员是作为他们生活中心的学术共同体的一部分,他们非常严肃地对待他们的校园公民责任。一种得到普遍理解的学术道德是教授职业培养的重要组成部分,这种学术道德成为教师内在的行为准则。而学术生活的后现代范式不太注重对于学术共同体的承诺和责任,教授与校园外的经济机会及政治利益有很多的瓜葛,校园更多地是非学术目标的一个手段。克尔在分析了学术生活的后现代范式后说:"在这种新的情境下,控制行为的隐性合约和非正式的强化手段不那么有效了。他们越来越需要通过正规的行为准则。"[①]

大学文化失灵的一种表现为大学的功利性倾向。大学因为有为功利性,把文化的长期性和示范性等功能"抛之脑后",大学俨然成了商场,成为各类丑角肆意表演的临时舞台。我们可以通过《中国青年报》2011年5月18日的一篇报道来试加分析。

福建部分高校为迎接第11届省级文明学校评估工作采取了一系列"临时抱佛脚"的措施。考评组走后,记者发现,一些高校又恢复了"常态"——师生不必佩戴校徽了,学生宿舍内的闲杂物品可以摆上台面了,在校园里穿拖鞋也再次被默许了……

据一些高校的官方网站报道,第11届省级文明学校考评组分为组织领导与特色指标组、思想教育与大学文化组、教学科研与社会服务组以及安全稳定和校园环境组4个项目组。考评期间,考评组听取了校领导所做的创建工作报告,分别与校领导和有关部门及基层党组织负责人进行了个别访谈,详细审阅了学校自评报告、支撑材料和原始档案,实地考察了图书馆、教室、实验楼、学生宿舍、学生食堂、体育馆等教学、生活服务设施,走访了纪委、组织部、统战部、教务处、学工部、保卫处等职能部门和一些院系,点击浏览了学校的网站和相关网页,分别召开了多场教师、学生座谈会。考评组在充分肯定成绩的同时,也指出了创建工作中存在的一些问题,比如"校园内还存在文明死角和不文明

---

① 金顶兵,阎维亢.论大学组织的分化与整合[J].高等教育研究,2004(1).

行为,个别师生的良好文明习性还有待养成"等。

对于检查前后的变化,大学生的直观感觉最明显。在文明检查期间,福建某省属高校体育专业的大一学生小周和几位同学被抽调到食堂门口搬自行车。因为那里的自行车历来摆放无序,他们的任务就是在午餐时间把没按规定停放的自行车扛到附近的指定地点。检查一结束,小周的任务也就完成了。不过,他很快发现,食堂门口的自行车摆放秩序又恢复了原样,但他再也不用去管那些乱放的自行车了。

福州某大学的学生告诉记者,迎检期间学校特地在教学区设置了红白相间的路障,一些习惯把轿车开到教室附近的教师被迫只能在教学区外停车。但在考评结束的第二天,那些路障就不复存在,汽车再次畅通无阻。

学生宿舍的诸多"禁令"也随之解除。闽南某高校一名学生没有使用校园网服务,而是选择从隔壁宿舍用路由器牵网线上网。考评组到来之前,学生干部要求他把悬在半空的网线收起来,以免影响美观而被扣分。为此,他两天不能上网。考评结束当晚,他就迫不及待地重新牵起了网线,再也没人提醒他美观问题。

在不少高校,明文禁止学生使用的电热棒、随手泡、电水壶等高功率电器,在迎检期间都被藏在柜子里。考评组一走,又都拿出来用了。"别说省级文明学校评估,就是平常学院检查,辅导员、班委都会提前通知把它们藏好。"一名学生透露说,"这已经是公开的秘密了。"

一些学生在网上打趣说,领导一走,学校提供的"福利"也随之下降。一名医学专业的学生称,学校在迎检期间,专门派一名后勤人员在食堂为学生盛免费汤,而考评组一走,免费汤再次变回"自助"状态。而多所高校特地增派守在交通要道执勤的保安,也随着检查的结束而撤离。

部分高校为迎检出台的"临时校规",如今也在学生的消极应对中渐渐失效。为了做到"不在教室吃东西",有的学生将早餐藏进书包,之后放在抽屉里吃,甚至躲在厕所里吃;为了让宿舍桌子看起来干净些,许多学生把课本、杂物全塞进柜子后锁上;为了应对考评组的检查,被指定的学生干部连夜突击背诵学校近年来的成果,但座谈会后再也用不上了;为了防止领导看到垃圾,一些学生故意把垃圾桶藏在走廊尽头的角落。

大学生对这次文明学校评估看法不一。漳州某高校一名学生对此感到厌烦,他在微博上说:"为迎接检查,这半个月来呕心沥血的,忙东忙西、没睡过好觉,从明天开始就可以恢复正常的生活了"!但有些学生则希望考评组多来检查,"领导一来,路上真的好干净,自行车摆放得好整齐。学校还会赶制出好多精美的路牌,一些平常不被重视的问题突然解决了。这样的服务真的很难得、很贴心"。[①]

这种例子在大学还有很多,尤其是近几年来,大学评估似乎已经成了一种常态。如本科教学水平评估、德育评估、体育评估、就业评估、艺术教育评估、思想政治理论课程评

---

① "文明学校"评估催生"临时校规"[N].中国青年报,2011-05-18.

估、校报评估、学报评估、党建评估等，不胜枚举。大学整日忙碌于评估之中，不可避免地弄虚造假、敷衍塞责、疲于应付。不仅伤害了大学办学的独立性、自由性，也玷污了大学的纯洁性和高尚性。

文化失灵的一个突出表现是学术评价的失真。2011年中科院院士增选初步候选人名单公布，初步候选人共有145位。而5月首次公示候选人名单中，共公示了314人，即半数以上的人已被淘汰。此次公布的"2011年中国科学院院士增选初步候选人名单"中显示，145位候选人中，年龄最大的76岁，最小的40岁。其中，数学物理学部21人，化学部23人，生命科学和医学学部30人，地学部25人，信息技术科学部18人，技术科学部28人。① 名单公示后，网友们对"院士"候选人的资质、评选讨论进一步升级。中科院发布公告称，中国科学院学部是严肃严谨之科学荣誉团体，院士增选工作严格按照增选程序进行。广大院士对社会上的不正之风深恶痛绝，反对增选工作中的不正当行为。中科院表示，一旦发现并查实有不正当行为者，将严肃处理，欢迎社会各界监督。

此前，首轮推荐候选人名单中，中科院地质与地球物理研究所的段振豪，因其妻子举报"包二奶"一事，曾闹得沸沸扬扬，最终段振豪因涉嫌贪污被刑拘。段振豪未出现在初步候选人名单中。新一轮候选人名单公布后，享有国际盛誉的神经学科学家、北京大学生命科学院院长饶毅落选。这个"顶级海归"在科学网上发博客称"从今以后不候选中国科学院院士"。中国"科技打假第一人"方舟子在微博上称，饶毅本来就不该去参选院士受此侮辱，不过在中国不当院士在很多方面受限制。方舟子在接受记者采访时说，听说了饶毅落选的消息，以饶毅的学术水平，第一轮没过就被刷下来，真是一件很滑稽的事。方舟子称，现在一些名牌大学要求学校的院长都是院士，院士成为了一种权力的代表，手中掌握着巨大的学术资源。在方舟子看来，饶毅是一个性格独特的人，在国外已经有很高的地位，什么话都敢说，得罪了很多人。

梅贻琦说："大学不惟有大楼之大，而应有大师之大。"诚如所言，大学之所以成其为大学在于大师、在于推动大学学术发展的教授及其领导的学术团队。如上所说，一所大学、一个国家如不能以道德高尚与否和学术的高下评定教授品阶高低，那大学的生机和活力又在何处？

二、大学文化组织失灵的原因

改革开放以后，尤其是进入新世纪以来，中国大学建设发展进入了全面的发展期，当然也面临着诸多发展难题。其中一个重要的问题就是大学文化引导力的弱化和大学组织的失灵。就其原因而言，大致表现在以下几个方面。

---

① 中国科学院公布2011年院士增选初步候选人名单［OL］. http://news. xinhuanet. com/2011-08/17/c_121873776. htm.

（一）大学组织系统庞杂，弱化了大学的主体功能

徐警武在《我国公立高校的组织效率损失与"产权失灵"析论》一文中指出，我国大学组织与管理上的一个重要特色是"完全组织式的单位制度"，学校内部除教学与科研机构外，还设有庞大的后勤系统，包括教职工学生宿舍楼、餐馆食堂、职工子弟中小学与幼儿园、各类商店、运输中心、校园治安绿化与卫生系统、设备与建筑维护系统、银行与邮政分支机构，学校"小而全"、"大而全"，履行计划生育，环境卫生，师生员工的生活、思想状况，就业与劳动保障，犯罪控制等广泛的社会职能。① 正如徐警武所言，中国大学组织设置的全能化，消解了中国大学在资源配置上的优势，使得本来就有限的大学资源不得不分配给无关于大学主体功能实现的方面，增加了大学组织管理的成本，降低了大学组织管理的效率。以河南某省属大学为例，从教职工比例分配上看，该大学共有在职在岗教职工1 700余人，而真正服务于教学、科研一线的教师有 600 余人，仅占全体教职工比例的35%，而后勤服务与行政管理方面的职工却占总比例的 65%。从组织机构上看，该大学除了正常的院系及相关党务、行政部门外，还有幼儿园，附属小学、中学、高中，附属工厂，科工贸公司，后勤集团，校医院，汽车队以及各类商店等。从资源配置形式上看，该学校还建设有新校区，并设有新校区管理委员会、新校区建设指导委员会等，近 5 年来，全年财政支出的 70% 左右都用到了新校区的硬件建设上去了，仅为 30% 左右用于教育教学、文化建设等。从以上数据我们可以看出，在这种状态下，大学的教育教学、科学研究、人才培养、社会服务和文化传承的主体功能不可避免地被削弱了。

（二）大学权力寻租的存在，弱化了大学组织功能

大学并不同于政府机构，它是以提供社会公共产品——教育为目的的，也就是说大学应该是完全意义上的社会公益组织和社会服务组织。但是近年来，大学权力寻租现象却层出不穷，一方面暴露了大学组织管理的失效，另一方面也说明了大学的社会公共服务职能的丧失。大学权力寻租主要表现在两个方面：①大学行政权力寻租。大学行政权力寻租是大学权力寻租的最显著的表现。它反映在大学招生、就业、基建、图书采购、设备采购以及干部的选拔任用等方面。随着我国高等教育事业的快速发展，近 10 余年来，每年大学的基建投入近百亿元，各本科大学每年用于购买图书、设备的支出都要上千万元。投资的快速增长与监管的乏力，给大学权力寻租提供了市场。2010 年 12 月底，全国各大媒体先后爆出武汉大学原常务副校长陈昭方涉嫌巨额受贿出庭受审的消息。该案一度震惊教育界，据悉，陈昭方在基建工程中涉嫌巨额受贿，金额达 200 余万元。几乎与武大腐败案被曝光的同一时间，广东湛江师范学院院长、党委副书记郭泽深因在学校基建、财务等方面的经济问题，被当地公安机关刑事拘留。4 天后，又有武汉科技学院院长张建刚、副院长王志贵因涉嫌基建腐败而被"双规"。而在此之前，同济大学原副校长吴世明因受贿罪被判刑 10 年，南京财经大学原副校长刘代宁被控受贿 160 多万。在湖北，

---

① 徐警武.我国公立高校的组织效率损失与"产权失灵"析论[J].教育发展研究,2007(3).

近年已有五六所大学的主管官员因腐败落马；在陕西近 3 年已查处 80 多宗大学经济案，倒下 7 名厅级校官。[①] 由此可见，大学行政权力寻租之一斑。②大学学术权力寻租。大学学术是大学得以良性发展的有力保障，它在一定程度上代表着大学的水平与质量。然而，近些年来，大学学术权力寻租现象不断见诸报刊，成为公众质疑大学管理的一个重要由头。大学学术权力寻租表现在大学研究生、博士生的招生和毕业，大学学术管理，大学学术研究课题、项目经费的获取与使用等方面。大学学术权力寻租给大学带来的危害甚至比行政权力寻租带来的危害还要大，如果大学行政权力寻租伤害的是大学的皮毛的话，大学学术权力寻租伤害的却是大学的筋骨，因为大学学术权力寻租是从精神层面破坏了大学的实体价值。而且修复由大学学术权力寻租所带来的伤害比行政权力寻租所带来的伤害时间要长得多、困难也要大得多。

(三)大学管理效能不足，弱化了大学的组织功能

大学管理效能不足是个不争的事实，这主要表现在以下两个方面：①组织管理文化的弱化。近年来，随着我国社会主义市场经济体制的确立，计划经济体制下长期压抑着的各种微观主体的主体性逐步解放出来，大学组织内部单位及组织成员的利益观念突显出来。同时，经济体制的调整意味着社会成员经济利益和社会关系的变动，这也直接影响到大学组织成员利益关系的调整。大学组织成员的利益开始分化，其价值开始分裂，组织原有的价值体系不能得到普遍认同。利益的冲突，价值的失衡，动摇了文化机制的主要基础。这也是中国特殊制度环境下造成大学组织中文化机制失灵的重要因素。②组织管理效能不足。提到效能，不能不说效率，虽然两者并不是一个概念。效率是经济学名词，它指的是投入与产出之比、费用与效果之比、开支与收入之比、代价与收益之比。而效能是社会学名词，它指的是事物消耗能耗之后的成效。当前，大学组织管理行政化的问题越来越严重。因为大学多是公办的，产权界定比较明确，没有自己的私有产权，部分大学管理者能不管则不管，能不问则不问，造成了严重的资源浪费。

---

① 余勤.高校领导腐败案高发 衙门化官本位盛行成主因[N].浙江日报,2011-12-14.

第九章　多元视域下的大学文化建设

一般意义上讲,大学文化建设是一个复杂的系统工程。它有一套适合于自身发展的生存法则。在这个法则里,大学精神是大学文化的核心和灵魂,大学制度文化、行为文化、学术文化、环境文化等是大学文化的具体化。新中国成立以来,历览大学文化的建设历程,尤以大学精神文化建设最为薄弱。当前,面对高等教育大变革大调整大发展带来的前所未有的机遇和挑战,我们必须以科学发展为主题,大力倡导"文化兴校",以大学文化引领大学的科学发展。

第一节　大学精神文化的建设

精神文化是大学文化的核心,是和谐校园建设的前提。所谓精神文化,是指大学师生在长期的读书教学和日常生活中形成的共同理想信念、价值判断、道德情操、目标追求。[①] 一所大学如果没有精神文化,就无法形成共同的思想基础,和谐校园建设也就无从谈起。培育大学精神文化,应按照社会主义核心价值体系的要求,大力弘扬科学精神和人文精神。科学精神是贯穿在学习和研究过程中的基本精神状态和思维方式,具体表现为探索求真的理性精神、忠于真理的求实精神、开拓进取的创新精神、勇于批判的怀疑精神等;人文精神是对人的生存意义和价值的态度和认识,表现为对人与自然、人与人、人与社会关系的思考,其核心是对真善美的追求。培养积极健康向上的大学精神文化,应处理好科学精神与人文精神的关系,不能厚此薄彼,更不能顾此失彼,而应统筹兼顾。

一、大学精神文化的涵义

大学精神总体而言是归属于大学文化之中的,是指导大学向着良性方向发展的思想

---

① 马寒.多元视野下的大学文化建设探析[J].教育与教学研究,2001(10).

之源。北京大学校长周其凤曾经指出："大学要传递高品位文化,培养高级人才,研究高层次学问,更应该有自己的精神。"[①]从总体上讲,大学精神是指整个大学校园共同体在一定的历史发展过程中逐步形成和培育起来的一种群体意识,是一所大学体现出来的生命力、创造力、凝聚力等整体精神面貌,是一所大学共同的思想品格、价值取向和道德规范的综合体现,是该大学生存与发展的精神支柱,它是办学理念在实践中的逐步完善和升华,进而在自身办学历史过程中所形成的一种独特的文化积淀。从这个定义中,我们可以看出大学精神包括四个层面:①大学精神是一种群体意识;②大学精神是一种价值取向;③大学精神是一种道德规范;④大学精神是精神支柱和文化积淀。

(一)大学精神是一种群体意识

美国社会学家赖特·米尔斯从发生学的角度认为群体意识的形成和存在,需要具备三个条件:①合理地、自觉地了解自我的群体利益。②否定或者抗拒另一群体的利益。③准备用集体的手段达成本群体的利益。那么大学精神从一定层面上讲,也是大学这一特定群体的意识表现和意志表达。大学精神的存在与发展同样也需要三个条件:①全体大学人自觉的行动;②大学人吸纳社会文化并加以提升和改造;③全体大学人自觉维护群体利益免受侵害。这三点都是以大学人作为主体进行考察的,然而大学精神形成的过程远比以上介绍的三个层面要复杂得多。

(二)大学精神是一种价值取向

大学的价值取向是多元的,但它始终围绕着一个核心问题,那就是"培养什么样的人、如何培养人",即育人的问题。不同性质的大学在育人观念上有着巨大的差异性,这种育人观念差异性本身就是大学精神与大学文化诉求的差异。例如,中东地区主要是以传统的伊斯兰教义精神进行办学的,在中东地区众多国家的大学里,随处可见经院式的办学模式。他们办学的价值取向是全力维护伊斯兰道德规范和传统价值观。以麦地那伊斯兰大学为例,它是沙特阿拉伯王国政府举办的国际伊斯兰高等学府。校址设在沙特伊斯兰教第二圣地麦地那,在沙特7所著名大学中居第2位。该校于1981年依据国王命令创建,是一所宗教型大学,现已向综合大学迈进。这所大学的办学理念与办学宗旨包括四个方面:①传播伊斯兰使命,培植和发扬伊斯兰精神;②撰写、翻译和发表伊斯兰社会所需要的人类各种文化知识论文,尤其鼓励撰写伊斯兰和阿拉伯学等方面的学术专著;③培养、教育穆斯林学生,造就精通伊斯兰和阿拉伯学的专家学者和具有科学文化知识、胜任伊斯兰宣教工作的宗教家;④搜集、整理、保存和出版伊斯兰文化遗产。

(三)大学精神是一种道德规范

一所优秀大学的精神价值集中体现在它所培养的人才能以什么样的道德追求服务于社会发展。当然我们无法用统一的标准去衡量大学哪一种道德追求最好,但我们认为在大学里存在着一种具有普适性的道德准则。而大学精神正为大学人树立良好的道德

---

① 王向阳.21世纪大学大学生校园文化建设的新理念和新实践[J].现代教育科学,2002(7).

规范,而不偏移于道德的约束铺平了道路。

大学精神是一种文化积淀和精神支柱。大学精神是在长期办学过程中,在吸纳其他人类优秀文化的基础上不断积累的一种文化精髓。我们今天常常讲到的"西南联大精神"、"北大精神"、"清华精神"等,无不是对这些大学深层次内在精神的透视与认可。同时,大学精神作为一所大学内在的质素,它是将大学显在层面的所有元素汇合、融注、渗透为自身独特的精神本质的最后归宿,也是这所学校赖以生存、发展、壮大、持久的真正可靠力量。这种力量往往以某种无形的方式作用于置身其中的每一位教师、学生与普通员工,然后折射出唯其所有的恒久的魅力和独有的光芒,从而成为一种精神普照,它在一定程度上已经成为支撑大学建设和发展的精神支柱。

二、大学精神的功用

固然,不同类型的大学、不同时期的大学、不同文化背景下的大学有着不同的大学精神。但并不是说大学精神就各不相干、毫无共性可言。恰恰相反,无论从文化发展层面上讲,还是从助推大学发展层面上讲,它们不仅存在共性,而且还存在惊人的一致性。

(一)大学精神具有培养和塑造人的功能

大学精神培养和塑造人的功能是一种潜移默化的过程,它并不是在自我张扬中完成,而是秉持着的一种谨慎的态度和务实的精神来完成功能的实现的。培养和塑造人并不是所有的社会机构都具有的功能,人类社会良性发展的客观要求赋予了大学特殊的历史重任,使大学在追求真理、探求科学的过程中,提升人的灵魂和社会整体素质。从某种意义上讲,如果一所大学是一个生机勃勃的有机体,它的活力并非来自行政手段,而是来自大学自身所拥有的精神。真正的大学是应该拥有良好传统,对思想和学术自由的无拘无束,对新奇和前卫的宽恕容忍,对真理的捍卫和对谬误的批判,大学人的理想和价值都能得以充分的实现。只有在这种精神的佑护之下,大学才能真正培养和塑造出一批批优秀的学生,他们不仅是于国家、社会发展有用的人才,更是有个性、有人格、深谙生活意义的有教养的公民。

清华大学最新公布的统计数据显示,新中国成立后从清华大学毕业或曾在清华大学工作过的校友中,有中国科学院院士330人,工程院院士144人,"两弹一星"功勋奖章获得者14人,省部级以上干部超过300人,其中曾任和现任的中共中央政治局常委9人。在英国,从《英国名人录》中我们可以看出,大约有1/4,即5 000多人都是从牛津毕业的。20世纪以来,只有4个首相不是在牛津大学接受教育。牛津不但为英国培养了高层次的公民,还为英国培养了一大批优秀的政治家。在英国,具有科技研究强劲实力的剑桥大学在历年来的诺贝尔奖排行榜上,总是雄居榜首,总共拥有60多项诺贝尔奖。它们对国家和社会发展承担的历史重任是其他社会组织无法比拟的,大学的优越性和独特价值集中体现于它在培养人与塑造人的过程中对社会历史前进的主宰。正如弗莱克斯纳认为的那样："在高等教育领域,现在是古老的大学主宰天下,并且就人们所能猜测的情况看,它们将长期地或许永久地继续主宰下去。"①在他看来,古老大学之所以长期并且永远地主宰下去的根本原因是古老大学所具有的"教养功能"。这种"教养功能""有助于人们在保持尊严、施展能力的同时履行生活职责所需的知识、修养、表达能力、性格、风度以及各种相当均衡和成熟的品质"②。由此我们可以看出,大学精神的培养和塑造功能是一项长期的任务,也是一项基本的任务,大学一旦被剥夺或偏离了这种任务指向,大学也将不复存在。

(二)大学精神具有规范和约束大学以及社会行为的功能

大学精神既是一种传统又是一种力量,它常常超乎想象地把大学的理想、信念、价值观无偿地提供给大学,并辐射到社会的各个领域,用科学的道德规范和良性的价值准则提升全体大学人和社会整体的行动方向。这种规范和约束的功能并不是靠国家的行政命令和某些领导者的意志强行赋予大学的,而是大学的自身魅力使然。

大学精神在规范和约束大学行为方面,是强而有力的。它就像铁轨一样,使大学这列火车无论以什么样的速度行进,但始终不可能脱离轨道约束的方向。例如在维护大学学术的纯洁性方面,受西方大学精神传统的影响,西方大学致力于对高深知识——尤其是纯粹知识——的传授和探索。牛津大学校徽的正中央就是一本翻开的厚厚的书,它象征着牛津历来就是以探求高深知识为己任的。这种追求某种程度上等同于宗教意义上的高尚,它决定了西方大学的本质特性,并解释了西方大学在各个时期都能存在下来的原因。历史上的大学也曾受到政府、社会的不同程度的干预,但正是西方大学精神传统使牛津和剑桥"成为最纯粹和最高意义上的学术机构,成为国家抵抗学术生活中一切浅薄、虚假和毫无价值的东西的堡垒"③,而且它们还一直在维护这种学术的纯洁性。在维护大学发展方向方面,哈佛大学之所以成为世界大学的学术标尺,而居于世界大学之巅,与它始终如一地坚持"探求真理和学问是大学的核心价值"的发展理念是分不开的。我们可以通过哈佛大学的校徽和校训来证明这一点。从 19 世纪中叶沿用至今的哈佛大学校徽上面始终写着"真理"二字;而它的校训"以柏拉图为友、以亚里士多德为友、更要以真理为友"300 多年间从未更改过。虽然 300 多年间,哈佛大学更易了数十任校长,但其办学理念和基本精神始终没有变。

大学精神在规范和约束社会行为方面,同样也是强而有力的。它就像高速公路上的交通标志一样,使行驶在高速公路的众多车辆都能按照既定的秩序前行。近代以来,中国社会发生了急剧的变革,其中最为突出的表现就是社会思想的变化。传统社会思想向近代西方文明转换的过程中,出现了这样或那样的矛盾冲突,人们无所适从,社会发展杂

---

① [美]亚伯拉罕·弗莱克斯纳. 现代大学论——美英德大学研究[M]. 杭州:浙江教育出版社,2001:230.
② [美]亚伯拉罕·弗莱克斯纳. 现代大学论——美英德大学研究[M]. 杭州:浙江教育出版社,2001:230.
③ [美]约翰·布鲁贝克. 高等教育哲学[M]. 杭州:浙江教育出版社,1987:16.

乱无序。每当此时,大学走在冲突的最前端,引领着社会向着光明的方向前行。例如1919 年前后,以北京大学为代表的大学群体,极力反对外国列强的侵略行为,立志通过斗争来唤醒全体国民的民族意识,使处于无边黑暗之中的中国找到了一条通往光明的道路。在随后的近百年间,无数大学积极投身于社会改造之中,把知识学习与社会实践紧密结合起来,把理想信念与社会发展结合起来,一次次扭转社会前进的舵盘。

(三)大学精神具有延续和发展的功能

大学精神所具有的延续和发展的功能主要体现在大学对高深知识的传授和发展方面。传受知识和传承文明是大学的基本功能。1869 年,埃利奥特出任哈佛大学校长伊始,提出了以下主张:"大学教育就是灌输教师认为正确的东西的观念,可能对修道院或神学院的神父来说是符合逻辑的,是恰当的,但是这种观念无论是在大学还是在公立学校,从小学到专业学院,都是令人无法容忍的。大学文化最有价值的成果是使学生具有开放的头脑,经过训练而谨慎思考的态度,谦恭的行为,掌握哲学研究的方法,全面了解前人积累的思想。"[①]历史上,传承知识是大学的基本任务之一,中古大学更是把传授学问看做是大学重要的使命。对于一个青年来说,大学时期是一个人知识积蓄的时期,这就是为什么西方著名大学没有一个不具有良好的图书设备、实验室和优秀的教师群体,同时也没有一个不能提供天清地宁的环境以供老少学人思考和对话。教育是人类延续知识的最佳途径,西方大学的自治精神和自由精神使它们能按自身的设计和意图传授知识,不受或较少受外界的影响。人类的深奥知识是通过大学才得以传递的。换言之,人类的智慧是通过大学来延续的。

从人类文明的传承上讲,大学同样具有其他社会组织所无法比拟的优势。大学具备了传承文明所需要的条件:大学具有始终不渝地传承文明的激情和兴趣;大学具有传承文明所必需的各种人才;大学具有传承文明所需要的物质文化基础;大学具有传承和创新人类文明成果的动力和资源。河南是中原文明的集中地,也是中华文明的起源地。河南的大学在传承中原文明和创新中原文明方面起到了举足轻重的作用。据统计,河南 80 多所本专科院校中,共设置上百个中原文明的研究传承机构。它们在保持自身研究专长的基础上,加强校际间的学术交流,共享研究成果,使中原文明得以焕发其应有的光芒。事实证明,人类社会的发展越来越多地依靠知识和文明传承,大学在知识和文明传承道路上的一个又一个的突破,使大学本身和人类社会不断地向前发展。

三、国外大学精神文化建设的启示

大学精神的培育与提升并非一蹴而就的,而是在大学的办学过程中长期积累和沉淀的,它既具有时代特色,又具有历史印记。我们要研究大学精神,必须从历史的角度考察

---

① 肖谦.多视野下的大学文化[M].成都:西南交通大学出版社,2009:250.

大学精神文化的发展历程和各国的传统。在这一部分,我们简要回顾一下自中世纪大学产生以来的英国大学传统、德国大学传统、美国大学传统、原苏联大学传统、香港地区大学传统等,为我们研究中国大学精神文化建设提供借鉴。

(一)中世纪大学的文化传统

尽管大学的雏形可以追溯至古希腊,但现代意义上的大学还是被公认为始于中世纪。在中世纪,随着城市经济的迅速发展,各种行会相继产生,大学的最初形式——学者行会就是在商人行会和手工业者行会之后产生的。学者行会同其他行会一样都自行制定规则,实行自我管理。随着行会规模的扩展,行会发展成了大学。大学同样保留了行会的自治传统,这种自治传统使大学有了相对自由的发展空间。在中世纪大学里有三种精神文化传统是值得重点关注的:即中世纪大学的"理性化"趋势、中世纪大学异议表示的倾向以及中世纪大学的世界精神。这三点突出表现了西方中古大学已经具有以传授知识为目的的科学精神和建立在信仰基础上的人文精神的雏形。

中世纪大学虽然还处在神学的统辖之下,但这时的大学教师已经对神学经典和部分自然科学有了突破性和创造性解答的趋势。他们已经不再是消极的"知识宣告者",而是积极的"知识研究者"。更为难能可贵的是中世纪大学教师已经开始把各种研究成果运用到了实际的教学之中,从而赋予大学理性的特色。同时,随着知识研究向着复杂性和系统性迈进,中世纪大学里出现了知识群体。知识群体分工合作,相互协同,共同致力于高深学术的研究。雅克·勒戈夫说"中世纪大学的知识群体们,以思想和传授思想为职业。他们把个人的思想天地与在教学中传播这种思想结合起来,极大地推动了中世纪大学理性化趋势"。虽然如此,中世纪的大学还处在蒙昧阶段,科学精神、人文精神的缺失,大学精神文化的欠缺依然占居主流位置。

中世纪大学的异议表示是大学批判精神的一种表现。它发轫的基础来源于大学学术自由。中世纪大学一批具有开创精神的学者们在深入研究自然科学和人文科学的过程中逐步开始了对封建神学的怀疑与否定,并对以神学为体系的知识体系表示出了大胆的异议。阿贝拉尔被称为中世纪大学第一个敢于表示异议的教授。他永远不知道安静,总是出现在发生矛盾的地方:怀有摧毁偶像的强烈欲望,哪里有他的身影哪里就有激烈的争议;他始终在促进新观念的产生,喜欢说自我意识,他走到哪里就有求知的学生跟到哪里,学生们蜂拥到他隐居的地方,那里很快就出现了由帐篷和茅屋组成的学院村;他是逻辑学家,也是道德学家,没有人像他那样致力于把理性和信仰结合起来。他的人文主义通向宽容,他在寻求人们之间的联系。他有敢于突破传统的勇气,当别人指责他缺乏经验时,他反驳道,"在教学中我从来习惯于依靠我的思想力量,而不是依靠传统"。他有敢于挑战权威的精神:针对奥古斯丁"我信仰而后才理解"的名言提出了"理解才能信仰"的相反论调。[①] 以阿贝拉尔为代表的中世纪大学教授们反宗教传统和神学束缚的行为标

---

① 赵燕.西方大学精神传统的研究[D].山西大学2005级硕士研究生学位论文,2005.

志着社会科学发展的方向,对后世大学影响很大。

此外,中世纪大学还突出表现了"世界精神"。香港中文大学校长金耀基先生认为,中世纪大学最值得一提的是他的世界精神、超国界的性格。其原因在于,14世纪前后的欧洲在语言方面有拉丁语作为其基础,在宗教方面有基督教作为其基础。后来,中世纪大学的世界精神因拉丁语的衰退和基督教的分裂而丧失生机。

(二)英国大学的精神文化传统

中世纪以后,传统欧洲大学教育发生了重大转折,而引领转折的首推英国的两所大学,即创建于12世纪的牛津大学和13世纪初的剑桥大学。在这两所大学里英国中世纪以来的大学精神文化传统得到了良好的保存和传承,并由这两所大学奠定了英国大学精神文化传统的基础。

从历史的视角来看,英国的大学精神文化突出表现为两大显著特点:①突显人文精神的大学理想。伦敦大学教育专家彼得教授说:"比起美国的教育体制,英国教育或许在创新精神方面略显逊色,但英国大学有自己的特色。严谨求实的学风,浓郁的学术氛围,使英国几乎成为世界上最适合做学问的地方。"诚如所言,在19世纪中叶的英国牛津学者纽曼的眼中,大学在于"传授"学问而不在于"发展"知识,即大学是一个"教学机构"和"心灵的训练"的场所,其目的在于培养具有"自由、公平、沉着、稳健和智能"生活习惯的绅士。基于这一理想,英国的大学传统中,职业教育和技术教育被视为低于人文教育的一种活动。当时,文艺复兴运动激起了大众对古典文化传统的珍视,与工业革命伴随而行的科学革命创造了足以改变时代的各种新思想、新技术,这本身需要传承和发扬。与此同时,此间已崛起的英国资产阶级,需要一种自身阶层的再生系统,而他们,则希望这一系统除了传授古典文化、科学知识之外,更应传授本阶级应具有的价值观。正如纽曼所说,大学教育的目的在于一种特殊形态之人的"性格养成"。②政治与学术的分离,即政府管理与大学自治矛盾的化解。中世纪大学突出的特点是大学要服务于宗教、服务于政治需求,而不是民众对知识的渴求。这种情况下,大学几乎没有自我发展和独立自治的权力。但文艺复兴以后,英国率先于全球大学实行了大学自治和大学独立,极力反对政府对大学办学行为的干涉。同时,在教学内容上又提出了"梦幻塔尖"式教育,认为大学教育应是一种社会精英教育,它应是纯洁无瑕的"象牙塔"。这种办学主张对后世的影响是很大的。近来年,英国一些新建大学为适应社会市场的要求,模仿美国教育体系砍掉了一些传统专业,开设许多新课程,强调知识与市场相结合,注意把教育当成产业来培育。但这些大学仍坚持严谨求实的教学方针,并没有以牺牲质量为代价。例如,牛津大学由于拒绝学术商业化而使学校的科研经费受到一定影响,但牛津大学却以其推崇学术、看重研究的"学究精神"赢得了世人的尊重。近年来,鲁顿大学多次扩大学校规模,开设了很多受各国学生欢迎的新课程,如"国际旅游管理"、"国际旅游质量控制"等,不仅有了经济效益,教学质量也随之提高。从1999~2001年,鲁顿大学的排名每年都在攀升。

英国的大学精神传统不仅对本国大学的发展影响很大,而且还以其无穷的魅力和严谨治学方法为世界所称道,并对世界其他国家的大学建设和教育发展起到了示范作用。例如,20世纪初,英国大学的文化传统被引入中国和日本,促进了中国和日本的高等教育向现代的快速转型。

(三)德国大学精神文化传统

德国是一个后起的工业国,它的崛起与大学的建设和发展是分不开的,最具代表性的是柏林大学和洪堡大学。19世纪初期建立的柏林大学被认为在德国的改革发展史上具有划时代的重大意义。柏林大学的建立,改变了德国多年来的落后面貌,培养了一大批优秀的学者和思想家,为德国日后成为世界强国打下了坚实的思想基础。因此,1810年柏林大学的创建,被认为是德国大学现代化的开端。

德国大学在近代世界高等教育发展史上有着举足轻重的作用,以柏林大学和洪堡大学为代表的德国大学群塑造了"学术自由、独处和合作三者合一"的近代大学精神。柏林大学是中世纪大学的继承与延续,柏林大学在很大程度上是一个"学者的集合体",学者们拥有充分的学术自主与学术自由。柏林大学的革新者洪登堡等人认为,大学重在发展知识而不在于"传授学问",教师的首要任务是自由地从事于创造性的学问,学生则应至少在"日益增大的知识金庙上置放一块砖石",即大学应该成为"学术研究中心"。自工业革命初始以来,由手工业者、工匠、技师等生产第一线的实践者所主导的科技发明,无法满足开始于19世纪70年代的第二次工业革命对科技的巨大需求,这就迫切需要一种层次更高、组织程度更强的机构来弥补。于是,以传授知识为主要职能的大学,开始承担起"发展"知识的职能。更深层次的文化背景是18~19世纪在德国占主导地位的理性主义文化。这种文化强调,大学以探求自然法则、培养遵循这一法则的人才为首要任务。与此同时,德国为平衡传统大学理念和社会需求之间的矛盾,在传统大学系统之外建立了以职业教育为方向的高等技术学院。

同时,大学独立与学术自由是德国大学的特色。就大学独立而言,德国的大学表现出了自治的勇气,在大学的办学过程中,政府对于教育的干涉是被禁止的,任何行政长官都无权要求大学按照政府的意志办学。这就为大学在19世纪末的政治集权时代争取到了自由发展的权力。学术自由表现在两个方面:①教师教学和学生的学习是自由的,政府无权干涉大学教师教授的内容和学生学习的动向;②大学师生研究学术问题的自由,政府无权限制大学师生开展任何领域的学术研究。在这种自由、自治、独立、自主的民主环境里,大学如同雨后的春笋般快速地崛起了。不仅如此,德国的大学还带领了一大批殖民地国家的大学共同融入到现代高等教育的滚滚洪流之中。

(四)美国大学精神文化传统

美国大学的办学模式、办学理念和基本精神来源于德国,也就是说德国的大学精神和办学理念对美国大学发展的影响是巨大而持久的。1815~1914年,美国留德学生达1万人之多。这些留德学者回国以后,大多数成了美国大学教学与科研的主力,成为传播德国学术思想的领头人。德国大学那种学术自由、大学独立和勇于创新的精神无疑助推了美国大学的发展,并使美国大学在随后的100年间自成一体。

美国大学中自成一体的大学精神文化传统最具代表性的是创办于1636年的哈佛大学,主要表现在以下几个方面:

(1)高度的自治性。哈佛大学前校长德里克·博克认为:"美国大学享有的自由比任何主要国家的大学都要多。"高度的自治是一所大学的最突出的办学基础,它意味着自由——学术的自由和研究的自由。只有在大学自治、自主管理的前提之下,学术民主、学术自由与学术创新才能够实现。哈佛大学十分重视培养学生的独立自由思想,于1945年提出了一个"一般教育方案",1978年又修订了这个方案,要求所有学生学习文学艺术、历史、社会哲学分析、外国语言文化、数学和自然科学等领域的基础知识。

(2)始终保持旺盛的竞争性。以哈佛大学为代表的美国大学普遍存在着旺盛的竞争性,它们把竞争当做学校的生命力之所在,当做学校立足于世界的重要前提。竞争性表现在三个层面:①生源的竞争。美国不少大学都是全球性大学,它们不是把选择优秀学生仅放在美国本土而是放眼全球。通过各种优越的条件吸引全世界的优秀学生入校就读。②教师的竞争,美国大学深刻认识到只有一流的教师才能创造出一流的大学。基于这种理念,它们把教师选聘当做学校发展的头等大事之一,不仅专业教师,甚至校长都是全球公开招聘,择优聘用。③学科竞争。美国大学在长期的办学过程中积累了大量的学术精英,这些学术精英所支撑起来的学科是大学不可多得的资源。在美国很少看到有重复学科建设的情况。它们往往把大量的精力和资源用于最前沿学科的发展或者社会最亟需的学科发展。通过这种学科发展提升大学的社会知名度和影响力。

通过以上的分析,我们可以看出美国大学在自由竞争的环境里呈现出良性发展的态势。这与今天中国部分大学的无序竞争相比形成了具大的反差。

(五)原苏联大学精神文化传统

苏联已经不复存在了,但在它存在的80余年间,却对中国尤其是对中国大学的发展产生了重大而深远的影响,有些影响甚至到了今天还依然存在并发挥着作用。原苏联的诸多大学都是在计划经济体制下形成并发展起来的。从属性上看,它们都带有鲜明的社会主义和无产阶级的属性,国家对大学拥有绝对的主导权和支配权。国家办学的单一体制、以单科性院校为主体的高等教育结构、以人才培养为中心的单一大学职能、培养高级专门人才的人才培养理念,以及政府主导、集中计划成为苏联大学传统的基本特点。这导致了原苏联大学功用的两极化倾向:①大学服务于社会主义国家建设,其人才培养、课程设置、学术研究、队伍建设等都是围绕着国家建设发展的需求,国家与大学实质上是一体的;②我们可以说是消极方面的,国家与大学实质上的一体性,使大学丧失了主动权和自治权。大学不再是独立于国家政府之外的社会组织,而是国家政府机构的一部分。换句话说,大学已经在一定程度上成为了政府的附属机构而不是行为主体。这种组织和管理形式在一定程度上磨灭了大学的个性,使大学在发展的过程中被戴上"枷锁"。

原苏联的大学管理模式深深地影响到了新中国成立初期的中国大学发展。1949 年新中国成立后,我们在高等教育领域全面借鉴苏联模式,当然苏联大学精神传统也在中国大学里弥漫开来。例如在大学职能方面,强调人才培养的单一职能;在人才培养理念方面,强调为工业建设培养专门人才;在组织管理方面,大学里设立党委,废除单一的校长负责制,实行党委领导下的校务委员会负责制,随后又发展成为党委领导下的校长负责制,把大学的行政管辖权纳入到了党委的统一领导之下。在今天看来,这种组织管理模式制约和阻碍了大学的发展。近几年来,国内学界和教育界不断发出"教育去行政化"和"对大学放权"的呼声,我们觉得这就是一种积极的信号。

(六)香港的大学精神文化传统

1997 年以前,近百年来香港一直都是英国的租借地,由英国政府行使对香港的实际管辖权。身居其间的香港大学不可避免地受到英国大学文化的影响,但同时,香港作为世界经济的贸易港口,各种先进思想和优秀文化都可以在这里汇集并被很好地吸收。在这种背景下,香港的大学所具有的与国内大学不同的精神文化也就可以理解了。包容性是香港诸多大学的共同特性。自由和包容的思想在香港的大学中十分普遍,是香港多所大学的一个共同的精神风貌。香港的各个大学十分注重培养学生的知识吸纳能力和实际的操作能力,通过不同的各具特色的专业教育来提高学生的专业知识水平,使学生不仅在专业领域掌握着扎实的技能,又能在社会科学领域和文化艺术方面都具有独特的领悟能力。自由独立精神领导下的多元交叉的教育促使学生不断增强生存能力、适应能力和应变能力,促进学生由单一型人才向复合型人才转化。

在包容性和自由性之外,香港的大学并不是没有自己的文化主线。由于地理原因和历史原因,香港虽与内地割离,但文化并没有断代,中华传统依然是香港诸多大学的精神轴心。香港各大学致力于将中国传统文化和国外的先进文化相融合,力争谋求这两种文化的共同点,并且在培养学生时,要求学生既要具有东西方文化兼容的包容性,又要掌握精深的专业技能,同时,还要具有高尚的情操,将培养学生的灵活性、适应力和创造力作为工作的重点。

回归之后的香港各大学,在"一国两制"和"港人治港"方针的指引下,迎来了新的发展机遇。近年来,随着香港各大学在内地的招生、香港各大学与内地大学交流合作的日益深入,香港各大学的精神文化受到内地大学的影响,并催生出诸多新的大学文化模态。

四、建设具有中国特色的大学精神

大学精神文化建设既是一个严谨的理论课题,又是一项长期而复杂的系统工程。一种成熟而富有生机的大学精神文化需要几代大学人甚至十几代大学人共同完成。我们认为,在当前情况下,要建设和丰富具有中国特色的大学精神文化需要从以下几个方面着手。

（一）塑造现代大学精神要从优秀传统文化中汲取营养

文化是民族的根本，而民族性则是文化最大的个性。维护文化的民族性是全球化背景下发展中国先进文化的基本前提。从这个意义上讲，大学文化建设尤其是大学精神文化建设必须要把中华民族传统文化的精髓吸收进来。当今世界是一个多元文化并存的世界，每一种文化形态都是居于其中的各大学精神文化建设的基础。也就是说世界上不同国家和地区的大学精神文化都是以本国或本地区主导性文化作为发展根基的。我国大学精神文化建设，必须立根于传统文化，突显传统文化在培养人、塑造人、感染人和武装人等方面的优势。那么大学精神文化建设如何对待传统文化呢？其实早在 1912 年蔡元培先生主持起草《大学令》时就已经给我们提供了方法。

（1）"择善"。所谓"择善"就是要把中国传统文化中的优良的文化内容有选择地挑拣出来，并加以改造地融入大学精神文化建设之中。如中国传统文化的义利价值观、生命价值观、伦理价值观等几个核心命题就是很好的文化资源。2004 年 8 月中共中央和国务院联合发布了《关于进一步加强和改进大学生思想政治工作的意见》对当前一段时间的大学生思想政治教育工作提出了四点意见：①以理想信念教育为核心，深入进行树立正确的世界观、人生观和价值观教育。②以爱国主义教育为重点，深入进行弘扬和培育民族精神教育。③以基本道德规范为基础，深入进行公民道德教育。④以大学生全面发展为目标，深入进行素质教育。这四个方面是党和国家在研究当代大学和大学生发展实况的基础上提出的具有鲜明指导意义的教育目标。当前，大学在建设精神文化的过程中应积极吸纳中国传统文化中的核心价值理念，并通过教育教学、制度建设、文化环境建设等内化到大学文化的发展中。

（2）"祛劣"。所谓"祛劣"就是把中国传统文化中糟粕或有害的文化成分去除掉，消除糟粕或有害的文化对大学精神的污染和消极影响。不可否认，中国传统文化中包含了大量的封建糟粕的文化内容。当前我国大学精神文化建设必须从根源上清除糟粕或有害的文化成分，重视大学的独立和学术的自由，使大学成为"高深学问研究之基地"。

（3）"进而发明之"。"进而发明之"原是指蔡元培先生对于西方大学文化所持有的态度和方法。即中国大学应该在对西方大学文化"拿来主义"的基础上，加以改造和"发明"。那么，我们对待传统文化的态度也应如此，即在选择优良传统文化时，应加之改进和创新。以传统的义利观为例，义和利及其关系是儒学中的核心问题之一。孔子说："见利思义，见危授命"，"君子义以为质，礼以行之"。孟子说："人之异于禽兽者几希，庶民去之，君子存之。"董仲舒所谓"正其义不谋其利，明其道不计其功"，程颐所谓"人皆知趋利而避害，圣人则更不论利害，惟看义当为不当为"等都是儒家义利学说的经典句章。传统义利观一般有两种解释：①祛利就义，即人不应该有个体私利；②义利各半，即人也可以有个体私利但必须符合"义"。符合什么样的"义"呢？即符合封建统治阶级为维护封建统治所设立的"义"。那么对于今天的大学而言必须对这种理论观点进行合理化的改造，即大力宣传和弘扬社会主义的义利观。正如《公民道德建设实施纲要》所提出的那样,要坚持尊重个人合法权益与承担社会责任相统一,要把权利与义务结合起来,树立把国家和人民利益放在首位而又充分尊重公民个人合法利益的社会主义义利观。

(二)塑造现代大学精神要从大学历史文化中汲取营养

大学文化一方面印证了大学建设发展的艰辛,另一方面也显示出了文化在推进大学发展中的功用。要塑造现代大学精神,各个大学必须正视自己的历史,既不能骄傲自大,更不应妄自菲薄,而应保持客观公正的态度。

(1)正视大学历史对培育大学精神的重要性。2011年4月,胡锦涛总书记在清华大学建校100周年纪念大会上指出:"水木清华,钟灵毓秀。在一个世纪的发展历程中,清华大学秉承'爱国奉献、追求卓越'的传统,恪守'自强不息、厚德载物'的校训,弘扬'行胜于言'的校风,培育了17万名优秀人才,涌现出一大批学术大师、兴业英才、治国栋梁。在国家表彰的23位'两弹一星'勋章获得者中有14位是清华大学校友,460位清华大学校友当选中国科学院院士和中国工程院院士。100年来,一代又一代清华人在革命、建设、改革中顽强拼搏、真诚奉献,为祖国、为人民、为民族建立了突出功绩。清华大学百年历史又一次表明,坚持解放思想、实事求是、与时俱进,坚持以实现国家富强、民族振兴、人类进步为己任,坚持正确的办学方向,坚持以人为本,遵循高等教育规律,全面实施素质教育,不断推进改革创新,我们的大学就能获得事业发展的强大动力,就能源源不断培养出德才兼备的优秀人才。"当代著名学者徐友渔曾经在《记忆即生命》一文中这样说过:"记忆是最宝贵的精神资源,不论是对个体还是对民族,记忆就是历史,记忆就是生命。是否具有健全的记忆,是衡量个人和群体精神状况和精神素质的一个标尺……构成一个民族自我认同的要素是什么? 是它的集体性记忆。"①由此可见,任何一所大学只有正视自身发展的历史,并深刻总结办校治学过程中的胜败得失,它才有不断前行的动力。

(2)重视和保持大学历史发展进程中留存的精神文化。一所大学的历史即使再短暂,也都有着自己的办学指导思想、目标定位、发展思路及价值取向,都有着自己独特的内在追求及精神潜质,这些因素正是一所大学培育自己精神风范的重要基础,哪怕只是初期的白手起家、艰苦创业历程,同样能够构成大学精神的核心内涵。因此,无论办学历史悠久还是短暂,都需要在反思与提炼中形成我们关于一所大学"集体性记忆"的历史样貌,以之构成我们大学精神的重要的文化资源。我们举一个例子来说明问题的重要性。山东大学是中国历史上第一个拥有大学章程的大学。1901年,山东巡抚袁世凯奏呈《山东试办大学堂暂行章程》折稿获准,由此,山东大学堂成为继京师大学堂之后,中国最早兴办的官立大学堂。但这份《山东试办大学堂暂行章程》折稿,山东大学寻访多年未果。2000年,时任山东大学副校长的徐显明率队访问台湾,特地去拜访了曾任"美龄号"机长和台湾空军"情报署长"的衣复恩。祖籍山东的衣复恩以母亲之名所成立的"立青文教基

---

① 厉以宁.关于教育产业的几个问题[M].桂林:广西师范大学出版社,2001:217.

金",在山东大学设立了奖学金。山东大学100周年校庆,已是耄耋之年、坐在轮椅上的衣复恩询问自己能做点什么。徐显明如实告知,这次来台湾最重要的目的,是寻找山东大学堂的起源。最早发现这份章程的存在,是山东大学原校史办公室主任史若平。1990年,他在山东省图书馆查资料时,偶然发现了这份章程的照片,虽然没有具体内容,但足令他欣喜。从1999年末至2000年上半年,山东大学校史办公室的李彦英与同事到北京寻访《山东试办大学堂暂行章程》折稿。李彦英告诉《中国新闻周刊》,他们跑遍了第一历史档案馆、国家图书馆、首都图书馆、北大图书馆、北师大图书馆等地,每日奔波,却一无收获。后来李彦英又去了南京第二历史档案馆、重庆万县档案馆(抗战后,山东大学内迁到重庆万县),都没有发现章程的踪迹。此后不久,孙震来山东大学访问,当时的山东大学校长曾繁仁会见了他,并再一次提出寻找章程之事。孙震回台后,传来好消息,《山东试办大学堂暂行章程》折稿的确在台湾,保存在"台北故宫博物院"里。孙震的一个学生在那里工作,他为此助力不少。2001年10月11日,山东大学百年校庆之时,孙震以山东大学老朋友的身份出席。这次,他带回了极珍贵的礼物:《山东试办大学堂暂行章程》折稿及皇帝朱批的复制本。新任校长展涛在山东大学邵逸夫科学馆里,郑重接下了这份厚礼。① 这个事例告诉我们一个很朴实的道理,一所大学在对待自身发展历史的真挚态度对于大学精神的塑造是多么重要。

五、塑造现代大学精神要重视建设和创新

大学精神并不是自然而然形成的,它需要一代代大学人地建设、创新和经营。

(1)着力培育大学的"浩然之气"。古代思想家孟子最先提出"浩然之气"的概念,当有人问他什么是浩然之气时,答曰:"难言也。其为气也,至大至刚,以直养无害,则塞于天地之间。"大学精神也是一种气,一种"至大至刚"的浩然之气,一种追求真理、坚持正义的人文情怀和道德勇气,这种精神气息一经形成,必然会激活大学生活的每一个瞬间,充盈校园的每一寸土地,使一所大学真正成为有灵魂的大学,这也正是我们追求的目标。

(2)着力培育大学的"德养之气"。孔子讲:"其身正,不令而行;其身不正,虽令不从。"著名的教育家蔡元培先生也指出:"苟德之不修,学之不讲,同乎流俗,合乎污世,己且为人轻辱,更何足以感人。"一般来讲,培育"德养之气"必须从两个群体角度出发:①从教师群体角度。要求大学教师要以崇高的师德师风来引导大学精神。学高为师、德高为范。学是师之骨、德是师之魂。良好的师德不仅对于培养高素质合格人才,进而提高整个国民素质具有重大意义,而且也是承载高质量教育的基石。这要求大学教师要努力改造主观世界,树立正确的世界观、人生观和价值观,自律自强,努力做到"行为世范";②从

---

① 寻访《山东大学堂章程》[OL]. http://history.inewsweek.cn/story-831-p-2.html≠.

学生群体角度。大学生正处在人生美好的阶段,有无良好的"德养"决定着其一生的价值和功业。大学生必须要有崇高的理想、要有良好道德、要有高深的学识、要有严明的纪律,这都是"德养"的重要内容,必须审慎对待、不可或缺。

(3)着力培育大学的"清廉之气"。大学不是功利场,也不是商贸行和生产企业。正如孟子所讲的那样"居天下之广居,立天下之正位,行天下之大道;得志,与民由之;不得志,独行其道。富贵不能淫,贫贱不能移,威武不能屈"即是清廉之气。大学不为金钱所诱、不为名利所屈,时时表现出清洁高远的姿态,时时站立在人类精神的最高峰。

第二节　大学制度文化的建设

制度建设是大学正常运转的重要基础,离开了制度建设,对于任何一所大学的办学,都是难以想象的。因此,对于大学的制度建设,是大学管理的首要任务,没有一所大学的管理者不重视制度建设。中国的大学制度建设,已经无所不有、包罗万象,各种规章制度汇编,应有尽有、样样俱全。然而,我们的大学管理水平与世界一流大学相比,为什么差距那么大;我们的现代大学制度,为什么还不够完善;为什么总有人说,我们的现代大学制度要从西方的大学制度学习,特别是从文化的角度学习。甚至有人提出,要按照西方国家的民主管理、学术自由、大学自治的大学制度来构建中国的现代大学制度。这种认识,既反映了人们对中国大学现实状况的不满,又反映了人们对破解这一问题的期待。

一、大学制度概说

(一)大学制度文化的含义

我国《高等教育法》规定"高等学校应当面向社会,依法自主办学,我国实行民主管理"是现代大学制度的核心内容,也是现代大学制度的基本标志。大学必须充分发挥制度文化在思想和行为养成中的育人功能,加强法制教育,倡导依法办事、按规则办事,增强广大师生的法律和制度意识;必须从制度上保证学校重大原则、重大决策的民主化和科学化,形成学校自我发展、自我约束的运行机制;必须积极推进学术民主制度的建设,充分发挥学者在治学和学科建设中的积极的主导作用;必须切实加强用人上的民主制度建设,完善公开、平等、竞争、择优的选人用人机制,建立更加有效的人才工作激励与约束机制;必须不断完善学校管理制度,规范各类大学人的行为,不断优化学风校风,推进依法治校进程。《高等教育法》从国家法制的高度对大学组织模式进行了约定,也从原则上对大学的管理制度进行规范。这为我们研究大学制度文化提供了方向。

目前关于大学制度文化的含义主要有两种理解:①制度文化是学校的规章制度和执

行机制的总和。由杨德广教授主编的《高等教育学概论》中对大学制度文化这样解释：
"制度文化主要指学校各种规章制度以及保证制度执行的组织结构。从制度文化的内容
看，可将制度文化分为行政工作制度、德育工作制度、教学工作制度、体育卫生制度、后勤
管理制度等。"②制度文化分为显性制度文化（即学校的规章制度）和隐性制度文化（即学
校的校风、自觉的行为方式等）。这种理解认为校园制度文化主要指通过文字形态表达
的学校的规章制度及在规章制度中体现出来的风气、习惯、传统。学校的规章制度及由
规章制度固定的体制，一般称为正式规则，如学校自己制定的章程、条例、规定等制度；学
校的风气、习惯、传统一般称为非正式规则，如教风、学风。①

我们认为，大学制度是大学精神与办学理念的外在表现，是学校管理规范化、先进性
程度的重要标志；而大学的制度安排又反过来培育和营造学校的文化氛围和风气。制度
形态的大学文化是大学组织的文化规范，是大学运行的机制保证。它调节着大学内部各
个组织和人员的行为和关系，也协调大学与外部的关系，是大学科学管理的重要手段。
有制度方有制度文化。从文化学的角度上看，我们是比较认同李福华先生对于大学制度
文化的理解，即显性的规章制度与隐性的、能体现制度价值观念的文化，构成了一所大学
的制度文化。换句话说，大学的制度体系是由显性的规章制度与隐性的文化构成。大学
的制度文化能够把学校的价值理念渗透到教职员工的自觉行为中，如此就形成了一种独
特的、其他学校难以模仿的学校核心价值观。从大学的制度文化中，既能够看出制定制
度的意图、打算、要达到的目标以及价值观念，也能看出执行制度过程中群体形成的氛围
和群体对制度的认可程度。

大学制度文化是由显性制度文化与隐性制度文化构成。显性制度文化是指由国家
或大学为学校制定的、需要大家共同遵守的规程、条例、准则等，它们有显而易见的外在
表现形式，因此是显性的。隐性制度文化是指由规章制度辐射出来的制度的意图、目的、
指导思想、贯穿于制度之中的办学理念和执行制度过程中所体现出来的价值观念和行为
方式，以及由此形成的制度氛围，如校风、教风、学风等。它可以通过学校对党和政府的
有关方针、政策、法律、法规的执行反映出来，也可以通过制定和实施学校的规章制度反
映出来，换句话说，它是隐藏在规章制度背后的文化。

大学的显性制度文化与隐性制度文化是对立统一的关系，它们之间互有区别又相互
依存，我们不能把这两者对立起来。没有显性制度文化，就没有由它产生的隐性制度文
化；没有良好的隐性制度文化，显性制度文化就不能顺利地贯彻执行，二者的关系密不可
分。但同时二者又有区别，显性制度文化是显性的、刚性的，而隐性制度文化是隐性的、
柔性的。将显性制度文化与隐性制度文化结合在一起进行讨论，是因为制度文化体现了
特定时代发展的文化，体现了一定的价值观以及个性特色的管理理念。大学显性制度文
化强调外在的监督与控制，通常以法规、条例等形式出现，要求大家必须做到，而规章制

① 李福华.论学生文化主体性与创新型人才培养[J].中国高教研究,2004(11).

度辐射出的隐性制度文化更多地强调共同的价值观、理念和行为方式,是一种内在的自觉和自律,只有当大学制度的内涵被广大教职工和学生心里接受并自觉遵守时,规章制度才变成一种文化被固定下来。学校的制度文化作为校园文化的一部分,是维系学校正常秩序必不可少的保障机制,是校园文化建设的保障系统。

大学制度文化管理建立在大学生对大学文化认同的基础上,在管理中真正起作用的不是制度和行政的外在强制力,而是大学文化对人产生的潜移默化的内在推动力。本文是从学校显性制度文化入手,延伸至隐性制度文化,并研究大学制度文化对学生发展的影响。大学制度文化建设应首先并主要从显性制度文化开始,因为大学是一个正式的组织,应该有着明确的目标、章程、行为准则等正式规范。只有健全完善、公平、公正的学校规章制度体系才能形成健康的隐性制度文化,学生才能主动地接受。所以本文主要是研究大学制定的显性制度,如何建设以人为本的制度文化,如何提高学生的整体素质,在校园中形成和谐的校园文化。

(二)大学制度文化的特征

大学制度文化是一种强制性文化,这种强制性文化是通过大学制度的强制性实施来实现的。那么相对于大学精神文化这种非强制性文化而言,大学制度文化突出表现了规范性、层次性、相对稳定性和约束性等一系列特征。

1. 大学制度文化具有规范性

从方法论上讲,规范性是与实证性相对而言的,它是指事物应该是什么,以目标为起点,推导出事物应该采用什么样的措施或执行什么样的行为。大学制度文化是以大学为规范主体行为而制定各类规章、制度、办法、措施等为基础的文化。而大学制定的各类规章、制度、办法、措施等本身就具有强制性和规范性,它要求大学各行为主体都要按照既定的规章、制度、办法、措施等行使各自的权利。各行为主体不得违反或背叛,否则就要受到惩罚。例如,郑州轻工业学院制定了完备的《教师守则》,《教师守则》以《中华人民共和国教师法》为法律依据制定了34项规范教师教育教学行为的制度。这34项教育教学制度包括:教师课堂教学行为规范、毕业设计(论文)指导规范、实验教学行为规范、导师制度规范、教学质量和过程监管规范、教学名师评选办法、教材建设规范、教学事故认定办法等。这些管理制度或管理规范对于郑州轻工业学院的教师而言具有较强的规范性和不可违抗性,它为规范教师教育教学行为、实行规范化管理提供了制度保障。我们可以看出,当这种强制性的规范制度变成了每一位教师自觉遵守的行为准则和行为习惯时,制度文化也就随之产生了。

2. 大学制度文化具有层次性

大学制度文化并不是杂乱无章的,也不是不分主次的,而是具有鲜明的层次性,是一个有着较好层次差别的体系。从级别上看,有学校层面的整体制度文化,有院(系)或独立单位的制度文化,有班组制度文化;从类别上看,有党务制度文化,有行政制度文化,有团学制度文化,有工会等组织制度文化;从历史上看,有历史制度文化,有当下制度文化,有未来规划性制度文化。当然,还有各种各样的分类,每一种分类都是对大学制度文化层次的明析。

3. 大学制度文化具有相对稳定性

大学制度文化是在学校长期发展过程中积累和沉淀而成的,无论刚性的规章制度,还是柔性的道德礼仪规范,都有较长的产生、发展过程。大学各种规章制度一旦形成就具有相对的稳定性。

4. 大学制度文化具有强制约束性

大学制度文化的约束性源于其规范性和稳定性。凡是制度文化建设较好的大学,自觉遵守制度的现象就多,校园内部秩序就安静平和;凡是制度文化建设不好的大学,违反和破坏纪律的现象就多。大学制度文化就像一座建筑内部的纵横交错的钢筋,从外面看不见、摸不着,但它从内部紧紧地把这座大楼聚拢成一个坚实的整体。无论是成文的规章制度,还是不成文的道德规范,都对校园师生教学科研活动、日常生活形成一种内在的约束力,对校内各种组织活动显示出一种影响力,甚至具有一定的强制力。

(三)大学制度文化的功能

大学制度文化既然是大学文化的有机组成部分,那么它就不可避免地与大学文化一样具有推进大学良性发展的功用。总体来讲,人们对制度文化功能的认识主要有两方面:①大学制度文化的育人功能,包括制度文化价值引导、约束、激励功能;②大学制度文化对推动大学和社会进步的功能,包括制度文化推动大学现代化建设,促进高等教育和社会活动的高效率。

1. 体制的规范约束功能

大学制度文化的内容包括了党和国家颁布的教育方针、政策、法律、规章,政府主管部门制定的各类章程、规则、指示、命令等,以及学校结合自身实际而制定的有关教学、科研、日常管理等方面的规章制度;也包括制度实施过程中校园人的价值观、行为方式。因此,大学制度文化是校园内各种具有科学性、思想性、教育性的规章制度的总和,以及通过规章制度的贯彻、实施而产生于校园人内心的制度意识、价值意识。大学文化能对那些不符合学校健康发展的价值取向、行为方式进行纠正和惩罚,使学校成员形成对违背社会道德、社会规则的思想和行为的判断力、自控力,自觉抵制各种丑恶现象的侵蚀;也可以通过暗示、舆论等方式对师生产生潜在的心理压力和动力,规范校园人的价值观和行为方式,进而把外在文化转化为内在文化,从而主动接受学校的制度规范。

2. 价值引导功能

大学制度文化对校园人的行为取向与价值观有引导作用,使之符合学校所确定的目标,因此价值引导自然成了校园制度文化的最主要功能。大学自身所形成的制度文化不仅能反映出大学制定制度的水平,也能反映出大学内部师生员工执行政策和制度的水平。学校管理者通过规章制度体现学校的办学目标、办学宗旨和对学校内成员的要求等,把师生员工的行为纳入特定的轨道,用以保证学校各项工作正常进行。各种具体的文化要素,如物质环境、文化活动、集体规范、人们的举止仪表等,都给生活在校园中的学生老师一个具体可感的参考系,并传递出一定的价值观信息,从而使大学生积极地从周围环境中接受学校倡导的价值观与行为准则。制度文化一旦确立起来,其内在的价值便会自动地发挥文化功能。健全、成熟的大学制度文化能给大学成员提供正确的发展目标,能使教师学生自主地向学校制度文化所体现的目标努力,激发他们工作和学习的积极性。

3. 激励服务功能

大学按照人才培养、科学研究和社会服务三大职能设置机关职能部门和学院。学校各职能部门主要行使研究政策、制定目标、对外联络和监督考核等职能。二级学院主要承担学科建设、教学科研和社会服务等职责。学校的创新能力和办学特色很大程度是依靠制度文化来创立,这种职责明确的制度体系更加强化了学校的各项办学制度对具体运行模式、发展道路和价值目标的影响,

总之,大学制度是大学人的制度,制度的建设者是大学人,制度的管理者是大学人,制度的服务者也是大学人。大学制度之所以能够实施并发挥其应有的效应是因为得到了大学人的认可和理解。如果大学在制度设计时过于保守,不能适应大学的建设发展要求,最终会被废弃或淘汰;当然如果大学在制度设计时过于激进,同样也会制约大学的良性发展。如何在保守与激进之间找到一种制度平衡是每所大学理应思考的问题。

二、国外大学制度建设的启迪——以加拿大为例

(一)加拿大大学制度概要

加拿大是一个联邦制国家,联邦政府不设教育部,高等教育由各省设立的教育部负责,因此,在加拿大,大学与政府的关系包括与联邦政府和省政府的关系。联邦政府对高等教育没有法定的直接管辖权,但是,它可以通过对人力资源开发、科学研究等领域的立法对高等教育进行引导。此外,联邦政府也以转移支付的方式向各省划拨经费,拨款时虽然不限定用于教育的数额,但直接影响省教育经费的规模。联邦政府还以招标的方式向大学提供科研经费。这些都直接或间接地影响高等学校的科学研究、专业设置以及学生的培养,影响着高等教育的规模、质量、效益。各省政府负责管理本省的高等院校,各省都有自己的教育管理系统,负责制定全省的高等教育方针、计划及向各校拨款等政策。省际之间的教育交流与合作由各省教育部长组成的教育部长理事会协调。各省对大学的责任主要体现在三个方面:①提供与政府提出的目标(如入学、项目质量和研究)相联系的基本运作资金;②通过《学位授予法》规范新学位授予机构的建立;③根据大学的要求,修改成立新大学的法规。政府的管理仅限于制定全省的高等教育方针和计划,以及向各校拨款等事宜。

加拿大高等教育体系包括大学、学院两个层次。大学和学院是层次清楚、分工明确的两个系统,主要体现在:

表 9-1　加拿大大学与学院层次差异比较

大　　学	学　　院
有高度的办学自主权和学术自由	较多地接受政府的管理和控制
主要教授基础知识、基本理论	主要教授实用技术及应用知识
主要接受专业学会的评估并进行排名	直接接受政府组织的评估
侧重于基础理论和学术研究	强调实用技术研究
主要培养本科生和研究生	主要培养专科应用人才

加拿大大学具有高度的自治性和独立性。加拿大政府对大学调控非常有限,大学具有较大的办学自主权。大学实行自治管理,各校具体的行政管理和教学事宜均由学校自行决定和实施。下面这个例子可以帮助我们了解加拿大大学和政府的关系。德尔汉姆大学校长凯瑞在该校做了 18 年的校长,在这 18 年中从来没有接到过政府一次电话,或者政府人员来访一次,18 年了一次都没有,所以大家就可以看到政府基本上不直接干预大学的运转,或者说没有干预。大学的办学自主权主要表现在:①自主招生。加拿大高等院校的招生没有统一的规定。不同的省份不同的学校,甚至不同的院系可以根据自己的需要和条件制定不同的招生标准。②自主设置专业和专业方向。③自主设置课程及学分。④自主聘任教职员工,自主制定工资津贴等分配制度。⑤自主进行联合办学。⑥自主开展国际教育与合作交流。

大学和学院的建立方式不同,大学是通过政府的法律才成立大学,学院就像是政府的一个机构,在有些省份学院的员工实际上就是政府的员工。

大学培养以研究为导向的教育体系,是训练人的大脑思维方式的。在大学里面研究的是什么呢? 研究的是"为什么(why)"(大学永远培养不出蓝领)。加拿大学院是研究"怎样做(how)",它是以就业为导向的一个就业体系。

大学与学院是互动的。辛尼嘉学院 1998 年和约克大学签立了合作协议。在这种合作项目下,学生可以在辛尼嘉学院上 2 年的基础课程,然后这些课程会转到约克大学,受到约克大学承认,再继续完成约克大学的学位。辛尼嘉学院在读学生里面有 24% 是来自于在约克大学已经获得了本科乃至研究生学位的学生。他们在约克大学已经接受到很好的理论化的教育,为什么又反过来上学院呢? 因为他们来的目的就是要获得相应的技能、培训,就是为了找工作。

(二)加拿大高等院校的内部管理体制

加拿大大学在内部治理结构上实行"两会制"和校长负责制。两会即董事会和校议会。学院则只设董事会,不设校议会,但学院的董事会受命于政府。

董事会是学校行政系统的最高权力和决策机构,负责任命名誉校长、校长和副校长,治理、引导、管理与控制大学的财产、收入、支出及有关事务,负责大学投资和基金管理,处理大学的法律问题,处理学校与政府、社会的关系。

建校之初,董事会成员由政府任命,之后,董事会成员一般由上届董事会提名、政府任命。成员人数 15~60 人,由当地政府官员、成功企业家、校长、教职工和学生代表组成,董事会成员中外部成员占大多数,董事会应在其外部成员中选出董事会主席和副主席。以约克大学为例:根据《约克大学法》规定,约克大学的董事会由 32 人组成,除了名誉校长和校长外,大学内部产生 6 名成员,其中 2 名教师代表,2 名学生代表,2 名全职的非教学职员;大学外部产生 24 名成员。外部董事在董事会当中是以志愿的形式为董事会服务,他们不收取任何的报酬。教职员工代表就是从教职员工中选出来的,学生代表就是学生投票选举出来的代表。学生可以成为校董会的成员,是董事会制度的一大特点。学生获得了这个职位之后,就会参与学校决策方面的一些工作。

校议会是与大学董事会平行的机构,负责教学和学术管理,有权决定所有教学和学术事务。董事会不能干涉校议会的事情。校议会主席一般由主管教学或学术事务的副校长担任,成员一般有几十人,包括校长、副校长、各学院院长、各研究所所长、各系主任、教师代表、学生代表、工会代表、校友代表等。

在校议会的成员中,全职教职工委员占多数,下设若干专业委员会。各学院、系、研究所负责搞好内部的教学活动、课程安排、科学研究等工作。课程大纲的制定、教师聘任、教授的评审晋升、学术机构的设立等,都要自下而上提出建议,最后由校议会批准。

依据法律的授权,校长是大学的最高行政和学术领导者,全面负责大学的行政和学术工作。校长的产生遵循严格的法律程序:由董事会、校议会代表和教授、学生代表组成寻找委员会,从候选人中选出几位提供给董事会和校议会;校议会没有决定权,但拥有否决权,可以否决候选人(如约克大学在选择校长候选人时,否决了 6 名候选人,留下 2 人提交董事会选举);候选人在一定范围代表会议上发表竞选演讲,然后,进行投票选举;最后,由董事会任命。

两会制的管理体制使校长具有管理权和协调、沟通两者关系的权力。校长下面设有若干名副校长,分别管理教学与学术、财务与人事、科研、学生及对外联络等工作,副校长向校长负责。副校长一般是由校长决定的,而分管学术、财务的副校长由校长提名,董事会把关,一般都会通过。大学内的学院是大学下设的一级教学单位或学生管理单位。系是学院下设的基层教学单位。职责主要是负责日常教学和预算、本系教师聘用、新课程开设、学术研究等问题。学校管理中的许多具体事务连同相应的资源归院、系拥有,管理重心下移,分层次管理,每个管理层面责、权、利清晰,这样就把万人、几万人的大学的日常繁杂的事务性工作分散到了各个层面,提高了行政效率。

(三)加拿大大学的经费筹措体制

加拿大高等教育具有公立性,大学大都是具有政府举办的公立性质。同时,有关法律界定大学是非盈利的企业法人,政府按照企业法对大学实施管理。

例如,安大略省对大学和学院都制定相应的法律制度,规定依法建立的大学是非盈利的企业法人主体,其经费主要由政府承担。约克大学依据安大略省《约克大学法》于1959年3月26日成立,《约克大学法》明确规定:约克大学是非盈利组织,大学实行自治和学术自由,由安大略省政府负责大学的拨款。

加拿大大学的经费主要来自四个渠道:

(1)省政府拨款和联邦政府的资助。各省政府按照大学在校的本省籍学生数以统一的标准给大学拨付办学的正常经费,并根据各学校办学发展的申请拨付建设专项资金。

(2)大学自身的收入,主要是学费,还有科研经费等。大学教育(包括研究生教育)都是要收学费的,除了学费外还要收取其他费用,如重修学分必须另交费。属加拿大公民和永久居民上大学交的学费每生每年约5 000加元,一般是国内学生学费的3倍。不同省份不同大学不同专业的学费有一定的差别。

(3)公众提供的基金。包括个人捐款、公司赞助以及慈善机构的赠款等。如规模较大的多伦多大学每年获捐款10亿加元左右。加拿大学校经常会寻找那些毕业已经很久的,在企业界非常成功的校友,让他们回赠,每年像多伦多大学或者约克大学都会给校友打电话,请他们来捐钱。另外还有非常富裕、非常成功的企业界的其他人士,学校也会请他们捐款,学校则以捐款人的名字命名某个学院或者某个建筑物等,约克大学的舒立克商学院、多伦多大学的罗特曼商学院都反映出了募捐的作用。捐赠成功需要三个因素:①有力的、坚定的大学领导。包括董事会成员在内的学校领导层,均会参与到慈善活动当中,作为学校的大使,出去跟外界交流。②捐赠文化公司会捐赠,而且一些国际基金会也会捐赠。③学校一定要以捐赠者为中心,把他们的需求和大学的利益相匹配、相连接。成功地获得了捐赠之后,学校就要对这些捐赠人负责任,告诉他的钱用在哪里了,也要感谢他们,这样才能在未来建立一种长期的关系,使他们能够再次进行慈善的捐助。

(4)学生的杂费和学校后勤设施收费。包括办图书证、学生证、实验费用、毕业典礼费用和泊车、商场餐饮摊点租赁费等。在经费筹措体制中,有三点是很有特色的:①建立了政府拨款与学校收取学费的平衡机制。当政府拨款不能满足学校所需经费时,允许学校提高收费标准,以保证学校的运转。②学费的标准分类收取。受政府控制和调节的专业由政府提出收费标准,大学可在此基础上浮动2%～5%;而法律、医学等不受政府控制的专业每年的学费可高达2万加元。

(四)加拿大大学教师管理的特点

1. 加拿大大学的教师聘用制度

加拿大大学教师一般设置四个级别的岗位,依次是教授、副教授、助理教授、讲师。实行全职和非全职并用的制度,非全职的教师占有较大比例,全职与非全职比例一般在6:4左右。主要是因为聘请非全职教师花费较少,能减轻学校财政压力。兼职教师来源于社会各界,其中来自工业、商业界的占有一定比例,这有利于培养学生的动手能力和创新能力。

德汉姆学院下面的司法和紧急服务学院副院长乔伊,具体介绍了加拿大大学的招聘雇佣程序:①招聘工作由一个委员会、一个团队来进行。这个委员会可大可小,既有3人组成的,也有18名委员组成的雇佣委员会。雇佣委员会包括很多利益相关者,比如管理层的代表、教师的代表、外部的代表,有时还有学生的代表。②制定出雇佣的具体标准、具体条件。③具体的招聘从内部和外部两个方面考虑。首先要在内部进行招聘,考虑自己内部的兼职教师,然后再到外面招聘,他们认为这是对内部人的鼓励。如果在当地找不到符合要求的人才,那么也要在全国范围内,或者是世界范围内寻找。④雇佣过程有的时候几周就能完成,有的时候要花几个月,有时候甚至更长,要几年才能完成这个程序。⑤有的时候大学为了吸引最好的人才,制定有正式的政策,就是雇佣好的教授同时也给他的配偶提供工作,因为很多人选择工作都是根据生活质量来选择的。

2. 加拿大大学的教师绩效评估制度

加拿大大学建立了比较完整的教师绩效评估体系,以保证学校的教学和科研质量。教师职责主要覆盖教学、科研和社会服务三大块,一般要求教师40%的工作用于教学,40%的工作用于科研,20%的工作用于社会服务。以上比例,不同的学校会有不同的要求,如有的要求60%的工作用于教学,20%的工作用于科研,20%的工作用于社会服务。

在教学方面:教师每年有2个学期的教学任务,每个学期要教2门课,每周每门平均3个学时,每个教学小时准备时间要求为3个小时。理论上教师每周工作35小时,实际上加上为学生提供咨询辅导、为社会提供服务等,每周工作60小时。

在科研工作方面:对科研工作量一般没有具体量的要求,但要求教授始终要保持一定的科研量和水平。科研任务多的教师可以用项目经费"买"教学工作量,就是拿出项目经费中的一部分上交学院,用来充抵自己未完成的教学工作量。加拿大大学都会在预算中拨出一部分作为科研费用,但所占比例不大。以约克大学为例,其经费只占学校总费用的2%。教师的科研经费主要来自外部资助,教师用科研经费购置的科研设备,所有权归大学。加拿大大学教师的科研成果较多的表现为论文形式,真正产生改变世界的效果的成果不多,他们已经意识到了这个问题,正在力图改变这一状况。

在社会服务方面,加拿大大学均要求教师要从事一定时间的社会服务工作,包括参与学院和学校的公共活动,担当学术期刊评委、编辑,参与企业经营咨询和社区服务活动等,其中,针对企业的社会服务工作需要企业提供证明。以渥太华大学为例,该校教师工会和学校签订了全面的《集体协议》,对全职教师的权利和义务做了详细的规定。根据该协议,渥太华大学的教师职责包括三大块:①教学。具体包括上课、指导研究生论文、每周固定时间答疑、编写教学材料及参与新教学方法研究推广。②学术活动。按照学科不同又细分为科研和创作两类。一般人文、理工和工程学科的教师必须在高质量的学术期刊上发表有关新的研究成果或评论的论文,积极参加高水平的学术会议,努力申请各级各类科研基金和培养研究生;对于艺术学科的教师,则要求不断推出富有新意的作品或出版文学评论。③社会服务。包括参与学院和学校公共活动等。

加拿大大学对教师的管理是很严格的,如果违反学校的政策或者是一些法律规章制度的话,要进行相应的惩处。比如渥太华大学的一名教授最近被解聘了,原因是他希望给每一个学生都是 A 的成绩,还没等考试的时候他就已经把这个成绩公布出去了,每个人都能得 A。他理解的学术自由性就是不用考试、不用对学生评估,他自己想怎么教就怎么教。管理层直接把这位教授解聘了。管理层认为:学生和学生父母会非常担忧,因为他们交了学费,但是在课堂上是否学到了东西却得不到保证。管理层认为更严重的是他还在网站上把这一套方法进行鼓吹,说这是一种创新的教学方式,这对学生的影响也是很坏的,而且对此大学是感到非常羞愧的。当然,这只是典型的或极端的事例。实际上,在加拿大大学,对全职教师的解聘是一件艰难的事情,除非他犯有严重的错误,并取得学校工会组织的理解才可能解聘。[①]

三、当前大学制度文化建设的构想

当前,我们要建设具有特色的社会主义大学制度文化,需从两个层面着手:①宏观层面,即明大学与政府的管理关系、大学与现行国家法律制度的关系、大学整体制度设计的问题等,这是维系大学发展的外在因素。②具体层面,既要科学地设计大学的招生考试制度、教育教学制度、人事制度、科技创新制度、服务管理制度等,使大学制度能与学校的发展目标相适应,与学校的价值追求相适应,与国家的人才培养需要相适应,与社会的发展要求相适应。

(一)宏观层面的建设目标

1. 协调政府与大学的关系,实现大学自治

理清政府与大学之间的关系,是建立现代大学制度的前提。要理清政府与大学之间的关系,首先要明确大学到底是隶属于政府,还是各自独立的行为主体。近年来,学界围绕着这个问题开展了大量的讨论。我们认为,大学应是一个独立的行为主体,这是确立现代大学制度和实现大学自治的重要基础。因为,保证了大学自治,才可能为大学创造一个自由的空间。大学是追求真理和高深学问的场所,只有学者才能真正理解高深学问的含义,"在知识问题上应该让专家单独解决这一领域中的问题"。因此,大学应不受政府和社会的干预和控制,自主管理自身的学术事务。长期以来,政府干预和控制大学的办学行为是一个不争的事实,它主要表现在以下几个方面:①政府通过对大学党政领导干部的认命来实现对大学干预。②政府通过划拨办学资金实现对大学的干预。③政府

---

① 剧又文.加拿大大学治理结构与和谐校园建设的特点及启示[J].中州学刊,2010(4).

通过对招生数量、招生专业、教师选聘、职称评审等实现对大学的干预。④政府通过直接的行政命令等实现对大学的干预。这些方面的存在一方面保证了大学沿着社会主义办学的方向前进,而不偏离方向;另一方面也使大学丧失了自由办学的空间。我们认为,在全球化的今天,政府应适当放权于大学,使大学在保证社会主义基本属性不变的前提下,尽量减少对大学内部办学行为的干预与控制,使大学能独立自主处理自身事务。

2. 协调法制与大学的关系,实现依法治学

美国的宪法并不涉及教育,但在第 10 修正案中却写道:"宪法中未涉及的事宜由各州负责。"美国高等法院也裁定教育是各州政府而不是联邦政府的职责。与美国不同的是,我们对教育尤其是高等教育的法律法规是相当完善的。目前针对大学的法律有《高等教育法》《中华人民共和国教师法》等,此外还有大量的法规和指导政策。国家之所以制定如此之多的法律法规、政策等,主要目的是确保大学为无产阶级服务,为社会主义现代化建设事业服务,以及依法管理办学行为。我们认为,大学自治也好,学术自由也好,并不是无所拘束的无政府状态。世界教育发展历史证明,一所大学可以脱离政府而独立存在,但不能脱离法律。因此,今天的大学要建立现代大学制度必须正确对待大学与法制之间的关系,将大学的办学思想和办学行为等都纳入法治化轨道,实现依法办学和依法治学。

3. 协调行政与学术的关系,实现教授治学

教授治学古已有之,它与学术自由、大学自治并称为大学自由的三大利器。西方的中世纪大学学者们自发形成社团,学者们通过社团来保证学习和研究的权利掌握在自己手中,大学的教授治学和学术自由传统由此开始。19 世纪,德国大学改革的成功经验证明了学术自由的合理性。洪堡认为:"知识自由不但可能受到政府的威胁,而且可能受到来自知识机构本身的威胁。这些机构在他们开始之时即采取了每个特定的观点,然后就急于压制别的观点的兴起。""高等知识机构的独特性之一,是把科学和学术当做解决无穷无尽的任务的工具。也就是说,他们从事永不停止的探索过程。"这种探索过程为学术人员提供了自由探索的空间,并由此衍生出"终身聘用制"等制度安排。教授治学在我国大学里有时专指教授们对于学术问题具有决定权,其实不然,我们认为教授治学应有更为广泛的含义,它包含了教授们对于大学各项办学行为的广泛参与。因此,我们认为,要建立现代大学制亟需更广泛地调动教授们参与大学行为的主动性和自觉性,使教授们在学术研究、学科建设、专业设置、学校定位、未来发展等方面拥有更多的话语权、决定权和权威性,尽量削减大学行政权对学术权的干预和控制。

(二)具体层面的建设目标

1. 大学制度建设应有明确的文化目标

大学制度文化是大学文化的重要组成部分,也是社会整体文化的一部分。当前,要建立现代大学制度文化,必须具有鲜明的文化目标,这是大学治校办学行为不断走向制度化、法治化和规范化的前提和基础。从历史上看,中世纪大学形成后,大学开始了制度

化过程。它通过比较完善的制度建构成为一种定型化的、专门的、独立的学术与教育机构，它的组织形式、管理体制、教学方式等都为近现代大学所直接继承。但中世纪大学制度建立后，并没有与时并进，而是处于长期的休眠状态，以神学为主宰的大学制度设计阻碍了大学的健康发展，大学成为"像没有窗户的闭塞的城堡"。一直到 19 世纪柏林大学出现，大学才获得了新生，并大步迈向现代化的历程。柏林大学对于现代大学的贡献，在于它通过制度创新建立起现代大学制度，适时回应了时代的变迁和文化的发展。这种制度创新是通过文化创新而实现的。柏林大学的诞生直接得益于新人文主义教育思想，它实现了对古典人文主义教育思想的超越，将现代科学适时地引入大学教育之中，以求通过纯粹的科学知识和科学精神教育来激发和培育人的批判精神和不断追求真理的能力。洪堡认为"大学是由参与真理追求的师生组成的学者共同体"，大学毋庸置疑的任务就是研究和教学，应当"用科学来培养学生"。由此，柏林大学在教育思想上深化了对学术自由的认识和理解，并首次提出了教学与科学研究相结合的原则。落实到大学的制度安排上，柏林大学在大学内部建立了众多的研究所，建立了 Seminar（研究会）这种师生共同参与，集教学与研究活动于一体的制度形式，并且把哲学院提升到大学的中心，统帅神学院、法学院、医学院，以实现"一般陶冶"与"专门研究"的有机结合，在根本上改变了大学内部的学院结构。现代大学制度正是由此而开端。现代大学制度的演进历史充分说明，大学制度的创新是以文化创新为突破口的。

在新的历史条件下，我们认为大学在建立和完善制度文化时应注意以下两个方面的问题：①明确大学的文化定位。既然大学制度文化是大学文化的重要组成部分，那么要建立现代大学制度文化首先要明确大学的文化定位。我们认为大学的文化定位要由中国的传统文化、优秀的地域文化和大学自身的文化三个层面的文化来决定。大学要在制度设计时充分考虑这三个层面，使之形成合力。②明确大学的文化方向。文化发展方向是制度文化不断变迁的前提，大学制度也是如此。世界上没有任何一所大学的制度是长久不变的，而是随着社会整体文化和大学自身文化的发展而不断调整的，大学在制度设计时应有前瞻性和预见性，使设计出来的大学制度具有超前性和引领性，而不是落后或违背文化发展的方向。

2. 制定符合大学精神的大学章程

大学的章程是指导大学治校办学的长久性的制度，它是大学的治校总纲，在大学的发展过程中起着至关重要的作用。现代大学制度要求大学有权制定章程并根据章程中确立的办学宗旨、管理体制及各项重大原则，制定具体的管理规章和发展规划，自主地做出管理决策，建立和完善自身管理系统，组织实施管理活动。在英、美等西方发达国家的大学都有依据大学章程进行大学自治的悠久传统。北京大学的湛中乐、苏宇在《西方大学章程的历史与现状》一文中指出：大学章程的历史起源于中世纪的欧洲，最初由皇家特许状和教会诏令构成。经过几个世纪的发展，大学章程具备了法律上的自主地位，并逐渐从名称、法律性质和内容等方面呈现出多元性的特征。当今所说的"大学章程"，是众多大学一系列千差万别的基本制度文件的集合体。与西方大学不同的是,长期以来,我国实行的是计划经济体制与高等教育集权制度,大学与政府的关系是下级与上级的关系,只有行政关系,少有法律关系,大学往往不具有独立办学的权力,因此也没有一部真正起作用的大学章程来保护大学的基本权利。2010 年,《国家中长期教育改革和发展规划纲要(2010~2020 年)》明确提出:"完善中国特色现代大学制度,要加强章程建设,各类高校应依法制定章程,依照章程规定管理学校。"虽然国家有了这样的规定,但截至目前我国上千所大学中仅有吉林大学、上海交通大学、哈尔滨工业大学、延边大学、南昌大学等不到 30 所高校制定了章程。绝大多数大学对大学章程仍处在认识阶段,已制定的章程,也不同程度地存在内容不科学、制定程序不合法、没有得到很好实施等问题。[①] 大学章程的缺失,使得我国高等学校法人制度不完善,也影响了大学教学、科研、社会服务和文化传承创新等各项职能的发挥与互动,影响了高水平大学建设的步伐。因此,大学应高度重视制定大学章程的重要性,并根据大学发展实际制定科学合理的大学章程,保证大学良性有序发展。

3. 依据学校的办学实际,分类制定科学的大学制度

(1)大力推进教学制度改革,提升大学教育质量。大学教学工作是大学核心工作,它是大学人才培养的基础,也是大学的核心工作之一。2007 年,教育部实施了"高等学校本科教学质量与教学改革工程",这是继"211 工程"、"985 工程"之后,我国在高等教育领域实施的又一项重要工程。"质量工程"包括 6 个方面的建设内容,有 9 大类具体建设项目,包括要建设 3 000 个特色专业点、建设 3 000 门国家级精品课程、建设 500 门国家级双语教学示范课程、建设 10 000 种高质量教材、奖励 500 名国家级高等学校教学名师、遴选 1 000 个国家级教学团队、建设 500 个人才培养模式创新实验区、资助 15 000 名学生自主开展创新性试验、建设 500 个实验教学示范中心等。这 9 类建设项目反映了高等教育的基本规律要求,是教学质量、教学水平的标志性项目,体现了教学方面内涵建设的思想,是带有基础性、全局性的教学内涵建设。我们认为,大学要科学制定符合本国要求和本大学实际的教学改革制度,使大学教学质量能有进一步的提升。

(2)大力推进招生考试制度改革。近年来,国家围绕着大学招生考试制度进行了大量的试点和改革。除了国家的引导之外,我们认为大学应积极探索符合自身实际的招生考试制度,例如自主招生制度、破格录取制度、加分制度、审察制度、监管制度等,使大学的招生考试制度逐步走向科学化、制度化和人性化,能够把大量优秀人才吸引到大学来学习,并培养成社会主义事业的合格建设者和接班人。

(3)大力推进学术制度和科技创新制度改革。学术水平是评价一所高校的重要指标。一所大学要获得较高的学术声望和社会认可度,必须进行大量的科学研究,并不断取得高水平的科研成果。这个问题突出反映在大学排名上,虽然我们并不认同大学排名

---

① 湛中乐,苏宇.西方大学章程的历史与现状[J].中国高校科技,2011(5).

就一定反映了大学办学的实质水平,但其指导意义却是值得重视的。和国外大学排行榜重教学轻科研相比,国内大学排行榜指标体系中科研比重都很大。美国大学排行榜科研指标只有"同行评议"一项,占总权重的 25％,英国大学排行榜科研指标只有"科研评价"一项,占总权重的 15％;而在我国,广东管理科学院排行榜反映科研的指标有 18 项,占总权重的 42.91％,网大排行榜反映科研的指标有 11 项,占总权重的 60％以上。由此看来,大学要扩大社会影响力,必须注重学术研究和科技创新,而学术研究和科技创新又必须有完善的制度作保障。学术研究和科技工作能否实现创新,不断上水平、上层次,很大程度取决于是否有一套科学有效的政策激励机制。好的科研政策有利于科研资源优化配置、有利于科研管理提高效率、有利于激发科研人员创新潜能。因此,大学应根据实际情况,借鉴其他大学的先进经验,建立科学合理的科技管理评价体系,形成激励与约束相结合的科技运行机制。应强化科技政策、分配政策的导向功能,调动教职工从事科技工作的积极性,既让广大师生在科研工作中有目标、有要求、有压力,也让他们能够潜心钻研,严谨治学。应采取倾斜政策,引导大学各类科技创新资源向研究基地、创新团队、重大科研项目、高水平创新成果倾斜。

(4)大力推进人事制度改革。大学的人事制度长期以来掌握在政府手中,人才引进、选聘、解聘等都需要政府审批,人事主动权很小,这就导致了效率不高的现象。要改变这种现象必须通过深化人事制度改革。首先,政府要放权于大学,使大学有权力选用自己的需要人才。其次大学应有选聘人才的主动性。2012 年 3 月,东南大学聘用了中国最年轻的教授刘路,选聘时刘路还是该校一名大三学生,主要是因为该学生破解了世界数学难题西塔潘猜想。这是一个很好的例子,它对大学发展的影响力和示范性是长期而巨大的。最后是大学应加强人事分配制度改革,真正体现优劳优酬、多劳多酬、不劳不酬,达到奖勤罚懒、优化配置的效果。

第三节　大学环境文化的建设

良好的人文环境和自然环境都是大学育人的重要载体。大学环境文化作为大学文化的重要内容和组成部分,与大学文化氛围相互影响,相互促进。校园环境主要包括学校办学所处的内部环境和外部环境。外部环境主要指学校的外部公共环境;而校园内部环境又可分为两个层面,即显性的物质环境和隐性的文化(精神)环境两个层面。显性的物质环境主要指校园的硬件设施,是对学生的学习和生活产生影响的一切物质条件的总和。隐性的文化(精神)环境主要指隐含于学校师生和管理人员中的价值观、教育观、管理作风以及校风、学风、班风等,它通过文化氛围、道德行为准则以及各种规章制度等对全体师生的身心发展和素质提高施以影响,给予受教育者一种潜在的教育。

一、大学环境概说

"环境育人"理念是指通过创设优越的校园环境来达到教育人、感染人的功能。著名学者涂又光先生曾提出过"泡菜理论"，他把大学教育比作用泡菜缸制作泡菜，即泡菜缸里有什么味道的泡菜液，就会泡出什么味道的泡菜。这个比喻十分恰切地描述了大学环境对于人才培养的外化作用。高尔基说："赏心悦目的环境，可以使人心旷神怡；奋发图强的气氛，可以催人奋进。"斯坦福大学第一任校长乔丹也曾经指出："大学校园里那些长长的连廊和庄重的列柱也将是学生教育的一部分。四方院中每块石头都能教导人们知道体面和诚实。"这两句话明确地向世人道明了大学环境文化所具有的隐性教育功能的重要作用。大学环境文化中蕴含的精神因素、信念因素、传统因素、道德风尚等，作为文化气息弥漫在大学校园中，大学人似乎不知不觉，但它却处处存在，以强大的感染力和内驱力对大学人的成长成才施加着外在影响。与此同时，大学环境文化还可以内化为大学人的人格追求和行为准则，对大学人起着一种软约束的作用，处处潜移默化地熏陶着、规范着大学人，使大学人发自内心地去自觉遵守，从而成为大学教育的一个重要组成部分和独特的育人载体。早在2 000多年前，孔子、孟子等先贤们就十分重视外在环境对人的影响，"孔子之教人，于诗乐外，尤使人玩天然之美。故习礼于树下，言志于农山，游于舞雩，叹于川上，使门弟子言志，独与曾点"。对于孟子，众所周知的一个故事就是"孟母三迁"——"孟子生有淑质，夙丧其父，幼被慈母三迁之教"。《三字经》作为古代儿童的启蒙读物就把这个故事作为开篇的第一个教诲"昔孟母，择邻处。子不学，断机杼"。由此可见，大学环境文化的隐性教育功能是大学不可或缺的重要文化组成部分。它对大学精神文化、制度文化、行为文化等都有着很大的促进作用，具有鲜明的不可替代性。

大学环境是一种大学文化的外在表现形态。它是以大学校园为空间范围，以社会文化、学校历史传统为背景，以大学人为主体，以校园特色物质形式为外部表现，制约和影响着大学人活动及发展的一种环境。大学环境包括：大学生态环境文化、大学景观环境文化、大学道路环境文化、大学楼宇环境文化、大学标识环境文化等。但不论是哪一种文化环境都是通过对校园各种物质形态的整体规划、科学设计和合理配置，构成校园自然和谐、错落有致的园区，形成各种美的实体形象与蕴涵其中的文化神韵，对置身其中的大学人进行"随风潜入夜，润物细无声"的熏陶，使其体验到事物的美好，从而扩展到对世间万事万物的热爱。一般来讲，大学环境文化包含有两个方面的内容：①狭义环境文化，它只指存在于大学内的物质环境文化，狭义环境文化是一种客观存在的文化。②作为主观感受的大学环境，它是指大学环境通过人的主观认知，形成人对大学环境优与劣的判断、大学环境美与丑的审视等心理活动。这是广义而言的大学环境，它以主体人的价值理念、存在形态、心理认知等文化要素总和为基础的心理环境。

从总体上而言,大学环境文化包括三个层面:①大学的自然环境。大学的自然环境在本质上是一种人化的自然,布局合理、清洁优美、舒适宜人的自然环境,以自己的特殊方式展示着大学建设者和管理者的文化理解和审美情趣,体现着大学精神,给人以精神的熏陶和美的享受。[①] 大学自然环境是大学的"硬件",也是大学的物质条件。②大学的人文环境。大学人文环境是一种抽象化的环境,它体现着大学人在长期治学过程中积淀的思想与理论。相对于自然环境而言,大学的人文环境更加直接地承载着大学的文化育人功能,它对大学人的政治思想、知识视野、理想信念、道德情操和生活行为等都产生了积极的影响。③大学的虚拟环境。所谓虚拟环境主要是指大学网络文化环境。

总体而言,大学环境的文化品位与文化格调处处展现着大学管理的水平与风格。从整体上看,无论是大学物质环境,还是大学精神环境,都像是一部立体的、多彩的、富有吸引力的教科书,一旦被大学人用心翻阅,就势必会赋予他们以蓬勃向上的力量,进而使他们在爱美、审美和创造美的过程中达到精神世界的升华。

二、大学环境文化的内容

我们已简要论述了大学环境所包含的基本内容。这里我们将做进一步的阐述。

(一)自然环境

大学自然环境包括大学外自然环境和大学内自然环境两个部分。大学外自然环境是指大学所处地域的地理环境以及大学校园之外的自然环境。例如,武汉大学环绕东湖水,坐拥珞珈山。虽然东湖与珞珈山并不归属于武汉大学,但它们却是武汉大学师生们读书游学的好地方,从某种意义上讲,它们已经与武汉大学融为一体了。中山大学正临珠江,碧波荡漾的珠江水给中山大学带来了无限的生机与活力。湖南大学坐落在湘江之滨、岳麓山下,每日湖南大学的师生们都可以徜徉在岳麓山上读书学习,湘江和岳麓山内化为大学环境的一部分。由此看来,学校所处的地理位置与教育功能的发挥直接相关。因此,古今中外的教育家都十分重视校址的选择。在古代,我国的书院大多设在依山傍水之地、山林僻静之处。白鹿洞书院在庐山五老峰下,有林泉之胜;岳麓书院在岳麓山抱黄洞下,背陵向壑,木茂而泉洁;嵩阳书院在太室山南;石鼓书院在回雁峰下;茅山书院在三茅山中。蒋梦麟先生讲:"创设如此幽深的学校环境,其重要原因是想借山光以悦人性,假湖水以静心情。"近现代以来,中外的高等学校大多集中在大中城市,这种状况的形成虽有其历史原因,但与这些城市交通便利、经济发达、文化繁荣、环境幽美密不可分。蔡元培就任中华民国大学院院长,极力主张"以美育代宗教"。这一教育理念在民国设立"国立艺术院"这一事件中表现得最为显著:蔡元培倡议设立"国立艺术院",提出"国立艺术院"须建在环境适宜、风景佳胜之地,以"引起学者清醇之兴趣,高尚之精神"。1927 年,

---

① 欧阳康.大学·文化·人生[M].武汉:华中科技大学出版社,2008:41.

他与著名画家林风眠亲自选择校址,最后将"国立艺术院"建在风景如画的杭州西湖孤山罗苑。

大学内自然环境是指大学校园内自然形成或人工设置的环境。它主要包括大学校园内的山水景观、亭台楼阁、道路标识、雕塑刻石、花草树木等。2012年2月,美国最佳大学排名网日前公布了《全美最美大学校园排行榜》,北卡罗来纳州的埃隆大学位居榜首,著名的常青藤盟校达特茅斯学院、哈佛大学、普林斯顿大学、耶鲁大学和康奈尔大学等排名在前30名。网文称,埃隆大学创建于1889年,占地面积2.43平方千米。全校将近600英亩①的占地面积中包括了60英亩用做环境研究的树林,30英亩用做重建田地的自然模型项目。几十年来,它始终雇用同一家建筑事务所——Spillman Farmer建筑事务所进行管理打造。埃隆大学的建筑是典型的"乔治式"风格。两栋教学楼对称而简约,具有非常优美的线条;29栋宿舍楼的窗户和房门都是矩形的,装饰简单,而大楼的内部空间则显得宽裕舒适,堪称是校园自然景观和教育资源完美结合的典范。② 埃隆大学的校长兰伯特说:"要说为什么我们能够战胜哈佛大学、耶鲁大学,成为全美公认的最美大学,那是因为我们非常注意校园建筑的和谐性。"正是这种几十年如一日地按照"中扩建、不改建"的原则,注重校园建筑的和谐统一,才成就了今天全美国最美大学的声誉。

近年来,国内也发起了最美大学的评选活动,厦门大学以"海上花园学府,南方之强"之称,被誉为中国最美丽的大学。厦门大学背靠五老峰,面临大海,离厦门环岛路近在咫尺,五老峰、南普陀就在思明路校门附近。整个学校绿化覆盖率高、各色花卉争相斗艳,校区道路宁静而又秀丽,建筑悠久而又美观。笔者曾于2011年探访过厦门大学,嘉庚楼前悠然的棕榈树林荫道、俏丽的芙蓉湖、深邃的情人谷,校园的每一个角落充满着粉嫩的绿树、惊艳的红花。我们徜徉于其间,常有宁静坦然、心旷神怡的感觉。如果说埃隆大学代表了欧美风格、厦门大学体现了南国风情的话,那么北京大学和清华大学则代表了中国北方大学的古典品格。我们认为,北京大学和清华大学最具代表性的不是其自然风光,而是其独特的建筑文化,例如北京大学的博雅塔、礼堂、四合院式的办公场所,都是独具特色的文化艺术杰作,它们与大学自然景观有机地融为一体,成为北京大学独特的文化名片。

(二)人文环境

人文环境是个复杂的系统,它既包含人文实体环境又包含人文抽象环境。从文化学的角度上看,我们可以把人文环境定义为一定社会系统内外文化变量的函数,文化变量包括共同体的态度、观念、信仰系统、认知环境等。人文环境是社会本体中隐藏的无形环境,是一种潜移默化的民族灵魂。大学是以人文修养与知识传授来化育学生的。那么,从这个意义上讲,大学理应注重人文环境建设,通过优越的人文环境来陶冶

---

① 1英亩≈4 047平方米

② 外滩画报.专访美国埃隆大学校长里奥·兰伯特全美最美的大学[OL]. http://www.bundpic.com/2012/03/18047.shtml.

学生心灵。

从实体环境上看,大学人文环境可以分成两种:①内环境;②外环境。内环境是大学自身营造的人文环境,如大学里的刻石文化、雕塑文化等。以笔者所在的郑州轻工业学院为例,刻石文化有校训石"为之则易、不为则难"(书法为河南省书法家协会副主席所题)、校标石"郑州轻工业学院"、理念石"格物致知"(书法为中国书协主席张海所题);雕塑文化有孔子像、孟子像等;挂图有"十贤图"、"尚学图"等。当然,在历史更悠久、文化更深邃的大学,这种人文环境做得更好。外环境是大学所处的地域人文环境,如湖南大学居于岳麓山下,浸染着湖湘文化;曲阜师大居于山东曲阜,浸染着孔孟圣贤文化和儒家思想为主导的齐鲁文化;北京大学的燕山文化。

从抽象环境上看,大学人文环境也可以分成两种:①校园文化标识性环境;②大学人的人文心理环境。校园文化标识性环境主要指大学的校训、校徽、校歌、校风、校园名人、名言名句等。以湖南大学为例,这个自称为千年学府的大学,在长期的发展过程中创设了诸多优良的标识性文化环境。湖南大学的校训是"实事求是、敢为人先"。2001年12月,湖南大学召开大会对"实事求是,敢为人先"的校训和"博学、睿思、勤勉、致知"的校风进行了讨论和审议。学校一致认定,校训和校风体现了千年学府的特色,对于发展和创造湖南大学的办学特色,提升办学质量和水平,培养拔尖创新人才都具有非常重要的意义。湖南大学的校歌更是体现了这所千年学府的文化内涵,"麓山巍巍,湘水泱泱,宏开学府,济济沧沧,承朱张之绪,取欧美之长,华与实兮并茂,兰与芷兮齐芳,楚材蔚起奋志安壤。振我民族,扬我国光"。《湖南大学校歌》以简洁典雅的文言文为词,以大气磅礴的旋律为曲,具有很高的思想性和艺术性。它由20世纪30年代三任湖南大学校长的著名教育家胡庶华先生作词,由中国著名音乐教育家萧友梅先生作曲。它是湖南大学学校文化的重要组成部分,是秉承"千年学府"传统、发展学校文化的结晶,具有很高的历史价值和文化价值。当然,湖南大学濒临的岳麓书院更是随处可见历代先贤们的名句名章,这是湖南大学不可多得的文化资源,更是湖南大学优越的历史财富。在这样处处充满历史人文气息的大学里,师生们的心灵自然会得到陶冶和净化。当然,在大学优良的人文环境的影响和促进下,大学人的人文心理环境也会得到优化。

(三)虚拟环境

广泛连接于大学教室、办公室、教师公寓、学生宿舍以及图书馆等师生活动场所的互联网络构筑了大学的虚拟环境。有学者认为虚拟环境是一种弱环境,居于学校硬环境之下,是学校硬环境的辅设。在我们看来,网络等虚拟环境其实质是一种强势环境,它是独立于学校其他环境之外的自成体系的文化环境。随着网络技术的日益发达,校园网络文化日益涉及大学人的工作、学习和生活等方方面面,对大学人的价值取向、生活方式和思维方式的影响愈来愈大。有的大学校园网站建设富有大学特色,能突出表现大学的历史发展和人文特征,给人以赏心悦目的美感。我们选取了国内三所知名大学——南京大学、武汉大学和北京大学的校园网设计加以比较。

图 9-1　南京大学校园网主页

（图片来源：南京大学校园网）

图 9-2　北京大学校园网主页

（图片来源：北京大学校园网）

图 9-3　武汉大学校园网主页

（图片来源：武汉大学校园网）

　　我们从上述三所大学的校园网主页上看，它们都具有如下几个特点：①突显大学的特色，尤其是大学的标志性建筑或标志性文化符号；②整体布局协调合理，整洁大方；③网站所用颜色都是大学的主题色，即该大学最为崇尚的色彩；④内容丰富，较为完整地反映了大学的实体。

除了以上三种文化环境外,大学环境文化的内容还包括学校的电教传媒、图书馆、报刊、杂志等文化传播设施与媒介,学生的服饰等学校生活设施以及校园绿化美化、治安综合治理等,它们都具有各自的特征和独到的育人功能。

三、大学环境文化的功用

(一)大学环境文化具有行为规范的功能

大学环境文化具有强烈的规范功能。这种规范功能是大学行政管理制度所无法完成的。如果说大学制度文化是一种强规范的文化的话,那么大学环境文化就是一种软规范。整洁幽静、错落有致的校园环境可以使学生心情舒畅、平静恬淡,全身心地投入到学习和生活中,从而产生心理上的自足感、自豪感和归属感。幽雅的校园环境可以给学生一种心理暗示,使他们在内心深处产生一种对优美校园环境的热爱,进而自觉保护校园环境、抵制破坏校园环境的不良行为。例如,武汉大学每年一度的樱花节,国内或国外的游客都会慕名而来。徜徉在如此美丽的校园里,有谁还会出言卑俗、行为欠雅呢?武汉大学的师生们每日皆在花海鸟语中度过,有谁不被这幽美的环境所感染呢?自然环境如此,人文环境的规范性则更为直接和强烈。比如,英国的牛津大学、剑桥大学,德国的柏林大学、洪堡大学,美国的哈佛大学等,这些大学几乎无一例外地保存着一个习惯,就是把本校获得诺贝尔奖教授的画像或照片、个人介绍、学术成果、社会评价等信息永久性地张贴在学校最醒目的位置上。当然,在国内,我们在一些知名大学或有特色的大学里都看到过它们的校历展,不少大学给每年新进教师或大学新生上的第一节教育课就是参观校史馆,向这些新大学人推介本校的历史传统和人文精神。这种人文环境的教育是长期而持久的,它能在较长的时间内,使大学人浸染本大学的文化特色,并内化到自觉的行动中去。

(二)大学环境文化具有引导指向的功能

我们已经较多地提到了校园环境的内容及组成单位。它们的存在对大学教育教学具有无可替代的引导指向功能。我们就以校园环境的主体——建筑文化为例来说明问题。许多大学的建筑都独具风格和特色,并彰显出历史和文化的底蕴,潜移默化地对学生进行着思想品德教育、文化教育和素质教育,引导着学生的思想和行为。因此,虽然校园建筑不是大学的主要标志,但如果在建设过程中赋予其特定的人文内涵,那它就会成为鲜活的课堂并发挥其独特的育人功能。如北京大学的红楼,它使在这里学习生活过的人无不受到民主、自由、独立思考、宽容大度、追求科学创造等文化传统的影响。天津外国语学院"法国罗曼式建筑"的钟表楼,以其浑然天成、幽雅无比的特点,充分体现了欧式建筑的风格,对天津外国语学院集世界文化之大全起到了不可替代的作用。厦门大学的众多吊角建筑,突出显示了其浓厚的岭南文化。河南大学这所百年老校也同样保存了大量的优秀建筑,突出显示了晚清时期河南贡院文化。当大学生置身于这些自然和谐、错落有致、具有深厚的历史文化底蕴的校园之中时,他们时时受到了科学和人文精神的熏陶。由此看出,校园环境无时无刻不对学生发挥着导向作用,并且这种导向作用不是短期的,而是在较长时间内发挥着作用。

(三)大学环境文化具有审美和教养的功能

环境文化的审美功能和教化功能是其基本功能之一。这是一个双向的过程:①大学环境本身具有艺术性。优秀大学的一山一水、一草一木、一物一像都具有较高的艺术品位和艺术价值。它的艺术性既是人的价值的体现,同时又辐射和影响人的发展。它对大学人具有强烈的冲击力。②艺术品鉴、审美以及道德教化本身就是大学人文素质教育的重要组成部分。也就是说大学人有着强烈地对高尚艺术和崇高道德追求的渴望。两者在优美的大学环境文化中找到了最佳的平衡点。

四、当前大学环境文化建设的构想

大学环境文化建设是一系统工程,它与大学的整体布局、文化品位、独特风格以及大学的历史风貌等都有关系。它既有实物载体,又有文化思想和建设理论,是思想性、艺术性、整体性紧密结合的有机统一体。一段时间以来,国内部分大学并没有把大学环境文化建设放在应有的位置之上,把校园外在环境当成可有可无的部分,思想观念上不予重视,把校园环境建设当成摆设,没有结合学校发展理念以及学生全面发展来进行建设。那么,在高等教育不断走向多样化和多元化的今天,如何建设大学的环境文化,提升大学环境文化建设的质量和品位,是值得深刻思考的。

(一)大学环境文化建设应突出大学的标志性

标志性是指大学环境文化建设要突出大学特色,在环境艺术设计中突出显示大学的文化内涵和文化追求。我们认为要突显大学环境文化建设的标志性应当从以下四个方面着手:

(1)要有突出性的建筑标志。优秀的大学建筑是一所大学展示大学文化和品位的重要标志。当然,中国大学里的建筑就应该具有鲜明的中国特点。这要求大学进行建筑设计时应该深刻考虑两点,即如何体现民族特点和学校的价值追求。在这一点上,民国时期的大学做得相对较好,各种主体建筑均能体现民族风格,如前文所讲到的北京大学红楼、礼堂;河南大学的礼堂和各个教学楼;山东大学的主体教学楼等。新中国成立以后,中国大学建筑的主体特色偏向于仿效原苏联,大量的苏式建筑出现在大学校园里。那么,今天的大学应按照自己的审美情趣和学校的特征,合理选择建筑风格。

(2)要有突出性的人文标志。大学里的人文标志主要表现在三个方面:①是大学校园内的名人雕塑;②大学校园内的刻石;③大学教学楼、办公楼和师生宿舍、公寓等;④大学校园内的文化橱窗、展示牌等。以雕塑为例,在风景优美的山东大学南外环新区,树立着一座"山东大学星"的雕塑,是为了纪念国家天文台在山东大学校庆日发现的国际永久编号为 29467 号并命名为"山东大学星"的一颗小行星。现在几乎所有的大学校园里都可以看到不同类型的雕塑。有些雕塑艺术性很高,与学校的办学理念和办学思想契合。由此可以看出,校园标志性的人文标识在树立大学良好的社会形象,激励在校师生方面具有重要意义。因此,大学应在环境文化建设中重点突出人文标识的同时,整体考虑人文标识与大学校园建筑环境的协调统一。

（3）要有突出性的符号标志。大学校园的符号标志主要表现在大学校训、校歌、校徽、校名、校牌等方面。有的学校已经在长期的办学过程中自然形成了固定的校训、校歌、校徽、校名、校牌等,但有的大学却因历史原因或现实原因,至今没有校训、校歌、校徽。以校训为例,中华优秀的传统文化是大学"校训文化"的源泉。吉林师范大学面向 21 世纪确立了"好学近知,力行近仁"的校训,这是中国优秀传统文化与当代先进教育思想的完美结合。吉林师范大学把校训内化为全体师生的理想信念、精神气质、文化品位和行动力量,并将校训文化的总体精神概括为:热爱学生为人师表的职业素养,崇尚科学追求真理的价值取向,终身学习知行统一的行为准则,以人为本全面发展的理想追求。各学院院训则是校训具体"力行"的内容,能够引导专业发展的方向、憧憬的目标或遵守的原则,能够引导师生领悟中国文化的深刻内涵。校训和院训与专业特点的结合,具有目标性、统一性、完整性、指引性,形成了独特的"校训文化体系"。从这个例子,我们可以看出,大学在设计校徽和制定校训、校歌时,应充分体现本校的实际和传统文化特点,自觉做到两者兼顾。

图 9-4　国内知名高校的校名、校徽、校训

（4）要有突出性的时代标志。大学环境文化建设也是有时代特性的,对于新建大学或扩建大学,应在环境文化建设中做到整体协调、突显时代特色。我们以郑州大学为例,郑州大学新老校区现在已经成为两个各自功能独立的单位。新老校区的环境文化建设明显存在较大差异。郑州大学新校区是在 21 世纪初大学新校区建设中规模和招收人数都位列全国前列的大型综合性校区。郑州大学新校区的规划设计开始于 2000 年,经过四五年的分期建设,已经形成了一个功能分区齐全、骨架稳定且完整的形态。郑州大学新校区自 2002 年一期建设完成后就已投入使用,至今已有近 10 年的使用时间。郑州大学新校区在土地利用、道路交通系统、绿化景观系统、建筑风格与色彩、以及校园文化的文脉延续性等方面都达到了很好效能。同时,该校最为突出的特色体现在它的建筑主体充分体现了现代社会的审美情操和艺术美感。

（二）大学环境文化建设应突出大学的开放性

大学环境文化建设的开放性具有两层含义：

（1）大学自然环境的开放性。开放的校园自然环境在西方大学最为常见，它充分体现了西方大学追求大学与自然有机融合的办学理念。笔者曾经于2009年去过比利时，参观了比利时著名大学鲁汶大学。这所大学是没有围墙的，它与外在的自然环境融为了一体，分不清哪里是城市，哪里是大学。在悠久的历史和优美的环境中四个宿舍区均建在城周围几个较高的山丘上，视野开阔，可以瞭望到田野、湖泊，还有那些啄食、嬉戏的野鸭。鲁汶大学里随处可见闲坐在草地上的人们，随处都是类似公园里供人们休息用的凉亭和椅子。

西方大学由于受自身文化特质和价值倾向的影响，在校园建筑上有自己独特的视角，其校园建筑的总体格局呈现开放性特征。西方大学校园的大门两边一般没有围墙，而是学校的一些实体建筑，大门与其他实体建筑融为一体，并完全向社区居民开放，即所谓"无边际大学"或"无围墙大学"，足见其大学的开放性特征。美国、德国、日本等国家的大学整体上都向社会敞开，与社会交错融合，甚至有些大学被社区分割成不同区域，体现出西方大学文化的开放性、亲民性特征。此外，国外许多大学都是名副其实的风景区，校园的园林、建筑体现出美、正义、和谐、智慧等人文精神，如哈佛大学被称为"一部三维空间的欧洲建筑史"。

与西方大学相比，中国大学的环境文化建设就显得十分保守，学校不仅有高深的围墙，而且还有众多的保安守门。中国大学虽然近些年也提出了诸如"拆墙透绿"等工程，但还是与西方大学的开放度存在着不小的差距。

（2）大学环境文化建设理念的开放性。大学建筑在本质上是一种文化的反映，折射出大学的文化特色和办学理念。在吸收外来建筑风格的时候，核心的理念价值是本民族的文化。一方面，我们要大胆借鉴西方大学校园环境建设的先进经验。我们看到国外很多大学对于校园环境建设积累了不少经验，在理论层面上有了很大发展，我们可以大胆引进国外成功的办学经验和前沿理论，因地制宜地推进校园环境建设。另一方面，应积极吸收兄弟大学校园环境建设的经验，取长补短，为我所用，促进大学校园环境建设的开放化、个性化、特色化。最后，我们要把建设理念回归到传统民族文化中来，国外许多著名的大学校园建筑设计具有鲜明的特色，除了在建筑的设计上创新以外，总是借鉴其他民族文化的建筑风格。现代建筑的各种式样，丰富了校园环境建设的内容，也增加了建筑样式选择的难度。一般情况下，大学都在努力发掘传统文化，标志性的建筑都是传统的产物。

（三）大学环境文化建设应突出大学的特色性

大学环境是大学的"脸面"，而支撑环境建设的大学文化则是"灵魂"。那么大学环境文化建设不仅要有"脸面"，更要有"灵魂"。本质上讲，无论"脸面"还是"灵魂"归根结底就是特色。大学环境文化建设的特色性要求一个具有文化魅力的校园环境必须要布局规划合理,必须注重整体校园建筑风格的配合及校园内各种环境因素的有机融合。必须充分考虑到学校周围的自然环境,力求达到建筑与自然环境的和谐统一。必须使校园的人文景观体现校园独有的文化特征,并以其独特的风格和文化内涵,影响着广大师生的行为方式和思想观念。

大学环境文化建设还有自己的独具特色的设计理念。大学环境文化建设不是率性而为的,更不是大学领导"拍脑袋"所能决定的事情。它应当具有符合大学性情的独特设计理念。前文所讲到的被评为全美国最美大学的埃隆大学,几十年来始终雇用同一家建筑事务所——Spillman Farmer 建筑事务所进行管理打造。埃隆大学校长兰伯特在接受《外滩画报》记者专访时说:"我当校长 11 年,而我们与这家建筑事务所合作已经二三十年了。我们还使用固定的园丁,其中服务时间最长的也超过了 30 年。"也就是说,这家公司已经深刻了解了该大学的环境建设理念和建设需求。相比这下,斯坦福大学则要逊色一些了。斯坦福大学校园大多为 17 世纪的西班牙风格建筑,黄砖红瓦,虽然没有哈佛大学、耶鲁大学那些年代不同、风格迥异的楼房,但是其设计者弗莱德里克·欧姆斯泰德却忘记将他自然森林式设计的特色带到这所名校,只有毫无自然意味、显示人工规模的几千米椰子树大道。①

因此,我们建议大学在整体设计和建设校园环境文化时应坚持以人为中心,立足于适应人的精神需要,提高人的修养,陶冶人的情操。同时应注重并强调细节建设,校园叠石、建筑小品等都应精心设计,刻意安置,这可使原本美丽整洁的校园得到内涵上的升华,使人感到更富有个性和魅力。

第四节 大学行为文化的建设

大学文化中的精神文化是大学文化的核心,是大学发展的理想、信念、追求和动力,是大学存在的根本。而大学行为文化是师生员工在学校教育、科研、学习、生活及娱乐活动中所表现出的精神状态、行为操守和文化品位,它是学校作风、精神状态和人际关系的动态体现,也是学校精神、价值观和办学理念的动态反应。行为是行为主体受思想支配而表现在外面的活动。它是大学群体价值观的折射,是办学理念、精神面貌的动态体现,同时又受制度文化的制约和引导。因此,大学行为文化的建设应以育人为宗旨,以文化活动和校内外实践活动为基本内容。

---

① 埃隆学院将建成全美最美大学[OL]. http://discovery.163.com/12/0329/10/7TOOLEDG000125LI.html.

一、大学行为文化的基本内涵

行为一般解释为"受思想支配而表现在外面的活动",具体而言,行为是行为主体本能地回应内部或外部的某种刺激的活动和自觉地为了某种需要而进行的有目的的活动。在此意义上,行为是动物界的共同特征,就人而言,行为是人通过内在的生理和心理作用,而产生的本能和自觉的外显性活动,是人和环境相互作用的产物和表现。文化行为是相对于野蛮行为、粗俗行为而言的,它是指人类在主观意识支配下,理智地按照某种规范进行并取得成果的客观活动。行为文化,直接源于人类由野蛮时代进入到文明时代的文化行为,是人类长期、丰富、进步的文化行为积淀下来的社会心理、思维方式和风俗习惯等具有外显性文化形态的总和。文化行为是行为文化的基础,行为文化则是文化行为的升华。

在由多系统组成的人类社会这个生存体系中,每一子系统都有其不同层面的文化形态及独特的行为文化,大学作为实施高等教育的专门机构,既是相对独立的社会系统,又具有鲜明的文化特色。在大学系统里,一方面,大学人在大学精神的导引下,遵循大学发展规律,为了实现大学理想而进行着与高等教育有关的各种行为活动,这些活动经过长期的历史积淀,逐渐形成了独有的特色。另一方面,没有大学人及其行为活动,作为社会机构的大学就不会存在与发展。因而我们在研究大学文化时,如果谈及大学精神文化、大学物质文化、大学制度文化,就不能不谈及大学行为文化。笔者认为大学行为文化是在大学系统中长期形成的、并通过大学各主体的行为活动而展示出来的文化形态的总和。大学行为文化是大学文化的重要组成部分,它既具有文化的历时性的特点,又在表现形式及功能上不同于大学文化的其他组成部分。

大学行为文化基源于大学系统内大学人的各种文化行为,大学人是大学行为文化建设的主体,大学行为文化体现于大学人为实现大学目标而进行的文化活动中,又通过各种文化活动反映了大学人所共同具有的理想志向、愿望和行为习惯等,从而在教学、科研、学习、管理等群体活动中形成了一种集体行为风尚,这种集体行为风尚就是我们通常所说的校风。关注大学行为文化建设,推动大学文化的整体发展,有必要从时代的需要出发关注大学人的素质发展,并依据大学的发展规律加强大学优良校风的培育。

二、大学行为文化的主体

谈行为文化离不开行为文化的主体。大学行为文化的主体主要包括一支具有人格魅力、学术造诣深、善于治学育人和科学研究的教师、科研人员队伍,一支高素养的行政管理和教学服务人员队伍,一届届朝气蓬勃、志向远大、知识丰富的学生团体。

（一）教师队伍和科研队伍

现代大学的本质是传承、研究、融合和创新高深学问的高等学府，传承、研究、融合和创新高深学问就是治学，这个任务主要是由教师来完成的，因此从这个意义上讲，大学行为文化的品味主要是由大学教师的行为来体现，大学教师是大学文化的主要实践者。在现代大学里，教师"在传授高深学问的同时以其人格魅力和治学态度给学生以深刻的影响，并指导和帮助学生把外在文化内化为自己的全面综合素质，使他们成为具有主体精神和创造力的一代新人"①。大学教师治学活动的崇高使命是创新文化，所以，他们必须坚持教学与研究的结合，不仅要高度重视研究教学艺术，更重要的是要研究高深学问，既继承前人又突破陈规，努力开拓新的境界，始终站在本学科发展的前沿。这既是大学教育人的基础，也是大学教师的光荣使命。

大学教师应当既是教师，又是学者。在现代大学的教师队伍中，必须以具有人格魅力、学术造诣深和善于治学育人的大师为核心，"现代大学中的每一位教师都应当是学者，但并不是每一位教师都能够成为一名大师。作为一名大师，不仅应当具有人格魅力、学术造诣深和善于治学育人，最重要的是他必须是国内外知名的某一门学科的学术权威"②。梅贻琦先生曾深刻地指出："所谓大学者，非谓有大楼之谓也，有大师之谓也。"这就是说，一流大学必须有一流教师，没有大师的大学，就不可能成为世界一流大学。大学的教师不能只满足于学者的身份，而是应时刻为成为大师的目标努力，才能提升大学行为文化的品位。

必须指出，无论是传承还是创新，大学教师都应当高度重视传统文化与现代文化、本土文化与外来文化、东方文化与西方文化的沟通和融合（包括选择和冲撞），使现代大学真正成为多元文化沟通和融合的桥梁。这是现代大学传承和创新文化的关键所在。当前需要强调的是大学教师在从事文化的传承、研究、融合和创新活动时，治学态度非常重要。治学态度是一种科学精神，其主要内涵是实事求是、独立思考、追求真理、勇于创新。大学教师的治学态度正确与否，不仅对自己，而且是对学生有着潜移默化的深刻影响。

（二）大学管理队伍和教学服务人员

大学管理队伍是由大学的行政、党群部门的各级管理干部组成的，上至大学的党委书记和校长，下至各部门的普通职员一起构成了大学的管理队伍。大学的管理队伍在学校的发展中有着至关重要的决策、沟通、协调与服务功能，其素养的高低直接影响着大学办学质量的高低，而由他们的管理行为所表现的特色也是大学行为文化的重要特色之一。尤其是大学书记和校长们作为对大学的发展目标、价值追求进行决策的大学行为文化主体，其知识素养与个人魅力，对大学行为文化的建设具有核心领导作用。当前中国

---

① 乔树桐. 大学发展中应处理好学风、教风、校风的关系[J]. 前沿，2006(9).
② 王冀生. 现代大学文化学[M]. 北京：北京大学出版社，2002：185.

各大学正处于改革与发展的高潮阶段,形势的发展要求大学管理队伍必须从德、能各方面不断学习与进步,以快速提高整体素质,更好地发挥其决策、沟通、协调与服务功能,营造先进的大学文化,促进大学的和谐发展。新时期大学管理人员应具备的基本素质包括较强的政治品德素质、娴熟的业务知识素质、先进的管理能力素质及良好的身体素质。政治品德素质指大学管理人员既有坚定的政治方向和正确的人生观、价值观,又有高度的敬业精神。无论在何种情况下,在任何关头,大学管理人员都应坚定不移地执行党的路线方针政策,利用辩证唯物主义和历史唯物主义的立场、观点及方法来观察和处理一切问题。要有高尚的职业道德、端正的工作态度、高度的责任感和事业心,以教师和学生为本,实事求是、廉洁自律、敢于吃苦、诚实勤奋,热诚为广大教师和学生服务。业务知识素质指熟悉国家关于教育的大政方针、了解教育理论知识、熟悉具体的业务知识、有比较广博的文化历史知识及经济法律知识,以适应管理工作广泛性的特点和多方面的要求。能力素质是大学管理干部素质的核心,也是区别于其他岗位的特殊要求,是管理干部独立从事管理工作、处理日常事务、解决实际问题、圆满完成工作任务、实现管理目标的根本条件,它包括良好的语言表达能力、较高的写作水平和写作能力、较强的管理能力等。

教学服务人员主要包括在大学图书馆、校医院、食堂、环卫与维修等部门工作的人员。他们是大学各项工作顺利进行的后勤保障,其为教学和科研服务的作用是其他大学主体不可替代的。尤其是大学图书馆的工作人员,直接为大学的教师和管理干部提供知识信息支持,他们良好的服务会有效促进大学教师的教学水平及管理人员管理素质的提高。

(三)学生团体

大学的主要职能是为社会培养高规格人才,大学的各项工作主要是围绕学生的培养而进行,没有大学生,大学也就没有存在的意义,所以说,朝气蓬勃、志向远大、知识丰富的学生团体是大学行为文化的最重要的主体,大学生行为文化是大学文化的特色表现。不同时代的大学生具有不同的精神风貌,21世纪已经跨入知识经济的时代,科技进步日新月异,经济全球化的趋势在不断发展,国际之间综合国力的竞争更加激烈,当代大学生不仅肩负着物质与精神文明建设的任务,还肩负着发展人类自身的任务,这对他们的素质与发展提出了相对以往大学生更高的要求:

(1)要具有务实精神和求实的秉性。因为我国目前仍是一个发展中国家,社会发展水平与发达国家的差距十分巨大,党的十七大提出要全面建设小康社会的奋斗目标,此重任落在当代大学生的肩上,需要他们具有强烈的事业心和对生活的热爱和追求,具有务实精神和求实秉性,必须做到扎扎实实学习、多才多艺发展、勤奋诚信做人。

(2)要具有强烈的竞争意识、拼搏精神和开拓能力。美国学者柯林·博尔在向经济合作与发展组织提交的一份报告中指出:未来的人应该具备三本护照:第一本是学术性的;第二本是职业性的;第三本是证明自己具有强烈事业心和进取开拓能力的。当前,我国大学生群体中,独生子女越来越多,不少学生心理素质较差,出现了脆弱、忧郁、焦虑、孤傲、自满等与现实社会发展不太协调的心理问题,需要在对其培养的过程中加以引导和纠正。

（3）要具有未来意识和善于学习、创造的能力。大学生要树立未来观念,养成预想未来的习惯,学会预测、预见、设计和构想未来的本领,使自己能够适应未来发展的需要,同时能够充分利用图书资料、计算机和数据库等多种信息媒体,准确及时地寻找到所需的信息和知识,加以理解、消化、吸收、概括和应用,并在此基础上创造新知识、掌握新技术。

（4）应强化全球意识和具备国际交往能力。目前世界国际化的进程愈来愈快,国际竞争也日益多元化,大学生必须成为熟悉世界各种事务、熟练掌握和应用多种外语以及熟练应用计算机等多种信息媒体的现代人才,才能在激烈的国际竞争中立于不败之地。

（5）应具备合作意识与协调能力。当代技术发展的高度综合趋势以及科学研究的多科性和多领域性都说明了当今社会是高度综合和统一的时代,需要未来的研究者是具有强烈的合作意识和高度的协调能力、具有广博知识和精湛技能的综合型人才。

三、当前大学行为文化的失范

大学软实力是一种特殊的学校文化,它不是简单的唱歌跳舞,而是学校精神、学校传统和学校作风的综合体现。如果学校简单到就是一个知识传授的地方,学校可以很快关门,网络教育空间可以取代课堂教育。办大学就是办文化氛围。大学文化是一种精神,是一种氛围,是引导人、激励人、鼓舞人的一种内在动力,是凝聚人心、鼓舞斗志、催人奋进的一面旗帜。它将对学生的道德人格、伦理规范、思维方式等产生深刻影响。然而,近年来,中国大学由于受到各类社会思潮的影响,大学已经很难成为社会行动的引导者和良好道德的塑造者,出现了各种失范行为。

（一）法律行为失范

改革开放 30 年来,在校大学生中犯罪事件频繁发生,犯罪率逐年上升,日益成为干扰校园秩序、社会安定和社会主义市场经济秩序有序运行的严重问题,越来越受到大学和社会的普遍关注,其犯罪特点朝暴力化、群体化、多元化、智能化、专业化等方向发展;犯罪原因也由传统的单一型转化为复杂型。改革开放以来,我国大学生违法犯罪现象明显增多:1976 年青少年犯罪占整个刑事案件的 70%,大学生占其中的 2.5%;1992 年青少年犯罪占整个刑事案件的 87%,大学生占其中的 4%。据有关统计资料表明,我国高等学校学生违法犯罪的占大学总人数的 1.26%,[①]犯罪类型向多样化、智能化方向发展,

---

① 张俊宗.现代大学制度[M].北京:中国社会科学出版社,2004:52.

并且大学生犯罪目前有增长趋势。

犯罪主体范围扩大。犯罪主体范围扩大化包括以下几方面：①从院校的办学层次、从重点与非重点来看，过去犯罪的学生主要是来自高职与民办院校，而逐步向重点院校蔓延。例如，马加爵案件、周一超案件、刘海洋案件等一些名牌院校的学生犯罪。②从学历来看，也不排除硕士生、博士生。③从成绩优秀来看，一些成绩"非常优秀"的学习尖子也走上了犯罪的道路。

犯罪个体的低龄化。由于人们受教育观念的转变，很多家长都希望自己孩子过早地接受教育，这也形成了很多低龄学生较早地进入大学校园接受高等教育的现象。由于低龄孩子缺乏一种成年人的生活经历，难以融入大学校园生活，无论是在生理上，还是心理上都出现各种各样的矛盾、落差、困惑等不适应的心理难题，导致了一些刑事案件的发生。据北京市海淀区检察院调查数据显示，2003 年 1 月至 8 月，该院侦查监督处共受理14 件 17 人在校大学生犯罪案件。从年龄结构上看，17 名犯罪嫌疑人中，最大年龄 24 岁，最小年龄才 19 岁。

女生犯罪比例增加。当前，一些女大学生盗窃、诈骗等案件屡见不鲜。更为严重的是，受到一些拜金主义和享受主义思想的不良影响，一些女大学生竟然走上卖淫的曲折人生道路。另外，上海市 2002 年一项关于"校园犯罪"的调查表明，在 2002 年 67 名犯罪大学生中，女大学生有 11 人。重庆市沙坪坝区检察院 2001 年受理的女大学生犯罪案仅1 件，2002 年 2 件 2 人，2003 年前 9 个月就有 5 件 5 人。这些女大学生追求物质享受，爱慕虚荣，因盗窃而坠入犯罪深渊。

犯罪手段的高智能化。随着社会的发展，科技的进步，网络的普及，人们在越来越多地享受高科技给社会带来财富和利益的同时，利用高科技手段进行高智能性犯罪的行为也越来越多。主要类型有：侵害计算机网络；编制、传播计算机病毒；利用计算机网络诈取钱财；制作、传播淫秽音像物品；利用生化知识研制毒品。随着互联网的高度发展，大学生利用计算机实施各种犯罪的可能性非常大，且手段十分隐蔽，技术非常高端。

犯罪的社会影响恶劣。2001 年 5 月 9 日，宁夏某大学学生高某在校外一餐馆吃饭时，看到同班女生石某与同系另一男生在一起吃饭，后又在校门口碰到石某和该男生在一起。因高某多次追求石某不成，产生杀人报复的恶念。当晚 10 时左右，高某用匕首向石某胸部猛捅 1 刀，随后又追上石某连捅 10 刀，后自残。高某被银川市中级人民法院以故意杀人（未遂）罪判处死刑，缓期 2 年执行。2002 年初，清华大学四年级的学生刘海洋，伤害被关在动物园里保护能力不强的几只熊，在社会上引起很大的反响；北京某大学学生马忠义携仿真枪绑架两女生以求"解脱自己"；天津大学马晓明勒死奶奶，砍倒父亲；四川某大学生用微波炉活烤小狗；北京某大学 8 名男生集体奸宿"小姐"；南京某学院 4 名大学生公然嫖娼，被警方查处；云南大学马加爵锤杀 3 名同学；2010 年 10 月 20 日深夜，西安音乐学院药家鑫驾车撞人后又将伤者刺了 8 刀致其死亡。大学生违法犯罪行为经网络传播后，社会影响越来越恶劣。

(二)道德行为失范

近年来,大学生道德行为失范事件层出不穷。如 2010 年 12 月 12 日的复旦学生"黄山门事件"。2010 年 12 月 12 日,以复旦大学登山协会名义组织了 18 名以学生为主的上海驴友(其中 10 名复旦在校生,6 名复旦毕业校友)组团前往黄山明文禁止的未开发区域进行探险。由于准备措施不充分,他们迷路了。在接到学生家属报警后,上海警方与黄山警方联系,黄山警方动用 200 警力进行搜救行动。在 13 日凌晨 1 点找到遇险的 18 人后,为给 18 人中的 1 个女生让路,民警张宁海坠崖献出了自己年轻的生命。获救的 18 人回到上海后,对民警张宁海的牺牲无动于衷,其中这 18 人成员中的杜彬和石翔在人人网交流,如何利用这次机会抢班夺权,石翔提醒杜彬"要学学危机公关,经过这次,登协就是你的了","你要学着去建立秩序,去控制老人,去协调关系,去利用资源,这是这个协会可以给你的",杜彬回应"嗯,还得靠你们,我经验太不足","先渡过这次难关吧"。二人谈话被网友揭发后,引发网络风暴,大规模批判和反思大学教育。除了这次事件外,还有北京"女大学生踢孕妇"事件;广西某大学"虐猪门"事件;复旦大学数学系研究生张某虐待小动物,残忍地将一只小猫的眼睛刺破,而那只小猫只是众多受害者之一,据将此事曝光的网友称,惨遭毒手的小猫至少有 30 只。

(三)办学行为失范

腐败是世界性难题。处于改革开放和社会转型期的中国,其腐败现象和腐败文化在社会上更是大肆流行和蔓延,有"象牙塔"美称的大学也概莫能外。近年来,大学腐败案例频发,从教材采购腐败案到工程招标腐败案,从招生腐败案到学术腐败案,大学成为腐败的重灾区,甚至是"前腐后继"。腐败现象及"廉洁不香、腐败不臭"的腐败文化在大学广大教职师生中产生潜移默化的负面影响,在一定程度上扭曲了广大师生,特别是青年学生的人生价值观。从近年来大学案件看,基建、采购、财务、招生等领域,违纪违法案件发生率比较高。据统计表明,58% 的教育系统职务犯罪集中在基建、设备购置、财务等领域;24% 的发生在教材、图书购置和招生等领域,特别是在基建领域,建设规模大、资金投入多,工程建设制度不完善,已经成为大学腐败的重灾区,基建资金密集,环节众多,往往容易形成大案要案、串案窝案。在河南省学习贯彻十七届四中全会精神,构建大学惩防体系工作座谈会上,通报了近年来全省大学领域职务犯罪的有关情况,我省近 3 年来先后有 10 所大学的 14 名校级干部被查处,其中涉嫌贪污贿赂案件 12 人,所查办贪污贿赂案件绝大多数与工程招投标有关,"楼起来了,人倒下去了"教训十分深刻。

(四)生活行为失范

南京大学心理协会曾经做过一个关于"大学生恋爱问题"的调查,结果是:99% 的大学生承认"在校期间有谈恋爱的经历";81% 的人"谈了又分手";63.2% 的人"因寂寞而谈恋爱";只有 0.3% 的人"愿意结婚"。另外,据《中国青年》报道:福建教育学院等一些大学做了一个调查:92% 的大学生认可婚前性行为。其中,27% 的人是为了显示对爱情的忠诚;26% 的人是为了追求情欲、快乐;25% 的人是因为不忍违背男友的意愿;10% 的人以此作为个性成熟的标志。另外,《中国青年》还报道:南京五十中学公布的调查结果显示:有80％的中学生赞成婚前性行为。去年,重庆某大学制定的《大学生违纪处理管理规定》中有"发现当三陪、当二奶、当二爷、搞一夜情的将开除学籍"之规定。这些都说明了在当今的大中专校园里,部分学生道德观念下降,特别是性道德现状堪忧。国家对大学生谈恋爱由"明文禁止"到"不提倡、不反对",态度上有了明显转变,甚至对大学生在结婚问题上也已"解禁",但这并不意味着大学生们可以肆无忌惮地谈恋爱,而是将谈恋爱与结婚的权利交给大学生们自己来把握。从中既体现出法制健全和人文关怀,又可以考验大学生的道德修养。我们不愿意看到的事实是:越来越多的未成年少女去做堕胎手术。去年国庆长假期间,某医院曾做了统计——100个堕胎者中只有2人结婚,其他人都是未婚,而且"其中不乏在校生"。之所以如此,就是因为在大学校园里谈恋爱现象非常普遍。课余,一眼望去,到处是成双成对的情侣,有牵手的、搂抱的、接吻的等。这只是在白天,到了晚上,则会看到更多"少儿不宜"的镜头在公共场合里上演。

(五)学术行为失范

长期以来,大学广大教学科研工作者献身科学,潜心研究,严谨治学,敬业奉献,为发展科学、繁荣学术、教书育人做出了重要贡献,体现了良好的师德规范。但学术失范、学风不正现象仍然存在,学术不端行为仍有发生,在有些方面还比较严重,损害了学术形象,败坏了学术风气,阻碍了学术进步,给科学和教育事业带来了严重的负面影响。良好的学术道德和学术风气是高等学校健康发展的根本保证。加强学术道德和学风建设是提高科研水平、建设创新型国家的必然要求,是提高人才培养质量、建设高等教育强国的必然要求,是引领社会风尚、建设社会主义核心价值体系的必然要求。可以这样讲:学术不正,大学必衰。

四、当前大学行为文化建设的规范

(一)加强大学领导者的行为示范

1. 大学领导者既要仰望星空,又要脚踏实地

2007年5月14日,温家宝总理在同济大学百年校庆的贺词中说:"一个民族多一些经常仰望天空的人,这个民族就大有希望;而一个民族总是看自己脚下的一点事情,那她很难有美好的未来。"2010年5月4日温家宝总理在北京大学与该校学生共度"五四"青年节时,有学生蘸墨写下"仰望星空"的诗句来欢迎总理,而总理则挥毫相和,写下"脚踏实地"四个大字赠送给学子们。"仰望星空"和"脚踏实地"既是总理对民族发展的深刻体悟,也是对大学发展的殷殷嘱咐。大学因其社会责任和历史使命,迥然不同于其他社会机构。大学不以追求经济效益为目的,而以育人为第一要旨;大学不以随言附和、唯命是从为办学宗旨,而是以追求真理、尊重科学、注重创新为核心价值;大学不主张整体划一的管理模式,而是主张兼容并包的自由传统。基于这些特性,要求大学的领导者除了要

有突出的专业知识之外,还要能准确把握大学管理的特点,提升大学管理的艺术。既能俯下身子脚踏实地做学问,又能抬起头来仰望天空谋发展。正如当代美国高等教育的领军人物——克拉克·克尔在《大学的功用》一书中认为的那样:大学领导者必须具备三种品质:决断、勇敢、坚韧,他是集多种社会角色于一身,既是领导者、教育家、创新者、教导者、信息灵通人士;又是官员、管理人、继承人、寻求一致的人、劝说者、瓶颈口。他是大学的灵魂人物和神经中枢,好的领导者是带好一所好大学的前提条件。

正如克拉克所言,北京大学没有蔡元培不可能成为新文化的中心,清华大学没有梅贻琦也不可能在短时间内声名鹊起,南开大学没有张伯苓也很难获得长足发展。而这些大学的声望之所以与日俱增,关键在于拥有一批像蔡元培、梅贻琦、张伯苓这样的领导者,他们有共同的追求,有前承后继的使命感,能够维护并发扬已确立的大学精神;他们既学贯中西、思想开放、又肩负使命、忧国爱民;他们既有仰望天空、放眼未来的崇高使命,又有纵横捭阖、精于管理的领导艺术。这正是当今大学领导者孜孜以求的方向和目标。

2. 大学领导者要在尊重管理规律的基础上,提升管理艺术

大力倡导"三宽"、"三公"、"三善"、"三化"、"六和"。"三宽"是指营造"宽松、宽容、宽厚"的环境,激活大学的创造力。就是坚持以人为本,确立师生员工在大学发展中的主体地位,形成鼓励创造、追求创新的氛围,使一切有利于大学发展进步的创新愿望得到尊重,创新活动得到支持,创新才能得到发挥,创新成果得到肯定。就是要变控制人、约束人为发展人、引导人,不断增强师生员工的自信心和自尊感,激发其关心大学,热爱大学的热情,为大学发展注入活力。"三公"是指坚持"公开、公平、公正"的原则,坚持依法治校,实行民主决策、民主监督、民主管理,拓宽教职工参政议政的渠道,调动教职工参政议政的积极性。"三善"是指要倡导"树善良之心、成善良之事、作善良之人"的风气,加强师生员工的思想道德修养,继承中华民族优秀的传统文化,用社会主义荣辱观引领风尚,从而达到人心思"善",人心思"诚",人心思"爱"。"三家"就是"儒家、道家、佛家",要汲取儒家的进取、道家的淡泊、佛家的善良等中国传统文化的精髓。"三化"就是"简化、优化、净化"人际关系,提倡"君子之交淡如水",追求志同道合。要发扬优良传统,做到关心人、支持人、理解人、帮助人、一视同仁;要提高修养,开阔心胸,己所不欲勿施于人;要换位思考,理解人生,通过建立良好的人际关系,营造良好的育人环境。"六和"是指要营造"心平气和、家庭祥和、政通人和、亲爱朋和、天感地和、内谐外和"的氛围。"六和"涵盖了大学中人与人之间,大学与社会、大学与自然之间的协调融洽关系,意味着按客观规律办事,意味着优势互补,意味着众志成城,实现大学的科学发展、和谐发展。

3. 确立一个目标,处理好两个关系,做到三个注意,学会四种听法,达到五个层次,增强六种能力

确立一个明确目标,就是促进大学又好又快发展,为把大学建设成特色鲜明的大学而努力;处理好两个关系就是处理好党政关系、正职与副职关系。处理好党政关系,关键

要做到党政分工不分家,合种一块田,加强沟通交流,默契配合,精诚合作。党政主要领导要以改革发展稳定的大局为重,在加强沟通中求得共识,在求同存异中维护团结,在相互提醒中树好形象。大学领导班子成员要有一种"做事"不"做官"的理念,有这种理念,在工作中就可以襟怀坦荡而不必有所顾虑,就可以在大学里形成清正、务实、向上的工作作风。处理好正职与副职之间的关系,关键要努力寻求正职和副职分工协作的最佳结合点,减少人际摩擦,实现工作效率和人际融洽的最大化,保证领导班子的团结和谐。一般讲,为政者有两个难题:①私心与公权的矛盾,即有私心的人干的需要无私心的事。②有限和全面的矛盾,即能力有限的人做的需要能力全面的事。为了克服这两个难题,领导干部需要加强修养,淡泊名利,讲究决策艺术,减少决策失误。

工作中做到三个注意:①注意不以个人和权力群体的利益为圆心画圆;②注意决策符合尽可能多的人的利益;③注意解决少数人乃至个人的合理诉求。做到三个注意,才能消除矛盾,营造和谐的局面,才能增强凝聚力和向心力。

学会四种听法,就是要学会想听、会听、兼听、换听。大家知道,听是领导干部了解情况,拍板决策的关键。想听,可以避免成为孤家寡人,多渠道了解信息;会听,就是根据人看问题的视野和角度不同,就其所讲经过筛选过滤吸取合理成分;兼听即多听不同意见,因为兼听则明,兼有比较;换听即换位思考,换位听取意见,往往可以在为人、决策、处事上找出正确的方法。四种听法结合起来容易使人辩证地看问题,全面地想问题。

达到"五个结合",要求我们思考问题的时候,努力把哲学的高度、历史的经验、理工的严谨、文学的想象、实践的与时俱进结合起来,也是做到理性与感性相结合、历史与现实相结合。哲学使人善于把握本质、鸟瞰全局;历史就是治人与治事的成功经验,要活用到今天,失败的教训要尽可能借鉴;理工科的特点之一是严谨规范,是决策者应该具备的素质;文学是形象显示思想,可以提高人的悟性和直感能力;实践之树常青,因为时间、地点、人物、事件的变化,对策也必须发生相应变化。做到五个结合,就会减少"有限"和"无限"的矛盾,提高决策的准确率,减少失误和偏差。

增强六种能力:①不断提高我们用马克思主义统领大学教育教学工作的能力和水平。②不断提高我们科学判断形势的能力和水平,善于从全局和战略的高度来观察形势、研究问题、抓抢机遇、应对挑战。③不断提高我们改革创新,推动大学发展的能力和水平,在自己分管的工作中不断增强主动性和创造性。④不断提高管理大学的能力和水平。按照科学治校、民主治校、依法治校的精神和原则,不断探索并逐步建立起与社会主义市场经济相适应并与国际接轨的大学管理体制和运行机制。大学职能部门要牢固树立为教学、科研服务的自觉意识,形成步调一致、服务大局的工作氛围。党员干部中应该形成一种善于协调工作、勇于承担责任的职业精神,自觉培养站在大学全局来思考问题的习惯。⑤加强反腐倡廉能力建设,要进一步加强思想道德和党风党纪教育,使大学每一个党员干部自觉做到常修为政之德,常思贪欲之害,常怀律己之心。强化宗旨意识,牢记两个务必,自觉做到一身正气、两袖清风,堂堂正正做人,实实在在做事,认认真真做学问。⑥不断提高我们应对复杂局面,处理突发事件的能力和水平,增强洞察事态发展的敏锐力,妥善处理工作中遇到的各种复杂矛盾和问题,在突发事件面前处事不惊,能够快速妥善解决。

(二)教师行为规范

2012 年 3 月,教育部和中国教科文体工会全国委员会联合下发了《高等学校教师职业道德规范》,对大学教师的教育教学行为从道德层面上进行了规范。此外《高等教育法》、《教师法》等相关法律法规也都对教师的行为进行了规定。如《高等教育法》第 45 条规定:"高等学校的教师及其他教育工作者享有法律规定的权利,履行法律规定的义务,忠诚于人民的教育事业。"《教师法》第 3 条中规定:"教师是履行教育教学职责的专业人员,承担教书育人,培养社会主义事业建设者和接班人、提高民族素质的使命。教师应当忠诚于人民的教育事业。"这个法律规范为我们研究大学教师行为、规范大学教师行为提供了政策依据。

1. 大学教师要依法执教、依法治学

大学教师的职业特征决定了他们必须要模范地遵守国家的法律法规,并通过自己的示范作用引导学生学法、明法、懂法、用法。我们可以通过几个例子来说明问题:①"教授换妻案":2009 年 8 月 17 日,秦淮公安分局在一家连锁酒店的房间里将 5 名参与"换妻"的网民抓获,而南京某大学副教授马尧海是这次事件的组织者与参与者,被列为 22 人"聚众淫乱案"之首。在随后的庭审中,该教授竟然不知道自己的行为已经触犯了法律,坚决认为"自己的行为没有妨碍别人,我完全有权支配自己的身体"。这种对法律的无知让人不可思议,也是相当震撼的。②大学教师赌博案。2011 年 7 月 31 日,济宁警方向滨州市警方发来协查通告,要求配合调查一起大型境外网络赌博案件。通过滨城区刑警二中队调查,滨州市某大学一教师参与赌博输掉 2 000 多万元借款的事实浮出水面。据警方透露,滨州市某大学老师张某平时有赌博的恶习。一个偶然的机会,他在网上进入了一家在菲律宾开设的网站视频赌局。通过视频,张某看到现场有很多桌赌局同时进行。通过注册,30 岁出头的张某怀着极大的好奇心进入了赌局。起初投入 100 元、200 元人民币,尝到一点甜头后,开始 1 万、2 万往赌局里投入,再后来赌注甚至达到几十万,参与的赌博包括万家乐、赌大小、赌球、骰子等不一而足。警方介绍,张某注册的网络号已经是最高级别的五星级会员。一个老师的工资收入填不满赌博如此大的胃口。为了筹集资金,张某向亲戚朋友编造了做放高利贷生意的谎言。由于是大学老师,平时信用较好,而且张某的朋友中很多都是做生意的,从去年 3 月份到案发,张某顺利借来了资金 4 000 多万元。截止案发,张某输掉了其中的 2 000 多万元。①

以上两个例子只是个案,并不能代表大学教师整体情况。但我们有理由相信在大学

---

① 滨州一大学教师参与网络赌博输惨了被抓了[OL]. http://sd. people. com. cn/GB/22220/106301/132145/15357200. html.

教师群体中还是存在诸多问题的。《高等学校教师职业道德规范》第一条就规定："大学教师要遵守宪法和法律法规，贯彻党和国家教育方针，依法履行教师职责，维护社会稳定和校园和谐。不得有损害国家利益和不利于学生健康成长的言行。"由此我们可以得出，大学教师应着力做好三方面的工作：①依法执教。即大学教师要严格按照国家法律法规从事教育教学行为，不得违反国家法律法规所规定的内容。②依法治学。即大学教师在治学过程中依法行使权利，不得损害学生身心健康。③依法行权。即大学教师在个体权利受到不法侵害时，要主动运用法律来解决。

2. 大学教师要敬业爱生、为人师表

敬业爱生、为人师表是大学教师的基本职业道德规范。它要求大学教师提高个体修养、培养高尚的道德情操和严谨的职业操守。

(1)职业理想崇高。教书是一种职业，育人是一种良知。书教的好与坏、人育的是否成功是界定"师"与"匠"的基本标志。仅把书本知识讲授给学生，没有关怀、没有爱心，只能算一个"教书匠"；"太阳底下最光辉的职业"、"人类灵魂的工程师"这一崇高荣誉，是表述给在教育中启迪人生、塑造灵魂的教师；是表述给认真教学、热心育人的教师；是表述给信仰真理、追求真理的教师。这要求大学教师应当树立崇高的职业理想和职业信念。在当前就是要牢牢树立教书是为社会主义建设事业培养合格的建设者和接班人的理念，树立教书育人的理念是实现自我人生价值最好途径的理念，树立教书育人的理念是推进社会良性发展和人类进步的理念。

(2)以人为本。《高等学校教师职业道德规范》规定："大学教师要坚持育人为本、立德树立。要真心关爱学生、严格要求学生，公正对待学生，做学生的良师益友。不得损害学生和学校的合法权益。"这里《高等学校教师职业道德规范》提出了大学教师要树立以人为本的教育教学理念的四个层面的导向：①真心关爱学生。②严格要求学生。③公正对待学生。④不损害学生的合法权益。关爱学生、育人成材、教人向善是教师的天职，这就要求广大教师要坚持以人为本的工作理念和"三贴近"的工作原则：坚持教书与育人相结合；坚持教育与管理相结合；坚持解决思想问题与解决学生学习、生活、就业等实际问题相结合，着力引导学生正确认识社会发展规律，认识国家的前途命运，认识自己的社会责任。要把知识传授扎实不扎实，品德教育深入不深入，"三观"教育全面不全面作为衡量自己工作质量和工作水平的标准，唯有如此"亲其师而信其道"的和谐师生关系方才基础牢固，德智体全面发展的育人目标方可实现。

(3)为人师表。2004年中共中央、国务院下发了《关于进一步加强和改进大学生思想政治教育的意见》。文件明确提出"育人为本、德育为先"的工作理念和"三贴近"的工作原则，为当前和今后一个时期大学加强和改进思想政治教育工作指明了方向。育人是学校教育的首要任务，也是学校事业的根本所在，教师的道德素质、知识能力、文化素养的高低直接决定着教育的质量和育人的水平。故而，教师便有了比其他职业更多也更为特殊的要求。为人师表的本质涵义是崇高的师德。从某种程度上讲，师德是有别于普通道德的更高的职业规范。崇高的师德是一名教师从事教育教学行为、从事学术研究的方向标，是教育学生、培养栋梁之材的先决条件，从这种意义上来讲，师道的根本就是师德。近年来，人民英模孟二冬、爱生如子谭千秋、国学大师季羡林、标兵模范方永刚等无数教师博学笃志、淡泊名利、清正刚毅、执著求真，以其崇高的精神境界和人格魅力一次又一次地诠释了师德、师范、师道的真谛。师道罔极，这要求广大教师应以这些先进人物为榜样，深刻把握师道真谛，不断汲吸文化营养，为从教、育人奠定良好的思想基础。此外，崇高的师德源于对自我品格的锤炼和提升。人的品格是人自我的社会层次定位，是人存身立世的前提与资本。教师作为人类知识的传承者，作为人类美好生活的塑造者，必须具有仁爱、无私、公正、善良、忠诚等高尚的品格。胡锦涛总书记在写给孟二冬女儿孟菲的回信中说："他（孟二冬）常书写'尺璧不宝，寸阴十金'这句话，并把这句话作为自己的座右铭。他是这样写的，也是这样做的，他把自己有限的生命全部用来报效祖国和人民。在他身上，不仅体现了学识的魅力，而且体现了人格的魅力。他的崇高精神和品德值得各行各业的人们认真学习。"可见，高尚品格的形成绝非一日之功，广大教师尤其是青年教师应充分认识锤炼品性修养、提升道德素养的重要性，把握提升修养的方式方法，自觉做到见贤思齐、省察克制、慎独慎为。

3. 大学教师要严谨治学、科学求真

严谨治学、科学求真是大学教师业务行为要求。它要求大学教师应重点从三个层面上来把握：①追求真理、弘扬科学精神。对真理的追求和弘扬科学精神是大学教师基本的治学态度和治学精神。胡锦涛总书记在清华大学成立100周年纪念大会上发表的重要讲话中指出："高等学校要不断培育崇尚科学、追求真理的思想观念。"这既是对大学发展的要求，也是对大学教师的希望。这要求广大教师应有追求科学真理的志向、要有探求科学真理的精神、要有坚持科学真理的勇气。②实事求是、协同创新。《高等学校教师职业道德规范》规定："高等学校教师应实事求是，发挥民主，团结合作，协同创新。"当今世界的科学研究和科技创新已经不再是单打独斗所能完成的，必须通过团体协作共同完成，这要求无论是大学，还是以创新作为发展生命线的企业都要有团结协作的能力和意识，积极融入集体，通过集体的力量来实现学科的进步与发展。以海尔的发展为例，从1984年引进德国利勃海尔公司一个212的电冰箱生产技术到2000年，海尔集团已形成了69大系列10 800多个规格品种的产品。现在海尔平均每天可推出1.3个新品种，平均每天申请国家专利2.5个，海尔是中国拥有专利最多的企业。像海尔这么多的创新，绝不是几个工程师能搞成的，而在于他们有一个创新型团队，鼓励人人创新。1998～2000年的3年间，海尔人一共提了3万多条合理化建议，被采纳了17 000多条。海尔规定：工人1年提10条合理化建议，只要被采纳了7条，就可以从"合格员工"升为"优秀员工"，连许多老工人1年都可以提出十几项合理化建议。这就是海尔创新型团队的力量。近年来，无论从国家层面，还是学校层面，都在鼓励以团队的形成进行科研创新，一个很好的例子是近几年来教育部实施的科技创新团队计划。这2年，笔者所在大学已经有3

个国家级创新团队、8个省级创新团队、27个校级创新团队,并且还有一批建设中的创新团队。广大教师积极融入团队,形成团体创新力量,在重大科研攻关和科技创新方面取得了重大成果20余项,产生了较好的经济效益和社会效益。③秉持学术良知、恪守学术规范。尊重他人劳动和学术成果,维护学术自由和学术尊严,坚决抵制学术失范和学术不端行为是大学教师的应有之义。

(三)加强学生行为规范

《中华人民共和国教育法》第28条规定:"学校及其他教育机构行使下列权力:对受教育者进行学籍管理,实施奖励或者处分。"第43条规定:"受教育者应当履行义务,遵守所在学校或者其他教育机构的管理制度。"《中华人民共和国高等教育法》第35条规定:"高等学校的学生应当遵守法律法规,遵守学生行为规范和学校的各项管理制度。"我国对高等学校学生行为准则有明确的规定:①志存高远,坚定信念。努力学习马克思列宁主义、毛泽东思想、邓小平理论和"三个代表"重要思想,面向世界,了解国情,确立在中国共产党领导下走社会主义道路、实现中华民族伟大复兴的共同理想和坚定信念,努力成为有理想、有道德、有文化、有纪律的社会主义新人。②热爱祖国,服务人民。弘扬民族精神,维护国家利益和民族团结。不参与违反四项基本原则、影响国家统一和社会稳定的活动;培养同人民群众的深厚感情,正确处理国家、集体和个人三者利益的关系,增强社会责任感,甘愿为祖国为人民奉献。③勤奋学习,自强不息。追求真理,崇尚科学;刻苦钻研,严谨求实;积极实践,勇于创新;珍惜时间,学业有成。④遵纪守法,弘扬正气。遵守宪法、法律法规,遵守校纪校规;正确行使权利,依法履行义务;敬廉崇洁,公道正派;敢于并善于同各种违法违纪行为做斗争。⑤诚实守信,严于律己。履约践诺,知行统一;遵从学术规范,恪守学术道德,不作弊,不剽窃;自尊自爱,自省自律;文明使用互联网;自觉抵制黄、赌、毒等不良诱惑。⑥明礼修身,团结友爱。弘扬传统美德,遵守社会公德,男女交往文明;关心集体,爱护公物,热心公益;尊敬师长,友爱同学,团结合作;仪表整洁,待人礼貌;豁达宽容,积极向上。⑦勤俭节约,艰苦奋斗。热爱劳动,珍惜他人和社会劳动成果;生活俭朴,杜绝浪费;不追求超越自身和家庭实际的物质享受。⑧强健体魄,热爱生活。积极参加文体活动,提高身体素质,保持心理健康,磨砺意志,不怕挫折,提高适应能力;增强安全意识,防止意外事故;关爱自然,爱护环境,珍惜资源。

1990年1月20日原国家教委颁布的《普通高等学校学生管理规定》第2条是:"高等学校的学生应当遵守宪法、法规、校规,有良好的道德品质和文明风尚。"第62条规定:"对犯有错误的学生,学校可视其情节轻重,给予教育或纪律处分,处分分警告、严重警告、记过、留校察看、勒令退学、开除学籍。"第63条还规定:"违反学校纪律情节严重者,学校可酌情给予勒令退学或开除学籍的处分。学生经教育后认识错误较好,并有真诚悔改或立功表现者,可酌情减为留校察看的处分。"

2005年2月4日经教育部部长办公会议讨论通过,自2005年9月1日起施行的《普通高等学校学生管理规定》第四章"校园秩序与课外活动"规定了学生和学生团体行为规范。

第 42 条规定:"学生应当自觉遵守公民道德规范,自觉遵守学校管理制度,创造和维护文明、整洁、优美、安全的学习和生活环境。学生不得有酗酒、打架斗殴、赌博、吸毒,传播、复制、贩卖非法书刊和音像制品等违反治安管理规定的行为;不得参与非法传销和进行邪教、封建迷信活动;不得从事或者参与有损大学生形象、有损社会公德的活动。"第 43 条规定:"任何组织和个人不得在学校进行宗教活动。"第 44 条规定:"学生可以在校内组织、参加学生团体。学生成立团体,应当按学校有关规定提出书面申请,报学校批准。学生团体应当在宪法、法律、法规和学校管理制度范围内活动,接受学校的领导和管理。"第 45 条规定:"学校提倡并支持学生及学生团体开展有益于身心健康的学术、科技、艺术、文娱、体育等活动。学生进行课外活动不得影响学校正常的教育教学秩序和生活秩序。"第 46 条规定:"学校应当鼓励、支持和指导学生参加社会实践、社会服务和开展勤工助学活动,并根据实际情况给予必要帮助。学生参加勤工助学活动应当遵守法律、法规以及学校、用工单位的管理制度,履行勤工助学活动的有关协议。"第 47 条规定:"学生举行大型集会、游行、示威等活动,应当按法律程序和有关规定获得批准。对未获批准的,学校应当依法劝阻或者制止。"第 48 条规定:"学生使用计算机网络,应当遵循国家和学校关于网络使用的有关规定,不得登录非法网站、传播有害信息。"第 49 条规定:"学校应当建立健全学生住宿管理制度。学生应当遵守学校关于学生住宿管理的规定。作为大学生,不但要有基本的法律法规行为规范,而且要有更高意义上的道德规范。"

胡锦涛总书记在 2006 年 3 月 4 日看望政协委员时发表的关于树立社会主义荣辱观的重要讲话在全国引起了强烈反响。"八个为荣、八个为耻"体现了社会主义基本道德规范和社会风尚的本质要求,是社会主义世界观、人生观和价值观的体现,是中华民族传统美德和时代精神的有机结合。"八个为荣、八个为耻"是非明确,为全体公民树立了道德范式,更为大学生树立了看得见、摸得着的行为规范和准则,对大学生树立良好的人生观、价值观具有重要现实意义,也为我们进一步做好大学生思想道德建设工作提出了明确的实施要求和具体的工作目标。大学应把"八个为荣"作为教育的具体目标,引导学生树立社会主义新道德、新风尚,教育大学生自觉养成"热爱祖国、服务人民、崇尚科学、辛勤劳动、团结互助、诚实守信、遵纪守法、艰苦奋斗"的良好品德。

(四)加强行政管理行为规范

大学行政领导,在工作中要认真贯彻执行党的路线、方针、政策,树立科学发展观,坚持以师生为本,坚持依法治校,接受师生监督,建立行为规范、运转协调、公正透明、廉洁高效的行政管理体制,保证学校各项工作的顺利进行。学校行政及各部门领导,要按照依法行政、合理行政、程序规范、便利师生、责权一致的原则行使职权,强化责任意识和服务意识,切实贯彻学校各项工作部署,提高行政质量和效率,推进学校健康、持续、快速发展。

要规范管理行为,克服官僚主义、形式主义,树立规范服务、依法行政的新政风。要严格遵守廉政建设的有关规定,对职权范围内的事项要按程序和时限要求积极主动地办理,对不符合规定的事项要坚持原则不予办理;对越权办事、以权谋私等违规、违纪、违法行为,要严肃查处。要深入基层,深入群众,积极开展调查研究,了解情况,指导工作,解决实际问题。要通过调查研究形成有情况、有分析、有工作建议的调研报告;履行岗位职责、处理行政事务时,要严格按章办事,讲求程序,做到行为规范、运转协调、公正透明。

部门之间要主动协调,密切配合,服从大局。学校行政工作人员,要认真履行岗位职责,诚实守信,团结进取,求实创新,遵守纪律,顾全大局,全心全意为广大师生服务。必须坚决执行学校的决定,如有不同意见可在学校内部提出,在没有重新做出决定前,不得有任何与学校决定相违背的言论和行为。代表学校发表讲话或文章,以及个人发表涉及未经学校研究决定的重大问题及事项的讲话或文章,须事先经学校同意;要严格执行请示、报告制度,重大事项必须及时向主管校长请示、报告,紧急、突发事件的处置按学校有关规定办理。例如,山东大学明确提出了机关工作人员"规范、高效、协作、创新"的行为标准,以及五项工作制度的要求,学校出台了《山东大学机关人员工作行为规范》、《加强机关作风,提高工作效率的意见》等,规范机关人员的行为。

科研工作人员行为规范。广大科技工作者既是先进生产力的开拓者,又是先进文化的传播者,肩负着实施科教兴国和可持续发展战略的崇高使命,要以"三个代表"重要思想为指导,继承"科学、民主、爱国、奉献"的光荣传统,发扬"唯实、求真、协力、创新"的优良作风,遵纪守法,爱岗敬业,营造与科技创新相适应的文化氛围,为我国经济建设、国家安全和社会可持续发展不断做出基础性、战略性、前瞻性的重大创新贡献。

第五节　大学学术文化的建设

大学学术文化是指大学人在学术研究和科学创新过程中形成的学术理念、学术创新、学术道德、学术技能、学术管理等一系列文化的综合体。学术道德和学术规范是科学研究工作者应遵循的基本伦理和规范,是保证学术正常交流、提高学术水平,实现学术积累和创新的根本保障。近年来,学术活动中道德失准、行为失范的问题时有发生。一些学者违背学术研究目的,或急功近利,粗制滥造;或媚于世俗,热衷炒作;更有甚者,丧失学术道德,以抄袭剽窃为手段换取一时之名利。这些行为和现象虽属个别,但若不加以制约,将严重污染学术环境,影响学术声誉,阻碍学术进步,进而影响整个学术群体的创新和发展。实质上讲,大学学术文化理应属于大学行为文化的一部分,这里把其单独列出,是想使大学人充分认识到大学学术文化对于大学的重要性。

一、大学学术文化概说

严复认为,学主知、术主行,即学术是认知和行为的统一;《现代汉语词典》认为,学术是系统的专门学问,即反映客观事物的专门知识体系;美国高等教育理论家欧内斯特·博耶认为学术有发现的学术(通过研究来发现新的知识)、综合的学术(通过课程的发展来综合知识)、应用的学术(发现一定的方法去把知识和当代的问题联系起来)和教学的学术(通过咨询或教学来传授知识)。我们认为,学术有狭义、中义与广义之分。狭义的学术是指科学研究的过程和成果,即包括科学研究的行为和取得的专门知识体系;中义学术指研究的过程和成果,即包括狭义学术和教师研究性教学等;广义学术即本科大学学术,指本科大学的教学、科研、招生、学术交流等过程和成果。本文中讲到的学术指广义学术。

大学学术管理是管理者根据知识内在逻辑以及教学和科研规律等对本科大学学术活动与学术事务的管理,本科大学学术活动主要包括教学、研究、招生、学位授予与证书发放、出版、学术交流、智力服务等。由此可见,大学学术管理的对象是本科大学中的学术事务与活动,学术管理内容包括教学管理、科研管理、教师管理、招生管理等,学术管理的本质在于协调、规范与控制,学术管理是本科大学管理的核心。中世纪至近代,本科大学的管理主要是学术管理,其主要特征有:①大学自治,即大学独立于社会且具有办学自主权;②教授治校,由教授会选举产生校长且管理学术事务;③学术自由,即教师的学术活动是自由的且由学术共同体评价。在学术管理中,其管理的基本方式是民主管理,其具有低重心、分权性、非强制性等特点。学术管理的主体是学术委员会(教授会)等,管理原则是同行专家评议,管理方式是讨论达成共识。在实行科层制的本科大学,学术管理往往是行政管理的下位概念,其作用的发挥往往是本科大学治理好坏的一个重要标志。

二、学术自治、学术腐败、学术浮躁及其他

(一)学术自由

学术自由是一所大学孜孜以求并赖以生存的基本权力,在一定程度上讲,它也是大学文化发展的基本条件。关于学术自由的讨论与规范由来已久。那么什么是学术自由呢?目前存在的定义与解释是多样的。《牛津法律大辞典》关于学术自由的定义是:"一切学术研究或教学机构的学者和教师们,在他们研究的领域内有寻求真理并将其晓之于他人的自由,而无论这可能给当局、教会或该机构的上级带来多么大的不快,都不必为迎合政府、教会或其他正统观念而修改研究结果或观点。"这个定义强调了学术研究应有不以社会统治阶层的意志或政治诉求为转移,而应保持学术研究和学术传播的完全自主性。

《国际教育百科全书》关于学术自由的定义是:"学术自由一般被理解为不受妨碍地追求真理的权利。这一权力既适用于高等教育机构,也适用于在这些机构里从事学术工作的人员。"这个定义强调了学术自由是一种权利,这种权利只是适用于追求科学真理的人。相比之下《大美百科全书》对学术自由的定义就要比前两种定义具体得多,它指出:"学术自由指教师的教学与学生的学习,有不受不合理干扰和限制的权利,包括讲学自由、出版自由和信仰自由。"这里指出了学术自由的具体形式是讲学的自由、出版传播的自由以及思想信仰的自由。此外,《大不列颠百科全书》以及美国学者胡克的《学术自由原则》对于学术自由的定义与《大美百科全书》大体上是一致的,只不过多了关于职业道德规范和不受宗教控制的内容。而我国学者周志宏的定义则相对要本土化一些。1989年学者周志宏在其著作《学术自由与大学法》一书中指出:"学术自由乃是为了对抗宗教、政治、经济等学术意外之势力,对于学术研究与教学之侵害,学术自由之所以能明定于宪法上成为基本权利之一,乃是由于多少大学及大学内之知识分子,持久不懈地奋斗所争取的。"这里周志宏对学术自由进行了三点规范:①学术自由的对抗性;②学术自由的法制性;③学术自由的应然性。这是我们研究学术自由的逻辑起点,应当给予肯定与支持。

从实质上讲学术自由应当是两大层面的问题:

(1)法制意义上的学术自由,即学术自由应当而且必须是法律许可并予以保护的免于外在势力侵害的自由权利。关于学术自由的法律保护,如果追根溯源的话,距今已有近千年历史了。1158年神圣罗马帝国皇帝腓特烈一世颁布《学习保护法令》,以保证学者不因学术活动而招致惩罚,这是世界上最早关于学术活动与学术研究不受侵害的法令制度,但可惜的是它也没有上升到学术自由的层面。直到1919年德国《魏玛宪法》颁布才真正有了法制意义上的学术自由。《魏玛宪法》第四章第142条规定:"艺术、科学及其学理为自由,国家应予以保护及培植。"2004年3月14日通过的《中华人民共和国宪法修正案》第35条规定:"中华人民共和国公民有言论、出版、集会、结社、游行、示威的自由。"第47条规定:"中华人民共和国公民有进行科学研究、文学艺术创作和其他文化活动的自由。"这两条规定,我们认为构成了中国学术自由的宪法基础。也就是讲包括大学在内的学术研究和学术活动理应受到法律的保障和支持。

(2)具体形式上的学术自由,即是指在法律所许可的范围内,如何正常自由地开展学术活动。一般来讲,学术自由应包括学习自由、教学自由和研究自由三个方面。所谓学习自由是指学生应当拥有学习人类一切文明成果的自由与权利,我们认为学习的自由是人权的基本内容之一。众所周知,千百年来,中国的部分群体尤其是女性群体被无情地剥夺了学习的权利,使她们在认知世界、开启智慧方面落后于男性群体。再例如,1959年西藏解放之前,奴隶主贵族采用愚民政策,使广大奴隶与贫民被排除在知识学习之外。所谓教学自由是指教师对于知识传授应当拥有完全的自由。达尔曼说过:对教师,意味着在其职业范围内有权讲授他所认为正确和好的内容,因为科学的真理是非法律所裁决的对象。这涉及教师教学的自由度问题,我们回顾历史可以发现,任何一个历史时期都没有真正实现过完全意义上的教师自由教学制,因为教育作为国家意识形态塑造的重要阵地,不可避免地要承担思想教化和政治教化的作用,从一开始就被打上了深深的阶级利益的烙印。

就目前而言,包括大学在内的一切教育形式和教育内容都要围绕着为无产阶级服务和为社会主义建设事业服务这一基本理念,任何有违于这一理念的教育形式和教育内容都是被禁止的。所谓研究自由是指学者在进行学术研究的过程中所享有的基本的自由权利。对科学真理的探求是人类前进的动力,然而在历史上却不同程度地存在着对研究权利的约束、限制甚至是迫害。例如,乔尔丹诺·布鲁诺是意大利文艺复兴时期伟大的思想家、自然科学家、哲学家和文学家。他勇敢地捍卫和发展了哥白尼的太阳中心说,并把它传遍欧洲,被世人誉为是反教会、反经院哲学的无畏战士,是捍卫真理的殉道者。然而却为当时的罗马宗教裁判所所不容,并于1592年被捕入狱囚禁长达8年,后被烧死在罗马鲜花广场上。

(二)学术自治

学术自治是与学术自由、学术独立相对应的一个名词。它最初来源于大学希望像中世纪学者行会一样自己管理自己的一种行为诉求。大学从诞生起,为了排除政治、宗教和世俗力量的干涉,维护正常的教学、研究,保持学术独立性,模仿当时的行会组织而实行自治,即大学事务由教师和学生自己决定。爱德华·希尔斯指出,所谓大学自治,是指大学作为一个法人团体,享有不受国家、教会及任何其他官方或非官方法人团体和任何个人,如统治者、政治家、政府官员、教派官员、宣传人员或企业主干预的自由。[1] 由此我们可以看出,大学的学术自治与大学自治是密不可分的。大学自治为学术自治提供了前提和保障,而学术自治又推动了大学自治的实现和功能性提升。在研究学术自由这个问题时,我们要重点辨析两种关系:

(1)法制化管理下的学术自治,即明析法律与学术自治的关系。学术自治并不是一种无所约束的自由,而是在法律的限制范围内的有秩序的自治行为。完全脱离法律而实施的自治活动几乎是不存在的。德国在1998年的《高等学校总纲法》中删除了有关"学习条例"、"课程设置"、"其他成绩证明"、"科研的协调"、"取消学籍"等条款,其基本考虑就是,既然教学和研究是高等学校自己的事务,联邦的高等教育立法就不应该再对此做出具体规定。[2] 就我国而言,虽然我国对于大学自治和学术自治的政策立场是坚定的,但在具体实施过程中却存在这样或那样的问题。如法制保障的有限性与学术研究的无限性之间的矛盾、行政权力干涉学术研究等。

(2)内部管理下的学术自治,即明析大学管理规范与大学学术自治的关系。大学管理规范与大学学术自治的关系也可以分为两个层面来研究:①行政权力与学术自治的关

---

① [美]约翰·S·布鲁贝克.高等教育哲学[M].杭州:浙江教育出版社,2001:14.
② 胡劲松,周丽华.传统大学的现代改造[J].比较教育研究,2001(4).

系问题。行政权力是实行大学管理职能的基本权力,它应保障而非限制学术自治。多年来,由于中国大学办校治学的趋行政化,使得大学行政权干涉伤害大学学术自治权利的事件时有发生。主要表现在大学学术委员会独立行使学术管理权的缺失。熊丙奇教授指出:"我国大学的普遍问题是,一些大学并没有成立学术委员会,还有一些大学虽然有学术委员会,但学术委员会并不能独立运行,活动受行政安排,这样的学术委员会就变为了摆设。"①②大学自治的多样性问题。一般来讲,大学学术事务要充分依靠教师,增强教师管理学术事务的权力。比如要设立专业学术委员会、教授治学委员会、各类评审委员会等,这些委员会要依据具体学科来组织,不应是大一统的总体组成形式,不然很可能会出现外行指导内行的情况。此外,各委员会还应广泛地吸纳学科专家、普通教师、行业专家、甚至学生参与学术管理。这是一种应然状态,但在现实办学过程中似乎成了一种理想。为数不少的大学专业委员会行政管理人员比例大,普通教师和学生几乎被排斥在委员会之外。这种现象是不健康的,既不利于大学的发展,对学术自治也是一种伤害。

(三)学术腐败

近些年,学术腐败似乎越演越烈。稍远点有院士指认自己的弟子造假、长江学者抄袭;稍近则有《刮宫术后宫腔粘连 185 例分析》遭到 16 个单位 25 人 6 轮抄袭,荣登"史上最牛论文抄袭";《读书》期刊前主编、新左派的领军人物汪晖陷入"抄袭门"事件等。我们通过两个典型案例来看大学学术腐败的严重性。

1. 贺海波论文事件

2008 年 10 月 16 日,浙江大学药学院收到反映药学院副教授贺海波学术不端的邮件。收到该邮件后,在院、校两个层面相继组成了调查组,当天即着手调查此事。2008 年 10 月 23 日,在学校着手调查贺海波学术不端行为一周后,"新语丝"网站批评了其一稿多投行为。经过一段时间的演变,春节后,事件引起了众多媒体和社会各方面的广泛关注,成为社会舆论的一个热点。贺海波 2006 年 6 月博士毕业后进入浙江大学药学博士后流动站从事研究,合作导师为李连达院士。李连达是我校聘任的药学院院长。在整个"贺海波论文事件"处理过程中,学校共核查了贺海波及其所在研究室相关人员涉嫌学术道德问题的论文 20 篇,其中贺海波涉及论文 9 篇。除作为合作作者的 1 篇论文外,贺海波作为第一作者的 8 篇论文均不同程度地存在剽窃、抄袭原博士导师实验数据,以及一稿两投、部分图表数据张冠李戴、重复发表、擅署他人名字、擅自标注基金资助、捏造知名专家帮助修改英语等严重学术不端行为。有鉴其问题确凿,本人供认不讳,学校当即做出了处分:去年 11 月决定撤销其副教授职务和任职资格,解除聘用合同。贺海波 8 篇有学术造假内容的论文的通讯作者均署为该校中药药理研究室主任吴 XX 副教授。根据近 4 个月的调查,没有证据指向吴直接参与了上述论文的写作和最初投稿;但他在贺海波的部分问题论文录用或刊出后,作为通讯作者将其用于申报项目,负有不可推卸的责任;本

---

① 熊丙奇. 改进大学学风关键在学术自治[OL]. http://blog. ifeng. com/article/16840569. html.

人也存在重复发表学术论文等问题。此外,中药药理研究室的学风监管失范,作为研究室主任严重管理失职。该校决定撤销吴担任的中药研究所所长助理及中药药理研究室主任职务,给予行政记大过处分,并解除其聘用合同。"贺海波论文事件"给浙江大学声誉带来了严重的影响,也予以我们深刻的警示。①

2. 汉芯事件

2003 年 2 月上海交通大学微电子学院院长陈进教授发明的"汉芯一号"造假,并借助"汉芯一号",陈进又申请了数十个科研项目,骗取了高达上亿元的科研基金。中国亟待在高新科技领域有所突破,自主研发高性能芯片是我国科技界的一大梦想。陈进利用这种期盼,骗取了无数的资金和荣誉,使原本该给国人带来自豪感的"汉芯一号",变成了一起让人瞠目结舌的重大科研造假事件。2006 年 1 月 17 日,一个类似美国"水门"事件中"深喉"的人物,在清华大学水木清华 BBS 上,公开指责上海交通大学微电子学院院长陈进教授发明的"汉芯一号"造假。一些嗅觉敏锐的媒体很快介入,进行了艰难的追索和求证。在举报人和媒体的共同努力下,一个个事实渐次浮出水面。一个月后的 2 月 18 日,该事件的调查组得出结论:"汉芯一号"造假基本属实。2006 年 5 月 12 日,上海交通大学向有关媒体通报表示,陈进被撤销各项职务和学术头衔,国家有关部委与其解除科研合同,并追缴各项费用。中国人民大学教授顾海兵表示,他不满意汉芯事件的处理结果,"评审专家应该负什么责任,相关部门要负什么责任,也没有结果。目前处理力度很不到位"。清华大学中国科技政策研究中心主任薛澜教授也表示,汉芯事件反映出我国科技体制中的弊病,这种弊病要求有关部门去真正反思和挖掘弊病产生的原因,并从根本上解决这个问题。这就不能不让人回想起著名科学家邹承鲁先生在去世前发表的一篇文章,他直言:"光说是不行的,对学术不端行为,一定要严查严办。希望各有关单位,各级有关领导真正予以重视,认真干几件实事,才能克制当前的腐败之风,还我国科学界一片净土。"②

(四)学术浮躁

目前学术界不良学术行为时有出现,是多重因素造成的。我们认为科技评价体制的导向和急功近利的思想是主要原因。我国正处于社会转型时期,我们在各方面体制、机制还不是很完善的时候迎来了市场经济大潮,社会上急功近利、浮躁之风盛行。这种情况下,大学的科研队伍难免受其影响,许多科研人员虽然也想静下心做一些具有长远意义的研究,但由于受到许多与切身利益相关的硬性考核指标的要求,如为了评教授、当博导而急着发论文、出成果,使得能静下心来扎扎实实做研究的人越来越少,急功近利搞实惠的人越来越多。其实就科学的本质和规律而言,在大多数学科想取得一点成绩没有一二十年的时间是不行的,正是所谓的"十年磨一剑",搞科研的人就是要能坐得住冷板凳

---

① 浙江大学贺海波论文造假事件回顾[OL]. http://www.nhaidu.com/news/88/n-289288.html.
② 上海交大证实汉芯造假专题[OL]. http:// tech.sina.com.cn/focus/hanxin.

才行。在这里我们不妨看看近年闹得沸沸扬扬的一件事:2011 年 9 月 23 日,屠呦呦在美国纽约举行的拉斯克奖颁奖仪式上领奖。当日,有诺贝尔奖"风向标"之称的国际医学大奖——美国拉斯克奖将其 2011 年临床研究奖授予 81 岁的屠呦呦,以表彰她"发现了青蒿素——一种治疗疟疾的药物,在全球挽救了数百万人的生命"。这是中国科学家首次获得拉斯克奖,也是迄今为止中国生物医学界获得的世界级大奖。对于屠呦呦的获奖,国人开始反思。无博士学位、也无海外留学背景、头顶上更无院士桂冠,这个被很多人戏称为"三无人员"的老太太因为国际同行的一朝认可——摘取了号称有诺贝尔奖风向标一说的国际大奖"拉斯克奖",40 年前的成果顿时复活,寂寂无闻的她乍然显赫一时。正是这四十年如一日的辛勤工作,才成就了屠呦呦这位科学大家。

另一个方面的数据:一些世界顶尖的研究所规定,1 个助理教授只能带 3 个人,1 个正教授也规定一般不超过 6 个人。位于剑桥的英国医学研究委员会(MRC)分子生物学实验室,20 世纪 80 年代初,固定研究人员只有 69 人,获诺贝尔奖却高达 8 人次,是全世界生物学实验室中获得诺贝尔奖密度最高的。相比之下,目前,我国大学的情形却让人担忧得多。这种浮躁之气不仅伤害了学术本身,还伤害了大学的良性发展和社会的进步。

三、当前大学学术文化建设的构想

(一)构建德性学术文化

正如杨振宁先生所言,中华民族现在是一个大时代,一个从来没有过的大时代,而且还有大的发展。这个大时代事实上就是中西交汇的全球化时代,我们处在中西交汇的时代坐标上,我们必须面向全球,继承和发扬各自优秀的文化成果,方能取得巨大的发展。因此,我们在探讨"我们需要什么样的学术生态"这个问题时,也必须有这种开放的心态:①不能闭门造车,盲目崇古,从老祖宗那里寻找现代病的答案;②也要谨防在大力拥抱西方的同时,让传统的文化糟粕与西方的文化毒素结合起来。1947 年 9 月 28 日,时任北京大学校长的胡适在《中央日报》上发表了《争取学术独立的十年计划》一文,明确提出了"学术独立",构建独立于他国的德性学术文化。胡适提出了要实行学术独立需具备四个条件:①世界现代学术的基本训练,中国自己应该有大学可以充分担负,不必向国外去寻求。②受了基本训练的人才,在国内应该有设备够用和师资良好的地方,可以继续做专门的科学研究。③本国需要解决的科学问题如工业问题,医药与公共卫生问题,国防工业问题等,在国内应该有适宜的专门人才与研究机构可以帮助社会国家寻求解决。④对于现代世界的学术,本国的学人与研究机关应该和世界各国的学人与研究机关分工合作,共同担负人类学术进展的责任。这四个方面对于我们今天探讨如何构建大学德性学术文化是大有裨益的。

具体到对于我们学术生态的建构而言,我们需要继承传统的优良的德性文化,同时吸收西方健康的制度文化,还要创造属于我们这个时代又能留给后世的文化。以儒家为主体的传统文化更多强调的是对道义追求的德性文化,追求的是范仲淹那样"先天下之忧而忧,后天下之乐而乐"的理想君子人格,因此,传统学术生产存在与现代中国学术生产截然相反的怪现象:当今许多学人费尽心机抄袭、剽窃,把他人的学术成果据为己有,而传统学人却绞尽脑汁把自己的成果送给他人,托名流传。这种以德性文化滋养下的传统学术生产,形成了许多优良的学术传统,学术是天下之公器,承载着宏大叙事和崇高神圣的使命和责任,古代士大夫把对学术的追求等同于君子对义的崇尚,视之为安身立命的根本与使命。正如王符在《潜夫论·赞学》中所说:"天地之所贵者人也,圣人之所尚者义也,德义之所成者智也,明智之所求者学问也。"宋代张载认为学术就是"为天地立心,为生民立命,为往圣继绝学,为万世开太平"。近代有识之士在学术研究上寄托了"制夷"、强国之梦,并把学习西方的技术、翻译西方著作作为学术研究的重要内容。陈寅恪认为学术"实系吾民族精神上生死一大事者"。在继承优良德性学术文化传统时,我们也不能片面夸大德性文化的有效性。因为,现代学术生产已经被职业化,成为了学人谋生的工具,可以说,学人的升迁荣辱都系于自身的学术生产。我们现代的职称晋升制度、学术奖励制度等,一方面,带来了数量上繁荣的学术生产,但另一方面,也使得学人逐步丧失了学术生产的内在动力,学术生产不再具有"立德、立功、立言"的传统意义,而变成一种纯粹的谋求功利的行为。因此,在这种不讳言功利的时代背景下,我们需要的学术生态应该在继承优秀德行文化传统的基础上,大力吸收西方的制度文化精神,建构一种健康的学术制度文化。具体来说,这种学术制度文化应该包括公开、公正、透明的利益规则体系和"求真"的学术价值。

(1)公正、公开、透明的利益分配体系。这是健康制度文化的基础性内容,它要求我们坚持改革,大力发展市场经济,为良性规则的制定与执行创造经济环境。关于这一点,陈志武在《金融的逻辑》中从经济学视角给出了精彩的分析,他在分析传统的孝道文化时如是说:"在没有发达法治的农业社会里,亲情与血缘成为保证互保、互助交易顺利进行的自然基础。另外,像2 500年前由孔孟推出的儒家'孝道,及相关价值体系,即是增加家庭内部隐性交易安全的进一步保证。换句话说,在没有市场提供的保险以及其他金融品种的前提下。'养子防老'是最主要的规避未来风险的手段,而儒家'孝道'文化体系则是保证作为投资者的长者能有回报的文化制度保证。"同样,学术领域应该建立一种公开、公正、透明的利益分配体系,一旦通过正当的制度来进行学术利益的分配大行其道,通过师友、金钱关系等潜在的利益分配方式必然会销声匿迹。

(2)弘扬学术自主的"求真"价值。西方有着悠久的求真传统,这和中国的学以明道的传统有着巨大的差异。任鸿隽说:"吾人学以明道,而西方学以求真。吾人所谓道者,虽无界说可凭,而可藉反对之语以得意义之一部分,则道常与功利对举是已。执此以观西方学术,以其沾沾于物质而应用之博广也,则以其学为不出于功利之途亦宜。不知西方科学,固不全属物质;即其物质一部分,其大共唯在致知,其远旨唯在求真,初有功利之心而后为学。是故自彼之真以道,则彼邦物质之学,亦明道之学。"西方的这种求真传统是一种力图通过严密的逻辑论证体系去解释世界的精神,而正是在这种对世界的不断追问、探究中获得自身的内在价值。古希腊哲人对世界本源的追问,苏格拉底的助产术,亚里士多德"吾爱吾师,吾更爱真理"的不懈追求都体现了这种精神,即便中世纪哲学沦为神学的婢女,哲学仍然保持一种用理论去解释世界、探索存在的本真精神。近代以来,随着自然科学与心理学的发展,哲学的探究主题发生了很大变化,实现了认识论、语言学的两次重大转向,哲学成为与各种自然科学、社会科学并列的一个学术门类。但总体而言,它们都具有共同的科学特点,即"那种成系统的知识总体正因为成系统,就已经可以叫做科学了,但如果把知识联结在这一系统中的是某种因果关系,那么它甚至可以称为理智的科学"。通过系统的逻辑论证,重视对世界进行理论解释、认知的求真精神,在西方近代学术专业化的背景下,倡导了一种学术与政治分离,为了学术而学术的独立精神。正是这种独立精神,使得西方出现了真正意义上的学术界,避免了学术沦为政治的附庸。

(二)加强学术法律监管

在实践中是否能严格执行法律,是树立法律权威性的重要考量。对于学术产品而言,要确认它不合格或来自于抄袭剽窃,本来就比较难。如果认定了某学者抄袭,却不予以严厉查处,则绝不足以举直措枉,反而助长了人们的侥幸心理,极大地破坏了法律的权威性。《论语·为政》载:"哀公问曰:'何为则民服?'孔子对曰:'举直错诸枉,则民服;举枉错诸直,则民不服。'"如果发现了学术腐败却不严厉查处,则腐败者大量获利,腐败收益远大于腐败成本,则其他人难免群起而效法之,是故,必将导致"民免而无耻"。正是在这个意义上,原教育部部长周济要求:"对学术不端行为要像体育界反兴奋剂一样,像对待假冒伪劣产品一样'零容忍',实行'一票否决'。发现一起,调查一起,处理一起,曝光一起。无论涉及什么人、什么事,都要态度坚决、一查到底,做到不护短、不姑息、不手软。"[①]

目前,我们一方面急需根据我国的国情,借鉴国外的学术立法,完善自身的法律法规体系,同时,我们更需要严厉打击学术界通过拉人情、走关系等一些隐性利益交换的行为。如果这些学术潜规则得不到遏制,那么,我们一套公正的学术法律法规就会被蛀蚀一空,形同虚设,最终丧失了政府的公信力。我们除了采取曝光、透明化的阳光制度外,更为重要的是大力开展法制教育,培养公民的法治意识。值得欣喜的是,目前,国家和为数众多的大学已经注意到了这个问题,并依据学校实际,出台了大量的行之有效的管理办法。国家已经出台的相关规定有:《高等学校人文社会科学学术不端行为处理意见》、《高等学校哲学社会科学学术规范指南》、《学术博客自律倡议书》等。浙江大学"贺海波事件"以后即颁布了"五不准"通告:不准代通讯作者投稿,不准擅入通讯作者的期刊账户和电邮,不准设立公共投稿账户,不准代签版权转让页,不准泄露投稿联络信息。北京大学制定、发布了《北京大学学术道德规范建设方案》、《北京大学学术道德委员会工作办

---

① 周济.在学术规范专题研讨会上的讲话[OL]. http://news. xinhuanet. com/edu/2009-03/16/content11017677. htm,2009-03-15.

法》,修订了《北京大学教师学术道德规范》等一系列重要文件,进一步规范了学术评价机制和评价体系,修订了本科生和研究生学术规范的相关规定,建立学位论文失范追究导师责任制度。

此外,中国科协颁布了《科技工作者科学道德规范》,以引导广大科技工作者自觉遵守科学道德规范,抵制学术不端行为,净化学术风气。中国科协副主席、中南大学校长黄伯云院士表示,《规范》针对当前一些人剽窃他人成果、把科研当做牟利工具,利用新闻媒体进行自我炒作、搭车署名等行为,对学术不端行为的界定提出了具体的标准,七种行为被明确定义为学术不端行为。这次规定在大学已经普遍采用和履行,但我们也应看到,制度执行力的强弱和大学人对法律信仰的差异都影响着大学学术文化建设的水平,也就是说,学术文化建设并不是一朝一夕之功,而需要长期而艰巨的工作。

(三)实施教授治学

学术管理的教授治学阶段的主要特征是:学术管理决策、行政管理执行,即以学术委员会或教授会等为载体的学术机构对学术事务进行科学决策、以科层制为载体的行政管理系统负责执行。学术管理的教授治学阶段的制度框架是:管理体制仍是科层制,领导体制仍是党委领导下的校长负责制,但学术委员会或教授会等学术机构决策着学术事务和活动,即学术管理系统负责学术事务和活动的科学决策;而行政管理系统则按照下级服从上级和规章制度等高效率地负责执行。在学术管理的教授治学阶段,行政系统和学术系统并行地对学术事务和活动起着作用,即行政权力和学术权力共同决定着学术事务的方向,以学术委员会或教授会等为载体的学术机构对学术事务进行科学决策,以行政机关为载体的行政机构效率地执行学术机构的决策。在学术管理的教授治学阶段,教师(教授)不仅进行教学工作,而且通过学术机构(学术委员会或教授会)和民主机构(工会或职代会)对学术事务和活动进行决策,此时,学术自由在一定程度上得到体现。

对于中国本科大学,做好学术管理与行政管理执行的制度设计是这一阶段重要工作。首先,理顺学术管理机构与行政管理机构之间的关系,明确划分两类机构的职责权限范围,使它们既有分工又有协作,同时要使各层次学术管理机构之间和各类学术管理机构之间的关系保持协调。其次,建立健全学术事务的审议咨询、决策、指挥执行和监督保证等学术管理的运行机制和操作规程,保障教师的主体地位和作用,建立规范的学术民主议事程序、沟通渠道,完善客观公正的学术评价机制;同时建立健全院系的学术管理体制,按照多元主体、共同目标、合理分权、伙伴关系、协调合作、和谐运行的治理理论,系统设计校、院、系三级之间的学术管理的职责权利配置,建立适应本科大学学术发展要求的校、院、系三级职责权能相匹配的学术管理结构。或者说,建立本科大学的院系分治结构,赋予院系对内部学科专业相对完整和相对独立的管理权限。以院系为基础的分治制度要求大学改变对院系的行政管理方式,变行政指令式为协商协调式,又要求学校和院系建立起教师、学生及其他利益相关者广泛参与的治理体系,即和谐管理体系。

第十章　大学文化发展的未来展望

21世纪，国际形势呈现出世界多极化、经济全球化的态势。社会环境的复杂性和多样性大大增加，经济体制和社会结构的变革，多元化利益格局的产生和变化，外来文化的影响，引起了社会文化深层次的变化。大学作为社会的特殊组成部分，既担负着培养高层次人才和科研的任务，又是社会主义精神文明建设的重要阵地。因此，大学文化作为社会文化的亚文化，随着社会文化的变迁以及自身的发展变化，发生着或浅或深的变迁。那么，未来大学文化如何发展？如何更好地建设大学文化？这是值得深入思考和细致研究的。从以上章节我们可以看出，大学文化并不是无章可循，它有着自身的发展规律。遵循这种规律，我们可以大致判断出未来一段时间大学文化的发展趋势和运作倾向。

第一节　大学文化的发展趋势

一、大学精神将成为大学文化发展的核心支柱

中国100多年的办学历程表明，一所大学存在和发展的根本动力是大学精神。它是维系一所大学良性发展的核心支柱，缺乏大学精神支撑的大学是不幸的，更是可怕的。哈瑞·刘易斯在其著作《失去灵魂的卓越——哈佛是如何忘记教育宗旨的》一书中指出："经济动机成为'象牙塔'教育的主题，我们已经忘记了教给学生人文知识，是为了教育学生怎样成为人；我们忘记了家庭经济困难的学生与家庭富裕的学生接受教育的目的是不一样的；我们忘记了这样的道理：如果没有美国社会中公民的自由理念，大学就无法教会学生认识自身与全球社会的关系。"[①]正如刘易斯所言，不幸的是，大学精神正日渐为物质

---

① ［美］哈瑞·刘易斯.失去灵魂的卓越——哈佛是如何忘记教育宗旨的[M].华东师范大学出版社，2007：263.

利益所浸淫,被虚名假誉所颠覆,亦为现实的就业困难所消解。正如潘光旦在《国难与教育的忏悔》一文中写道的那样:"近代所谓新教育有许多对不起青年与国家的地方。……这种对不起的地方可以用一句话总括起来说:教育没有能使受教育的人做一个'人',做一个'士'。"[①]中国人民大学校长纪宝成指出,大学里传统的行为准则正在被实用主义所取代,学术不端行为频出,官僚主义盛行,大量师生涌入"名利场"。

对于大学精神的缺失,学界早已达成共识。大学不同于其他社会组织,它自身的组织特性、结构特点、功能定位等都决定着大学必须有自己独立的品格与精神。一句话,大学之为大学,不仅在于它是一种客观物的出现,更因为它是一种精神的存在,是追求文明进步的精神殿堂。正因为大学有不朽的精神存在,大学才得以绵延不绝,历久弥新。正如美国哈佛大学前校长洛韦尔所说,大学的存在时间超过了任何形式的政府、任何传统、法律的变革和科学思想,因为它们满足了人们的永恒需要。在人类的种种创造中,没有任何东西比大学更经受得住漫长的吞没一切的时间历程的考验。

作为一个探究高深学问的学术世界,大学是创造的源泉和思想的家园,是充满灵性氛围的智慧摇篮。重塑大学精神,它需要我们从探寻社会和时代的大学理念入手,创设丰富多彩的大学文化,建造大学的自由精神、科学精神、民主精神和创新精神。

大学是遗传和环境的产物。大学总是与社会有着千丝万缕的联系,甚至从某种程度上来讲,它是为这个社会服务的。历史上,英国的大学,也曾经固守教学和学究的传统,但它们终于在20世纪80年代以来发生了根本的转变,大大拓展了大学的社会服务职能。在中国经济社会的大转型时期,如何加大理论知识贡献的力度,一方面尽可能地把研究成果转化为生产力,另一方面能培养"适销对路"的人才,为社会经济发展服务,是一个值得我们思考的现实问题。

美国学者布鲁姆在日睹美国大学与社会的过渡结合之后,发出哀叹:"大学必须抗拒那种事事为社会服务的倾向,作为众多利益集团中的一个,大学必须随时警惕自己的利益由于人们的要求而更加实用,更为适应现实、更受大众喜爱而受损害。"[②]

中国的大学远远偏离了大学正道,这对国人是一个心照不宣的事实。学者张汝伦对当前中国大学的境况痛心疾首:"60年前,人们因为国难深重,偌大的校园放不下一张平静的书桌才冲出书斋,今天的大学真的又放不下一张平静的书桌,或已无需一张平静的书桌了吗?只要在大学校园里走一圈,不难得出答案:公司、商行、卡拉OK和超市乃至歌厅舞厅和酒楼,大学一概不缺,惟独缺乏它自己的理念。"面对如此严峻的现实,我们必须回到本原。不是说大学一定要固守象牙之塔,不能参与社会变革,只是参与应当有限度,它不应该立刻满足这个社会所有的即时需求,而是对于社会的远景做出承诺与研究。

大学精神寓于大学自治、学术自由的传统之中,必须拥有绝对的理想主义色彩,具备

---

① 张汝伦.大学"何为"[OL]. http://pkunews. pku. edu. cn/sdpl/2008-01/07/content_119836. htm.
② 陈洁.多元文化视角下的和谐大学校园文化构建[J].边疆经济与文化,2007(10).

超然的独立自主地位，一定程度上超越世俗社会，实现真正的学术自由，完成独立地位的回归。我国大学要想回到健康发展轨道，需要重新认识久违了的大学传统精神，重温陈寅恪先生的"独立之精神，自由之思想"。毫无疑问，重塑大学精神，以此为据彻底反省，是大学获得新的生命力的必由之路。

二、大学文化在引领社会发展中的地位和作用将愈加突显

自从中国近代大学产生以来，大学文化在引领社会发展中就起到了极为重要的作用。从"五四运动"到"一二·九运动"，从"反饥饿、反内战"运动到知识青年下乡，从响应国家号召到中西部欠发展地区就业到青年大学生的社会实践活动等，大学始终走在社会文化发展的前沿。那么在未来社会发展中，大学文化如何更好地引领社会发展？这既是未来大学文化的责任思考，也是未来大学文化的生命力之所在。我们认为大学文化在引领社会发展中的地位和作用集中显现在以下两个方面：

1. 大学文化将成为未来优秀社会思想的孵化园

大学产生以来，就以它无比优越的文化创造力引领社会思想的发展，成为众多优秀社会思想的孵化园，其中以三个方面的力量最为强大：

（1）道德示范的力量。"礼义廉耻，国之四维。四维不张，国将不国。"道理讲得很明白，一个国家不仅要靠法治维护，也要靠道德维系。"道德常常能填补智能的缺陷，而智能却永远填补不了道德的缺陷。"这是但丁的话语；而林肯则说："法律是显露的道德，道德是隐藏的法律。"这里所涉及的三个关键概念是：道德、法律、智能。道德的本性是自律，法律的本性是律他。道德是永恒的伦理命题，也是永恒的哲学命题，更是永恒的国家命题。把道德建设提升到国家层面，通过国家政策引领民众自觉学习践行良性道德，是一个国家的基本责任。为此，我们国家从"以德治国"到"社会主义荣辱观"，从"道德模范"到"感动中国"，一项项理论主张，一项项主题活动，无不张显了作为社会主义国家的政治价值取向。从这个意义上讲，学习践行雷锋精神不仅仅是个体的行为习惯，而应当成为一种国家习惯。它要求执政党要立党为公、执政为民；它要求共产党员要牢固树立公仆意识和全心全意为人民服务的根本宗旨；它要求公务人员要讲无私奉献的官德等，自觉做到不利于民众利益的事情不做，不利于民族利益的事情不干，不利于国家利益的事情不为。大学是塑造人和培育人的场所，是最张显道德的地方，国家和社会整体道德水平的高低很大程度上来源于大学对人才的综合素养、尤其是道德素养培育的高下。

（2）民主的力量。大学不同于政府机关或者其他社会组织，它不是以行政权威和法令权威来治理学校、管理人才，而是以无穷的人格魅力和民主力量来维系。大学里所谓的民主是学术意义和管理意义两个层面上的。在学术意义上，学生之间、师生之间、教师之间都可以自由地进行学术讨论。在学术上不存在绝对的权威者，柏拉图说："我爱吾

师,我更爱真理。"孔子也讲:"三人行必有我师焉。"学术的高下不以行政级别的高低、年龄的大小和身份的异同等为区别,而是以谁更站在真理的一方等来区别。从管理意义上讲,大学讲求民主办学、教授治学等。大学管理不同于行政化的政府机关,也不同于松散化的社会组织,在大学里讲求民主和开放,每一个大学人都是大学的管理者。

(3)科学的力量。大学是讲求科学,追寻真理的地方。当一个社会群体能主动融入科学发展的洪流中,那么这个社会、国家将会有质的提升。这方面有很多例子,如第二次工业革命时崛起的德国,整个国家都积极投入到科学研究、科技研究中去。在这个过程中,德国的众多大学成为最主要的推动者:一战前,德国83%的先进技术都产生在大学;而对国家发展产生重大影响的政治制度和政治思想也几乎出自大学。正是依靠这种文化自觉,德国以惊人的速度成为世界经济的领军者。

2. 大学文化将成为社会良性发展的推动者

当前,所谓社会的良性发展其实质就是着力构建社会主义和谐社会。在构建社会主义和谐社会的过程中有两个方面的内容需要大学来支撑:①高素质的人才。马克思主义认为人是社会生产的直接推动者,是生产力中最重要的因素。那么高素质人才来源于哪里,目前来看,大学虽不是培养人才的唯一场所,但却是极为重要的场所。中国目前拥有的大学数量在全球排名很靠前,每年均为社会输送各种类型的专业化人才近千万。这些高质量的专业化的人才无疑成为社会发展的中坚力量。②文化传承与创新。生产力与生产关系的矛盾是社会发展的根本矛盾,而生产关系的提升很大程度上来源于社会文化的传承与创新。良好的社会文化是良好生产关系产生的源泉和动力。大学的文化传承与创新是大学的四大基本功能之一,也就是说培育良好的社会文化是大学的重要命题和基本目标。当前,各类社会文化的前沿研究差不多都在大学。以河南为例,郑州大学的嵩阳书院以研究中原文化为主题;洛阳师范学院的河洛文化研究所以研究河洛文化为主题;河南大学以研究黄河文明为主题;安阳师范学院以研究殷墟文化为主题等。这些大学文化研究基地为河南社会文化发展提供了诸多文化支撑和智力保障,其作用不容小觑。

第二节　未来大学文化建设应关注的几个问题

从目前情况来看,未来大学文化建设的任务依然很繁重,既要面对来自社会外部环境的压力,又要面对大学内部环境变化带来的建设难题。从宏观和微观两个层面来看,未来一段时期,大学文化建设应着重关注以下几个重点问题。

一、未来大学文化建设应注重用文化吸引力来强化师德师风建设

改革开放 30 多年来,在党的教育方针的指引下,我国高等教育以前所未有的速度迅猛发展,涌现了一大批优秀教师。从总体上看,大学教师整体队伍呈现出健康、积极、向上的发展态势。教书育人、爱岗敬业、为人师表的优良师德依然处于主流地位。但随着近年来大学师资队伍大幅度扩充、大学管理的疏松、不良社会文化的浸染诸多因素的影响,大学师德建设水平和大学教师思想素质有下滑的趋势。因此,从多元视角分析当前大学师德建设的现状,梳理师德建设存在的问题,破解师德建设的难题,已经成为大学师资队伍建设的迫切需求。

(一)当前大学师德建设方面存在的误区

1. 内涵方面存在的误区

关于师德的定义,学界从不同角度出发给予了不同的解答。归纳起来,大致有三种理论形态:①从公共意识形态属性上来讲,认为师德同其他社会道德一样具有公共性,即公德。师德是教师的职业公德,是教师为了维护社会公共利益应该遵守的社会公共道德。[①] ②从主体归属上来讲,认为师德是教师和教育工作者、教育管理者等特定人群所具有的道德规范。教师和一切教育工作者在从事教育活动中必须遵守的道德规范和行为准则,以及与之相适应的道德观念、情操和品质。[②] ③从道德的层面上来讲,认为师德虽然同属于社会道德的范畴,但它是区别于其他社会道德的更高层次的职业操守。[③] 这三种理论形态尽管视角不同,但都共同指向了师德的无私性、规范性、公共性和高贵性等基本内涵。然而,在大学师德建设的实践中,师德内涵还存在着一定的误区:①师德是特定群体规范而非社会规范。认为师德只是针对从事教学任务的教师,对教育工作者和管理者失效。②师德只是局部规范而非整体规范。认为师德只是教师的行为规范,而与道德认同、道德情感、道德意志、道德习惯无关,过分强调主体的行为能力而忽视了道德内涵的系统性。

2. 价值方面存的的误区

大学师德建设体现在大学教育教学的各个方面,尤以对健全人格的培养和塑造为核心。原中国政法大学校长徐显明指出,健全人格的塑造必须以大学师德建设为基础,其基本内容有五个方面:肯定个性的存在价值;肯定人的自由意志的力量;强调团结合作的精神;强调创新思维和批判思维能力;强调学术道德。[④] 大学师德的价值来源于大学的功用,是其引领性、批判性、创造性、规范性、约束性在大学建设发展中的基本体现。对大学

① 李江涛,钟晓兰.论大学青年教师师德师风建设的问题和对策[J].学术论坛,2011(17).
② 曹敏,雷彬.试论孔子师德精神对当代教师的启示[J].宝鸡文理学院学报,2011(3).
③ 龚庆秀.社会转型期大学师德建设的思考[J].北京电力高等专科学校学报,2010(7).
④ 徐显明.追寻大学之道[M].北京:法律出版社,2010;3—4.

师德价值的认知也同样存在着误解,最常见的一种观点是附庸说,即认为大学师德建设是大学硬性建设(如学科建设、科学研究、教育教学等)的附属物,处于可有可无的地位。这种观点对于大学建设不仅是错误的而且是有害的。它从本质上否定了文化育人、以德养人的特殊要求,没有看到大学的特殊性而与其他社会组织相混淆。

3. 建设方面存的误区

大学师德不是与生俱来的,也需要一个长期的建设过程。但大学师德建设作为一种软建设与大学里的学科建设、科研建设、教育教学、基础建设等硬建设相比,存在着总体重视不够、相应投入不足等问题。这主要是由于以下三个方面的认识误区造成的:①无需建设论。认为大学师德是自生主体,自然而然地会随着学校的建设发展而发展。②建设无用论。认为大学师德是大学建设的软规范,不如硬性的规范、规定、制度等实用。③建设损失论。认为与其把有限的资金用于大学师德建设(教师培训、理论指导、名师培育、考察学习等),不如投入基础设施建设,如建大楼、修大路、搞形象工程等。种种论断表明大学管理者在大学师德建设方面还缺乏应有的认知,这为大学师德的进一步发展带来了困难。

(二)当前大学师德建设存在的问题及成因

当前,诸多制约因素影响了大学师德建设的质量和水平,梳理大学师德建设方面存在的问题与困难,分析其产生的原因,对于提升大学师资队伍整体水平,起着重要而深远的作用。

1. 大学师德建设主体选择的难题

大学师德建设主体性选择的难题由来已久,原因也比较复杂,主要有传统与现代的断裂、全球化浪潮的冲击、社会亚文化的熏染等。在面对如此众多文化的影响下,大学既疲于应对又多显茫然。首先,传统与现代的断裂。中国近 2 000 年的教育传统为大学师德建设留下了众多宝贵的文化资源。然而,传统与现代的断裂,使大学对中国传统文化及其价值理念产生了隔膜,以至于难以发掘优秀文化资源,也难以在文明对话的新时代扮演应有的角色,发挥应有的作用。其次,全球化浪潮的冲击对大学师德建设产生了巨大的影响,其中知识的商品化、育人的功利化、粗鄙的学术观等严重影响了大学师德的高尚性和公益性。此外,大学开放办学、合作办学、对外办学等新型教育模式的引入,使大学毫无防备地敞开了对外的大门,各种西方思想、价值观念、伦理道德、文化生活方式自由进出大学,大学师德建设陷入了迷乱的泥沼。最后,社会亚文化的熏染使大学师德建设丧失了核心精神。亚文化,又称集体文化或副文化,指与主文化相对应的那些非主流的、局部的文化现象,指在主文化或综合文化的背景下,属于某一区域或某个集体所特有的观念和生活方式。当下,由市场经济衍生出来的商业文化、庸俗文化、自由主义思想等不断侵扰着大学,使大学丧失了应有的崇高性和纯洁性,"使正确的人生观和价值观走向误区,空虚与寂寞,消极情绪的宣泄在校园内产生了负面影响"①。

---

① 罗艳丽.浅谈大学文化与德育教育[J].高等教育研究,2001(3).

2. 大学师德建设系统构建的难题

师德是一种特殊的社会意识形态,它具有道德意识的自觉性、道德行为的示范性、道德结果的深远性,它还包含有道德认识、道德情感、道德意志、道德信念、道德行为、道德习惯等多重因素。可以看出师德建设是一个系统工程,客观上需要从内到外的建设。同时,师德建设与大学文化、大学德育、大学制度、大学行为、大学法治等都有着千丝万缕的联系,割舍任何一个方面都是不完整的,只有充分发挥各部分的积极性和主动性,形成整体合力,才能建设好大学师德。然而,系统构建师德是一个相当困难的事情,究其原因,大致有三个方面:①大学管理者狭隘的政绩观,导致楼房越来越漂亮,精神越来空虚,道德越来越滑坡。②大学片面强调现代化,而忽视了传统文化和大学历史文化的传承。③大学扩招,人员的剧增、思想的多元,给大学师德整体建设带来了困难。这三个方面既有主观因素又有客观原因,是交织并行的。

(三)着力用优秀大学文化引领大学师德建设

道德修养过程是道德认识、道德情感、道德意志、道德行为诸要素相互制约、相互影响、相互作用的过程。大学师德建设要发展也必须在遵循教育规律的基础上,以多元和谐共处为突破口,开拓创新,大力推进师德建设的科学化、多样化发展。

1. 坚持师德建设中多元化主体选择

坚持师德建设中多元化主体选择就是要坚持中国传统文化在大学师德建设中的主体地位。在多元文化激荡交织、强势文化给弱势文化造成巨大压力的情况下,大学必须保持鲜明的立场。"应当在全球泛滥的伪文化的压力面前捍卫自己的文化特性,大学应当成为这方面的主要源泉……不能把本民族的传统文化和价值传承抛进忽略的角落。"[①]这要求大学在进行师德建设时要注意以下几个方面:①坚持传承和弘扬优秀民族文化,以优秀民族文化为建设主题,尤其是对"文,莫吾犹人也。躬行君子,则吾未之有得"、"善为师者,既美其道,有慎其行"、"有教无类"等传统儒家教育理念的吸收与弘扬。②积极吸收和改造外来文化,以优秀外来文化为辅助。蔡元培讲:"吾人为集思广益起见,对于各友邦之文化,无不欢迎;以国体相同,对于共和先进国之文化,尤所欢迎;以思想之自由,文学美术之优秀,彼此互相接近。"[②]同时,蔡元培还提出了"择善"、"消化"、"能保我性"、"更进之发明"四个演进的阶段和途径,这对我们当前大学师德建设不无启示。③传承一所大学多年发展积淀下来的优秀师德传统。从本质上讲,大学积淀下来的优秀师德传统是优秀民族文化的一部分,但同时也有自己的文化特色,这种特色深刻体现为大学的办学理念、办学目标和精神品格。

2. 坚持构建大学师德系统的优化整合

(1)提升大学教师的道德价值追求。马克思曾说:"在选择职业时,我们应该遵循的

---

① 肖谦.多视野下的大学文化[M].成都:西南交通大学出版社,2009:68.
② [德]赫尔穆特·施密特.全球化与道德重建[M].北京:社会科学文献出版社,2001:62.

主要指针是人类的幸福和我们自身的完善……人们只有为同代人的完美,为他们的幸福而工作,才能使自己也达到完美。"教师的职业理想就是指忠诚人民的教育事业,立志献身于教育工作的精神追求。这是人民对教师的政治要求,也是教师职业理想的具体体现。它要求教师爱岗敬业,全心全意,热爱专业,专攻专业,教好专业;为专业教学满腔热忱,无私奉献,奋斗终生,切实做到爱教、善教、乐教。

(2)加强大学校园文化建设,形成良好的育人氛围。大学校园文化归结为是大学在长期的社会文化的影响之下,创造、传承、积累而成的物质成果和精神成果的总和,是大学思想、制度和精神层面的一种过程和氛围。大学应进一步加大对大学精神文化、制度文化、历史文化、行为文化、学术文化、环境文化等建设的力度,从而保障大学师德的良性发展。

(3)规范大学教师的行为准则。良好的思想要通过良好的行为来体现,大学师德建设成效的好坏、水平和质量的高下,也要通过大学教师的行为来衡量。大学强化《教师法》、《教师职业规范法规》等法律法规的宣传教育工作,用法治的手段规范教师的行为。

3. 坚持大学师德建设的内容形式创新发展

(1)完善激励、竞争、考核机制。学校管理者应营造以人为本的环境,完善激励机制。评选表彰师德建设先进单位、先进个人、举办先进事迹报告会等系列活动,树立典型,大力营造教书育人、管理育人、服务育人的良好氛围。引入竞争机制,促使广大教师对自己的岗位工作始终存在危机感和忧患意识,以激活教师的进取心,结合不断变化发展的新形势、教育事业面临的新要求和新任务、教育工作的新实际,不断充实自己。国家在《关于进一步加强和改进师德建设的意见》中,明确提出要把师德规范的主要内容具体化、规范化,使之成为全体教师普遍认同的行为准则。通过建立师德考评制度,包括明确考核目的内容、选择考核方式、建立考核指标体系、健全评价反馈机制等,将师德与年度考核、职务聘任、派遣进修和评优奖励等挂钩,为青年教师提供公开、平等竞争的机会,对教师的教育行为进行规范,充分地发挥法规的约束力,为师德建设成长创造良好空间。

(2)加强以"三平精神"等先进思想为指导,强化教师主动提升自我素养的积极性和自觉性。《国家中长期教育改革和发展规划纲要》中指出:"加强教师职业理想和职业道德教育,增强广大教师教书育人的责任感和使命感。教师要关爱学生,严谨笃学,淡泊名利,自尊自律,以人格魅力和学识魅力教育感染学生,做学生健康成长的指导者和引路人。"这为大学师德的建设指明了方向。大学教师要在日常工作中处理好"平凡"与"伟大"、"平静"与"激情"、"所得"与"奉献"的关系,着力践行"三平精神",不断提升思想觉悟和道德素养。

(3)着力拓展师德教育渠道。要通过组织学习、举办专题讲座及培训班等方式帮助青年教师积极改造主观世界,树立科学的世界观、正确的人生观和价值观,使青年教师明确教师的神圣职责和肩负的历史使命，自觉提高思想素质、道德水平和自律意识。

二、未来大学文化建设应更加注重党建思想政治工作的实效性

（一）把握做好党建思想政治工作的基本原则

1. 保证社会主义办学方向

党委领导下的校长负责制是实现党对大学领导的基本制度，领导班子建设是坚持党对大学领导的关键，基层党组织建设是坚持党对大学领导的基础。实践证明，坚持党的领导，加强党的建设，有利于党的路线方针政策在学校的贯彻落实，有利于促进大学改革发展稳定，必须长期坚持并不断完善。

2. 把人才培养作为根本任务

培养德智体美全面发展的中国特色社会主义合格建设者和可靠接班人，是我国大学的根本任务，也是大学坚持社会主义办学方向的本质要求。把培养人这个根本任务抓住了、抓好了，党建思想政治工作就抓住了要害、抓到了点子，就能产生最大的价值和意义。

3. 坚持改革创新精神

高等教育改革创新，要求大学党建思想政治工作必须坚持解放思想、实事求是、与时俱进，在继承优良传统的基础上开拓创新。必须认真研究党建思想政治工作中面临的新情况、新任务，不断完善工作机制，丰富工作内容，创新工作方法，拓展党组织和党员联系群众、服务群众的渠道和形式，不断开创党建思想政治工作的新局面。

4. 着力维护学校稳定

稳定是学校发展的前提，是党委的重要任务。必须把维护稳定工作贯穿于党建思想政治工作和其他各项工作之中，建立健全维护稳定的领导体制和工作机制，严密防范各种错误思想对师生的侵蚀，正确处理改革发展稳定的关系，及时化解前进中遇到的各种困难和矛盾，推动各项事业又好又快发展。

5. 调动一切积极因素

牢固树立办学以教师为主导、以学生为主体的理念，思想认识上把师生的利益放在首位；要关心师生的工作、学习和生活问题，抓好关系师生切身利益的民生工程；要改革创新有关规章制度，最大限度调动师生办学积极性，促进学校发展。

（二）强化大学党建思想政治工作必要性和紧迫性

大学作为人才会聚的战略高地，实施科教兴国、人才强国战略和建设创新型国家的重要支撑，做好党建思想教育工作，对于坚持社会主义办学方向，培养社会主义合格建设者和可靠接班人，推动高等教育改革发展，维护大学和社会稳定，具有十分重要的意义。随着国内外经济社会的深刻变化和高等教育的迅猛发展，党建思想政治工作出现了新情况，面临着新形势和新任务。

1. 经济社会发展的新形势,迫切要求加强党建思想政治工作

当前,我国正处在发展机遇期、矛盾突显期,经济体制深刻变革、社会结构深刻变动、利益格局深刻调整、思想观念深刻变化。大学作为知识分子的集聚地、思想文化的集散地,观念更加多样,信息更加密集,交流更为频繁,传播更为迅速。各种社会思潮、价值观念对师生的影响越来越直接、越来越广泛、越来越深刻,师生思想活动的独立性、选择性、多变性、差异性呈现出不断增强的趋势。特别自去年以来,受国际金融危机快速蔓延和世界经济增长明显减速的影响,我国经济生活中尚未解决的深层次矛盾和问题日益显现,经济发展面临增速下滑的压力,企业经营困难增多,就业岗位大量减少,毕业生就业难度加大,家庭经济困难学生增加,一些学生心理负担加重。在这样的新形势下,迫切要求我们大力加强思想政治工作,以社会主义核心价值体系为统领,教育引导师生员工正确认识形势、正确看待社会、正确面对困难,并对师生员工关心的重大理论和现实问题做出科学分析和正确回答。

2. 意识形态领域的复杂斗争,迫切要求加强党建思想政治工作

伴随着经济全球化、世界多极化趋势的深入发展和信息网络技术的广泛普及,世界范围内各种思想文化思潮相互激荡,意识形态领域的斗争更加复杂。国际敌对势力对我国实施"西化"、"分化"的政治图谋从来没有放松。在意识形态领域,我们面临的环境是无法选择的,我们面临的较量是无法回避的。如何在开放式办学环境中,既学习借鉴人类一切先进文明成果,又防止西方腐朽思想和文化的渗透,保持高度的政治警觉,坚持社会主义办学方向,坚持用马克思主义占领大学的思想阵地,是党建思想政治工作面临的严峻挑战和艰巨任务。

3. 高等教育的改革发展,迫切要求加强党建思想政治工作

当前,我国高等教育站在了一个新的历史起点上,呈现出一系列新的阶段性特征:①高等教育进入大众化阶段,高等教育资源缺乏的状况得到缓解,但优质资源不足的问题又突显出来,提高办学质量、加快推进高等教育现代化任重道远。②经济社会发展对提升人才素质、改善人才结构的要求日益突出,迫切需要大学创新办学理念,创新人才培养模式。③大学的自主创新能力显著提升,但学生创新能力的培养比较薄弱。④青年教师正在成为教师队伍的主力军,进一步提升青年教师的素质特别是思想政治素质和教书育人水平的任务十分紧迫。⑤大学管理体制改革和布局结构调整取得重大进展,但办出水平办出特色、创立中国特色现代大学管理制度的任务还十分艰巨。⑥互联网、手机等现代传媒和通信工具,已经成为大学师生获取信息、学习知识、娱乐交往的重要途径,对教育教学管理和思想政治教育的工作方式提出了新的全面挑战。

(三)用先进大学文化引领党建思想政治工作

1. 坚持不懈地用中国特色社会主义理论体系武装党员干部、教育广大师生

党的十七届四中全会通过的《关于加强和改进新形势下党的建设若干重大问题的决定》指出:"把建设马克思主义学习型政党作为重大而紧迫的战略任务抓紧抓好。"建设学

习型政党的工作反映在党组织层面就是建设学习型党组织。组织党员、干部和师生深入学习马克思列宁主义、毛泽东思想、邓小平理论、"三个代表"重要思想以及科学发展观，牢固树立辩证唯物主义和历史唯物主义世界观和方法论，系统掌握中国特色社会主义理论体系。认真总结深入学习实践科学发展观活动的成功经验，形成有利于学习研究和贯彻落实科学发展观的政策导向、舆论导向、用人导向和体制机制，不断推动学习实践向深度和广度发展。党员领导干部要做真学真懂真信真用的表率，着力提高理论素养和解决实际问题的能力。深入开展社会主义核心价值体系学习教育活动，把理想信念教育作为学习践行社会主义核心价值体系的重中之重，教育引导党员干部和师生着力增强贯彻党的基本理论、基本路线、基本纲领、基本经验的自觉性和坚定性，增强走中国特色社会主义道路、为党和人民事业不懈奋斗的自觉性和坚定性。加强党的意识形态工作和思想政治工作，引导党员干部和师生增强政治敏锐性和政治鉴别力，筑牢思想防线，坚决抵制各种错误思想影响，始终保持立场坚定、头脑清醒。加强思想道德建设，加强党的优良传统教育，加强中华优秀文化传统教育，引导党员干部和师生弘扬以爱国主义为核心的民族精神和以改革创新为核心的时代精神，自觉践行社会主义荣辱观，培养高尚的道德情操和健康的生活情趣，保持昂扬奋发的精神状态。

2. 大力加强领导班子和干部队伍建设，着力提高思想政治素质和办学治校的能力

①深入推进干部制度改革，努力创造优秀人才脱颖而出的环境。一方面坚持德才兼备、以德为先的用人标准，真正把政治上靠得住、工作上有本事、作风上过得硬、人民群众信得过的干部选拔上来，使选拔出来的干部组织放心、群众满意，让能干事者有机会、干成事者有舞台。另一方面完善干部选拔任用机制，扩大选人用人民主，建立干部选拔任用提名制度；正确分析和运用民主推荐、民主测评结果，增强科学性和真实性；完善公开选拔、竞争上岗等竞争性选拔干部方式，突出岗位特点，注重能力实绩；扩大干部工作信息公开，健全干部选拔任用监督机制和责任追究制度。②以强化以培训为基本途径，不断提高干部素质。③加强对领导干部的监督管理。逐步完善以工作实绩为主要内容的考核指标体系，积极探索建立不同类型、不同层次领导职务的考核评价标准，努力做到全面、客观、公正、准确地评价干部的思想政治素质、履行岗位职责，有效地运用干部考核结果。④坚持和贯彻民主集中制原则，不断加强领导班子的团结。⑤培养造就大批优秀年轻干部。

3. 着力加强基层党组织建设和党员队伍建设

基层党组织是教育和团结广大师生员工的政治核心，是党在学校教学、科研、管理第一线的战斗堡垒。应按照有利于党组织开展工作、有利于加强党员教育管理、有利于扩大党的工作覆盖面的要求，根据实际情况科学调整基层党组织的设置，形成健全严密的组织网络。应进一步理顺院系党组织的工作体制和运行机制，充分发挥党组织的政治核心和保证监督作用。

4. 加大优秀教师队伍建设和拔尖人才培养力度

教师是学校的主体,是提高教学质量的关键因素,是建设特色鲜明的教学研究型大学的根本保证。牢固树立"事业要发展,人才是关键"的理念,坚持党管人才原则,继续大力实施人才强校战略,创新人才工作思路,努力开创师资队伍建设的新局面。积极推行人事分配制度改革,健全考核体系,努力实现一流人才、一流业绩、一流报酬,为拔尖创新人才脱颖而出、健康成长提供良好条件。加强对高层次人才队伍的管理,认真听取各类人才的意见和建议,帮助他们解决困难,解除后顾之忧,促使他们在教学、科研、管理工作中积极发挥作用。要根据青年教师不断增多的实际,注重全面提高教师队伍整体素质,把师德建设放在首位,在强化教师职业道德和职业精神上下功夫,自觉养成求真务实和严谨自律的治学态度,努力做到爱岗敬业、关爱学生,刻苦钻研、严谨笃学,勇于创新、奋发进取,淡泊名利、志存高远。

5. 建设一支专兼结合的高素质党务工作和大学生思想政治工作干部队伍

这是全面加强大学党的建设,加强和改进大学生思想政治工作的必然要求。按照德才兼备和专兼结合的原则选拔和吸引更多政治素质高、思想作风好、热爱党务工作、善于做群众工作、具有较高学术造诣和较强组织管理能力的党员干部和教师从事学校党务工作。辅导员和班主任是大学生思想政治教育的骨干力量,他们与大学生朝夕相处,对大学生成长成才影响很大。建立健全辅导员和班主任队伍的选拔、培养、激励、保障机制,努力创造良好政策环境和工作生活环境,做到政治上爱护、工作上支持、生活上关心,使他们工作有条件、干事有平台、发展有空间,最大限度地调动他们的积极性和创造性。思想政治理论课是对大学生进行思想政治教育的主渠道,加强思想政治理论课教师队伍建设是全面提高思想政治理论课教育教学质量和教学效果的关键。认真贯彻落实《中宣部教育部关于进一步加强高等学校思想政治理论课教师队伍建设的意见》,努力建设一支政治坚定、业务精湛、师德高尚、结构合理的教师队伍,精心培养一批坚持正确方向、理论功底扎实、善于联系实际的骨干教师和教学领军人物以及中青年学术带头人。

6. 提高大学生思想政治教育的针对性、实效性

立德树人是教育的根本任务。面对当代大学生的新特点,必须以改革的精神、创新的办法加强和改进大学生思想政治教育。要建立和完善学校党委统一领导、党政齐抓共管的领导机制,全员育人、全方位育人、全过程育人的育人机制,队伍到位、考核到位、投入到位的保障机制。深化思想政治理论课教学改革,在丰富教学内容、创新方法手段上下功夫,增强教学的吸引力和感染力。积极拓展教育渠道,进一步做好德育学分制的实施和思想政治教育"进网络、进公寓、进社团"的工作。关心学生生活,做好助困工作,在解决学生实际生活困难的同时,教育学生树立自强、自立的精神和诚实守信的良好品质。把学生的就业工作和平时的思想教育结合起来,既要广开渠道帮助毕业生找到理想的工作,又要引导学生尽早树立成才意识和开拓创业精神。把思想教育和关心学生的心理健康结合起来,通过开展心理咨询、专家讲座、心理健康知识宣传活动和完善危机干预机制,提高大学生的心理健康水平,帮助大学生培养良好健康的人格。

7. 加强舆论宣传和文化建设工作,营造和谐稳定、干事创业的良好氛围

发挥好、利用好校报、广播站、宣传栏等校内宣传阵地的作用,积极主动宣传学校教育教学、科学研究、学科建设、人才培养等各个方面的成就,不断提高学校的社会影响力。加强对校园网的管理,积极探索网络思想政治工作的新途径、新方法,用先进理论占领网络阵地,不断增强网上思想政治工作的吸引力和生命力。把大学文化建设纳入学校事业发展的总体规划之中,建立大学文化建设的长效机制,提供必要的保障措施和经费,使之与学校的总体建设相互协调、相互促进,彰显文化的育人和凝聚作用,为和谐校园建设提供精神动力和思想保障。密切关注广大师生关心的热点难点问题,及时协调各类关系、化解各种矛盾,教育引导教职工正确处理个人利益和集体利益、局部利益和整体利益的关系,以理性合法的形式表达利益诉求,营造和谐发展的良好氛围。坚持教职工代表大会制度,支持教代会正确行使民主参与、民主管理、民主监督的职权;充分发挥工会保障职工合法权益、反映群众呼声、团结引导群众的桥梁纽带作用。大力支持共青团的工作,充分发挥其党的助手和后备军作用,帮助团组织解决工作中的困难和问题,支持他们开展适合青年学生特点的独立活动。

三、未来大学文化建设应更加关注大学德育评价体系的科学化

(一)中西方德育评价理论的比较

大学的生命力,从根本上讲不在于规模、地理位置、办学效益等外部因素,最重要的是在于能否培养合格的人才,能否符合社会发展的需求。如果没有一套科学的评估管理机制,很难想象能培养出德智体全面发展的高质量人才。新的世纪是一个世界经济更加发展而日趋全球化、科学技术更加发达而日益现代化、社会更加进步而思想文化更加多元化的充满激烈竞争和严峻挑战的世纪,是我们国家全面建设小康社会、实现社会主义现代化建设宏伟目标的世纪,是我国科教兴国和中华民族在新世纪实现伟大复兴的世纪。十七大报告指出,我们要紧紧抓住 21 世纪头 20 年的重要战略机遇期,集中力量全面建设小康社会。在党的领导下,全国各族人民同心同德,加快推进社会主义现代化建设的伟大实践,要求我们站在为实现中华民族伟大复兴培养人才的高度来认识大学德育工作的重要性,来评估大学德育的价值。

现代西方德育评价理论是伴随着 19 世纪中叶到 20 世纪 30 年代的学校教育评价的出现而发展起来的,当时教育评价的重点是以学历测验客观化、标准化为重要对象,即主要测量学校的教育成就和效率。之后到 20 世纪 50 年代期间,出现了以教育目标为依据的"泰勒评价模式"。这种模式在教育评价的基础上鲜明地指出了德育评价的思想,并提出了评价的依据就是教育目标,评价的手段包括观察、调查等。1966 年斯塔弗尔比姆提出了以决策为中心的 CIPP 评价模式,CIPP 是背景评价(Cured)、输入评价(In)、过程评

价(Place)、结果评价(Pipe)的首字母组合。1967 年斯克里芬发表《评价方法论》一文,使德育评价的重点从目标评价转向过程评价,从效能评价转向价值评价,从结果评价转向素质评价,催生了现代西方德育评价理论的产生。① 概括起来,西方现代德育评价理论有以下一些特点:

(1)德育评价形式的自主性和德育评价标准的多元化与西方社会强调个人本位的价值取向一致。德育评价从程序上看,更加重视发挥自我评价的作用,德育评价的目的在于促进人的个性的健康发展,为达到这一目的,应该着重培养人的自我评价能力,也就是说,培养学生用自己掌握的道德观念去判断自己或他人的行为的能力。

(2)德育评价方法的定量化、科学化。西方德育评价依赖于实验心理学、教育评估模型等成果,在德育评价的方法、手段上,更多地注重评估的实证性、量化。20 世纪 20~30 年代,从事个性和德育心理的研究工作者,也开始采用实验法和测验法。实验法就是在控制条件下研究所要研究的现象,即某个行为"为什么"发生,要弄清行为的"为什么",并对"为什么"的问题给予科学的解释。测验研究法主要是指心理测验。心理测验是一些经过选择、组织,可以反映人的某种心理特点的材料(刺激),让被试者做出反应。其中的量表评定法,经常用于个性或品德心理方面的评定。个性或品德评定是客观的测试某人的个性或品德的方法,即通过一定的调查表或评价定量表对某人的个性或品德进行鉴定,以了解、描述、预测并帮助改变他的行为。由于德育评价建立在实验、观察的基础上,因而,西方的德育评价表现出更强的规范化和科学化,这样有利于纠正单纯的主观评价产生的片面性、倾向性,使评估更客观、公正、合理。

(3)德育评价要遵循品德的形成发展规律。西方的伦理学家和心理学家从不同的方向揭示了品德形成的规律,即要经历一个由"他律"到"自律"的过程。他律道德阶段在时间跨度上,是人从出生开始的整个儿童期。自律道德是个人从对道德规则的"知其然"的感知,进入了也"知其所以然"的理性认知。这种认知在融入随个人成长而具有的生活经验及其情感、意志等心理因素后,形成了由道德观念、道德情感和道德信念所建构的个体道德意识。这时道德对他不再是外在的,不再是对他强加的规则,而是自己对自己的要求和自己给自己设立的规则,是发自内心的一种需要。自律道德,是成熟人才具有的道德。从自律道德的初兆到较完整的自律,这之间有着一个"漫长的"时间段,由个人的自我意识所开辟出来的移情力和理性反思这两条路,一方面不断将个人由他律引向自律,另一方面又不断地巩固和完善个人的自律道德意识。这一情况表明,在这一时期的开始时,个人就已经由原先单纯被教育、被塑造的阶段进入到同时进行自我教育、自我塑造的道德修养阶段。

从现代西方德育评价思想的特点来看,虽然现代西方德育评价理论的探讨更加注重其有效性的过程,并以心理学、教育学等多学科整合为研究方法,更加强调试验性和操作

① 周琳.中外德育评价体系比较研究[J].法制与社会,2008(5).

性,但是,比起教育评估的其他领域,德育评价依然是相当薄弱的领域。西方现代德育评价方法只是为我们开展德育评价提供了可资借鉴的基础。明了西方德育评价的利弊得失,借鉴其成功的经验,汲取其失败的教训,整合现当代多学科的理论方法,无疑有助于我国现今德育评价思想应有价值取向的确立。

通过前文对中外德育评价思想的阐述,分析其优缺点,根据我国目前德育评价现状,借鉴其成功的经验,吸取其失败的教训,最大限度的完善我国评估体系:

(1)我国德育评价应该更加注重德育评价形式的自主性和德育评价标准的多元化,应该更加注重个人的自我评价,更加重视发挥自我评价的作用。德育评价目的在于促进人的个性的健康发展,所以,我们应该着重培养人的自我评价能力,最终实现人的全面健康的发展目标。标准应该多元化,不要局限于传统的几种标准,应该与时俱进,符合现实需要,以便可以对德育进行全面、科学的评估。

(2)我国德育评价过程注重主体性、形式化。在实践评估操作中,不能仅仅强调管理机构的评估主体性,应该在一定程度上让主体与对象互动。另外在评估内容上,评估不应该沦落为一种纯形式化的过程,评估内容应该多样化、日常化,使我们的评估工作无时不在、无处不在。

(3)我国德育评价的分值不能绝对化,不能片面追求德育评价的分值,错误的把分值当做衡量德育工作成效的唯一标准。分值只代表"评"的结果,仅仅是一个数字游戏,不能仅仅进行定量分析,还要进行定性研究。我们应该在得出分值的同时进行相应的"评述",指出优点与不足,提出改进的意见,而不是把分值绝对化,打消那种拜分主义思想。所以我们应该把"评"与"估"有机的结合,有所"估"有所"评",以评促改,最终更大的发挥德育的有效性。

(二)大学德育评价体系的改革设计

在简要分析了中外评估的模式特点的基础上,结合当前我国德育评价普遍使用的模式,我们尝试改革和创新大学德育评价模式如下:

构建以上大学德育评价新系统的主要依据是:

(1)德育评价标准科学化。大学德育评价标准化已经成为科学制定德育评价指标体系必须解决的问题,德育评价标准化就像是秤盘上的准星一样,如果没有一个统一的尺度,那么德育评价必然失之偏颇。德育评价新体系中的基本目标就是探索如何建立一整套合乎德育实际和教育发展规律的评判标准。

(2)德育评价标准素质化。我国当前教育改革的重要任务就是完成由"应试教育"向全面素质教育转变。大学德育评价是推动全面素质教育顺利实施的强有力的手段。在德育评价工作中,评估目标体系已趋向与素质教育的要求相一致。既要评估是否确定了德育在教育中的"首要"地位,也要评估学校培养的目标是否坚持在德、智、体诸方面全面发展和协调发展,表现出了明显的素质化趋势。

(3)德育评价内容系统化。德育评价要不断促进学校提高德育实效性。学校德育效

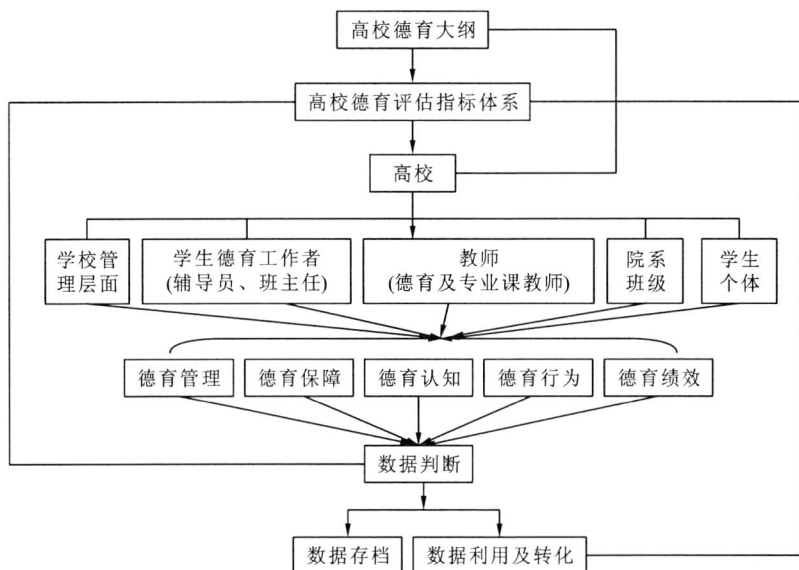

图 10-1　大学德育评价新体系内容

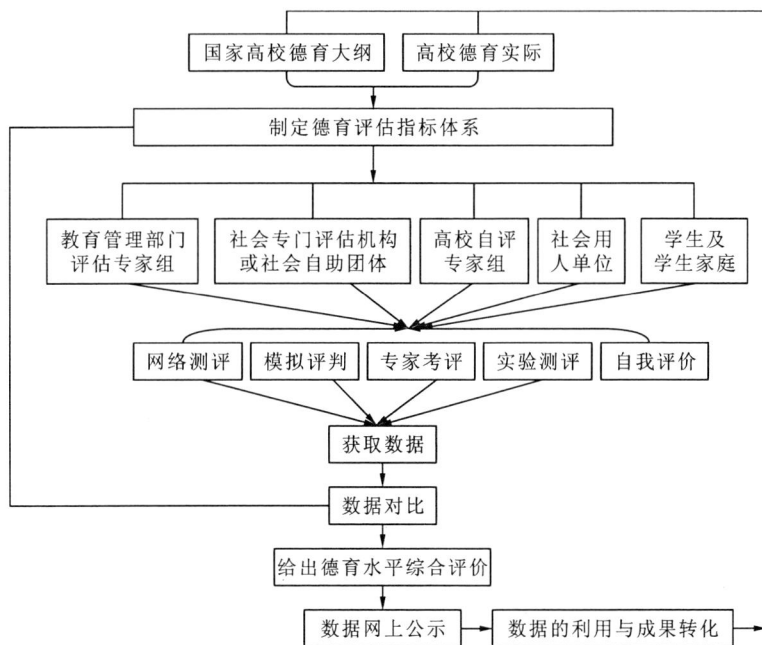

图 10-2　大学德育评价新体系流程

果如何,与学校德育评价的内容系统化有着密切的联系。大学德育评价内容体系以德育大纲为根本,体现在德育目标、德育内容、德育途径与方法、德育条件诸方面,更加强调德育活动的内在规律性,更加体现德育评价内容的系统性特点。

(4)德育评价过程综合化。德育评价过程是一项系统工程,构成这一系统的诸要素相互联系又相互制约,它们的矛盾运动与协调发展,推动着这一过程向预定的方向发展。学校德育评价已跳出"应试教育"评估只重视"分数"和"结果"的误区,强调德育效果寓于德育过程之中,注重德育效果的形成过程和形成过程中德育效果的积累,对构成德育效果的诸多要素通盘考虑,全面评估,如:在重视显性德育课程评估的同时,也重视各教学学科德育的育德性;在强调德育工作自身的育德的同时,也重视其他人员育德的作用,德育评价过程出现了综合化趋势。

(5)德育评价途径网络化、多元化。德育不仅是学校教育的重要组成部分,也是社会主义精神文明建设的重要组成部分。德育评价不仅需要国家行政部门的评估以及学校自身的评估,还需要社会中介的评估以及学生的自我评估。在充分发挥学校德育评价功能的同时,也要充分注重社会评估,努力构建以国家为主导、以学校为主干,以社会为辅助的网络化评估机制。

通常意义上讲,大学德育评价应当包括德育工作整体评估以及德育个体评估两个领域。德育工作评估客观上是德育工作的现实质量状况,体现的是学校德育质量问题,反映受教育者在大学接受教育应当得到的教育质量的情况。因此,大学德育工作评估的重点是德育过程的标准化与质量的要求;而个体德育评价则是对个体思想政治素质、道德素质、法纪素质以及心理素质等方面的评价,体现的则是德育工作的效果问题,也是体现受教育者个体在接受教育过程中的素质提高的程度问题。因此,个体德育评价重点应当是体现个体素质结构中素质要素的实现程度。

(三)大学德育评价新体系解析

1. 开放式评估,拓展评估主体的参与范围

目前,大学德育评价的主体主要是教育行政管理部门。教育行政管理部门依据《大学德育评价指标体系及标准》对所属大学进行评估,这种评估模式虽然取得了很大功效,如促进了大学德育目标向着良性态势发展,提升了德育总体质量,但在一些方面存在着相对局限性,需要进一步改进和完善。例如,评估主体的能动性发展不够。客观地讲《大学德育评价指标体系及标准》对评估的管理者约束过多,而对评估的内在客体(学生、教师、辅导员等)以及评估的外在客体(如用人单位、学生家庭、社会评价人等)的体现不够充分。这种评估结果当然也存在着不客观和不科学的部分。

在这个新体系中,我们将大学德育评价设定为一种开放式评估,其基本特点是:①评估主体多元化。在新模式中,评估主体由原来的教育行政管理部门、相关大学二元制,拓展为教育行政管理部门、相关大学、社会专门评估机构或社会自助团体、社会用人单位、学生、学生家庭等六个层面。②评估主体的参与范围进一步扩大。截至目前,大学德育评价主体的参与范围几乎都是按照评估指标体系进行的,而评估指标体系只能观测某一时期大学德育工作的绩效,而不能作为一个动态过程看到大学德育工作的全貌。那么新体系中由于加入四个层面上的新主体,他们将会对大学德育工作进行动态的追踪和评判,大大提高大学德育评价结果的信度。③专业评估主体的引入,使评估做到制度化、经

常化。这样做一方面能保证大学评估的经常化,另一方面又节约了评估成本,同时也能够通过该机构对评估数据进行科学化、规范化的收集和整理,为政府和大学指导德育工作提供较为专业的依据。

2. 以网络评估为主,多种评估形式相结合的评估模式

在这个新模式中,我们设置了以网络评估为主,多种评估形式相结合的评估模式,特别强调了大学生自我评价的重要性。在现行的大学德育评价中,多数采用实地考察评测的办法,方法步骤大致为:自评与申报、实地考察、会议评审、重点加减分、公布结果。这种单一的评估模式很难反映大学德育工作全局,可想而知其获取的数据、公布的结果是难以令人信服的。

新模式中,我们设定把网络测评、模拟测评、自我评判、调研、实地考察等测评形式有机结合起来,从不同角度,不同视野获取评估数据。首先,通过网络将需测评的内容放置上去,通过技术手段让大学、学生、社会团体、学生家庭、用人单位等不同主体分别进行评判,经过归纳整理,获取初步数据。然后是对大学德育评价客体的模拟测评,进一步获取相关数据,最后根据前面获取的数据,参照《德育大纲》、《德育评价指标体系及标准》等制度,实地调研考评。全面考评过程结束后,将评估数据再次公示,广泛听取各方意见和建议。然后将数据整理后,一方面存档,作为大学的德育档案及学生的个人德育档案,另一方面将数据反馈到教育行政管理部门和大学成为加强和改革大学德育工作的依据。

同时,在新体系中,强调了学生的自我评价的重要性。在目前大学的学生德育评价过程中,学生往往处于较为被动的被评定的地位,学生德育评价往往注重他评,而忽视学生对德育状况的自评,没能充分体现和发挥学生的主体地位与作用。因此,我们要通过新体系的设置,使德育评价从"他评"向"自评"的转变,积极引导学生把德育的外在要求转化为内在的动力,促使评价活动成为学生自我教育、自我调节的有效载体,发挥德育评价的激励导向功能。

3. 循环式的评估流程,有利于数据的采集与利用

从以上两图中(图10-1、图10-2),我们不难看出,这是一个兼具开放和循环功能的德育评价新方式。两图很好地解决了长期以来为评估而评估的被动局面,使大学德育评价的数据信息反馈到各级教育行政主管部门,用以进一步进行科学决策、制定评估方案。

针对循环式的评估流程中的数据传递或数据反馈问题,笔者做了以下几个方面的设计:

(1)基于教育主干网,搭建专用德育评价数据传输平台。当前,我国的教育主干网络已经相当成熟。国家可以协同各级教育行政主管部门及各大学建立相应网上数据库申报系统或者专线传输系统,各大学自行将常态化的德育评价数据申报到国家或地区性主干数据库,通过数据库的比对分析,把雷同的数据筛选出去,把独有的数据保留下来。这样就可以时刻保持主干数据库里数据的最新性和前沿性。

(2)基于社会专业评估机构,建立数据的收集、分析、报送渠道。当前,随着社会化分

工的越来越细,有许多工作可以通过社会专业机构来完成,避免出现大而全、小而全的现象。初期,国家或各级教育行政主管部门可以成立以政府牵头的社会德育评价机构,随后可以逐步过渡到社会专业评估机构(独立行为)。这样可以保证德育评价和信息传送的专业性、科学性、持久性。

(3)基于各德育评价管理主体的常设机构,建立数据收集、整合、报送的常态化。当前,国家及各级教育行政主管部门并没有专门的德育评价管理常设机构,需要德育评价时便临时设立,评估已过便即时离散。这种非常态的管理模式已经不能适应当前大学的德育发展要求。笔者建议国家及各级教育行政主管部门可以根据实际情况设立相应的德育评价管理机构,主要工作是组织常态化的大学德育评价工作,收集德育评价资料、管理德育评价档案、分析德育评价数据、汇集德育评价成果,真正使德育评价的成果得以推广,德育评价的数据得到科学利用。

4. 基于践行性大学德育理念,不断提升德育评价的自主性

法国著名启蒙思想家卢梭认为,道德教育的本质特征是它的实践性,而不仅仅是认知。德育的呈现方式应该是实践,认识在实践中深化,行为在实践中习得,习惯在实践中养成,价值观在实践中确立。大学德育工作要在重视知识传授、理论灌输和理性指导的同时,强化学生的实践体验。实践是当代大学生成就人生,成就自我的重要舞台。大学生以德育的主体介入思想性、道德性、文化性、审美性、社会性和心理性等多种多样的人格体验。大学德育工作者要高度重视和开发社会实践的综合育人功能,实现学校教育与社会教育,被动教育与主动教育,理论教育与实践教育,教师教育与自我教育的互动。

(1)践行性的德育理念主张学生通过德育实践进行体验。大学德育工作渴望育人目标与学生自主追求的和谐与互动。大学生已具备了较强的理性思考和行为自控能力,德育工作可以充分利用学生的理性,加强大学生的践行教育。学生通过实践活动,进行自我剖析,自我评价,增长了人生阅历,丰富了生活经历。德育是社会要求,也是学生自我发展、自我生存的要求。我们要善于将社会要求转化为自我要求,因为任何教育只有转化成自我教育,才能真正达到教育的效果。因此,现代德育必须直面社会开放和价值多元的现实,正视道德冲突,解决道德困惑,让学生自己掌握批判的武器,提高学生的道德辨别力、判断力、选择力、创造力,学会判断和选择,学会自己面对人生,创造生活。

(2)践行性的德育理念返璞归真,提倡学生在德育中的自我教育。以往学生德育评价主体大多由教师充当,学生的品德评定主要由辅导员凭经验、印象给出,这种评定的准确性过于依赖辅导员的素质。德育评价优化尤其要注重学生的主体性,认识到德育的效果是培养学生自我教育意识、自我教育习惯、自我教育意向和动机,使学生在多元化的开放社会中依据教育者所传递的价值观进行自我选择和自主构建,并对自己的选择切实地承担选择的责任。

（3）德育评价首先应成为学生自己的事，同时也不忽视群体（同学，教师）的评价。因此，受践行性德育理念的影响，在德育评价中应建立自我评价与民主评价相结合的原则。自我评价是指评价对象根据自己的日常德育行为对照德育评价标准进行德育评价与德育鉴定的方式。民主评价就是主体评价者依据对评价对象的日常德育行为表现的观察，对照德育评价标准进行评价与鉴定的方式。自我评价有时难免"放纵"自己，而民主评价有时难免"苛求"别人，因此，这两种方式应该同时使用。自我评价与民主评价相结合，既有利于学生参与德育实践，进行自我教育，又有利于全面收集信息，减轻评价组织者的工作量，还可以增强评价的客观性，达到理想的评价效果。

笔者所在的郑州轻工业学院对学生德育评价时重视学生德育实践。在新的德育考评办法中，规定了学生自评、学生思想品德考核评议小组评议以及教师评议的综合评价方法。这弥补了以往单一由教师评价的不足。评价活动中有群体和个人的实际参与，他人评价与自我评价、相互评价相结合，大大加深了受评者对于评价标准及其价值准则的体会和认识，从而提高其遵从社会规范的自觉性和主动性。

我们也充分认识到德育评价的关键点是评价学生德育实践，激发学生内在德性成长。学生只有投身现实、生动的社会实践活动和具体的道德情境之中，才会有更深刻的道德体验。我们在考评内容设计上除规定基本内容外，专门设计了纪实内容，主要考察学生平时参加政治学习、教学、上课，参加班、团等集体活动，参加青年志愿者等社会实践活动，参加文艺、体育等各类学生活动以及获奖方面的总体情况，使学生的道德实践与德育评价形成了合力。

当前，大学德育面临的都是新挑战，德育的实效取决于对教育对象的规范引导和深层的制度重构。在德育工作中要不断更新理念，并且在新理念指导下推进德育工作。德育评价是大学学生德育工作的基本环节，也是难点内容。我们必须在德育新理念的引领下不断完善德育评价体系，改进德育评价方法，加强德育工作建设。全面落实党的教育方针，紧密结合全面建设小康社会的实际，以理想信念教育为核心，以爱国主义教育为重点，以思想道德建设为基础，以大学生全面发展为目标，解放思想，实事求是，与时俱进，坚持以人为本，贴近实际，贴近生活，贴近学生，努力提高德育的针对性、实效性和吸引力、感染力，培养德智体美全面发展的社会主义合格建设者和可靠接班人。

四、未来大学文化建设应注重培养大学生科学的幸福观

幸福是一个相对概念，每一个人出于生活境遇的不同（如家庭背景、民族归属、国家地域、知识水平等）和生活态度的不同（性格、价值观、人生观、世界观等）对幸福的理解和体认有较大的差异，但每一个人都有享受与追求幸福的权利。从整体上看，随着市场经济体制的进一步建立，利己主义与享乐主义等思潮，异化了人们对幸福的价值追求，使金钱变成了对智力和能力的重要衡量尺度。大学生是受过高等教育的一个群体，是建设社

会主义现代化的中坚力量,也是推动社会不断进步的主力军,更是社会主义主流价值的重要塑造者。大学生这一特殊群体的幸福观如何,将对我国的未来发展与社会进步产生重要的影响。因此,在未来一段时间的大学文化发展中,应着力通过提升文化的感染力来提升大学生科学的幸福观。

(一)大学生幸福观的基本内涵

大学生幸福观是大学生在经历大学这一特定教育阶段时所形成的对于幸福的理解与感受。幸福观是一个动态的观念,它有两个层面的含义:①对于个体而言,每一个学生个体会随着生理、心理等的发展而改变对于幸福的体认。②对于群体而言,大学生具有向群性,也就是说某一群体形成后,那么生活在这个群体中的大学生可能会有相似的幸福观。例如,大学里的工科群体、理科群体、人文社科群体;男生群体、女生群体;专科生群体、本科生群体、研究生群体、博士生群体等。总体而言,大学生幸福观内涵,包括了对幸福的界定,追求幸福的原因以及幸福的实现等。也就是说,大学生的幸福观主要包括了幸福的目标、动机与手段的选择等。

具体来说,幸福的目标是指个体对其想要获得的幸福生活的标准。它是个体所不断追求的理想生活的具体形式。幸福目标指的是幸福观中的核心,其能决定并影响着个体生活的质量与方式。动机指的是能够推动人内心的力量,是引起与维持个体行为,并将这一行为指向了个人需要上的满足的意念。幸福动机指的是在个体需要的基础之上产生,并且能够激起调节与维持,或者是终止对幸福生活追求的内驱力。幸福手段是指,为了能够获取生活的目标而采取的方法。在社会主义市场经济的大背景之下,市场经济不断增强人们的竞争意识、民主法治意识、效率意识、开拓创新意识,其自身的消极面也会逐渐反映在人们的精神生活中。那么生活在这样一个大的社会背景之下,部分大学生不明确人生价值何在,真正的人生幸福是什么。这都需要大学文化来解答和引领。

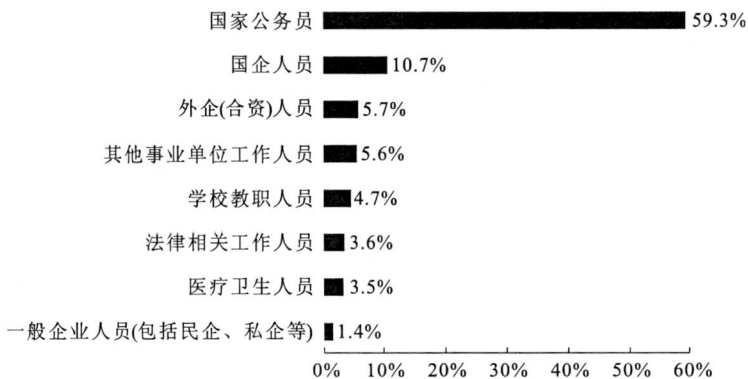

图 10-3　影响幸福观的重要因素①

---

① 搜狐网与零点研究咨询集团 2012 年联合进行的"全国两会民生系列调查"[OL]. http://news. sohu. com/20120228/n336176005. shtml.

家庭关系和睦 ████████████████████ 48.6%
稳定的社会养老和医院保障 █████████████████ 41.6%
良好的社会治安环境 ████████████ 29.9%
有自己的住房 ███████████ 28.4%
较高的收入水平 ████████ 22.1%
健康的空气质量 ████████ 20.9%
和谐的社区环境邻里关系 ███████ 20.8%
精神生活充实感 ███ 18.2%
较高的社会地位 ██ 9.8%
8.2%

0%   10%   20%   30%   40%   50%   60%

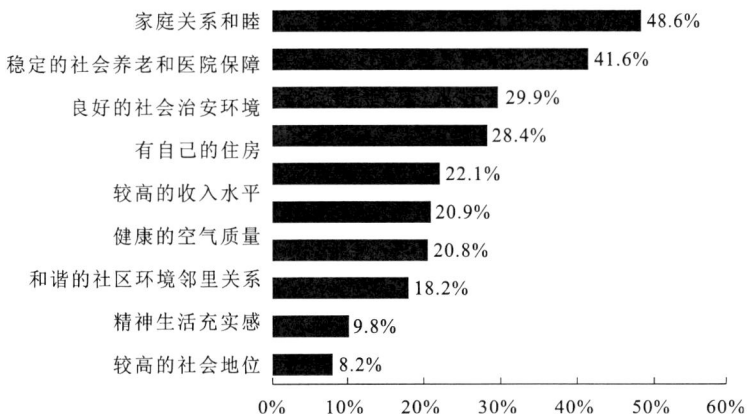

图 10-4   幸福感强烈程度的群体比例关系 [①]

(二)当代大学生面临的幸福观危机

1. 幸福理想的丧失

幸福理想的丧失是指大学生对应有的幸福追求的放弃和割舍,通常表现为对某种生活目标及其根据的怀疑、动摇甚至否定。从一定意义上讲,对于幸福理想的放弃就意味着对社会生活的放弃。这方面有很多例子,例如前不久郑州某大学发生的一起学生自杀事件,该学生 2008 年以非常优异的成绩考入到了郑州某大学,刚入校时兴高采烈。可是自大二以后,整个人的价值追求都改变了,既不去课堂上课,也不回宿舍,沉溺于网吧电游之中,2 年时间内有 13 门课不及格,学位证不可能拿到了。今年 3 月初,该学生参加学校的毕业补考,又有 6 门课程不及格,毕业证也拿不到了。该学生丧失了一切幸福理想,选择了自杀。近些年来,大学发生了多起类似的大学生自杀自残事件,导致这些举动的原因很多,但我们认为根源在于这部分大学生群体对未来幸福的盲目否定。

2. 幸福情感困惑、麻木

幸福情感是形成幸福理想和幸福人格的基础,幸福情感的淡化和麻木直接导致了大学生幸福人格的分化和扭曲。从构成幸福观的基本要素看,幸福情感是对幸福目标和精神依据的敬重、忠诚、向往等。但是,幸福情感是不确定的,它会随着时间和地点的变化而变化。一般来讲,当幸福危机发生时,人们的幸福情感会逐渐淡化、消失甚至走向反面。例如,当前的大学生就业问题,就业是大学生必然要面对的一个教育结果。但由于种种原因,同一群体的大学生的就业质量却存在着很大差异,这就导致了同一群体内或群体间大学生幸福情感的异化。虽然这不是普遍现象,但却反映了人们的基本心理变化。现实的残酷使得大学生对原来幸福价值系统的崇敬感、神圣感淡化了,感到困惑、迷茫、彷徨甚至幻灭。

---

① 搜狐网与零点研究咨询集团 2012 年联合进行的"全国两会民生系列调查"[OL]. http://news. sohu. com/20120228/n336176005. shtml.

3. 幸福人格与生活方式的分裂、扭曲

幸福人格是幸福情感的内化结果。一般来讲,人格是精神世界的整合,幸福人格是道德精神世界的整合。幸福人格的分裂意味着一种强烈的失落感、孤独感、空虚感等。这主要表现在三个层面上:①价值目标的丧失。由于幸福人格的分裂,使大学生对应有的价值目标丧失了兴趣。②道德追求的丧失。毋庸置疑,大学是培养具有良好道德素养公民的地方。当前,由于部分大学生经不起钱、权、色、利的考验,他们反叛原有的道德规范,蔑视原有的道德楷模,亵渎原来视为神圣的道德理想,丧失了应有的在追求高尚道德时获得的幸福感和满足感。③生活乐趣的丧失。生活乐趣是培养幸福观的现实基础,一个人如果没有一点生活乐趣,对什么都不感兴趣的话,那么他也没有什么幸福观可言。大学生正处在人生的黄金时期,正是培养健康生活情趣的最佳时期,但却有一部分大学生由于各种原因,没有树立健康的、正确的生活态度,对现实生活的价值失去了判断能力,总徘徊在人生的十字路口,不知道何去何从。

(三)大学生幸福观弱化的原因

1. 社会环境的影响

随着改革开放的深入和社会主义市场经济的发展,人们的价值观念发生了深刻的变化,对功利表现出从未有过的关注。当代大学生生活在这样一种重视实利的社会环境中,他们对自身状态和现实利益的关注也越来越迫切,他们的价值取向明显向功利倾斜。近几年来,由于我们大力开展爱国主义、社会主义、集体主义教育,表彰具有时代精神的模范人物,扫除社会上各种丑恶现象取得很大效果,这无疑有利于引导大学生建立正确的人生价值观念。但同时,社会转型过程中新的失误及其负面影响、消极现象,又成为大学生人生价值观念在嬗变过程中出现多元化的重要因素。

2. 西方社会思潮的影响

全球化加速了东西方文化的交融和两种价值观的碰撞,西方国家借助于各种大众消费品宣传西方的生活方式和伦理思想。正是在功利主义、实用主义等西方社会思潮的影响下,相当一部分大学生思想上崇尚金钱、信奉拜金主义,行为上表现为追求物质享受、讲求感官快乐,为达目的不择手段等。

3. 经济杠杆的作用

由于市场经济条件下经济杠杆的作用,经济主体对自身物质利益的追求成为市场经济运行的动力,这种经济上的利益驱动机制投射到大学生身上就表现为淡化群体、强调自我、追求物质利益享受等不良现象。多种分配形式并存导致了贫富差距,直接或间接地影响着青年学生的思想行为。

4. 主体因素是大学生人生价值观念确立的内在因素

当代大学生在生理或心理上都处于成长期,他们心理、思想的不成熟性和社会实践的局限性决定了他们的可塑性。他们的人生价值观念一方面随着社会的发展而变化,另一方面又随着自身的成长不断加以调整。面对市场经济大潮的冲击和各种文化思潮的影响,有的大学生构建了积极向上的价值体系,有的却走向了个人主义、拜金主义、享乐主义。这表明,一个人究竟确立什么样的世界观、人生观、价值观,关键还是由其自身的素质决定。自我修养、理论水平、道德境界、辨别是非的能力不同,所建立的世界观、人生观、价值观也就不同。

（四）用优秀的大学文化培育大学生科学的幸福观

马克思主义认为,幸福是主观性与客观性的统一,是物质生活与精神生活的统一,是享受与劳动的统一,是个人幸福与社会幸福的统一。[①] 对于大学生幸福观的培养是大学文化的应有之义。在现阶段,大学应以大学文化培育为契机,大力开展形式多样的大学生幸福观教育,引导大学生树立科学的幸福观,形成健康生活方式。

1. 教育大学生树立正确的幸福观

（1）帮助大学生准确把握科学幸福观的基本内涵。马克思主义认为,幸福是人生重大需要、欲望、目的得到实现从而达到生存发展某种完满的快乐的心理体验和心理反应。其中,人生重大需要、欲望、目的之实现和生存发展之完满是该主观形式所表现的客观内容,而完满的快乐的心理体验,心理反应是幸福的主观表现形式。因此,我们要着力教育大学生不能只看到幸福和快乐的主观表现形式而忽略它们所反映的客观内容。

（2）帮助大学生认识到幸福的来源是辛勤的创造。马克思说:"如果我们选择了最能为人类幸福而劳动的职业,那么重担就不能把我们压倒,因为这是为大家而献身,为大多数人带来幸福的人是最幸福的人.那时我们所享受的就不是可怜的、有限的、自私的乐趣,我们的幸福属于千百万人。"[②]我们从马克思的论述中得出,真正的幸福来源于对生活的创造。大学生要在接受知识教育的同时,懂得幸福本质并不是获取知识本身,而是通过获取知识来为人类社会发展做贡献。

（3）帮助大学生正确处理各种幸福关系。幸福观具有明显的阶级性,科学的幸福观要求以他人幸福为己任,集体幸福与个人幸福相统一。要通过文化的影响力来引导大学生正确处理好物质幸福与精神幸福、个人幸福与社会幸福、自我实现与奉献社会、享受幸福与创造幸福的关系。

2. 丰富幸福观教育的方法和形式

当前,对大学生幸福观的教育主要融入到了大学德育和思想政治教育之中,鲜有大学把幸福观教育独立于以上两种教育形态之外的。此外,就幸福观的教育形式而言,也多使用榜样教育法、明理教育法、娱乐教育法、心理疏导法等,这是较为传统的教育方法或形式,有些已经不能适应社会形势发展的需要。

我们认为,对于大学生幸福观教育除了进行思想政治方面的教育外,还应包括其特殊的教育形式:①生命观教育。比如,通过汶川大地震中失去生命的人们的不幸和活着

---

① 黄丽明.当代大学生幸福观教育的现状及对策的思考[J].科技情报开发与经济,2009(15).
② 马克思.马克思恩格斯全集(第40卷)[C].北京:人民出版社,1982:45.

的人们进行对比来对学生进行珍惜生命的教育。②理财教育。比如,通过开设理财课堂、理财选修课、理财专家讲座等,让大学生在仅有资源中如何获取最大的经济收益。③美感教育。比如,通过形式多样的文化艺术活动,提高大学生对美的认知,引导他们辩证地看待社会上的美丑现象,形成应有的美学价值观。④廉政教育。比如,通过开设廉政课堂、收看廉政文化视频录像、阅读廉政文学作品、参加廉政文娱活动等,使大学生在廉洁自律、遵纪守法中提升幸福心理。当然,大学生幸福教育还有很多种具体的形式,大学应充分挖掘文化资源,使其充实到大学生幸福教育之中。这里,哈佛大学的幸福课教育给了我们很好的启示。哈佛大学最受欢迎的选修课是"幸福课",听课人数超过了王牌课《经济学导论》,这个结果出人意料。教这门课的是一位名不见经传的年轻讲师,名叫泰勒·本一沙哈尔。在一周两次的"幸福课"上,本一沙哈尔没有大讲特讲怎么成功,而是深入浅出地教他的学生,如何更快乐、更充实、更幸福,参加课程的同学反馈说:"'幸福课'的奇妙之处在于,当学生们离开教室的时候,都迈着春天一样的步子。"①那么,当前我国大学里幸福课的开设情况怎么样呢?笔者在网上粗略地搜索了一下,只发现浙江大学等几所知名大学时有开设。可见,我国大学对大学生幸福观的关注度还没有提升到应有的高度。

五、未来大学文化建设应更加突出廉政文化的作用

一所有底蕴的大学,它蕴藏的文化内容必然是博大精深,反映了在其办学历程中所拥有的理想、信念和追求,以及逐步形成的传统、优势和特色。它能增强学校的凝聚力和向心力,奠定学校改革和发展的思想、理论和文化基础,推动大学不断向前发展。大学廉政文化是为大学建设发展提供强大的理论支撑,提供坚强的政治保障,保证我国大学建设和发展有坚定的政治方向,其表现形式是多方面的:①通过宣传教育把党和国家先进的政治文化、制度文化渗透到广大党员干部和师生员工的思想深处,坚定正确的理想信念,树立正确的世界观、权力观、地位观和利益观。②通过廉政文化体系的建设,发挥其精神文化、制度文化、行为文化和环境文化的有效功能,最终直接体现在大学领导干部、师生员工是否具有高尚的思想政治觉悟,是否筑牢了拒腐防变的思想道德防线,建立了大学深厚的廉政文化氛围。随着我国高等教育的蓬勃发展,全面推进素质教育的提出,大学应当具有什么样的文化和价值追求越来越受到人们的普遍关注。大学作为培养和造就社会主义事业建设者和接班人的阵地,担负着倡导和推进廉政文化建设的历史责任。

(一)大学廉政文化建设现状及存在的问题

新中国成立60多年来,党中央在惩治和预防腐败体系建设问题上的态度始终是明

① "幸福课"让哈佛校园遍地开满幸福之花[OL]. http://campus. eol. cn/xiao_yuan_te_kuai_2040/20070913/t20070913_254397_1. shtml.

确的,在积极推动以预防为目标的廉政文化建设问题上的立场是坚定的。党的十六大以来,党中央从全局出发,颁布实施了《中国共产党纪律处分条例》、《建立健全教育、制度、监督并重的惩治和预防腐败体系实施纲要》、《中国共产党党内监督条例(试行)》等一系列文件制度,明确提出了"反腐倡廉教育要面向全党全社会;大力加强廉政文化建设,积极推动廉政文化进社区、家庭、学校、企业和农村;着力把党员干部的廉政教育与专业教育、技能教育、管理教育以及法治教育紧密结合起来,增强全社会的反腐倡廉意识,形成以廉为荣、以贪为耻的良好社会风尚。"近年来,在中央的大力倡导下,大学立足于教育实际和教育规律,大力建设大学廉政文化,广泛开展廉政教育和社会主义法治教育,有效地减少了大学腐败案件的发生。但是在教育内容、教育方式等方面距离中央的要求还有相当的差距,还存在着诸多的问题与矛盾。

1. 对廉政文化建设认识的缺位

目前,对大学廉政文化建设大致存在着三种错误的观念:①认为大学的核心功能是教学和科研,包括廉政文化在内的校园文化建设是辅助性的,对廉政文化的育人功能认识不足、重视不够。②认为廉政文化建设主体应是学校纪检部门,其他教学、管理、服务单位只是被动的参与,无法形成齐抓共管的大文化格局。③认为廉政文化建设不具有强制性,无法替代廉政制度规范性和约束力。这些认识不同程度地制约了大学廉政文化建设的质量和水平。

2. 廉政文化建设的单边化

所谓廉政文化建设的单边化,是指大学把廉政文化单一进行建设,不能与领导班子建设、精神文明建设、思想道德建设、法治建设和党风廉政建设等结合起来,统筹策划、统一部署,无法形成大的宣教格局,无法实现教育资源整合和优势互补。

3. 廉政文化建设内容形式的单一性

大学廉政文化建设应该是内容丰富、形式多样的,同时它与传统文化、特色地域文化和大学历史积淀有着无法割舍的关系。当前,为数不少的大学只注重从廉政本体出发,无视这种相互关系的存在,不能吸收融合各类文化的优势,造成了廉政文化内容空洞陈旧,无法适应时代发展的需求,缺乏文化建设应有的渗透力、影响力、吸引力和感染力。

4. 廉政文化建设制度的滞后性

法律法规在党风廉政建设和反腐败斗争中的作用越来越重要,推进廉政文化建设同样也需要法规制度作保障。但从目前的实践情况来看,不尽理想。首先只注重文化层面的建设,缺乏配套制度的制订和整体实施方案的规划设计,造成了建设无规划,经费无保障、实施无力度的现状。其次只注重文化活动建设,缺乏相应的理论研究和探索,造成了人云亦云,没有创新。最后廉政文化建设的激励和惩戒机制、长效机制等方面研究不深,可操作性不强,存在明显缺陷。

(二)大学廉政文化存在问题的原因探析

当前大学廉政文化存在的问题是由多方面原因造成的。既有历史传统的问题,也有大学现实原因;既有认识层面的原因,也有制度设计方面的缺失。

1. 多元文化的交织影响了廉政文化建设的主观判断

当前,大学腐败案件呈现上升趋势,主要集中在招生、基建、科研、图书采购、设备采购、后勤服务等方面。虽然原因是多方面的,但从个人层面来讲主要是分不清先进文化与落后文化的差异,无法抵制落后文化的侵蚀,没有树立正确的廉政信仰。从群体层面来讲,无法把廉政文化从多元文化交织中剥离出来,形成正确的群体廉政环境,出现了"一个腐败、班子全倒","一个受贿、牵出一窝"的现象。

2. 传统认识上的偏颇影响了大学廉政文化建设的效能

大学历史传统的积淀无疑是大学发展难得的财富,但如果不加以改造和约束就有可能转化为制约廉政文化发展的不利因素,影响廉政文化建设的效能。如大学在长期发展过程中形成的"学而优则仕"的观念,这种观念一定层面上的理解可能是正确的,它曾在一定程度上激励了广大师生奋发学习、努力求索的热情与动力。但重智育轻德育、重知识传授轻廉洁素养的问题一直存在,严重影响了大学广大师生思想境界、政治素质、廉洁德养的提升。

3. 制度设计的缺陷影响了大学廉政文化建设的进程

(1)大学普遍存在着制度设计尤其是文化制度设计整体性、系统性不足的问题,缺乏文化建设尤其是廉政文化建设中长期发展的规划,缺乏文化制度建设与其他教育教学制度的协调统一。

(2)廉政文化制度基础不牢,缺乏广泛性。廉政文化建设是一个系统工程、长期工程,不可能一劳永逸,一蹴而就,它需要大学领导干部、教职员工、学生共同成为行为主体,参与对包括廉政文化制度在内的各项制度的制定和实施。

(3)廉政文化激励创新机制不健全。往往是制度颁布以后,没有建立与制度配套的实施办法和奖罚措施,没有完全实施责任制,没有及时组织有关部门检查督促,无法真正建立起用制度管权、管人、管事的监督保障机制,无法充分发挥廉政文化的激励功能,减缓了廉政文化建设的进程。

(三)加强科学的廉政信仰观,培养坚定的马克思主义廉政信仰

历史经验表明,确立一种信仰是一个长期而复杂的过程。当前,面对纷繁复杂的国内外形势,要进一步加强以马克思主义为指导的廉政信仰教育,自觉提高防腐拒变的能力,使马克思主义廉政信仰牢牢扎根在广大师生心灵深处,并使之转化为建设中国特色社会主义的强大精神动力,必须立足于大学实际,研究新情况,探索新途径,才能确保取得实效。消弥大学非马克思主义信仰的负面影响,奠定马克思主义廉政信仰的思想基础,做好以下几个方面的工作:

(1)加强理想信念教育。崇高的马克思主义理想信念始终是共产党人保持先进性的

精神动力。大学应高度重视加强理想信念教育的核心作用,充分利用党课、团课、思想政治理论课、形势与政策课等课程平台加强第一课堂教育;充分利用校园网络、校园报刊、形势报告会、社会实践等第二课堂教育,着力引导广大师生坚定马克思主义信仰,使之自觉成为马克思主义信仰的传播者、执行者、推进者。同时坚决制止宗教信仰、世俗信仰和虚无主义信仰等非马克思主义信仰及唯心主义、功利主义和实用主义的相关宣传进入大学校园或课堂。

(2)加强党性修养教育。"公"、"仆"、"廉"、"洁"是加强党性修养教育的重要内容,有公而生明,有仆而树德,有廉洁而生无私。大学应结合实际,积极开展示范和警示教育,开展党性修养教育,促使大学党员干部树立正确的世界观、人生观、价值观和正确的权力观、政绩观、利益观,以党性修养的提升促进政治思想上的成熟,以政治思想上的成熟和清醒促进行动上的自觉,充分发挥马克思主义主流信仰教育对大学廉政建设工作的促进作用,积极提高广大党员干部拒腐防变的能力。

(3)加强师德师风教育。教师作为特殊的职业群体,其劳动始终具有示范性。教师的品德修养、道德情操、作风仪表、治学精神乃至工作态度都对学生起着耳濡目染、潜移默化的影响,这种表率作用是无可替代的。大学应采取主题教育、典型示范、法制宣传等形式,不断塑造新时期教师的优秀品格和良好形象,并通过教师的良好带动作用,深刻影响学生的精神信仰,自觉树立良好的学术道德和治学规范,预防各种非良性信仰的侵蚀。

(4)加强优秀传统文化教育。大学应充分利用地域特点,结合地域特色文化,建设一批特色的廉政文化教育基地。大学应充分利用地理优势,挖掘廉政资源,拓展廉政教育基地,引导师生在优秀的廉政文化氛围中接受廉政教育,使腐败亚文化的消极影响消弥于无形,使廉政成为群体性的价值理念,并最终确立廉政信仰。防御和抵制大学腐败亚文化,形成崇尚廉洁的社会价值取向。信仰从某种意义上讲就是一种价值取向,价值取向的高低决定着信仰的层次高低。廉政信仰的确立实质上是以崇尚廉洁的社会价值取向为内核的政治伦理建设。大学要使廉政成为一种信仰,必须从树立师生科学的价值观入手,防御和抵制大学腐败亚文化,形成以廉为荣、以贪为耻的良好风尚。加强尚廉思想教育。要通过各种理论宣讲、时事教育等,引导师生认识到,之所以要努力形成崇尚廉洁的社会价值取向,进而形成廉洁奉献的政治伦理,是因为崇尚廉洁是社会主义道德建设的重要任务,是无产阶级价值观的要求,是合格的中国特色社会主义事业的建设者和接班人的必然要求。

(5)优化大学教育环境。长期以来,大学育人环境的繁杂为腐败亚文化提供了滋长的土壤,大学在深化校园廉政文化建设过程中,必须净化校园环境。这里包含有两个方面的内容:①净化校园物质环境,使师生在优美环境中接受熏陶。②净化校园文化环境,要从综合治理的角度全面整治舆论宣传媒体以及校园文化场所,斩断腐败亚文化的传播渠道;弘扬主旋律,增强师生抵制腐败亚文化的"免疫力"。大学努力开展廉政文化"进教材、进课堂、进头脑"的"三进"工作,积极组织专家编写适合国家发展形势需求和大学发展特点的廉政教材;积极开展廉政专家进课堂计划,着力开展邀请校内外从事廉政理论和廉政实践的专家学者进校园、进课堂活动;积极开展"读 100 部廉政书籍、唱 100 首廉政歌曲、看 100 部廉政电影"的"三个 100"活动,着力引导广大师生学廉政知识、用廉政理论、做廉政实践。"三进"工作的开展将对大学腐败亚文化的消极影响起到抵制作用,坚定大学中党员干部的政治信仰和精神意志,避免庸俗化和实用主义,在广大党员干部中营造一个积极向上、健康和谐的文化氛围。

(6)强化公权力约束,为廉政信仰的确立提供保障。有了良好的制度而不执行或执行不力,就会使人们对制度丧失神圣感和崇拜感,从而导致制度失去其应有的效能和功用。恩格斯指出:"人们自觉地或不自觉地,归根到底总是从他们阶级地位所依据的实际关系中——从他们进行生产和交换的经济关系中,吸取自己的道德观念。"[①]这说明丧失了公权力约束的腐败分子所崇拜的只能是"权利平等交易"的道德观念。就大学而言,首先,要对人、财、物等容易滋生腐败的薄弱环节和关键部位,加强对权力的制约、资金的监控和干部任用的监督,以构筑防范和治理腐败的制度基础。其次,要强化科学管理,健全民主决策制度,用制度保障干部、群众对决策事项的参与权和监督权,加强党代会、教代会对大学重大事项的监督和制约,加强对大学公权力的约束。最后要进一步加大校务公开的力度,要通过校园网络平台、校内舆论宣传平台等把学校做出的重大决策、重大事项、重要制度等公之于众,建立大学决策层与师生间互通的信任渠道。唯有如此,才能铲除大学腐败滋生的土壤,才能让大学师生对制度产生信任和敬畏,并逐步内化到廉政信仰体系之中。

(四)加强大学廉政制度文化建设,为规范大学廉政文化教育主体思想和行为提供制度保障

美国学者博克认为制度文化"有一种似非而是之处,它通过约束人的行为而使人获得解放"。生活在严密、规范的制度环境下,日久天长,人们都能深深体会到人人遵守制度、彼此诚信所带来的愉悦和自尊,制度就会为公众内心所接受,从而使之凝固为不必强制就能自然传承的并以非制度文化形式发挥作用的传统。加强大学廉政制度文化建设,根本在于深化改革,不断推进体制、机制和制度创新,把制度文化建设贯穿于学校各项管理工作之中,使廉政制度文化建设科学化、规范化,形成能够有效防范大学腐败现象的制度体系。

如何加强大学廉政制度文化建设,课题组认为要抓好三个关键环节:①廉政制度的制定要突出政治性、科学性和文化性,充分体现党和国家先进的政治文化、法治文化、德治文化的思想内涵和文化内涵,把先进的文化通过大学廉政制度这样一个文化载体,变成学校主体共同遵守的行为规范。②要抓好制度的落实。制度的效用,在于党员干部、师生员工的认同,因此,加强制度的宣传,提高人们对其必要性的认识,认真地遵守它,从

---

① 恩格斯.马克思恩格斯全集(第 20 卷)[C].北京:人民出版社,1971:29.

而变成自觉的行动,是十分必要的。③要注重制度的针对性和有效性。大学廉政文化教育由于主体的多层次,各层次的思想状况、知识结构、对文化的理解程度的不同,大学廉政制度在研究制定时,要充分体现出各个群体思想、文化的特点,体现出制度的针对性和有效性。

就目前我国大学而言,在党员领导干部中应做好以下几个方面的工作:

(1)围绕规范领导干部廉洁从政行为抓制度建设。不断完善领导干部的行为准则和道德规范,制定易于操作的实施细则和监督检查办法,使这些行为规范程序化和制度化,成为领导干部必须遵循的行为准则。比如建立健全学校党风廉政建设实施细则、党员领导干部廉洁从政行为准则等制度。

(2)围绕体制机制创新抓制度建设。对人、财、物等容易萌生腐败的薄弱环节和关键部位,加强对权力的制约、资金的监控和干部任用的监督,构筑防范和治理腐败的制度文化体制的基础。建立健全科学的干部选拔任用和管理监督机制,在不断完善民主推荐、民主测评、考核预告、差额考察、投票表决、任前公示、试用期和用人失误失察责任追究等制度的基础上,积极推行选任干部差额推荐、差额考察、差额酝酿和差额票决制度,不断扩大直接民主选举领导干部的范围,进一步提高选人用人的公开和民主化程度。

(3)围绕加强学校管理抓制度建设。要做好以下几个方面的工作:①要强化科学管理。按照精简、统一、效能的原则和政策,执行、监督相互分离、相互制约的要求,科学界定部门职能,合理设置机构,改进管理方式,建立和完善适应新形势需要的管理职能体系。②要强化高效管理。以提高工作效率,建立廉洁高效的学校各级党政领导班子为目标,明确办事责任,严格办事时限,提高服务效率和质量。强化公开管理,全面推进党务公开、校院务公开制度,建立与群众利益密切相关的重大事项公示制度。③要围绕发展民主加强制度建设,扩大民主是防止公权滥用的治本之策展开工作。发展民主的重点是健全强化民主决策、民主管理、民主监督机制。④要健全民主决策制度,用制度保障干部群众对决策事项的知情权、参与权和监督权,实行程序化决策,完善重大决策的程序,扩展民主决策范围。凡涉及重大决策、重要干部任免、重大项目安排和大额度资金的使用,均由集体讨论做出决定。⑤要健全民主管理制度。加强行政权力实施过程中的民主管理机制建设,健全学校听证、重大事项报告、党内情况通报、情况反映等民主制度,保证广大教职员工依法行使民主权利。⑥要健全民主监督制度,完善党的代表大会制度和党的委员会制度,加强党代会、党代表对党委领导成员的监督制约,健全保证民主集中制落实的具体工作和程序,发挥领导班子内部的民主监督作用。

教师在大学廉政文化建设中起主导作用,他们肩负着培养人才的神圣职责,教师的思想政治素质和职业道德水平直接关系到学校德育工作状况和青年学生的健康成长。因此,在大学廉政制度文化建设中,主要以规范教师的师德、师风行为为重点,围绕着这个重点来建立健全各项规章制度。如制定学术道德行为规范、学术处理处分条例等制度,有效预防和治理学术腐败行为。

学生是大学廉政文化建设教育主体中受教育人数最多的群体。加强大学廉政文化建设最终的目的是培养高质量人才,体现在学生思想道德素质、政治素质、文化素质等的全面提高。因此,在大学廉政制度文化建设中,要坚持以人为本,德育为先的原则,围绕着学生思想品德、日常行为养成等问题,建立健全规章制度。如制定学生思想道德规范、学生文明行为准则等制度,用严格的制度教育引导学生树立高尚的思想道德情操,规范学生廉洁行为。

(五)加强大学廉政行为文化建设,规范师生思想道德行为

大学教风、学风、管理作风是师生员工行为方式的集中表现,也是学校精神、价值观和办学理念的动态反应。学校的"三风"代表着一所学校的行为文化,因此,抓好"三风"建设便成为廉政文化建设的平台。

1. 必须抓好教风建设

教风是校风的核心,是师德的载体,教风不仅影响和制约学风,而且主导校风。良好的教风通常积淀于教师的精神世界之中,表现在教师的言行举止上。因此,抓好教风建设,必须以师德为重点,抓好思想道德教育,教育教师不仅要教好书而且要育好人。既要按照党的教育方针的要求,向学生传授先进的思想、科学的知识和做人的道理,教育学生求真、求善、求美,成为一个高尚的人;又要按照社会主义精神文明的要求,树立师德形象,在政治思想、品德修养、行为情操、仪表风范等方面严格要求、以身作则,抓好学术道德教育,教育广大教师严谨治学,严格施教,规范学术道德行为,做学生的楷模和表率。

2. 必须抓好学风建设

学风是校风的基础,是培养和造就高层次人才的关键,是大学的立校之本。学风的好坏,直接影响到学校人才培养的质量。笔者认为,加强学风建设应以教风为主导,以课堂为阵地,严格学生的学习过程管理,在管理中培养学生的求真务实精神。

3. 必须抓好管理作风建设

管理作风是校风的关键,管理作风的好坏,对教风和学风产生着重大影响。对一所大学而言,清明廉洁的管理作风可滋养出高尚的教风和勤奋的学风。相反,腐朽庸俗的管理作风则会使师生丧失理想、涣散斗志,从而动摇对学校的信心。笔者认为,加强管理作风建设必须从党风建设入手,努力抓好党员干部的思想作风、学风、领导作风、工作作风和生活作风建设;抓好党内民主集中制的贯彻落实,努力推进民主管理、科学管理,按"两公开一监督的"的规定实行校务公开、院务公开,体现以人为本的管理理念,努力抓好党风廉政建设责任制的落实,使管理干部自觉接受监督,保持清廉作风。

(六)加强大学廉政环境文化建设,为大学廉政文化建设奠定物质基础

1. 挖掘教育资源,创设廉洁的校园文化环境,为党员干部、师生员工营造廉洁的氛围

如建立校园廉政文化广场,开辟师生廉政作品专栏、宣传橱窗,悬挂著名科学家、学者、廉官的画像宣传画,设置著名的治学、治教、反腐倡廉名言警句警示教育牌,书写催人奋进的廉政文化宣传标语等。创设幽雅的校园环境,加强校园的硬件建设,始终保持校园环境的整洁、文明。如对学校道路、学生社区、学生公寓、文化活动场所以及绿化区进行统一规划,做到"春有花、夏有荫、秋有果、冬有绿"。

2. 搭建丰富的文化载体,扩大廉政文化阵地

校园是传播文化的场所,各种文化载体很多,必须综合利用充分运用传统载体,将廉政文化教育纳入教育教学计划。在党员干部中,充分利用党校教育资源,坚持在岗教育和专门培训相结合,把党风廉政文化教育纳入干部培训总体规划和党校教学计划,作为领导干部的"必修课"。通过建立领导干部任前党纪政纪知识考试制度、编写党风廉政教育教材、建立廉政教育培训基地等途径,定期进行专门的廉政教育培训。在学生中,充分挖掘和利用"思想政治理论课"、"大学语文"、"形势与政策"等教材中的廉政教育资源。同时,还可以开设廉政文化选修课,编写廉政文化读本。通过开设廉政教育课程,在课堂上进行廉政文化的灌输、廉洁意识的培养。要以校园电视台、广播站、校报、校刊、影视、校园网站、电教、工作简报等为载体,定期播报廉政勤政先进典型的事迹,播放廉政教育录像片,发布廉政教育信息,营造廉政文化的氛围。

3. 丰富廉政文化活动

根据不同类别学校、不同年级学生的特点,分层级、分层次的组织开展廉政文化活动。如廉政事迹演讲比赛、廉政知识竞赛、学习交流会、主题辩论会、参观廉政文化教育基地、征集廉洁自律格言、举办"激浊扬清"作品展览、组织"清风"文艺会演等活动,使廉政文化在各项活动中得到体现,廉政知识在各项活动中得到传播,增强廉政文化的辐射力。

(七)积极建立大学廉政文化建设的长效机制

1. 健全组织机构

建立健全党委统一领导,党政齐抓共管,思想政治教育部门、纪检监察部门及相关工作部门各负其责,广大干部师生共同参与的领导体制和工作机制。同时,要充分发挥党组织、工会、共青团的政治优势和组织优势。

2. 完善制度建设

建立党风廉政监督员、学生执勤队、监督队制度,增强党员领导干部监督意识,自觉接受广大师生员工的监督,增强教师廉洁从教意识,增强学生自我教育、自我管理、自我约束的能力,建立起大学廉政文化建设的长效机制。

六、未来大学文化应更加关注多校区办学条件下的大学文化融合问题

随着大学办学规模的不断扩大,多校区办学的大学越来起多。多校区办学带来的直接后果就是原有大学文化的割裂。既然多校区办学不可避免,那么大学就应该认真面对这个问题,在大学文化建设中格外关注多校区办学条件下的大学文化融合问题,最大可

能地弥补大学文化失衡和割裂带来的不利影响。

(一)以富有特色的文化教育活动凝集各校区间的文化合力

主校区和各分校区要着力开展富有特色的文化教育活动,例如"科技文化艺术节"、"社团潮"等学生科技创新、社团实践活动,以及"名人名家素质教育系列活动"、"百名教授百场讲座"等特色学术活动。这些校园文化活动营造了高雅健康、寓教于乐的校园文化氛围,成为第一课堂的有力补充和延伸。主体校区和各分校区要有针对性的进行策划,吸引众多大学人参与其中,使他们体验丰富的校园文化,在参与活动中获取成长的"营养"。

(二)将学生思想教育管理的创新成果运用于分校区来形成文化共识

以郑州轻工业学院为例,学校结合大学生成长成才的实际需要,创造性地推出了德育学分制,把传统的德育工作和学分制有机地结合起来,将大学生德育实践的内容和环节学分化,取得了显著的育人效果。该校将实施德育学分制的成功经验运用于新校区学生工作中,激发了90后为主的大学新生参与德育实践活动的热情。由于德育学分制主要依据学生参与班团组织活动、社会实践活动、校园文化建设活动及日常行为等进行考评,在学生中起到了很好的引领作用。2年多的实践表明,新校区学生的思想政治素质、基础文明素质、科学文化素质和实践创新能力都得到明显提高。

(三)充分发挥各校区间师生的积极性,提升大学文化的创新度

大学师生是大学校园文化建设的直接受益者,更是建设过程中的主要参与者。多校区办学条件下的大学校园文化建设,应该充分调动师生的积极性,凝聚师生的智慧和力量,创建和弘扬能够满足师生愿望要求、符合学校发展定位的校园文化和大学精神。校园文化对于大学生成长成才有着不言而喻的价值,大学教师为了更好地履行教书育人的职责,有参与校园文化建设的积极性,甚至可以说他们对校园文化建设有强烈的责任感。因此,大学的校园文化建设要发挥教师的作用,促使他们更深刻的认识到校园文化建设的重要性,增强其参与校园文化建设的能力。

一般情况下,由于教师的居住区与教学区距离较远,多校区大学的教师在每个校区特别是交通不便的新校区停留的时间并不长,导致他们与学生接触的机会并不多,容易在师生之间产生某种疏远感。在这样的现实条件下,学校更应该鼓励教师加强与学生的互动沟通,为教师参与校园文化建设创造条件。

我国大学中普遍配备有学生辅导员,这些辅导员作为专职人员,主要职责是为大学生的学习、生活等提供服务以及配合学校进行学生管理。他们是教师中间与大学生接触最多的群体,是学校开展校园文化建设的重要人力资源。发挥这一支队伍在校园文化建设上的作用,不仅要加强他们的育人意识,提高其在管理学生的同时引领学生健康成长的能力;还应该畅通他们与专业课教师的沟通渠道,协调两者在校园文化建设上的工作思路和方法等,使两者共同的教育对象(大学生)从中受益。

(四) 充分发挥校园媒体的作用以提升大学文化的辐射面和影响力

对于处在两校区甚至多校区办学条件下的大学来说,不同校区间的校园文化建设工作要重视融合。换句话说,一所大学不同校区的校园文化不能满足"1+1=2"的模式,而应追求"1+1>2"的效果,在传承、融合、创新的过程中实现校园文化精神的升华。多校区大学校园文化的建设工作应该更加重视现代媒体手段的运用,把现有的校园媒体资源用好用足,以期各个校区间的校园文化共同发展。

一所大学的校园文化精神,一方面得益于被全体师生认同的文化、价值观念,这体现在校风、教风、学风等方面。另一方面,由于现代媒体技术介入大学师生的日常生活,校园文化精神的形成过程越来越离不开校园媒体的传播和推动。多校区办学的大学,应该注重发挥校报、校园广播、校园网络等校园媒体以及手机飞信、微博等私人媒体的功能和优势,加强校园文化软环境的建设,扩大校园文化主流价值理念的影响范围和深度。

大学生作为大学校园媒体的主要受众,他们常常透过校报、校园广播、宣传橱窗、校园网站等媒介,去了解校内各种学术活动、校园文化活动的信息,以期扩大专业学习的视野、提升自身的全面素质;他们还会通过阅读积极向上的校内新闻报道和校园文学作品,寻找身边的榜样,激发潜藏其心中的成长成才的潜能。在多校区办学的条件下,一所大学如果善于运用校园媒体去建设和传播校园文化,为大学生创造喜闻乐见而又蕴含大学精神的各种文化产品,它收获的不仅是无价的校园精神财富,还有大批全面发展的高素质人才。

附录一　新中国成立以来大学建设史纲[①]

一、国家集中计划,政府直接管理阶段(1950～1958)

(一)各个大区重点建 1 所大学

1950 年:中央决定建设两所大学——中国人民大学、哈尔滨工业大学

1951 年:华东大区——复旦大学

1952 年:华中大区——武汉大学

1952 年:东北大区——吉林大学

1952 年:华北大区——南开大学

1953 年:西北大区——兰州大学

1953 年:华南大区——中山大学

1953 年:西南大区——四川大学

1951 年:决定建设中央直属的高级军校——南京军事学院

1952 年:决定组建自己军队的技术学校——哈尔滨军事工程学院(哈军工)

西安地区——西北大学

云南地区——云南大学

山东地区——山东大学

闽南地区——厦门大学

南京地区——南京大学

北京地区——北京大学

(二)增设重点大学

1954 年 10 月 5 日,中央《关于重点高等学校和专家工作范围的决议》指定 6 所学校
为全国性重点大学:中国人民大学、北京大学、清华大学、北京医学院、北京农业大学、哈

---

① 注:本部分根据网上相关数据收集整理;相关资料截至 2011 年 11 月。

尔滨工业大学。

书记处觉得应该再增加一所农业院校,教育部接到口头通知南京农学院为全国重点高等学校。南京农学院(1960 年归教育部,1980 年归农业部)。至此,全国重点高校共68 所。

二、中央"统一领导,分散管理"时期(1978～至今)

(一)改革开放初期大学的分类与改制

1978 年 2 月 17 日,国务院转发教育部《关于恢复和办好全国重点高等学校的报告》,恢复文革前 60 所全国重点高等学校,并增加 28 所高校为重点大学。

1977 年 5 月 2 日邓小平提出要办重点大学,集中优秀人才。到 1981 年全国共有重点大学 98 所。

下列即常说的 1978 年 88 所全国重点大学。其中:

1. 综合类 17 所

北京大学、复旦大学、吉林大学、南开大学、南京大学、厦门大学

武汉大学、中山大学、山东大学、四川大学、兰州大学

湘潭大学、云南大学、西北大学、新疆大学、内蒙古大学、西南政法学院

2. 理工类 53 所

清华大学、中国科学技术大学、山东海洋学院、长沙工学院、天津大学、重庆大学、同济大学、浙江大学、上海交通大学、西安交通大学、西南交通大学、北方交通大学、哈尔滨工业大学、西北工业大学、合肥工业大学、吉林工业大学、哈尔滨工程大学、东北重型机械学院、重庆建筑工程学院、西安冶金建筑学院、大连工学院、东北工学院、南京工学院、华南工学院、华中工学院、北京工业学院、北京航空学院、北京钢铁学院、北京邮电学院、北京化工学院、大连海运学院、华东水利学院、华东石油学院、华东化工学院、华东纺织工学院、武汉水利电力学院、武汉地质学院、徐州矿业学院、中南矿冶学院、南京航空学院、南京气象学院、华东工程学院、武汉建材工业学院、西北轻工业学院、武汉测绘学院、长春地质学院、阜新矿业学院、大庆石油学院、华北电力学院、成都电讯工程学院、西北电讯工程学院、北京师范大学、华东师范大学

3. 农学类 9 所

北京农业大学、北京林学院、镇江农业机械化学院、南京农学院、华中农学院、华南农学院、西南农学院、西北农学院、沈阳农学院

4. 医学类 6 所

北京医学院、上海医学院、中山医学院、四川医学院、北京中医学院、南京药学院

5. 外国语 2 所

北京外国语学院、上海外国语学院

6. 艺术类 1 所

中央音乐学院

文革前 68 所重点高等学校中的中国人民大学、中国医科大学、北京政法学院、北京体育学院、北京外贸学院、北京农业机械化学院、国际关系学院、第四军医大学等 8 所高校没被列入 1978-02-17 恢复和办好全国重点高等学校名单内。

1978～1981 年陆续追加全国重点高等学校 10 所:

湖南大学(1978 年 8 月,根据国务院国发 27 号文件决定湖南大学改由第一机械工业部和湖南省双重领导,以一机部为主,并被列为全国重点高等学校)

成都工学院(全国科学大会后,中国科学院从地方要去的 4 所学校之一,1978 年 10 月划归中国科学院,更名为成都科技大学,成为重点大学,1980 年 10 月改属原国家教委)

北京语言学院(1979 年 2 月列入全国重点大学,增列原因是对外汉语教学招生的需要)

北京体育学院(1979 年 9 月 18 日中共中央批转教育部党组《关于加强高等学校统一领导,分散管理的决定的报告》,该院又被列为全国重点学校)

江西农学院(1980 年 11 月江西农学院更名为江西农业大学,它是江西第 1 所全国重点大学。1970 年 7 月江西共产主义劳动大学和江西农学院合并)

山西农学院(1979 年 7 月 27 日经国务院批准大寨农学院并入山西农学院,同年山西农学院更名为山西农业大学,被列入全国重点高等学校。此后雁北、运城农学院也并入)

中国人民大学(1978 年 7 月 7 日,国务院恢复 1971 年 4 月撤销的中国人民大学。国务院在国发〔1978〕129 号文件中重申:中国人民大学是一所综合性的社会科学大学)

中央民族学院(1979 年 8 月召开全国第 5 次少数民族学院院长会议,该校被列入全国重点高等学校)

北京农业机械化学院(1978 年后复校)

长沙工学院(1978 年 6 月 6 日国务院、中央军委批发《关于成立中国人民解放军国防科学技术大学的通知》(国发〔1978〕110 号文件)。将长沙工学院改建为国防科学技术大学,列入解放军序列,执行兵团级职权,国防科委代管)

其他部属重点大学:

中国协和医科大学(1979 年 7 月国务院决定校名"中国首都医科大学",1985 年改称中国协和医科大学,这是协和医学院第 3 次复校)

北京政法学院(1979 年重建)

东北师范大学(1950 年 4 月归教育部,1958 年 10 月吉林省接管,1978 年 2 月省部双重领导,1980 年 8 月归教育部)

石家庄铁道学院(1978 年 1 月 13 日更名为铁道兵工程学院,1984 年改现名)

北京广播学院(1978 年被列为部属重点大学)

上海科学技术大学(中国科学院华东分院负责筹建,1958 年成立)

哈尔滨科学技术大学(1978 年黑龙江工学院被中国科学院要去,改用此名)

(二)"七五"期间国家重点建设的高校

1984 年国务院批准全国 10 所重点建设大学和 15 所重点投资建设的大学：

北京大学、清华大学、复旦大学、中国科技大学、上海交通大学、西安交通大学、北京医科大学、北京农业大学、北京师范大学、北京理工大学、哈尔滨工业大学、西北工业大学、北京航空航天大学、国防科学技术大学(1984-09-25 国务院批准 14 所大学为重点建设院校，国防科大是其中之一)、中国政法大学(昌平校区于 1985 年被列为国家"七五"重点建设工程)

(三)"八五"国家重点建设的 14 所高校

北京大学、清华大学、复旦大学、西安交通大学、上海交通大学、中国科技大学、北京医科大学、中国人民大学、北京师范大学、北京农业大学、北京理工大学、哈尔滨工业大学、西北工业大学、北京航空航天大学、

(四)"九五"期间"211 工程"建设规划任务

1996 年 8 月，首批通过"211 工程"立项审核的 27 所：

首先重点建设北京大学、清华大学 2 所高等学校，使其在教学、科研和人才培养的整体水平上，接近和达到国际先进水平，并在国际上确立较高的声誉和地位。

着重提高和改善 25 所左右与我国社会主义建设密切相关、重点学科比较集中、承担较多公共服务体系建设任务的高等学校的教学和科研基础设施条件，使其在人才培养质量上有显著提高，一些重点学科接近或达到国际水平，并在高等学校中起到骨干和示范作用。25 所高校为：南开大学、天津大学、同济大学、哈尔滨工业大学、哈尔滨工程大学、国防科技大学、北京师范大学、中国农业大学、上海交通大学、南京大学、中山大学、吉林大学、大连理工大学、武汉大学、中国科技大学、复旦大学、浙江大学、西安交通大学、北京航空航天大学、北京理工大学、西北工业大学、东南大学、华中科技大学、中国人民大学、中南大学(继 1996 年 8 月，首批通过"211 工程"立项审核设的 27 所大学之后，1997 年北京科技大学、北京外国语大学、厦门大学等院校陆续加入"九五"首批"211 工程"建设的 50 所院校。截至 2003 年，入选"211"工程大学总共达到 95 所。)

(五)"十五""面向 21 世纪教育振兴行动计划"

2000 年重点建设的 22 所大学：

清华大学、北京大学、中国科技大学、南京大学、复旦大学、上海交通大学、西安交通大学、浙江大学、哈尔滨工业大学、北京理工大学、吉林大学、武汉大学、天津大学、南开大学、东南大学、华中科技大学、西北工业大学、北京航空航天大学、厦门大学、大连理工大学、东北大学、北京林业大学

2003 年教育部公布的 95 所"211"工程大学：

北京大学、中国人民大学、清华大学、北京交通大学、北京工业大学、北京航空航天大学、北京理工大学、北京科技大学、北京化工大学、北京邮电大学、中国农业大学、北京林业大学、北京中医药大学、北京师范大学、北京外国语大学、对外经济贸易大学、中央民族

大学、中央音乐学院、南开大学、天津大学、天津医科大学、河北工业大学、太原理工大学、内蒙古大学、辽宁大学、大连理工大学、东北大学、大连海事大学、吉林大学、延边大学、东北师范大学、哈尔滨工业大学、哈尔滨工程大学、东北农业大学、复旦大学、同济大学、上海交通大学、华东理工大学、东华大学、华东师范大学、上海外国语大学、上海财经大学、南京大学、苏州大学、东南大学、南京航空航天大学、南京理工大学、中国矿业大学、河海大学、无锡轻工业学院、南京农业大学、中国药科大学、南京师范大学、浙江大学、安徽大学、中国科学技术大学、厦门大学、福州大学、南昌大学、山东大学、青岛海洋大学、石油大学、郑州大学、武汉大学、华中理工大学、中国地质大学、武汉理工大学、湖南大学、中南工业大学、湖南师范大学、中山大学、暨南大学、华南理工大学、华南师范大学、广西大学、四川大学、重庆大学、西南交通大学、电子科技大学、四川农业大学、西南财经大学、云南大学、西北大学、西安交通大学、西北工业大学、西安电子科技大学、长安大学、兰州大学、新疆大学、第二军医大学、第四军医大学、国防科学技术大学

2002 年并掉 8 校,分别是:杭州大学、北京医科大学、上海医科大学、华西医科大学、吉林工业大学、山东工业大学、武汉测绘科技大学、武汉水利水电大学

2004 年追加 3 校,分别是:北京广播学院、上海大学、上海第二医科大学

教育部公布"985 工程"重点建设 38 所高校:

1998 年 12 月 24 日,教育部制定的《面向 21 世纪教育振兴行动计划》将"若干所"正式列入其中,明确指出"创建若干所具有世界先进水平的一流大学和一批一流学科"。

在这 38 所高校中目标定位为"世界一流大学"的有:北京大学、清华大学

在这 38 所高校中目标定位为"国内一流、国际知名高水平大学"的有:浙江大学 14 亿(教育部拨款＋省拨款)、南京大学 12 亿(教育部拨款＋省拨款)、复旦大学 12 亿(教育部拨款＋市拨款)、上海交通大学 12 亿(教育部拨款＋市拨款)、中国科技大学 9 亿(教育部拨款＋中科院拨款＋省拨款)、西安交通大学 9 亿(教育部拨款＋省拨款)、哈尔滨工业大学 10 亿(教育部拨款＋国防科工委拨款＋省拨款)、北京理工大学 10 亿(教育部拨款＋国防科工委拨款＋市拨款)、北京师范大学 12 亿(教育部拨款＋市拨款)

三、大学研究生教育的发展史

(一)首批正式设立研究生院的高校 22 所

1978 年,经国务院批准成立中国科技大学研究生院。1984 年 8 月,经国务院批准 22 所高校首批试办研究生院:北京大学、中国人民大学、清华大学、北京理工大学、北京航空航天大学、北京科技大学、北京农业大学、北京医科大学、北京师范大学、天津大学、南开大学、哈尔滨工业大学、吉林大学、复旦大学、上海交通大学、浙江大学、南京大学、武汉大学、华中理工大学、国防科学技术大学、西安交通大学、上海医科大学

(二)1986 年第二批试办研究生院的高校 10 所

中山大学、东南大学、东北大学、大连理工大学、厦门大学、华东师范大学、中国地质大学、西北工业大学、同济大学、中国协和医科大学(因北京医科大学和上海医科大学分别合并到北京大学和复旦大学,目前实际只有 31 所研究生院)

(三)2000 年第三批试办研究生院的高校 22 所

北方交通大学、北京邮电大学、北京林业大学、东北师范大学、华东理工大学、南京航空航天大学、南京理工大学、中国矿业大学、南京农业大学、山东大学、石油大学、湖南大学、中南大学、华南理工大学、四川大学、重庆大学、西南交通大学、电子科技大学、西安电子科技大学、兰州大学、第二军医大学、第四军医大学

2002 年 5 月,教育部批准了哈尔滨工程大学、海河大学 2 所大学试办研究生院。后来又批准西北农林科技大学试办研究生院。

(四)2004 年教育部指定全国 34 所考研自行确定复试录取线的高校

北京大学、清华大学、中国人民大学、北京航空航天大学、北京理工大学、天津大学、南开大学、中国农业大学、北京师范大学、上海交通大学、大连理工大学、中国科学技术大学、复旦大学、哈尔滨工业大学、吉林大学、同济大学、南京大学、华中科技大学、西安交通大学、东北大学、东南大学、浙江大学、华南理工大学、西北工业大学、厦门大学、湖南大学、武汉大学、兰州大学、电子科技大学、中山大学、中南大学、重庆大学、山东大学、四川大学。

四、其 他

(一)首批拥有教授任职资格审批权的高校(32 所)

北京大学、清华大学、中国人民大学、北京理工大学、北京航空航天大学、北京师范大学、中国协和医科大学、北京医科大学、北京农业大学、北京科技大学、南开大学、天津大学、哈尔滨工业大学、吉林大学、大连理工大学、东北大学、复旦大学、上海交通大学、同济大学、上海医科大学、华东师范大学、南京大学、东南大学、浙江大学、中国科技大学、厦门大学、武汉大学、华中理工大学、中国地质大学、中山大学、西安交通大学、西北工业大学。

(二)31 所副部级大学

1.1992 年中央指定 14 所书记、校长职务由中央管理的高校

北京大学、清华大学、中国人民大学、北京理工大学、北京航空航天大学、北京师范大学、中国农业大学、北京医科大学、中国科技大学、复旦大学、上海交通大学、西安交通大学、哈尔滨工业大学、西北工业大学。14 所高校的党委书记、校长职务由中央直接任命,书记和校长享受副部级待遇。

2.2000 年增加 7 所

南京大学、浙江大学、南开大学、天津大学、武汉大学、四川大学、中山大学

3. 2003 年 12 月再新增 11 所

吉林大学、大连理工大学、同济大学、东南大学、厦门大学、中南大学、华中科技大学、重庆大学、山东大学、兰州大学、西北农林科技大学。

（三）教育部直属大学

从 1952 年起，教育部指定了一批又一批的大学为教育部直属的（重点）大学，如北京大学、清华大学、中国人民大学、复旦大学等。20 世纪 70 年代末，只有不到 30 所，然而从 20 世纪 90 年代中后期起，急剧扩编，至今已有 72 所大学纳入教育部直属大学。这些大学只是教育部直属的，他们中有的纳入全国重点大学（如全国 6 所、16 所、64 所、88 所重点大学，211 工程 95 所重点大学，985 工程 38 所重点大学），有的则不属于全国重点大学。到目前为止，仍有十几所教育部直属大学未纳入国家 211 工程（即不属于国家重点大学）。因此教育部直属大学与全国性重点大学是两个不同的概念，不可混为一谈。当然全国的著名的重点大学主要集中教育部直属大学这个集团，此外还有直属中科院的中国科学技术大学和国防科工委的哈尔滨工业大学、哈尔滨工程大学、北京理工大学、北京航空航天大学、西北工业大学、南京理工大学、南京航空航天大学。

72 所教育部直属大学：

清华大学、北京大学、中国人民大学、北京科技大学、北京化工大学、北京师范大学、北京外国语大学、北京语言文化大学、南开大学、天津大学、东北大学、大连理工大学、吉林大学、中南财经政法大学、东北师范大学、复旦大学、上海交通大学、同济大学、华东理工大学、西安电子科技大学、华东师范大学、上海外国语大学、南京大学、东南大学、无锡轻工大学、合肥工业大学、浙江大学、厦门大学、山东大学、青岛海洋大学、武汉大学、西南交通大学、中国地质大学、华中师范大学、湖南大学、中国药科大学、中山大学、华南理工大学、兰州大学、电子科技大学、四川大学、重庆大学、西南师范大学、西安交通大学、陕西师范大学、西南财经大学、西北农林科技大学、对外经济贸易大学、石油大学、北京邮电大学、中国农业大学、北京林业大学、北京广播学院、河海大学、中国政法大学、中央音乐学院、中国矿业大学、上海财经大学、东北林业大学、华中农业大学、南京农业大学、东华大学、中央戏剧学院、长安大学、北方交通大学、华中科技大学、中南大学、中央财经大学、武汉理工大学、中央美术学院、北京中医药大学、华北电力大学。

（四）国防科委院校 7 所

国防科工委院校是规模仅次于教育部直属院校的另一个大学集团。1952 年，中共中央指定北京工业学院（北京理工大学）、哈尔滨工业大学、北京航空学院（北京航空航天大学）、上海交通大学 4 所大学为国防院校。国防院校后来又改名为国防科委院校。从 20 世纪 50 年代后期，先后又有西北工大、成都电讯、南航加入到国防院校的行列，至 1963 年我国共有 8 所国防科委院校：

哈尔滨工业大学（航空、航天）、北京理工大学（导弹、坦克）、北京航空航天大学（飞机、导弹）、上海交通大学（船舶、火车）、西北工业大学（飞机、导弹、船舶）、成都电讯工程

学院(电子)、南京航空航天大学(飞机)、太原机械学院(兵器)

(五)省部(局)共建高校

省级政府与农业部共建地方高校(1所):河南农业大学

省级政府与水利部共建地方高校(4所):南昌工程学院、华北水利水电学院、三峡大学、河北工程大学

省级政府与铁道部共建地方高校(2所):大连交通大学、兰州交通大学

省级政府与民政部共建地方高校(2所):长沙民政职业技术学院、重庆城市管理职业学院

省级政府与国家海洋局共建地方高校(3所):广东海洋大学、上海海洋大学、宁波大学

省级政府与住房和城乡建设部共建地方高校(1所):沈阳建筑大学

省级政府与国土资源部共建地方高校(1所):成都理工大学

省级政府与国家粮食局共建地方高校(1所):河南工业大学

省级政府与国家民委共建地方高校(8所):云南民族大学、广西民族大学、青海民族大学、湖北民族学院、大连民族学院、贵州民族学院、西藏民族学院、内蒙古民族大学

省政府与国家安监总局共建地方高校(1所):河南理工大学

省级政府与国家中医药管理局共建地方高校(3所):成都中医药大学、南京中医药大学、河南中医学院

省级政府与3大国家石油公司共建地方高校(6所):西南石油大学、西安石油大学、长江大学、东北石油大学、辽宁石油化工大学、重庆科技学院

省级政府与国家烟草专卖局共建地方高校(1所):郑州轻工业学院

省级政府与国家审计署共建地方高校(1所):南京审计学院

(以上是省部共建地方高校,不含"985工程"、"211工程"、教育部等部委直属高校。)

附录二　郑州轻工业学院文化建设实施纲要

大学文化是高校师生员工在长期的办学过程中培育形成并共同遵守的信念目标、价值追求和行为准则,是一所大学赖以生存发展的根基和灵魂,是办好大学最重要的精神资源和无形资产。作为一所有着 30 多年建校历史的省属大学,我校在长期的发展历程中,积淀形成了以"为之则易、不为则难"校训为内核的大学文化。面向更高办学层次和目标追求,进一步加强大学文化建设,对于全面提升学校办学软实力与核心竞争力,建设文明和谐校园,促进学校又好又快发展,具有重要意义。

一、指导思想

高举中国特色社会主义伟大旗帜,以邓小平理论和"三个代表"重要思想为指导,认真贯彻落实科学发展观;以社会主义先进文化为导向,以社会主义核心价值体系建设为根本,以大学精神文化建设为核心,以制度文化、行为文化、学术文化、环境文化、形象文化建设为载体;围绕学校发展战略和奋斗目标,立足学校实际,建设科学民主、健康向上、高效和谐、特色鲜明的大学文化,为加快建设轻工特色鲜明的教学研究型大学提供强有力的文化支撑。

二、总体目标

紧密结合学校历史传统、文化现状和师生的精神面貌、文化需求,坚持"学校以育人为本,教师以敬业为乐,学生以成才为志"的原则,以校训、校风、教风、学风为核心,引导广大师生弘扬主旋律,突出高品位,努力形成校园风尚优良、学术氛围浓厚、管理体系科学、校园环境优美、审美情趣高雅、文化生活丰富的郑州轻工业学院文化,不断增强学校的凝聚力、创新力和竞争力;通过大学文化建设,把大学精神外化于形、内化于心、固化于制,使学校形态、文化神态、师生心态与行为状态和谐一致,办学实力、文化魅力、学校张力与师生活力相得益彰,不断满足师生员工日益增长的文化需求,实现学校与学院、师生员工的全面协调可持续发展。

三、基本原则

1. 坚持历史传承与发展创新相结合

既要继承中华民族优良文化传统,发掘传承我校文化的厚重积淀,借鉴吸收外校文化的有益成果,又要解放思想、实事求是、与时俱进,面向未来发展,创新学校文化,不断培育学校文化新的增长点,赋予学校文化以时代精神和内涵。

2. 坚持科学精神与人文关怀相融合

既要大力倡导以求真务实为取向、开拓创新为灵魂的科学精神,培养师生实事求是、科学严谨的态度作风,又要高度重视以向善尚美为取向、以人为本为内核的人文精神,培育师生积极向上、格调高雅的审美情趣。

3. 坚持共性文化与个性文化相协调

既要遵循大学文化建设的普遍规律,体现现代大学的共同特征,牢牢把握社会主义大学文化的前进方向,又要研究我校文化的发展历史,发掘提炼我校文化的个性特点,把郑州轻工业学院精神内化为师生的共同思想基础。

4. 坚持先进性要求与广泛性要求相统一

要从学校、单位和师生实际出发,区分层次,着眼多数,鼓励先进,循序渐进。积极鼓励一切有利于学校改革发展稳定的先进文化,引导师生员工不断地追求更高层次的理性精神,不断创造更加优秀的文化成果。

5. 坚持整体规划与分步实施相衔接

既对我校文化建设发展战略进行长远规划、整体布局,提出长期目标、总体内容,又对近期目标、保障机制进行任务分解、责任落实,提出配套措施和实施步骤,确保学校文化建设重点突出、环环相扣、分步实施、整体推进。

四、具体内容

我校的文化建设主要包括精神文化建设、制度文化建设、学术文化建设、环境文化建设、行为文化建设和形象文化建设六部分内容。

1. 精神文化建设

大学精神文化是大学文化的精髓和灵魂,是学校全体师生员工在长期的工作学习和生活过程中,逐步孕育形成并始终恪守的共同的理想信念、价值追求、群体意识和行为规范,是引领和感召全体教职员工奋发向上、继往开来的宝贵精神动力。

(1)确立社会主义核心价值体系的主导地位。坚持不懈地用马克思主义中国化的最新成果武装头脑,牢固树立中国特色社会主义共同理想,大力弘扬以爱国主义为核心的民族精神和以改革创新为核心的时代精神,积极践行以"八荣八耻"为主要内容的社会主义荣辱观。开展各种行之有效的思想教育活动和社会实践活动,使全体师生员工树立正确的世界观、人生观和价值观;大力培育"民主、科学"的先进思想,积极推展"以人为本·科学发展"的时代理念。

(2)秉承"为之则易、不为则难"的校训。采取各种有效方式,引导师生自觉将"修德"与"进学"紧密结合起来,增强历史使命感和时代责任感,励精图治,奋发图强,为学校发展贡献力量。

(3)弘扬"明德、正学、倡和、出新"的校风。积极宣传,使校风渗透到每一名教职员工的日常活动和行为规范之中,成为大家自觉追求的人格风范;彰显高尚道德,培养科学精神,倡导自主创新,构建和谐校园。

(4)践行"修至学、立世范、启智慧、益品行"的教风。通过教育宣传与制度约束相结合的有效方法,引导广大教师将优良的教风作为自己的职业理想和价值追求,积极探索教学规律,全面掌握教学艺术,不断改进教学方法,修身懿德,诲人不倦,做学高身正、教书育人的楷模。

(5)光大"尚诚朴、勤学问、重团结、养正气"的学风。采取切实有效的活动形式,在全体学生中持续开展学风教育,引导学生端正学习态度、明确学习目的、创新学习方法、强化集体观念、铸造优秀品格,自觉养成勤勉、奉献、创新、博爱的优秀道德品质,培育自己优秀的人文精神和科学品质。

(6)提炼校园精神文化。积极挖掘、整理、保护、开发和弘扬学校办学历程中所形成的优秀的精神文化资源,有效吸收现代大学的办学理念与思想,充分尊重教职员工在传承学校精神文化活动中的主体作用,持续强化对学校精神文化的认同感和归属感。

(7)加强爱校教育。通过读校史、戴校徽、升校旗和参观荣誉馆等具体活动形式,不断强化师生员工的主人翁意识,激励大家珍爱学校声誉,参与学校建设,关注学校发展。

(8)强化校友文化建设。以感情为纽带,以合作为基础、以事业发展为目标,支持校友建功立业,鼓励校友关爱母校。经常性地走出去、请进来,与校友保持联系和沟通,有计划地邀请知名校友来校做报告,吸引更多的校友参加校友活动。

2. 制度文化建设

大学制度文化建设是大学文化建设的保障。我校制度文化建设要充分发挥制度的引导、保障、制约功能。通过制度文化建设,使学校在整体工作上实现重大问题、重大决策的民主化、科学化、规范化、人本化,形成自我发展、自我约束、正确激励、充满生机的运行机制。

(1)加强学校规章制度建设。各职能部门要根据时代的要求对已有的规章制度进行清理整顿,解决有关制度过时的问题;根据学校发展的需要,依据制度文化建设的指导思想和原则,制定新的规章制度,解决有些工作无章可循的问题;依照有关法律法规,各部门对规章制度进行梳理,解决学校规章制度与国家法律以及上级部门有关规定不衔接甚至冲突问题。

(2)强化决策规范建设。修订和完善党委常委会、校长办公会、党政联席会议事制度;不断完善并认真贯彻《党委领导下的校长负责制实施细则》、《学校党政联席议事规则》、《学术委员会议事规则》等一系列规章制度;制定《郑州轻工业学院章程》,使之成为学校办学行为的基本法,体现全体师生共同意志的有关学校的基本组织和基本权利的规范;建立新闻发布会、新闻发言人制度和突发事件应急宣传制度;加强院系的各种规章制度建设。

(3)加强民主政治建设。坚持和完善教代会、工代会民主管理制度,认真落实学院教代会制度;完善团代会、学代会制度;依法完善和切实执行校务公开制度,建立和完善情况通报制度、情况反映制度和重大决策征求意见制度,不断扩大广大师生员工对学校工作的知情权、参与权和监督权。完善学校信访工作制度。建立和完善校内申诉机制,增强民主监督力度;充分发挥民主党派的参政议政作用,发挥各级人大代表、政协委员和离退休同志在民主监督和参与学校管理中的积极作用。

(4)加强学生的教育管理。建立和完善学生管理制度、学生组织规范、学生行为规范和有关学生培养的各类规章制度,充分发挥制度文化在育人和行为培养中的功能。

(5)强化教职工管理。严格《郑州轻工业学院精神文明奖管理暂行办法》、《郑州轻工业学院请销假办法(试行)》、《郑州轻工业学院教学事故认定与处理办法》(试行)等有关规定。加强对教职工的管理工作。

3. 学术文化建设

大学的学术文化体现一所大学的学术品格和学术地位。追求真理与理性,公平与正义,实现人格的自由与独立,在兼容、开放的环境中实现科学的创新和发展是学术文化的终极目标。

(1)加强学术道德建设。制定学术道德规范条例,完善学术评价体制,规范师生的学术行为;将学术道德教育纳入新教师上岗培训和研究生、本科高年级学生的培养体系之中;加强对学术道德与学术纪律的监督工作,认真受理涉及学术道德问题的事件投诉,严肃处理弄虚作假,抄袭剽窃行为;加强对哲学社会科学研讨会、报告会、讲座的管理,不给错误思想和言论提供传播渠道。

(2)加大对学校学术团体、机构的支持力度。对学校现有的科研机构、研究中心或重点实验室予以扶持,支持各专业协会、学术团体独立开展学术活动。有计划的对其研究目标、研究状况进行监控和评估。积极适应社会需求,加强应用项目的研究开发,为当地社会经济发展提供智力和科技支持。

(3)扩大学术交流。保持与国内外著名大学、科研机构和教育机构的联系与合作,组织多种形式的国内、国际学术交流活动,有计划地聘请国内外专家及文化团体来校讲学、交流、参观、访问。充分利用校内外学术资源,针对不同层次的群体,举办丰富多彩的学术讲座。建立学生学术沙龙,发挥"研究生学术论坛"的作用。举办各种学术会议,扩大学校的学术影响。吸收国内外著名高校的办学经验,提高学校学术建设与管理水平。

(4)强化学术刊物建设。积极提供条件办好学校《郑州轻工业学院学报》,不断提高刊物的质量和水平,提高论文质量,增强其在国内外学术界的影响力。创造条件,争取打造新的学术刊物;努力做好郑州轻工业学院出版社的申报和创建工作。

(5)培养学生的科学精神和创新能力。广泛开展校园科技文化活动,通过举办学术节、学术周、科技作品竞赛、各种学术讲座、科普知识宣传,丰富学生的科技文化生活;以参加全国"挑战杯"和大学生创新性计划实验项目等各类科技竞赛活动为依托,组织大学生组建各种科学创新活动课题组,加大对学生科研活动的经费投入,增加学生科研课题立项,强化老师指导学生科技活动的责任意识,建立老师与学生基于学术层面的交流沟通渠道;学院建立相应的学术指导机构,指导学生社团开展各种高雅、健康、有益的科技文化活动;各学院各专业依托专业基础,发挥专业特长,组建各类学生学术社团和学会,在老师的指导下,自主开展多种多样的学术文化活动。培养学生的学术素养,养成其参加学术活动的自觉性。

(6)开展读书活动。营造良好的读书文化氛围,拓宽学生阅读兴趣,养成多读书、读好书的良好习惯;开展读书月、读书周及读书心得经验介绍等活动,在阅读中培养学生独立思考和理性思维能力。学校相关组织加强与图书发行机构的联合,举办校园书展和送好书到校园活动。

4. 环境文化建设

大学环境文化对师生员工具有耳濡目染的作用。我校要利用地理优势,发掘中原文化资源中的优秀成分,弘扬勤勉诚朴、兼容并蓄、不断进取的文化传统,建设独具特色的精品大学环境。

(1)搞好校园规划和建设。做好两个校区自然景观和人文景观的整体规划和分期建设。在校园突出位置设立校园规划图和校园建筑、道路指示牌。在适当位置设置大型电子显示屏;加强两个校区人文景点建设,为在社会学术界有着重大影响的学校已故知名学者塑像;进行主要道路、建筑物命名,设置傍道名言牌。

(2)加强校园文化管理。制定《郑州轻工业学院校园环境管理规则》;规范校园横(条)幅、标语、版报、宣传栏等宣传品的悬挂和张贴,加强对不良校园广告、横幅、标语的管理和清理;设置垃圾分类箱、废电池回收箱,保持校园环境整洁;在特定场所张贴禁烟标志和节约水电提示;规范校园环境的汉字使用。

(3)强化校园网络建设。充分发挥网络媒体在大学文化建设中的强势作用,把校园网络建成展示学校风貌,加强对外交流,开展宣传教育,引导和活跃文化生活,融信息性、思想性、知识性、趣味性、服务性于一体的重要载体,不断规范校园网络建设,提升校园网络服务的品位和水平。

（4）加强文化阵地建设。加强教职工活动中心建设，改善职工活动条件，开展丰富多彩的教职工文体活动，促进教职工的身心健康；以"五好文明家庭"的评选和模范"教职工之家"创建活动为契机，创造和谐的人际关系，优化校园人际环境。完善离退休职工活动设施，建好老年活动室、展览室、报刊杂志阅览室，组织开展各种有益于老年人身心健康的文化娱乐活动。增强青少年活动中心的使用功能，扩大学生使用范围和品味。

（5）加强文化小区建设。进一步加强学生学习、生活区域的文化建设，改善学生学习、生活区域的文化环境。教室、实验室、图书馆根据人才培养需要，悬挂伟人名人画像、绘画和箴言，使学生在优美高雅的环境中接受教育。加强学生生活区域的文化环境建设，继续开展"文明食堂"、"文明宿舍"等文化创建活动，创造秩序良好、环境幽雅、整洁舒适、融洽和谐的生活环境。

（6）开展文化校园建设。做好绿化设计、环境小品设计和植树品种设计，对校园各类树木制作名称属种标识。推进校园环境的美化工作，开展学生公寓环境建设活动；定期开展校园景观设计及景观诗文征集活动，定期举办摄影、书画作品征集和展览活动，增强人们对校园环境文化的崭新认识，激发师生爱校意识。

（7）重视校园历史文物的保护和利用。校园内有教育和纪念意义的文物古迹、古树名木的保护，重视对校史馆、档案馆、文物馆、图书馆等馆藏文物和珍善本图书的保护和利用。

（8）搞好学院文化建设。各学院根据学校文化建设规划的要求，建设和发展具有自身特色的院系文化。

5. 行为文化建设

大学行为文化是推进大学建设的重要载体，是全体师生员工精神状态、行为操守和文化品位的动态反映，也是大学精神、办学理念和价值观念的具体体现。

（1）强化行为规范建设。贯彻《郑州轻工业学院教师、干部、工人职业道德规范》和《高等学校学生行为准则》。全体干部要清正廉洁、爱岗敬业、团结协作、以身作则；广大教师要为人师表、关爱学生、严谨治学、勤于进取；全校工人要高效服务、规范管理；全校同学要仪表整洁、举止文雅、诚实守信、尊敬师长、勤奋好学、勇于创新，争作学为人师、行为世范的表率。

（2）推进师生修身活动。组织大学生开展文明修身活动，开设爱校建校劳动课、周四义务劳动日活动。大学生志愿服务组织要在行为文化建设中发挥带头和示范作用。以"六不六要"为基本点，积极推进校园文明公约和师生文明修身活动。重视培养良好教学风气、学习风气和学术风气，规范教学、学习和科研行为。规范管理、服务和生活行为。加大对学生在升国旗仪式、课堂、会场、考场、餐厅等场合的行为管理力度，增强文明模范意识，

（3）强化个体行为建设。开展内容丰富、形式多样、吸引力强的大学生社团文化节、社会实践等活动，加强个体行为规范、人文素质和科学精神教育，使大学生的思想情感、

精神生活、道德境界得到熏陶、充实和升华。发挥节日育人功能,通过开展"五四"、"十一"、"一二·九"等重大节庆日纪念活动,唱响主旋律,弘扬新风尚,全面提升大学生的文明素养。

(4)培育良好的网络行为。积极推进文明上网。倡导"君子慎独"的文明修身活动。养成"慎独"端品,"慎欲"节行,"慎微"杜渐的优良习惯。

(5)开展评先评优选树典型活动。组织开展学习道德模范、文明个人、"三育人"先进个人等工作,深化实施创建和谐校园建设、和谐班级建设、和谐寝室建设,做文明大学生的道德实践活动,选树典范,采取召开先进事迹报告会等形式广泛宣传。引导大学生学习先进、弘扬美德、倡树新风,努力营造良好舆论氛围。

(6)开展行为文化研究。制定完善公共场合文明礼仪、师生员工文明行为等制度,定期组织召开校园行为文化工作研讨会、经验交流会、加大对校园行为文化的研究力度,尽快建成组织体系完备、工作职责清晰,目标任务明确的校园行为工作体系。发挥老年文明纠察队和大学生文明纠察队的监督作用。

6. 形象文化建设

学校形象标识是学校文化的一种物质载体和重要的外在表现形式,是被广泛接受与认可的反映本校精神特质的符号形象。我校的形象文化建设要能够打造学校的文化形象力,吸引公众的注意力,拉近与公众的心理距离,促成相互信任的情感共识。

(1)完善学校形象标识系统。成立形象标识征集、研究专门工作小组。在全面了解校史、科学把握校情、深入挖掘学校精神的基础上,开展广泛的调研,进行科学的设计和严密的论证,经过有关会议及程序,产生确定学校的有关形象标识系统。

(2)推广使用学校形象标识。制定印发《郑州轻工业学院形象设计手册》,引导师生强化对学校形象标识的熟悉与认同;出台《学校形象标识管理和文化宣传活动及设施管理暂行规定》,规范对学校名称的使用,维护师大形象;校直各单位、各学院大力推广宣传学校形象标识的规范使用,各学院的形象标识系统与学校风格要保持一致。

(3)搞好校园文化产品的经营。设计学校的文化经营、战略服务的途径方法,形成具有浓郁本校特色和独特品牌内涵的学校形象和经营模式,提高教育教学的整体运作水平;建立专门的具有形象标识的文化产品售卖点,作为学生勤工助学的窗口。

(4)树立学校良好形象。维护学校无形资产,挖掘品牌文化资源,塑造良好社会形象;充分发挥学校校报、广播站和宣传橱窗等宣传媒体的作用,注重宣传文化载体建设;定期编印介绍学校风貌及各方面成就的画册和宣传品,规范学校对外宣传的内容,对外树立统一的学校整体形象;积极宣传学校的办学成就,特别要重视学校重大事件、重要活动和典型人物的宣传,突出报道学校的特色和亮点,提高学校的社会知名度和美誉度,为学校发展营造良好的社会环境。各部门、各单位要参照学校对外介绍材料,结合本单位特点和工作需要,编印相关材料并形成体系。

五、组织实施

1. 加强组织领导

郑州轻工业学院文化建设由学校党委统一领导,成立郑州轻工业学院文化建设委员会;主任由校党政领导担当;成员由学校相关部门、单位负责人组成;文化建设委员会下设办公室和专项工作小组。

2. 完善保障机制

将文化建设纳入学校发展的总体规划中,使之与学校的总体建设相适应。按照学校文化建设规划,每年制定当年的具体实施计划。学校每年保证文化建设必要的经费投入,鼓励多渠道筹措学校文化建设资金,各部门、各学院可以通过多种途径加强对本单位文化建设的投入,形成全校上下齐抓共管和全员参与的良好局面。

3. 强化检查落实

学校领导小组负责指导、检查学校文化建设工作,听取各部门和工作小组实施学校文化建设规划进展情况的汇报;各工作小组要认真实施学校文化建设规划,切实抓出成效;学校文化建设办公室要充分发挥组织、协调、指导和监督作用。

4. 严格考核表彰

建立学校与院系两级管理体系,形成一套有计划、有目标、有实施、有监督、有考核的目标实施与考评制度,在全体师生的共同参与下完成。把文化建设纳入单位工作考评体系,并把单位和个人在文化建设中的表现情况,纳入考核、评先表彰的重要内容。

参考文献

[1]　王晓华,叶富贵中外教育史[M].北京:首都师范大学出版社,2007.

[2]　傅林.世纪回眸:中国大学文化研究[M].北京:教育科学出版社,2009.

[3]　赵存生等.世界多元文化激荡交融中的大学文化[M].北京:高等教育出版社,2010.

[4]　肖谦.多视野下大学文化[M].成都:西南交通大学出版社,2009.

[5]　[加]许美德.中国大学(1895~1995)一个文化冲突的世纪[M].北京:教育科学出版社,2000.

[6]　徐显明.追寻大学之道[M].北京:法律出版社,2009.

[7]　徐光春.中原文化与中原崛起[M].郑州:河南人民出版社,2007.

[8]　杨东平.大学精神[M].沈阳:辽海出版社,2000.

[9]　王冀生.现代大学文化学[M].北京:北京大学出版社,2002.

[10]　石伟.组织文化[M].上海:复旦大学出版社,2004.

[11]　肖海涛.大学的理念[M].武汉:华中科技大学出版社,2001.

[12]　睦依凡.教育发展理论研究[M].北京:高等教育出版社,2001.

[13]　陈维昭.大学的角色和任务[M].北京:北京大学出版社,1999.

[14]　梁柱.蔡元培与北京大学[M].北京:北京大学出版社,1996.

[15]　涂又光.中国高等教育史论[M].武汉:湖北教育出版社,2009.

[16]　孙贺娟.学校文化管理[M].北京:教育科学出版社,2004.

[17]　朱立言.哲学与当代文化[M].北京:中国人民大学出版社,1998.

[18]　陈平原.中国大学十讲[M].上海:复旦大学出版社,2002.

[19]　韩延明.大学理念概论[M].北京:人民教育出版社,2003.

[20]　黄延复.水木清华:二三十年代清华大学文化[M].桂林:广西师范大学出版社,2001.

[21]　潘懋元.中国高等教育百年[M].广州:广东高等教育出版社,2003.

[22]　欧阳康.大学·文化·人生[M].武汉:华中科技大学出版社,2009.

[23]　吴民祥.流动与求索:中国近代大学教师流动研究[M].杭州:浙江教育出版社,2010.

[24]　林世选.大学践行人生[M].郑州:郑州大学出版社,2011.

[25]　林世选.大学求是人生[M].郑州:郑州大学出版社,2011.

[26]　王凤喈.中国教育史[M].福州:福建教育出版社,2006.

[27]　吴民祥.流动与求索:中国近代大学教师流动研究[M].杭州:浙江教育出版社,2010.

[28]　[美]克拉克·克尔.大学之用[M].北京:北京大学出版社,2008:164.

[29] 张维迎.大学的逻辑[M].北京:北京大学出版社,2004.

[30] 黑明.走进北大[M].北京:文化艺术出版社,2010.

[31] 朱崇实.人文气质成就大学之美、大学之用[P].中国教育报,2011-04-11.

[32] 黄瑞祺.社会理论与社会世界[M].北京:北京大学出版社,2005.

[33] 杨天宇.郑玄三礼注研究[M].北京:中国社会科学出版社,2008.

[34] 吕思勉,吕思勉.读史札记[M].上海:上海古籍出版社,2006.

[35] 勾利军,刘海文.读通鉴论[M].太原:山西人民出版社,1994.

[36] 孙培青.中国教育史[M].上海:华东师范大学出版社,2000.

[37] 邓洪波.中国书院史[M].北京:东方出版中心,2004.

[38] 王维堤,唐书文.春秋公羊解访[M].上海:上海古籍出版社,2004.

[39] 马勇.旷世大儒——董仲舒[M].石家庄:河北人民出版社,2000.

[40] 王永祥.董仲舒评传[M].南京:南京大学出版社,2011.

[41] 徐志刚.论语通译[M].北京:人民文学出版社,1997.

[42] 郝锦花.新旧学制更易与乡村社会变迁[M].北京:人民出版社,2009.

[43] 王凤翔.张之洞[M].石家庄:河北人民出版社,2011.

[44] 梁启超.清代学术概论[M].北京:人民出版社,2008.

[45] 魏国英,方延明,汤继强.中国高校校报史略[M].北京:北京大学出版社,2010.

[46] 傅斯年.中国人的德行[M].北京:中国工人出版社,2011.

[47] 蔡元培.蔡元培全集[M].杭州:浙江教育出版社,1997.

[48] 曲士培.中国大学教育发展史[M].太原:山西教育出版社,1993.

[49] 范祥善.现代教育评论集[C].上海:上海世界书局,1931.

[50] 蒋梦麟.现代世界中的中国——蒋梦麟社会文谈[M].上海:学林出版社,1997.

[51] 丁致聘.中国近七十年来教育记事[M].上海:国立编译馆,1935.

[52] 中华人民共和国教育大事记(1949~1982)[M].北京:教育科学出版社,1983.

[53] 毛泽东.毛主席论教育革命[M].北京:人民出版社,1967.

[54] 郑谦.被"革命"的教育[M].北京:中国青年出版社,1999:83.

[55] 嵩奇.新中国教育历程.[M]石家庄:河北教育出版社,1996:220.

[56] 刘建军.中国共产党思想政治教育的理论与实践[M].北京:中国人民大学出版社,2008.

[57] 程方平.中国教育问题报告[M].北京:中国社会科学出版社,2002:15.

[58] 王惠萍.推翻"两个估计"的前前后后——记者三写材料,说明问题真相[J].新闻与传播研究,1985(4):10.

[59] 袁贵仁.加强大学文化研究,推进大学文化建设[J].中国大学教学,2002(10):4.

[60] 大学招生制度的根本改革[J].教育革命通讯,1973(7).

[61] 程斯辉.近代大学校长的精神风骨[J].教育,2010:32.

[62] 张小莉.试析清政府"新政"时期教育政策的调整[J].河北师范大学学报(社科版),2003(2).

[63] 杨晓.晚清新政社会教育及其影响初探[J].学术研究,2000(10).

[64] 刘超.中国大学的去向——基于民国大学史的观察[J].开放时代,2009(1).

[65] 韩延明.如何强化大学文化的育人功能[J].教育研究,2009(4).

[66] 陈至立.落实科学发展观,推进我国高等教育的改革与发展[J].中国高等教育,2005(5).

[67] 王倩.民国教育史上一次"昙花一现"的改革——大学院与大学区制的试行[J].河北师范大学学报(教育科学版),2004(5).

[68] 李刚.大学的终结——1950年代初期的"院系调整"[J].中国改革 2003(8).

[69] 冷素辉.试析"无产阶级专政下继续革命论"[J].社会科学,1984(9).

[70] 雷颐.教育总长蔡元培[N].经济观察报,2009-02-06.

[71] 李志华.大家都来关心高校招生[N].人民日报,1970-09-21.

[72] 罗永藩,彭治富.学生从公社中来,毕业后回到公社去[N].光明日报,1964-03-26.

[73] 钟志民.一份退学申请报告[N].人民日报,1974-06-18.